東京大学史料編纂所影印叢書 2

平安鎌倉記録典籍集

東京大学史料編纂所 編

八木書店

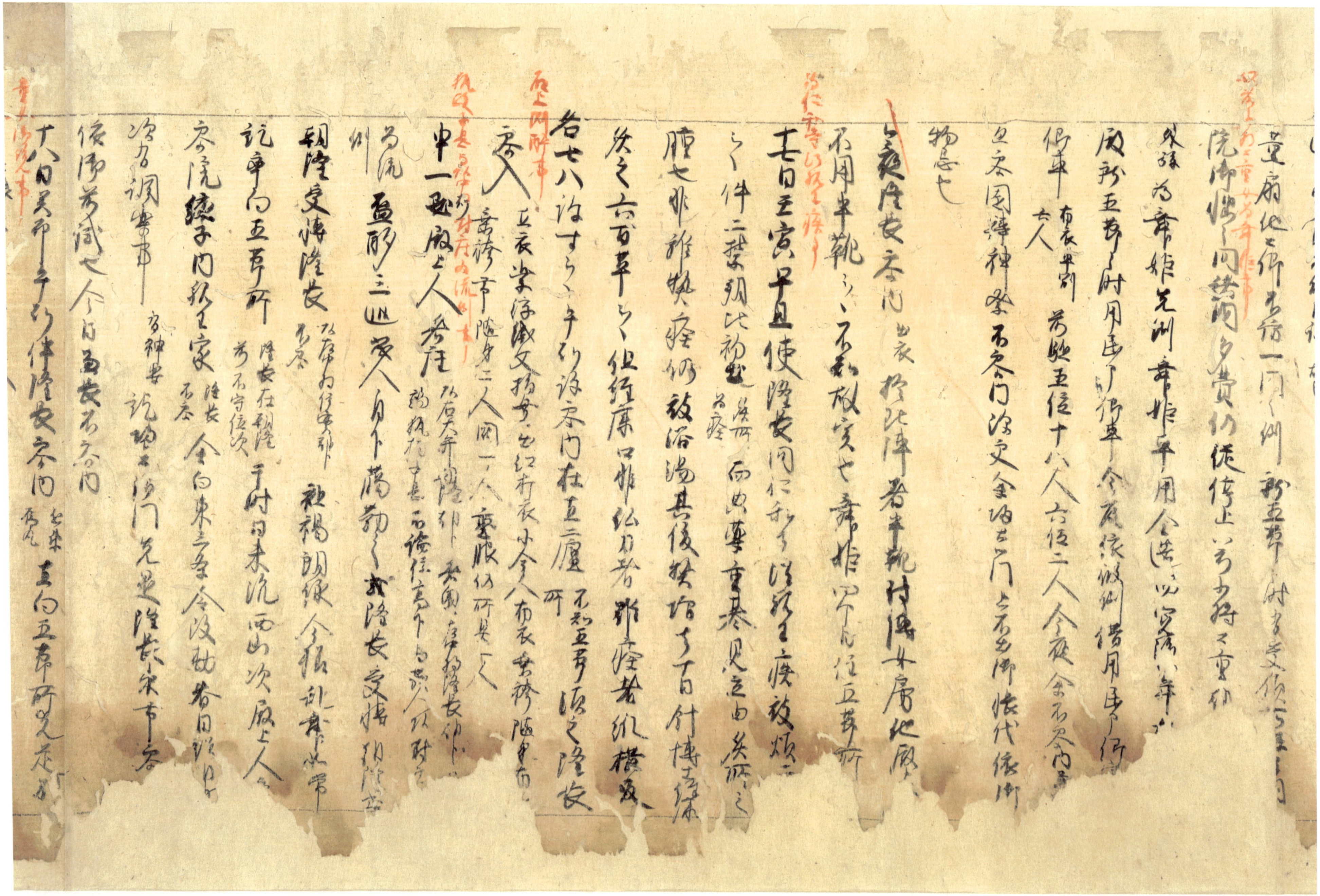

台記　仁平三年十一月（六二二頁）

八十 八省指図 大略

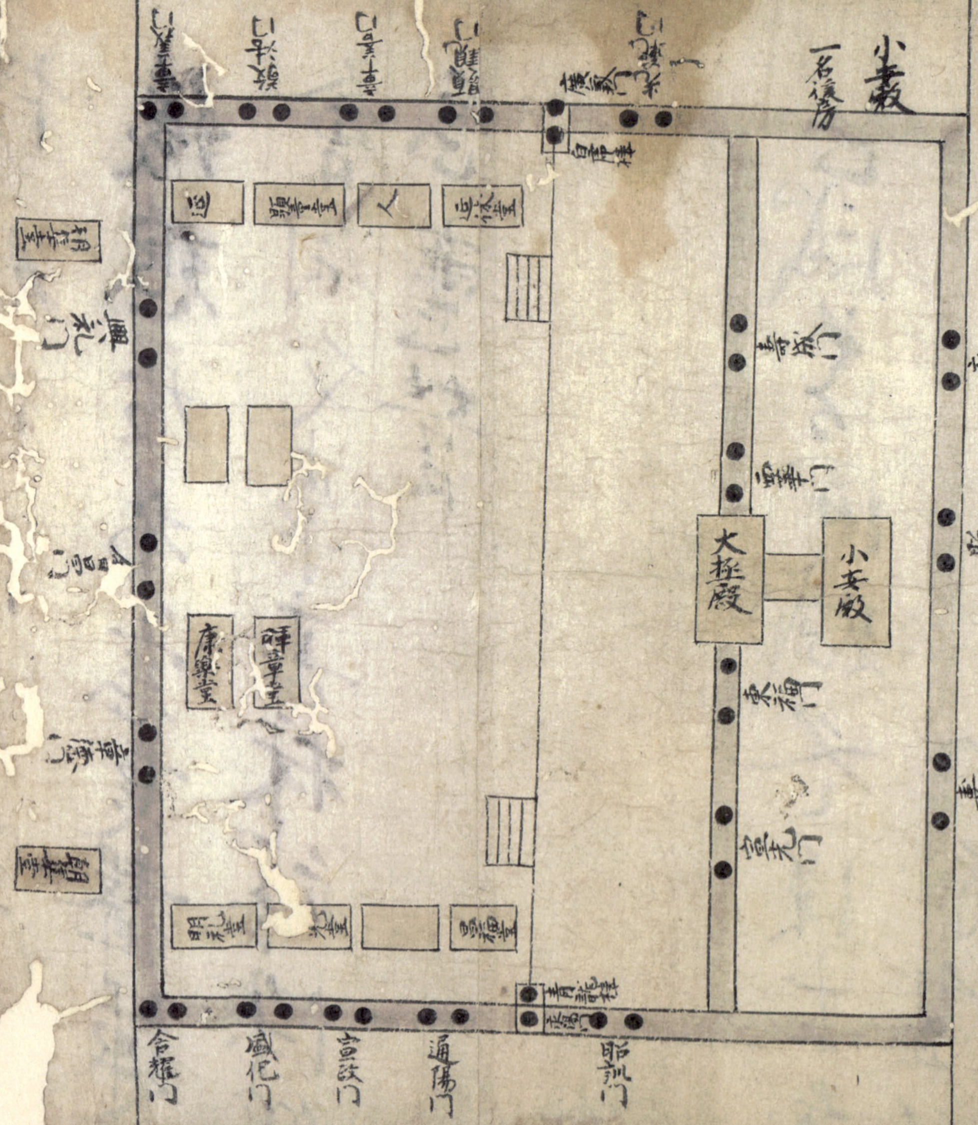

八十一 宮城指図 ……

道風ハ、嵯峨天皇弘仁元年戊戌諸門題額東面額ハ橘逸勢書之
伴宇既ヨリ雅云 南面并談天門 弘法大師御筆也 西面道風書之 天徳之比人
美福門ハ田ヒロシ 朱雀門ハ 北面嵯峨天皇御筆云々 或記云弘仁九年戊戌題殿門ナト額
朱雀門 門号起事取佳名云々
安嘉門額ハ額ヨリ朝ヲ侍リ 代リ仍造 中風手ワナ、キ筆跡異様云々
陽明門 山氏造之 待賢門 建部氏造之 郁芳門 的氏 美福門 壬生氏

十二門額事
朱雀門 伴氏 皇嘉門 歌文家 若犬養氏 談天門 玉手氏 藻壁門 佐伯氏

或物語云 南面三門
殷富門 伊福部氏 安嘉門 偉鑒門 元者玄武門也 猪養氏 達智門 丹治比氏

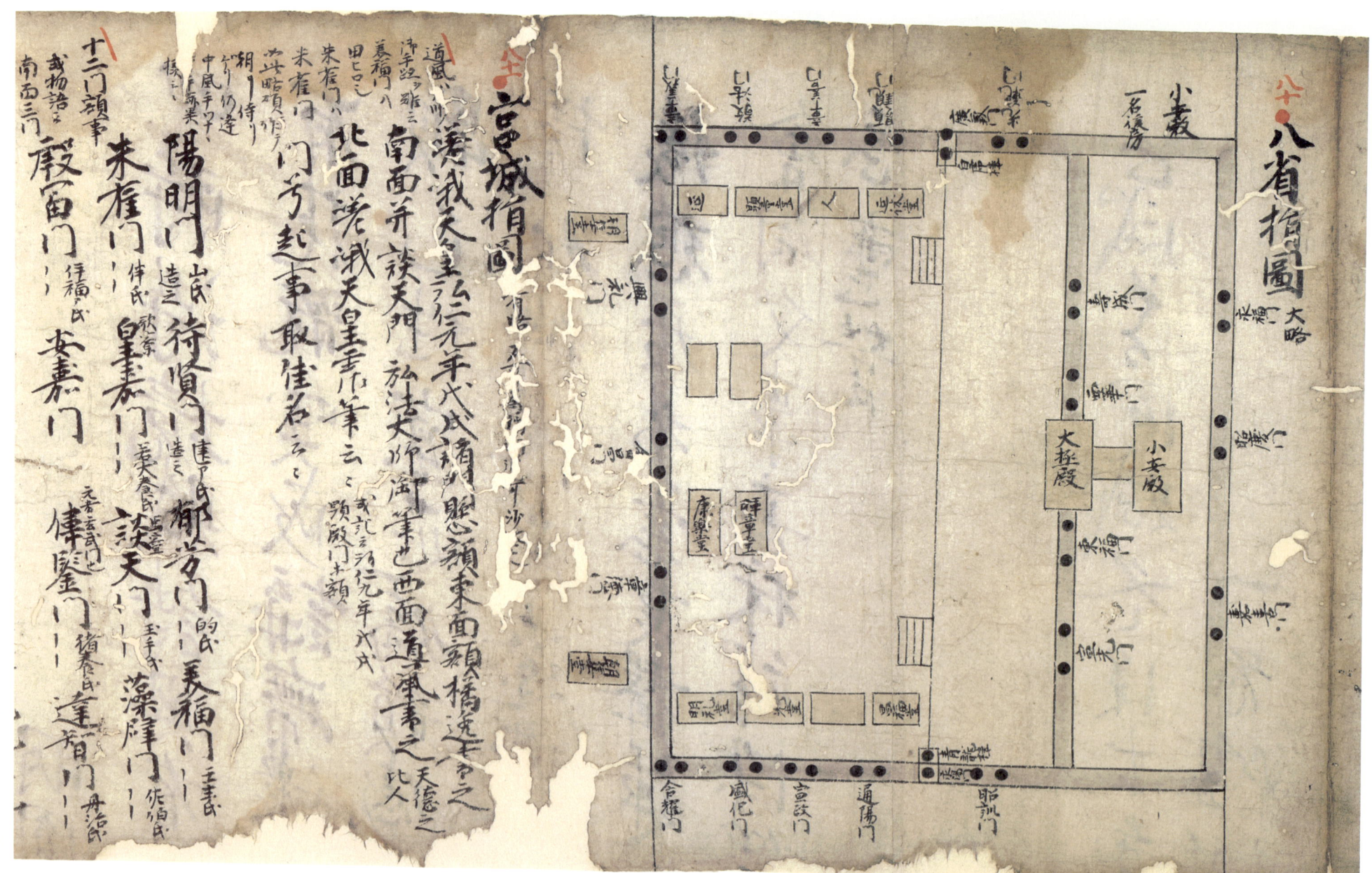

例言

一、東京大学史料編纂所影印叢書は、東京大学史料編纂所が所蔵する原本史料等を精選し、影印によって刊行するものである。

一、本冊には、平安鎌倉記録典籍集として、『和歌真字序集』『台記　仁平三年冬記』『南無阿弥陀仏作善集』『後嵯峨院北面歴名』『大将歴名』『検非違使補任』『右衛門督補任』『拾芥抄』を収めた。

一、各書目の配列は、書写年代順を原則とした。

一、図版の配列は原本の現状に従い、表裏ともに紙数順を原則としたが、本来継紙であったと考えられる紙背文書等については、紙数と逆順に配列した。

一、紙背については、原則として裏打ち・継手を外した状態で一紙ごとに撮影した。

一、紙数は、巻子装については、巻首から現状での紙の継目ごとに第一紙、第二紙と数え、図版の下欄、各紙右端にアラビア数字を括弧で囲んで、(1)、(2)のように、冊子装については、丁付けを図版の下欄右左に、(1ウ)、(2オ)のように標示した。なお、『和歌真字序集』については、図版の上欄、端作の当該箇所ごとに、〔一〕、〔二〕のように通番を注記した。

一、本冊の解説は簡潔を旨とし、原則として常用漢字を用い、必要に応じて参考図版を挿入した。

一、本冊の解説は東京大学史料編纂所員が執筆した。分担は、各解説の最後に示した。

一、本冊の図版撮影等は、東京大学史料編纂所史料保存技術室が担当した。

一、本冊の刊行にあたり、協力を惜しまれなかった各位に対し、厚く感謝の意を表する。

二〇〇七年十一月

東京大学史料編纂所

目次

和歌真字序集

和歌真字序集　表紙見返し

〔一〕

従四位上式部大輔兼但馬權守

山東…気里「有一勝境如三神」

山」「太上南皇移震遊於斷霞

國母仙院乾隱教於其場」方今「殿前

樹蘿外亂花」遠・逐年以繁「風

艶随日以更鮮」桃源浪暖

之義景鶯囀節洞霞濃

期無極」于時棘群鄕雲葉羽

客」當曲水之良辰詠難波之嘉什」

蓋是我朝之習俗也坦彼國王而

奏治世之音

父生之壽燕飲漸酣」花下長

記事其詞云

〔二〕

八月十五夜仙院詠翫池上月和歌

大納言経信

城南有一勝境蓋　太上皇幽棲之深宮

也地形斗奇風景蕭索」當

嶽之者皆是月卿雲客之儔

抽丹心忘詠吟之者莫不詩情歌思

之新也」于時池上有月々前望水」

水固月増映月因水添光」是以「或

（1）

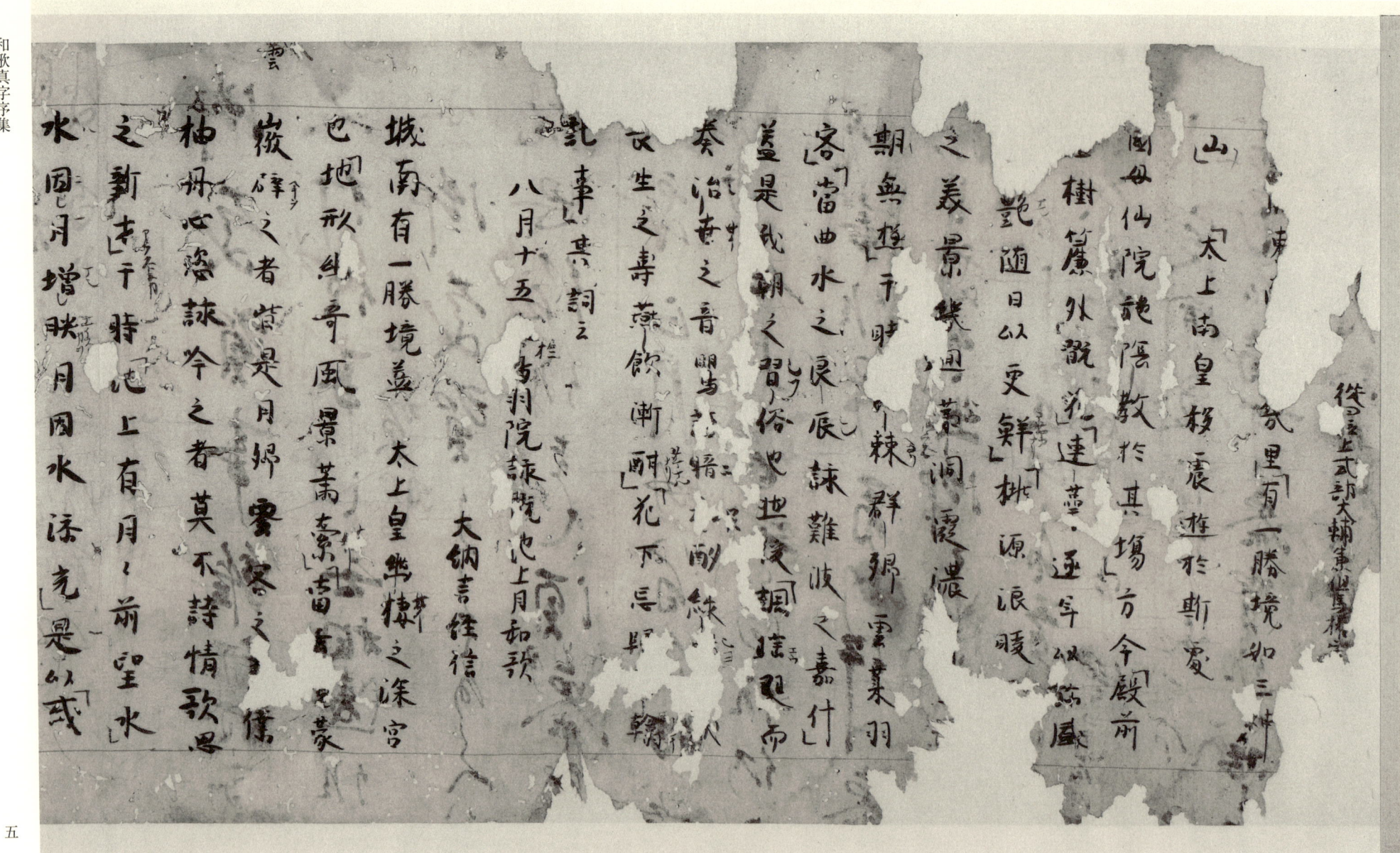

之勤者于特池上有月之前望水
水因月増映月因水添光是以或
調絲竹賞翫或携筆硯嘲歎况
複清光之臨碧沼而皎鵁鶄蕩
賜之翅負氷素影之透翠竹廬而
忘互窈窕錦繡之紬糀雪遊宴
之義不能地思請以翫池上月各
為和歌題同賦詞云

秋日侍太上皇仙洞同詠菊送多歓
應製倭歌一首 并序
正四位下行右中弁兼藤原朝臣實光上

大治五年九月五日 三条亭

秋叢坊内有一芳邉蓋一品女主之深
宮也臺殿寛而林藪翁奇真菊
擅場以開其花累年以絹綿汁
岸而託根芳芳鎮助薫爐之
氣淩風霜而袖葉艶色入眺飛
砌之隈太上天皇之移震居也
賞濃粧兮驗長生國母仙院之遊
々携也翫貴氣兮攢藂巻識雉
云三臺之神藥猶不如一藂之仙
冷皆歎裏専雲髪對月待以下月

〔四〕

云三壺之神藥猶不如一莖之仙
齡者欤爰博陵内相府以下月
卿雲客侍射山之者濟々焉忽
奉叡旨各詠勝趣而已于時「蘭ー
省之歎漸桃竹肉之聲頻奏」
「光重陽之落四朝露ー飲猶淺對
延年之草一夜風ー詠將曙」請以
菊送多秋遂奏和歌題目幷詞
日

冬日同詠浮水鴈 太上皇製 和歌并序

參議從三位兼行左大辨勘解由長官播磨守大江朝臣匡房

子城之南有一勝境蓋 太上皇仙居也
山池草樹全國蓬瀛如十洲之景分
爰當十月之今今一日之薫遊
之曉雲去而歸士之長春被也奈
湖湯汾水之桃し帳也照躍於姑射
何於鳳掖之昔風」況也茲在汾ー浪
歎浮水面「浪揚花自疊千年
之楂寒流帶月更歎万葉之色」
志之所之不能不詠」請課倭和
歌其詞曰

〔五〕

歌其詞曰
ゆきかれしほまものうけをうけはしてには
はのへ人をもしつみまさるらむ

春日住吉行幸述懐應 太上皇製 和哥一首 并序
右大弁源経信
延久之歳春二月 太上皇命儀仙蹕
長去暫出皇城巡礼住吉靈社
摶陰前花柳園以下卿士大夫済々
扈従矣 詳其歴覧叙其由緒始
向石清水之神祠殊致如在之禮
後入難波津之佛閣偏凝随喜
之心 蓋為華表之静謐遂山水之
登臨也 于時暗金車号過郊野
之路棹花船号縈蘆葦之叢
望前途之蒼々 白水渺於千里
之晩浪 顧帰程之眇々 陽華洛
於一行之春霞 凡視聴之感觸
物動情者也 請課風俗各詠和
歌其詞云 清撰

〔六〕

春日侍 太上皇華上東門翫花應
製和哥一首 并序

〔七〕

製和哥一首并序
從一位行左大臣源朝臣俊 上
嘉保三年正月廿一日
上東門第者前大相國墨華繁
華之地也新寫龍鳳頭之風兼
采鵝王之儀是以 太上皇寄彼
結構礼此道場長安仙院之遠華
駕也柳黛從以桃女備前大相國
之畫穀錯也楚金瑩以隨珠明
光寺韻象鶏鶯風月歌舞
一事一物以無兩如卯則恭敬一
圓之妙典今立沈吟六義之雅
頌雨日歡娛万歳芳契於戲
列仙之有佳會第君詞之春風
長而樂天之白清居当之
干時庭櫻紛々園杏漢々便以
秋月正圓豈如此地頻逢幸臨
翫花為其題目其詞曰
春日侍 太上皇幸白河院翫花應
製和哥一首并序
内大臣正二位兼行右近衛大將臣源朝臣 有仁 上
保安五年閏二月
家内史之[illegible]各以花[illegible]之時

〔八〕

内大臣正二位兼行右近衛大将源朝臣有仁上

海内晏安之日洛外花開之時
禅定仙院
太上天皇暫出姑射之深居廻仙
蹕而歴覧舞蹈歌謳依歎賞
以添氣月卿雲客應是喚
合歡心觴酌行而獻万壽
絲竹操而奏五音高會之趣
不其義乎干時二月有閏百花
得境析伯枝兮捧持紅蠟之色
浮滿蹈落蘂兮仰翫紫麝之
氣芸薫衣者欲反庵從之者各相謂
曰彼陰池跂遊之宴只種西母之
而縱此白河臨幸之儀新有
上皇之同駕今之勝槩既畢
時請記希代之盛事将為億
載之美談其詞曰　　為政

秋日臨大井河紅葉泛水應令和歌一首并序

兼秋九月者風景可賞物華可
翫之候也是以山院

〔九〕

兼秋九月者風景一可賞物華一可
翫之候也是以仙院暫出蓬丘之
暁雲忽臨桂河之秋浪備其歓
遊者前太相国并播録内相府如
此歟群卿仙客済々而扈從船
則鷁艫而行風瀬絲竹綫調後且
龍驂驪而望寒郊冠蓋相從便
過相国之別業不亦美哉彼水邊
之無織雲碧瑠璃之瑩出巖
面之經寒雨紅錦繍之色染嵐故
以紅葉泛水為題便各献和歌其
詞云

同詠上

早夏於鳥羽院同詠郭公聲稀和歌一首并序

長治元年四月

式部大丞藤原宗光

夫郭公者自古以來好事之輩
以之為翰墨之媒以之插雅頌
之義爰一聲纔聞望雲端出
馳思餘情未飽倚林間出傾耳于
時侍射山者十有餘輩鳴九
牧之無事屢五華而寄盤袍
命盛飲膺染荊南之雨沒後詠

〔十〕

命燕飲、脣渫荊南之露、後詠
倭語詞、攢柿下之風、便以龍幺聲
稀為其題目而已、於戲、不獨誂仙
洞雞群之遊、有歌清而般興
矣、且欲知、雖羽鳥羽之地、有山水
仁智之樂、焉其詞曰

初冬於鳥羽院同詠松契遐年
和歌一首
學生藤原尹通

康和三年十月廿日

去皇城不遠、有仙洞之幽邃、鳥羽之
名遠也、翠竹紅樹之秋、中庭實也、秋
模毋青之色、巖泉石瀬之流浪
花也、曉調絃管、風流之義
難得而輝于時、公卿大夫之坊和
歌者爾、焉成于彼、觴樽醉
酒蘭燕際、漏箭各相語曰、松者
塵外之靈樹、中尤物也、宜對此
勤慕以契其遐年、遐三冬而亦
鮮讓仙葬於藐射之風、美期
千秋而不撓、貽貞轉於茆君山

〔十二〕

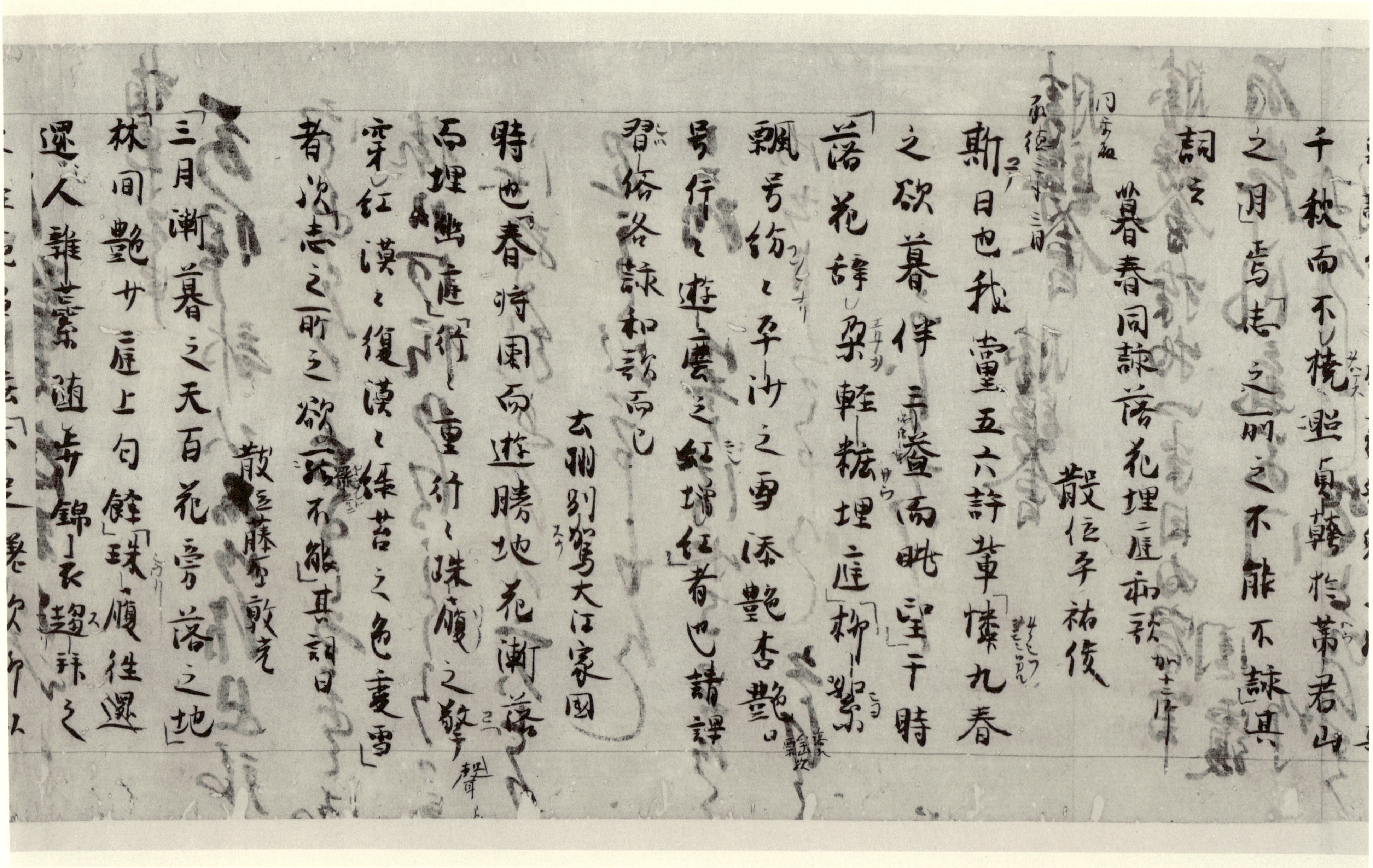
千秋而不攜遐貞轉於萬君山
之月」竒志之所之不能不詠其
詞云
暮春同詠落花埋庭和歌
散位平祐俊
斯日也我童五六許輩「携九春
之欲暮伴三益而眺望」于時
「落花緋染軽糚埋庭」柳絮
飄号紛々平沙之雪添艶杏艶
号行々遊雲之紅増紅者也請課
習俗詠和謌而已
出羽別駕大江家國
時也「春將闌而遊勝地花漸落
而埋幽庭」行々重行々殊顧之餘
寞紅漠々復漠々條落之色變雪
者欲志之所之「欲不能」其詞曰
散位藤原敦光
「三月漸暮之天百花号落之地
「林間艶廿庭上句餘」殊顧往還
還人雖莫隨步錦衣趨拜之

選人雖蕃藻随歩錦衣遊辭之
客輕葩藻不足嗟歎聊以
詠歌而已

刑部丞藤原有忠

三月之天仲旬之候暖風渡林間
落花埋庭上紅艶粉粧沙面之霞
爛々粉粧散乱落後之雪皚々者
也聊綴両三首之序作卅一字之
詠而已

前文章得業生藤原永實

花者毎春乱落庭者逐年於幽以
彼濃淡浅深之粧埋此白砂青苔
之色不知波疊而無聲欲又不知
雪宿而有句欲蒙六義惑請課和歌
其詞曰

端午日同詠和歌二首 并序　探菖蒲　雪外勒

散位藤原廣兼

天治二年

時也李部大輔翰林主人以下常直
仙院書閣之者儒吏大夫十有餘輩
當于一千聖運之初開奉于億兆庶
心之皆躍謳雅頌中興七廿諷詠之上

〔十三〕

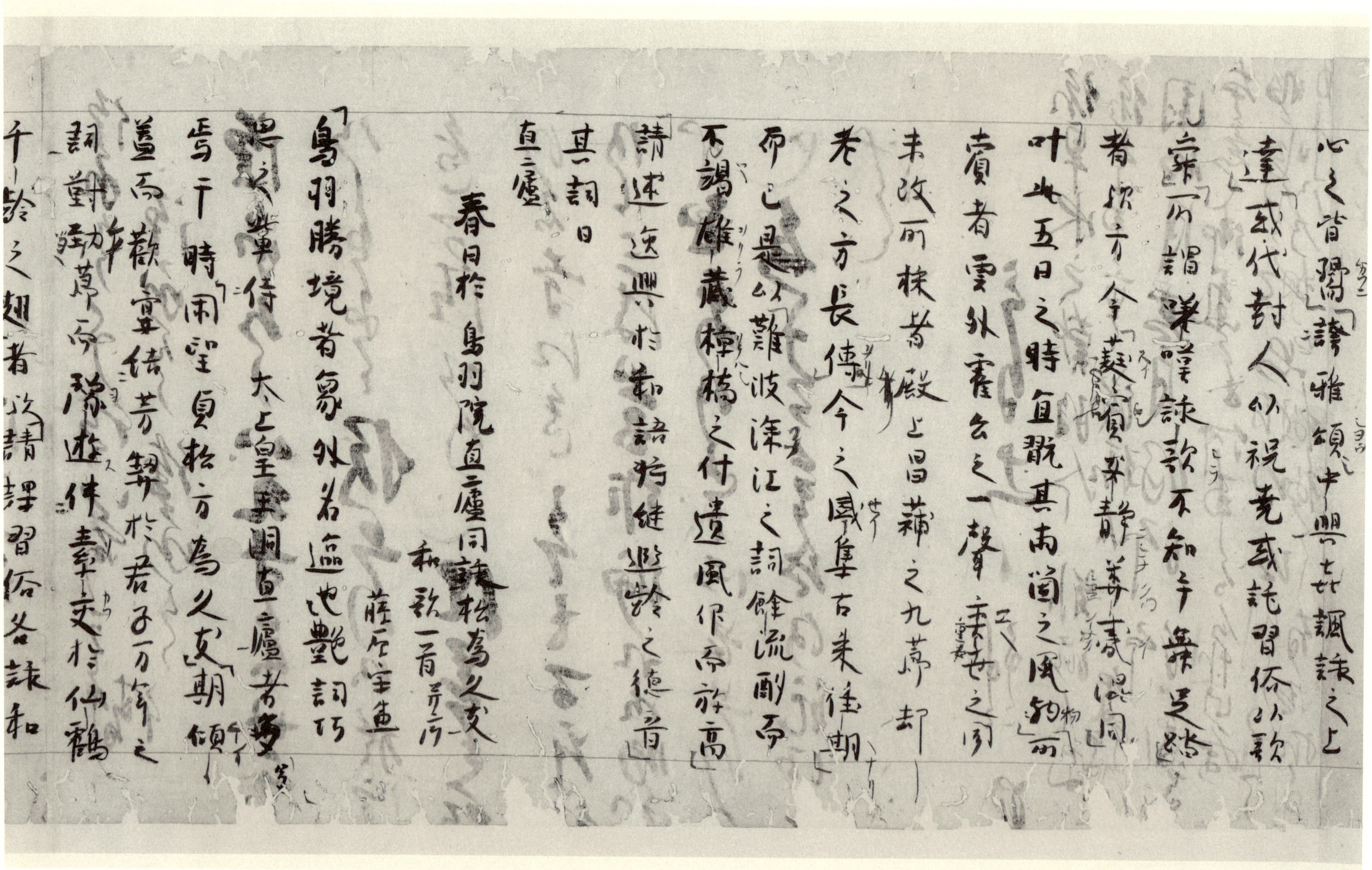
心之皆躊謌雅頌中興七廿諷詠之上
達或代封人以祝堯或託習俗以歌
舜所謂嗟嘆詠歌不知手舞足蹈
者歟方今嶷嶷寧静寿昌同
叶也五日之時宜翫其南薫之風物所
賓者雲外霍公之一聲重華之所
未改所裱者厳上昌蒲之九節却
老之方長伝今之風集古来倭朝
所已是以難波津江之詞餘流酌而
不竭雄蔵棹橋之什遺風仰而弥高
請述送興於和語将継遐齢之徳音
其詞曰
直廬

春日於 鳥羽院直廬同詠松為久友
和歌一首并序
藤原宗直

鳥羽勝境者象外之遠也艶詞巧
思之輩侍 太上皇同直廬者欤
喜于時閑望負松方為久友期頌
蓋而歡宴佳芳契於君子一万年之
詞對勘暮而際遊伴嘉賞於仙鶴
千齢之趣者吹請課習俗各詠和

〔十四〕

千齢之翅者汝請課習倫各詠和
歌其詞曰

夏日詠藤花瀉水和歌一首 并序

散位大江家國

是日也雲客數輩不期而會言
談之餘興入園庭排草廬而展玉
笔則露膽之文模拎詠新什而
述六義此風吹之聲吐蓋篇仙
家之暇餘樂皇州之静謐也當于
斯時瀧艷之襲汁霧也踏馬絆之
名清雪焉累欸之渇藻煙也矣哉
之文添筆矣英華之未有一散迷
琢雖翫水上之景趣猶謝山邊之風
塵志之所之歌詠不能甚詞云

〔十五〕

秋夜於城南宿作太近直廬同詠處々者
和歌一首 并序

文章得業生行盛

康和三年八月日

翠浴之南有一仙洞太上皇之仙
居豐嶺峯巒而傳万歲之聲
邢池沼而湛千秋之色地勝

宴
呼池沼而添千秋之色地勝概
主留春秋更侍臣七八許輩會
合将作大匠之直廬蓋儒雅宴
之芳翫淳秋之蕭索也歎
夫悠々淳夜之寂々者月梅嶺
析山岸春日外之花遮眼圓庭瀧
頭夜半之雪滿望者故精山邊
之其詞曰

〔十六〕

東宮付若人命
春日同詠松契遐年應　教和歌一首并序
右少弁大江匡房
金闕之容鎔燁之古合宴于龍
樓者淪々賓蓋儒仲春之義
景陰艶陽之歡樂也于時勝地
託根遐年契松臨池水而森林
自添千秋之色遐山嵐而颯々處
勤万歳之勞者也請課習俗人
獻倭歌其詞云

〔十七〕

夏日同詠庭松久緑和歌一首并序
學生藤原敦宗
長治元年四月廿九日

長治元年八月廿九日　學生藤原敦宗

東朝庭上有數株松映青園号為
久緑當帝砌号歟旋清仙禽之
栖翠蓋馴鶴華而得群宮臣之
攢勁節列燕席而酔具明執時
矣雖不歡快於是公謂大夫座上
之輩松相語日昔漢朝太子之居
焉松甲皓而備羽翼今本朝太
子之宮矣稱萬歳而献歌詞既随
風俗以献雅詠又依前蹤腰以視
言而已

長治元年

夏日於春宮蔵人所詠鶴有遐齢和歌一首 并序
蔵人紀行康 江帥作也

鶴禁有鶴齢契遐齢照霜毛於
重輪之月伴風聲於千廻之松
「帝日秋遊侵是今日之宴帶
也賢河昔興豈非我才之清賞
非叶也春宮夏天黄門夜賞」饗
德酔是不知手之舞足之踏」請
詠和歌各説仙算」其詞云

伴所衆行康者前進士公行之子也

〔十九〕

伴所衆行康者前進士公行之子也
爲江中納言之門徒仍納言被作与
以其辞非凡流之故也

惜花遅帰

大江公資

暮春九日香秋細馬之客七八許
輩蔟花遊寺惜艶忌帰或隠花
陰徘徊或倚苔上生郎盍華洛
之好事青宮之侍臣也於是逍
櫻山櫻馬春風渡以軽葩飄颻
門柳咲柳笑暁露乾以光擧縈
珊戯乎紛々幽漢々代遊春艶臨
於今日而盡詩動懐中之意惜
芳外之花其詞曰

〔二十〕

春日於右監門藤次将青臺草廬詠
百首和歌序
星主玄孫赤九上實無作
近古歌仙之輩各有百首之和歌
或謂継柿下之餘風或躡傳山
邊之遺塵蓋斯道之再昌也
右監門藤次将偏暇日相戯之見

〔二十一〕

[illegible]

右監門藤次将属暇日相戯之見見

賢愚齊雖愚所嘉也我等試欲

定寸陰於半日之程継六義於百

篇之一端不顧後日之嘲只為

偶遇境之興也已出言約流思聚

感未刻出題連燭終篇節走短

筆以記大略于時長治年二之年

暮春之日而已

九日於右金吾藤次将青衛直廬詠

秋情在菊和歌并序

賀州司馬實重

斯日也右金吾藤次将排直廬展

宴席招覩知蕟諷吟蓋當青

宮之暇景壹臺閣之令節也夫

以秋情在菊為倭歌題目矣知翊

者雖携風月情猶拙習倭歌

興之有餘足顧之推厚云尒

〔二十二〕

親王家

三月三日吏部王池亭會 十首并序 大江千里

晩春寓直吏部大王池亭者趣

晩春宮亮吏部大王池亭者趙
北呉姓如干於是池中有二嶋
唯中攢生花樹芳草岸嶋並雙
立負松并盛紫藤二獻五葉
之碧松紅櫻一介株之翠柳歟
終映波松月照岸嶋岸相介亘
后嶋之橋池檻相通飛龍頭之
船見無一男子唯有數女扈
童女四人著麹塵衣玉腹擬青
柳黄鸎之姿長娟八人服蘚
芳被紫鏽擬藤花櫻之色
或調於笛琴之柱自韻風
之鸎或轉於草木之花蝴蝶
翩々之蝶春獻花詞共叙寶錬
竹客大江千里聊記之而已

春日同詠花樹久芳應教倭歌一首并序

右京權大夫藤敦基

于時三春半闌四海無事詩伯歌仙
十有餘輩陪 大王之邸第儒者
善之樂遊也更上春臺之遊

善之學遊也更上春臺之遊て
旁望花樹之漢て群萿競綻
餘艶人若紅白之留春風也盍
伴新松浚雲之齡玉蘂之薰曉
露也自叶平沙焉嚴し碩者
吹請思桃源而獻三千年之春
攬柿本而詠卅一字之詞而已
秋夜守庚申同詠明月照衣應
教和歌一首并序
散位藤原國基
三秋之天八月之夜煙容風人
陪藩邸者多矣蓋屬嘉高
之半廉守玄元之遺訓也初則
課困頓柚詩情於七步之後
召命和歌灑秘思於六義之詞
逕于彼凉風搖𡑮明月照衣入薄帷
而重て楚練之袖拂雪過練歸而
皎て而執之服疊氷識是一歲之
佳遊淂而不可稱者須恥隨竹園之
未膺猥獻柿下之古風其詞曰
多……歳……道合

翫前栽　道済

第二親王侍衛、禁中秋八月、令
宮居自堀野花備庭實矣、宮居
土依地希、自趣鶯舎、望夜而初
天晴秋風、蹴紫菊紅蘭、晨露
點而鮮妍濃姿、貴彩斜日、曉
而含烟、携芳蘂以衣薫、移暑
草以意邀、况見靈帝移来自
伴、洞花之不落、専城謝偈欲
須仙籬而長芳、栽王未識既
見攀五歩之芳草、惟聖豫知
棟竹室之忠臣、請舉雨酌
以献詞云尓

秋夜同詠月照松庭　教傃敬一首并序
除王宮
式部大輔兼文章博士東宮學士大江朝臣匡衡
白河院　閑院亭
夫夏夜之時、含商清涼之候
第一皇孫暫於少陽之華殿
近寡長秋之榭、遊龍樓侍
呂坊、藻思者潘、而侍焉干時

臣坊藻思者濬之而侍焉于時
遥望明月旁照青松風枝調琴
白雪之聲自寒露葉瑩玉
翠煙之色忽變爰座上識者
相語云困見名區之勝形倩
尋黄巡之勝躅聖王賦花之
昔昇嚶墨客以橋瓚竹御皇
語仍各詠倭歌以視遊齡之日
殊翫月之令色擬赤人以鳴艶

七言暮春春於城南別業同賦仙家春未
畫詩一首 題中取韻 付十二韻
文章得業生藤原人明

于時也惜芳春之将暮於城南
而遊遨水石之有幾奇激雲
之所頻歎也境近都門往来
遇一里之際處如仙洞煙霞觸
残三春之光於萬之趣寄何
之彼蘭亭會文之地徒謝
風俗之懸隔桃林尋花之人
還遇時代之早還者欲遊紬

〔二十八〕

〔二十九〕

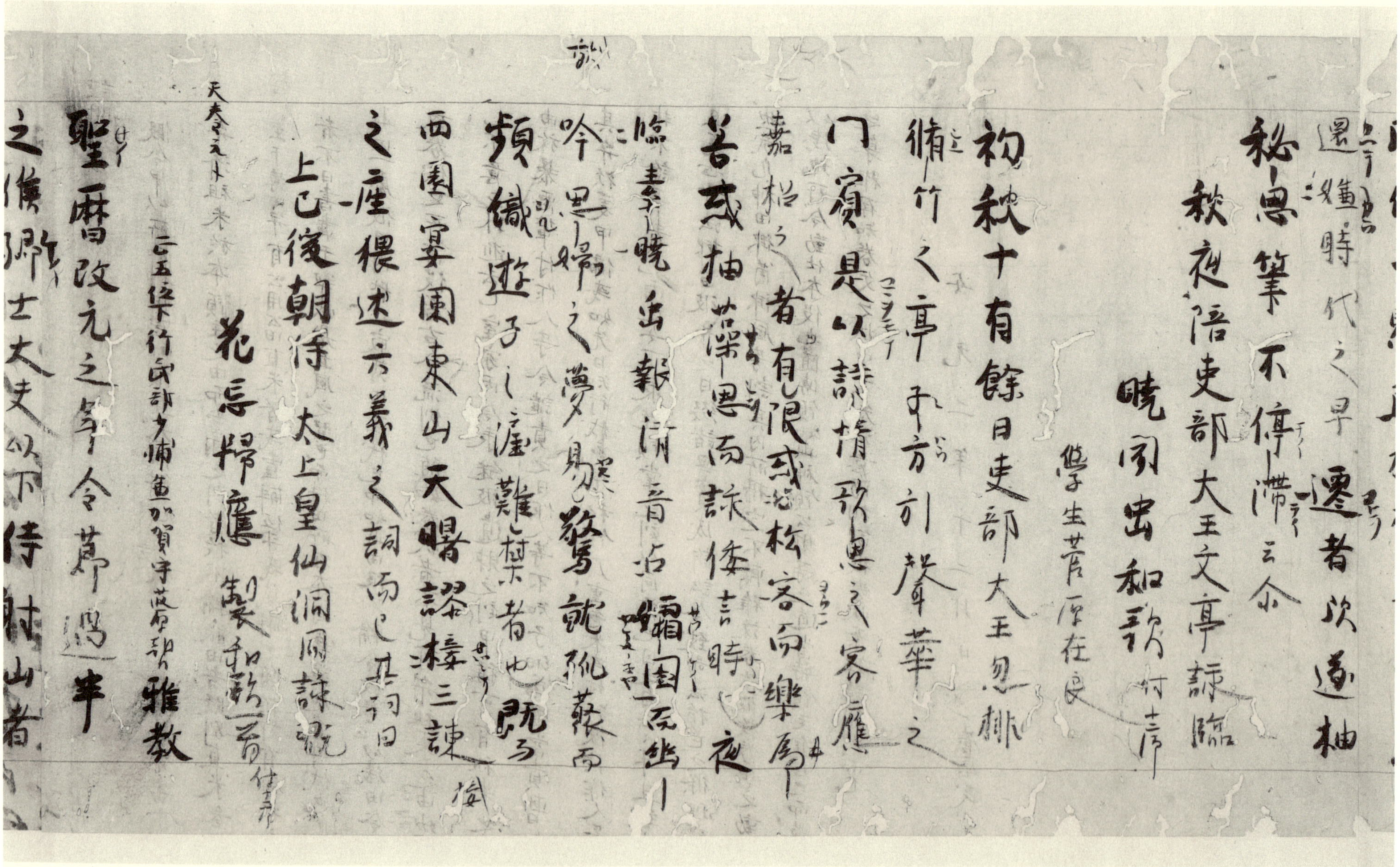
還嬀時代之早遷者次通柚
秘思筆不停滞云尓
秋夜陪吏部大王文亭詠臨
暁同賦和歌 付序
學生菅原在良
初秋十有餘日吏部大王忽排
脩竹之亭尋方引蘭華之
門賓是以詠情歌思之客應
嘉招者有限或松容向樂廊
昔或抽藻思而詠倭言時夜
臨素暁岳鞍清音治蟠園而然
吟思婦之夢易驚就孤蘇而
頻織遊子之淚難禁者也既而
西園宴園東山天曙謌樣三諫
之座偎述六義之詞而已其詞曰
上巳後朝侍 太上皇仙洞同詠
花忘帰應 製和歌一首 付序
正五位下行式部少輔兼加賀守藤原敦基
聖曆改元之年令節遇半
之儀卿士大夫以下侍射山者

之儁卿士大夫以下侍射山者
多矣蓋當上巳之翌日翫良辰
於毎朝也昨望桃源之霞歸
圖寫頃今對華洞之雪家園
未窺翫花之婦哉有以矣於
獻上皇之宸遊於二帶之地叶列莫之
之遊太伯之遠翠簾也人跡
長生之尋各以我輒之秘思
共爲是日之祝言于時侍臣之
叡旨而記事之詞
未有一篇林藪歳逋而選然奉
應保二年三月三日之
拾
内書
九月廿日一見了

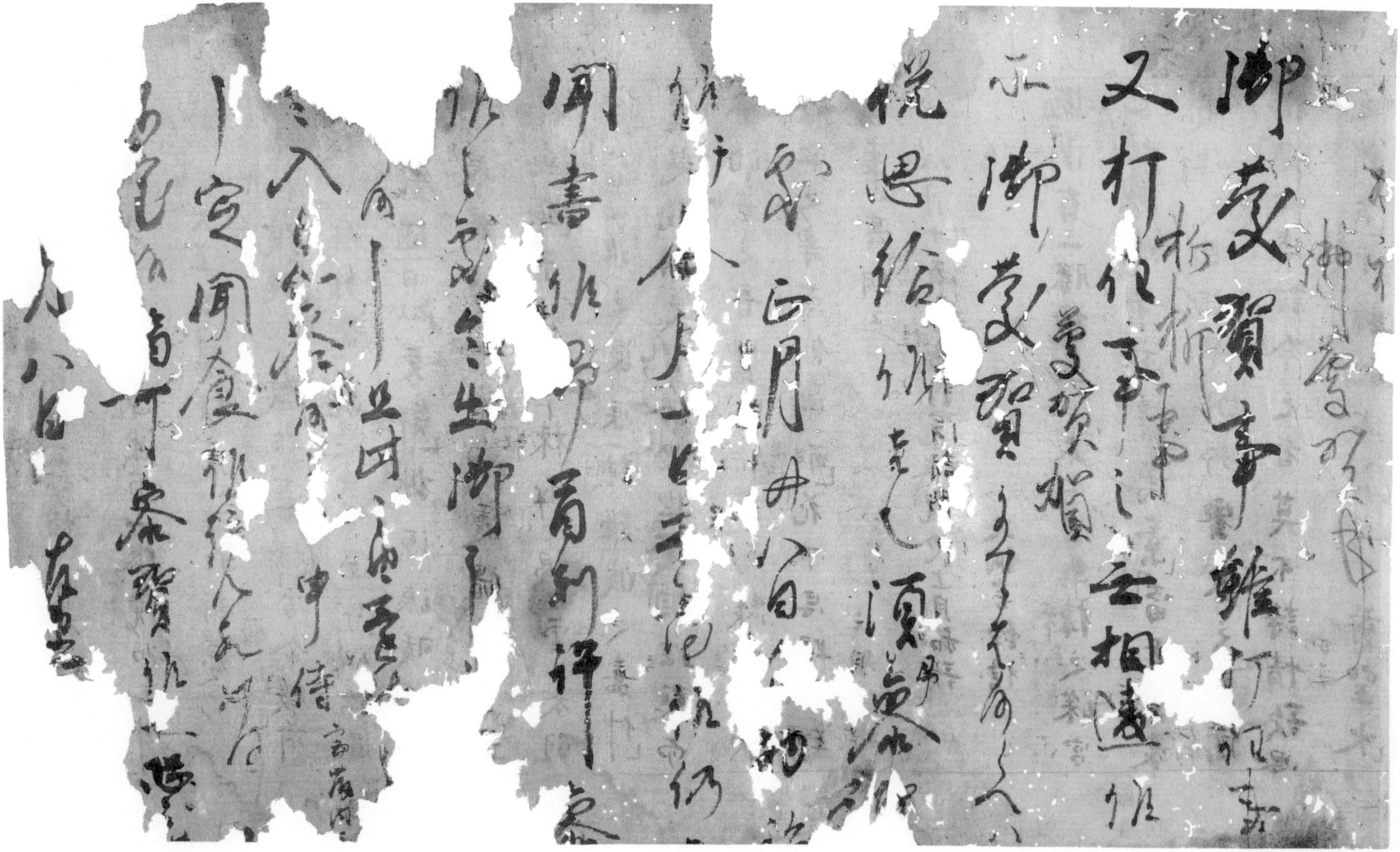

（1）

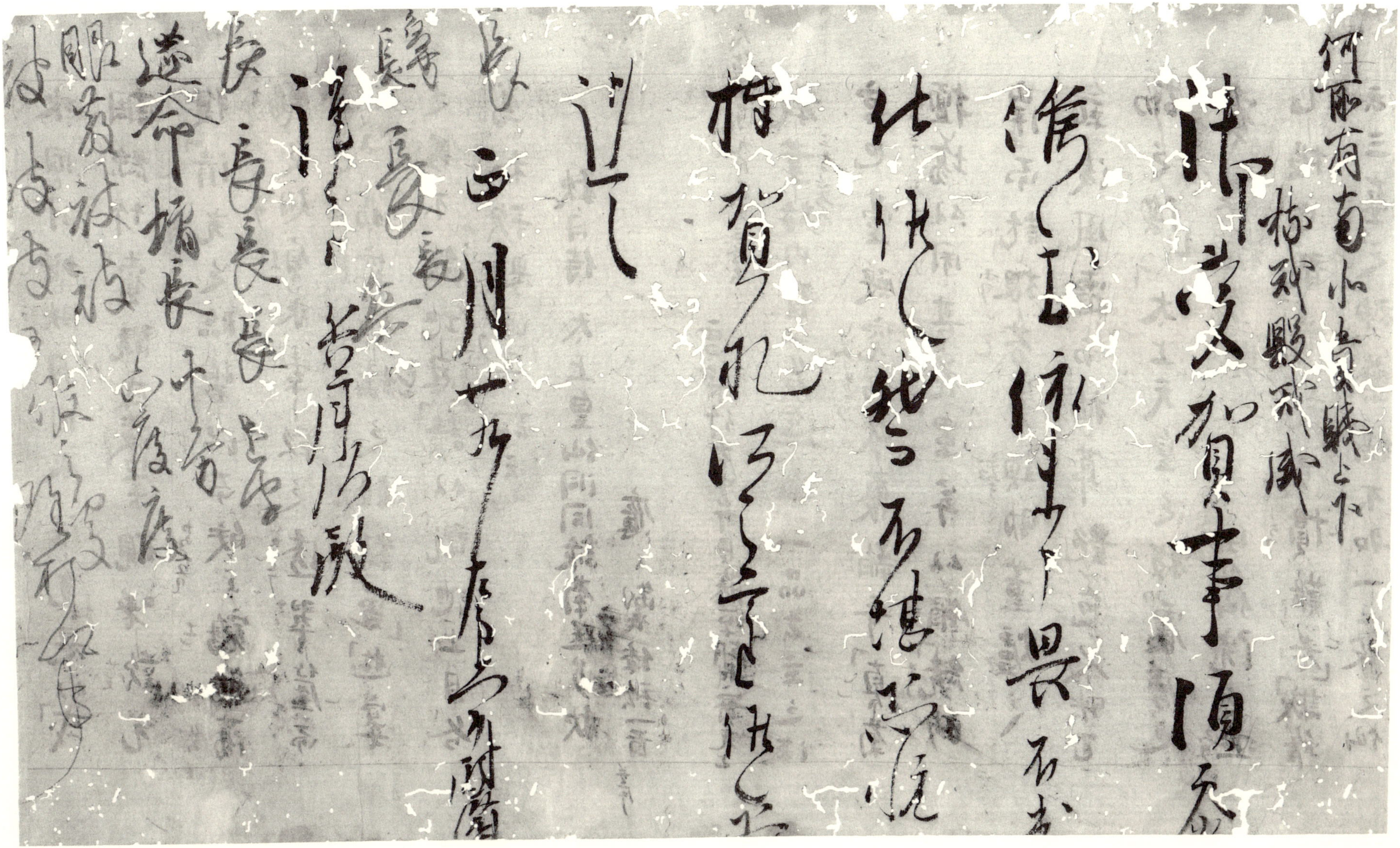

（2）

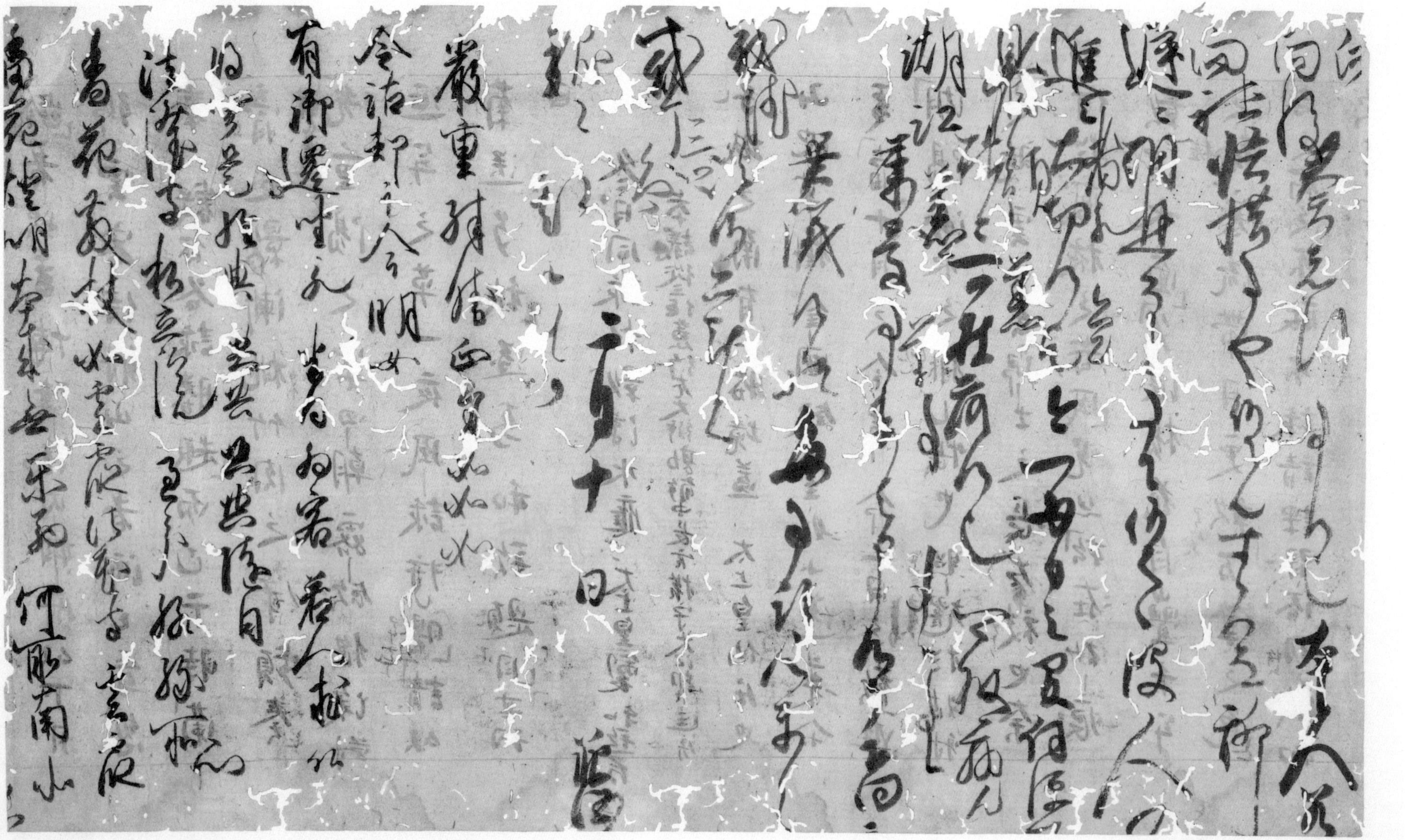

(3)

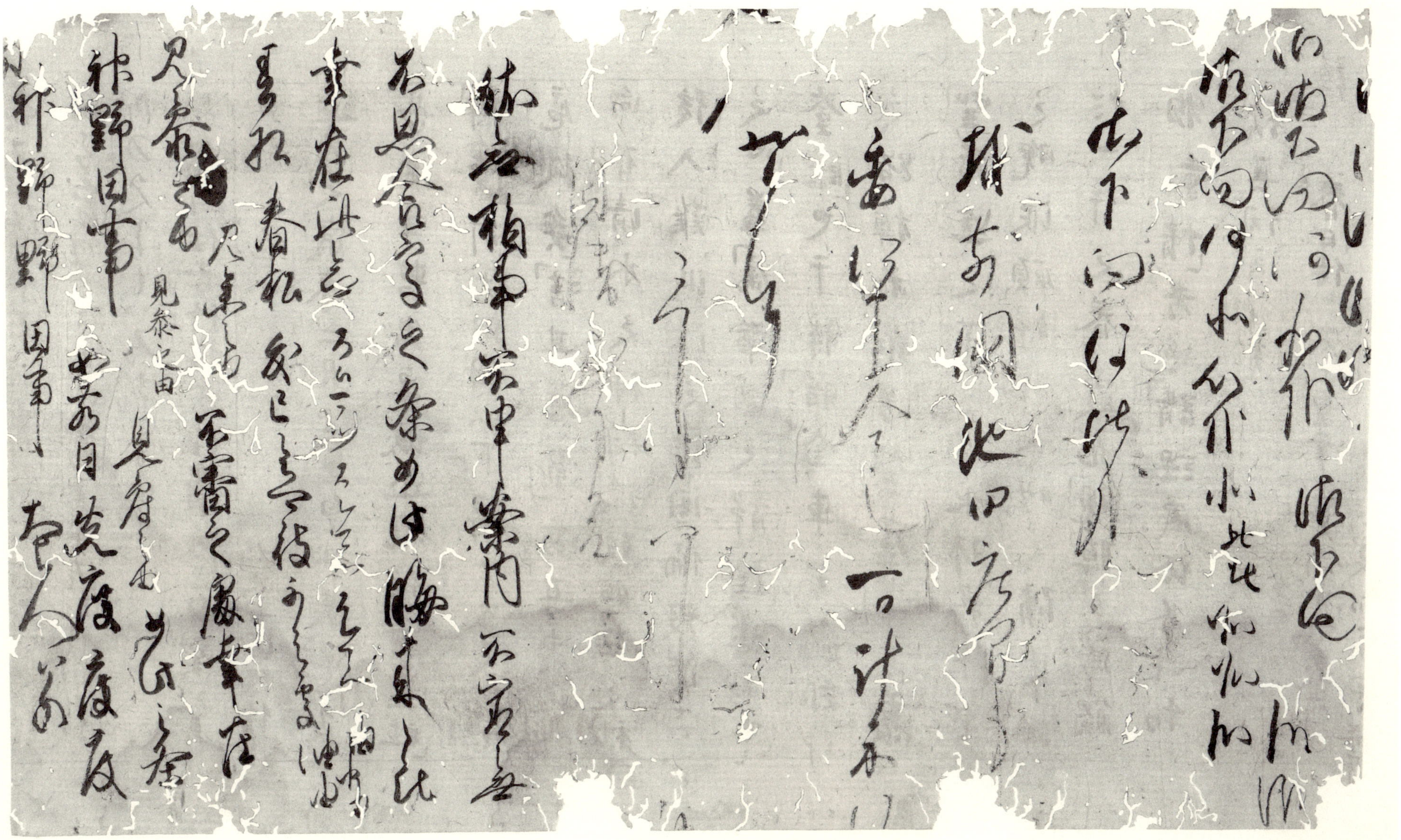

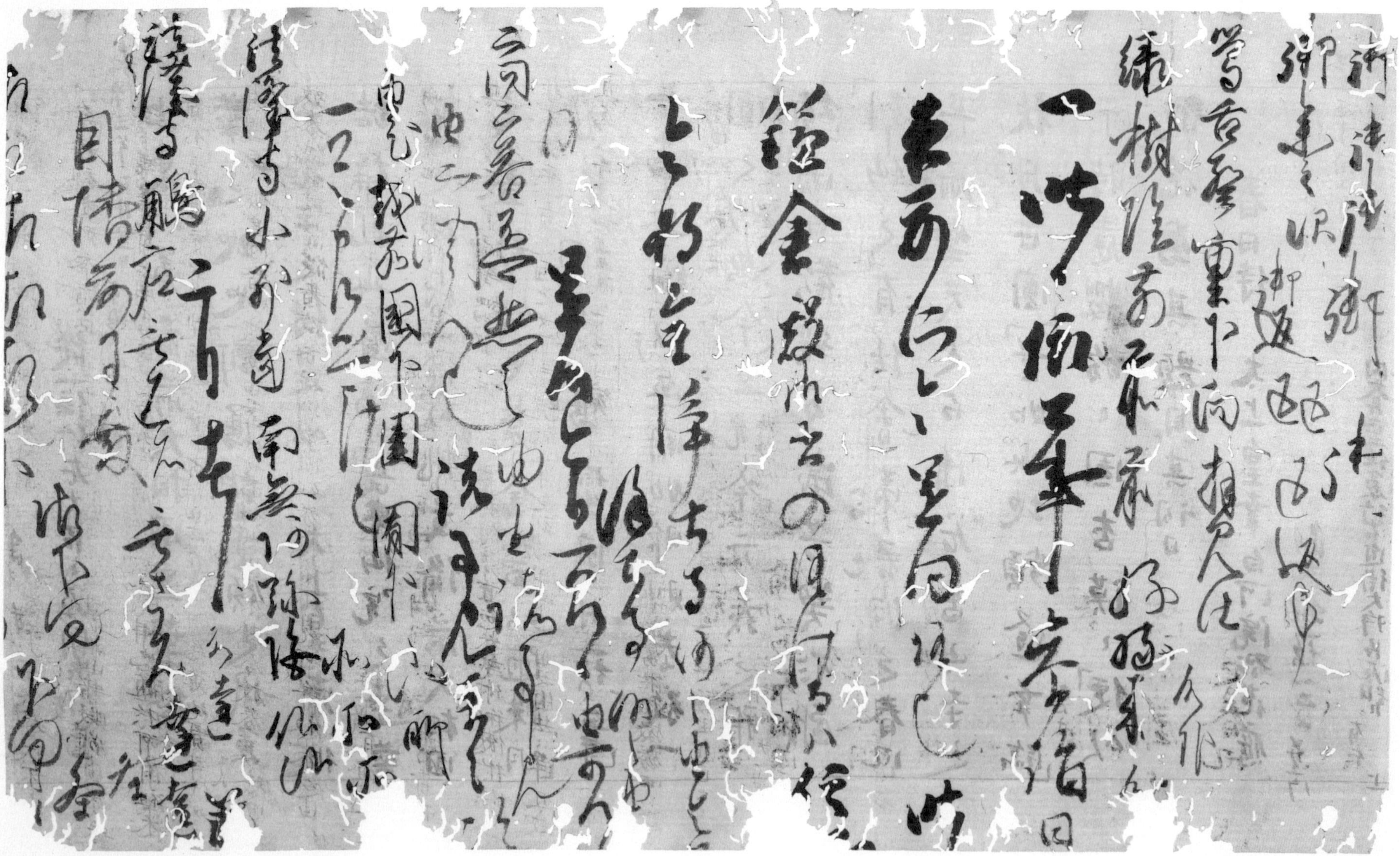

（5）

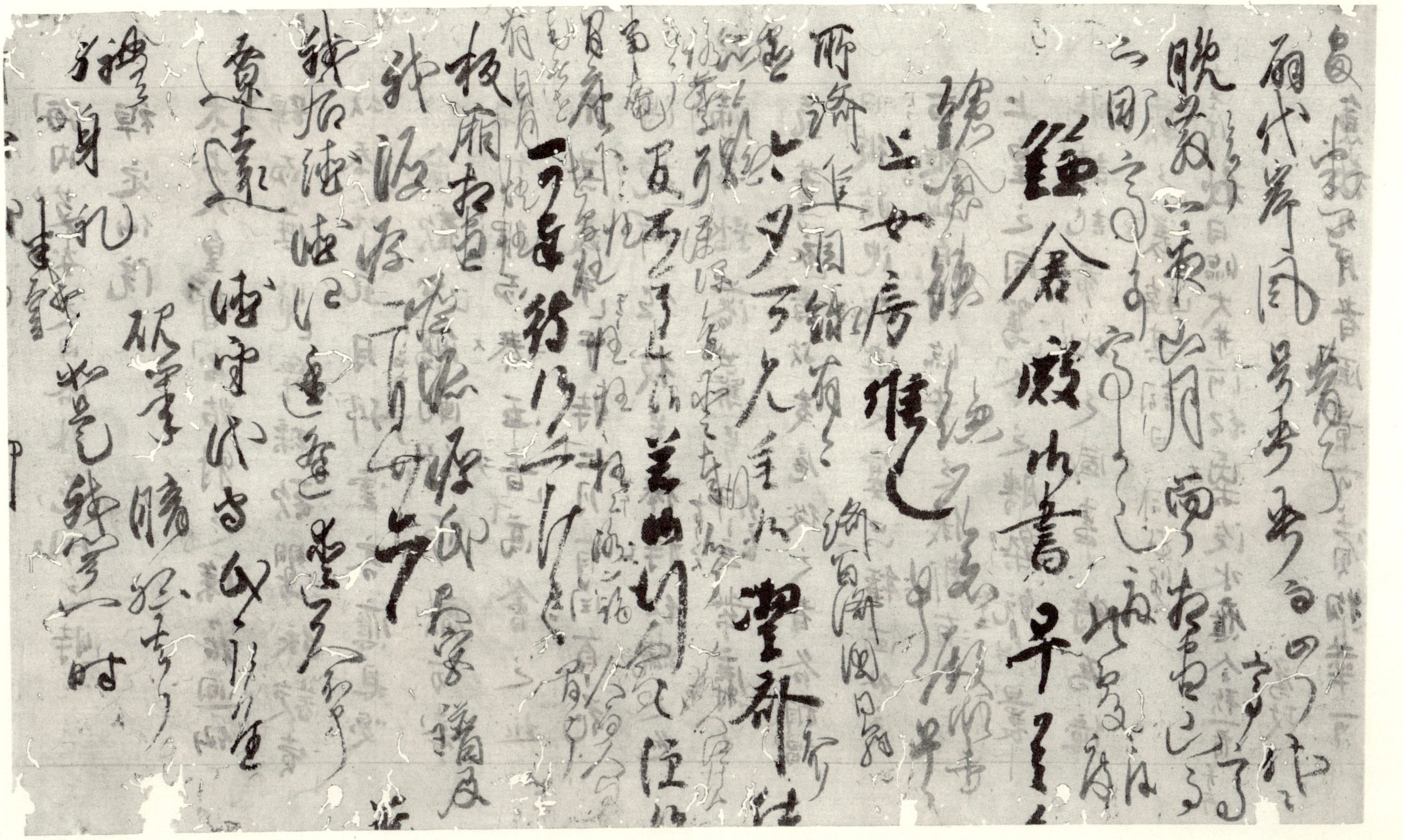

(6)

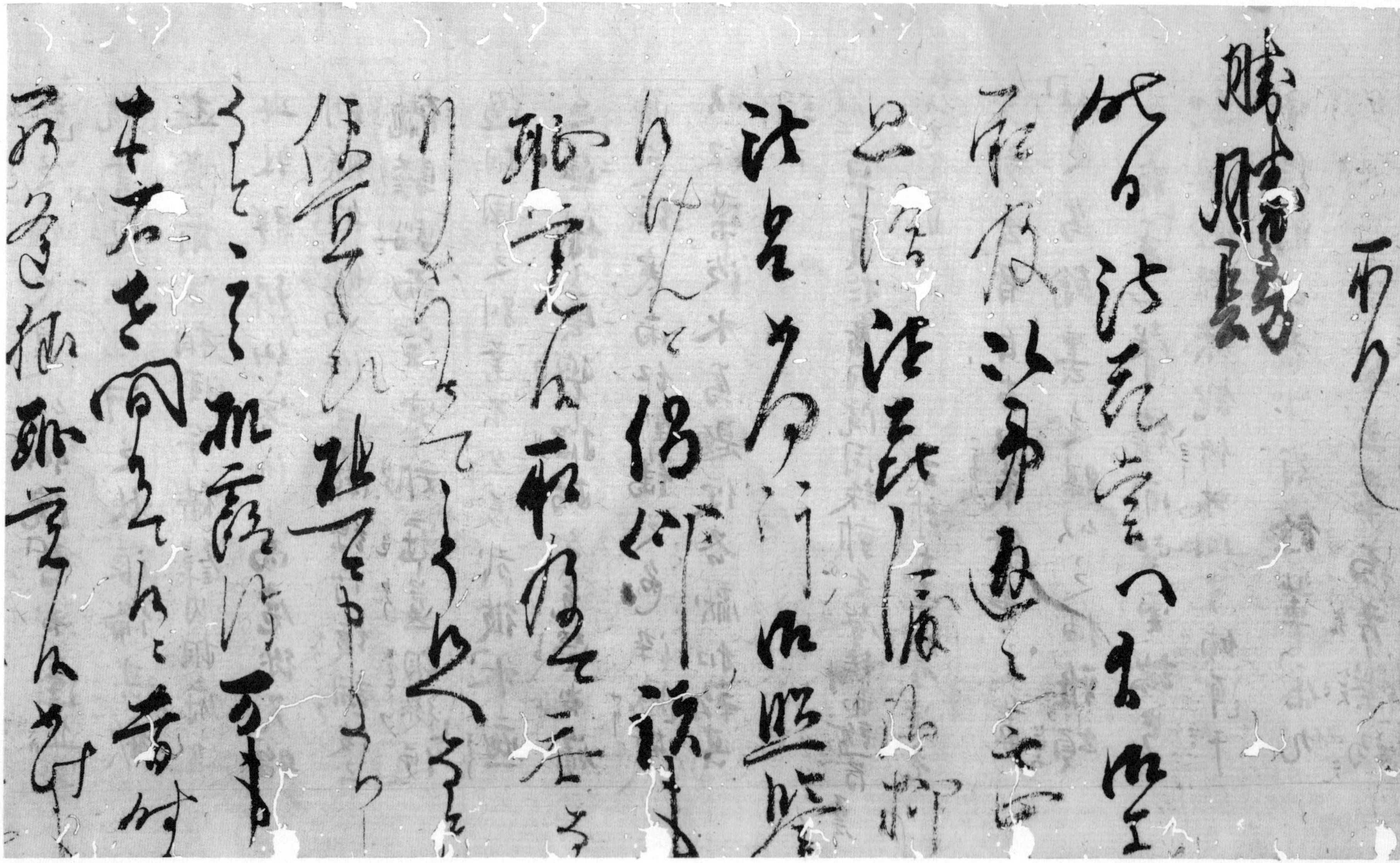

(7)

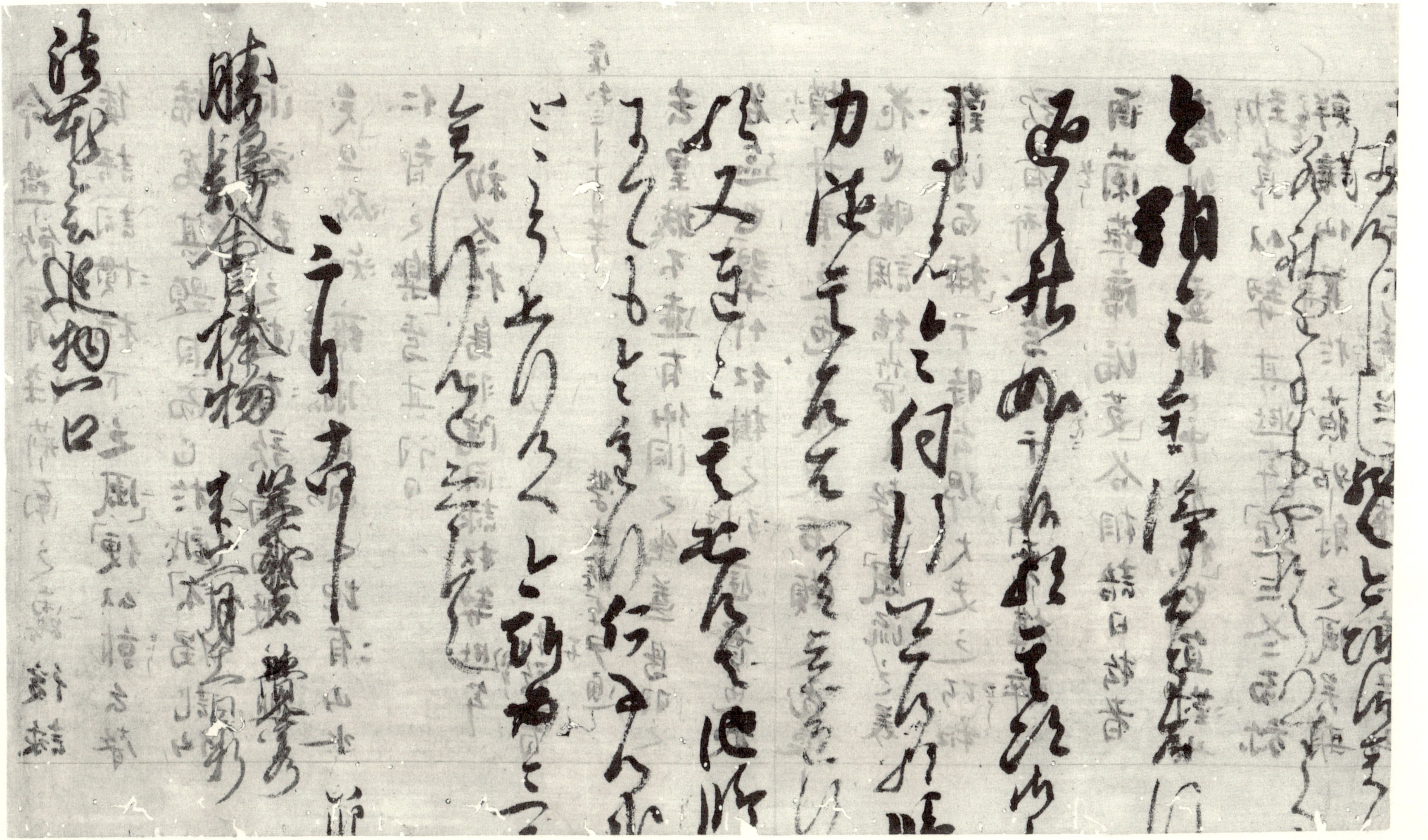

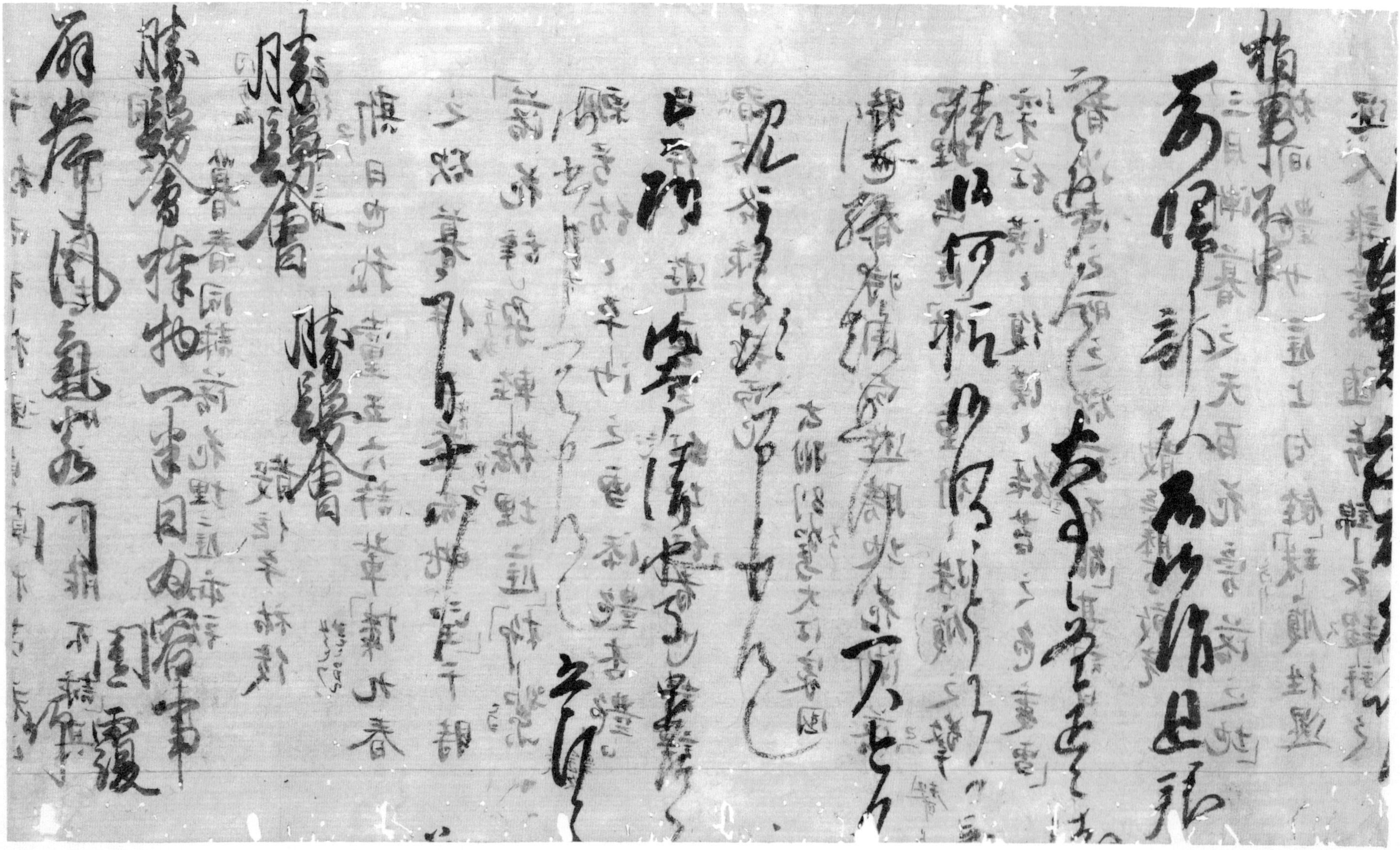

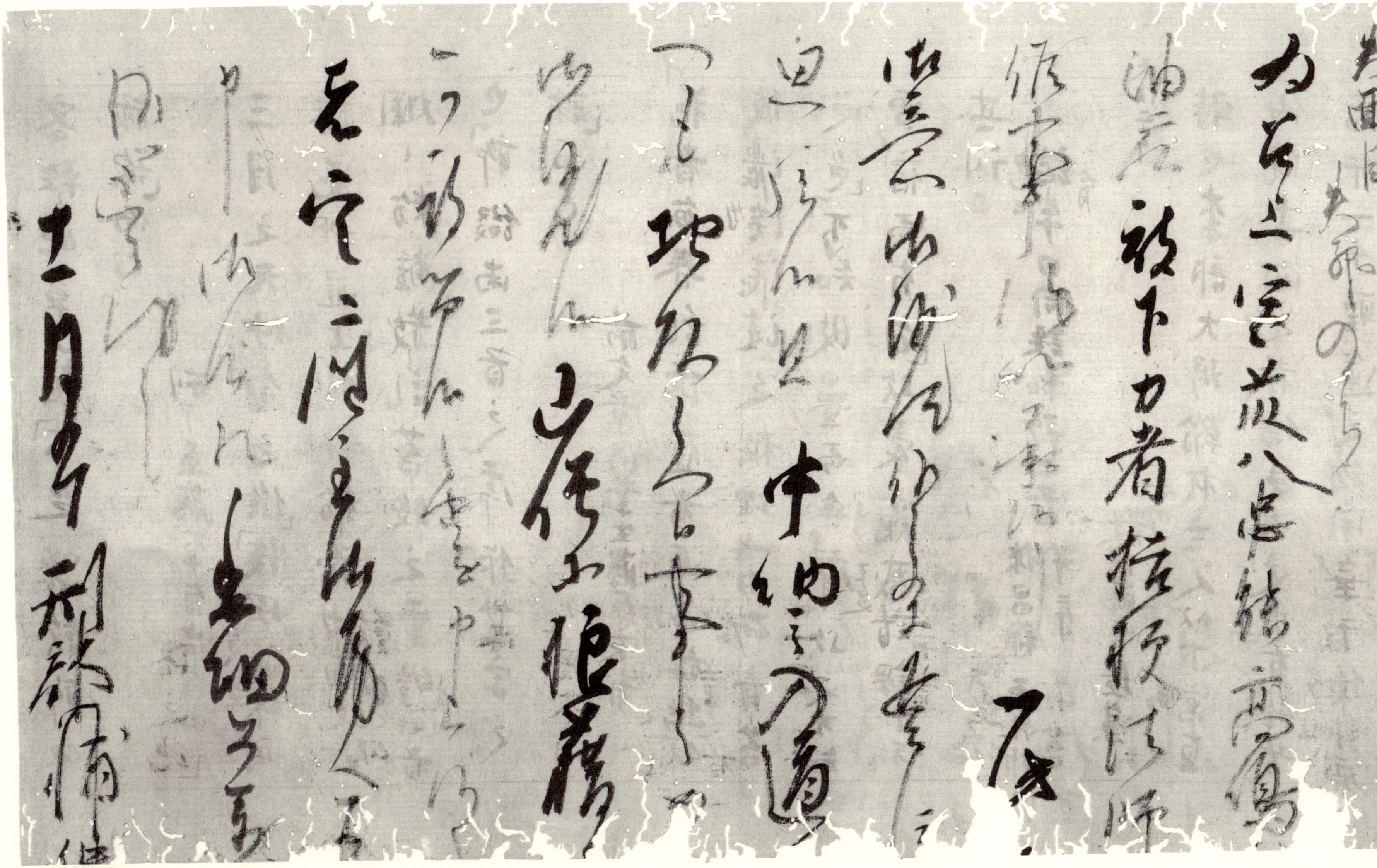

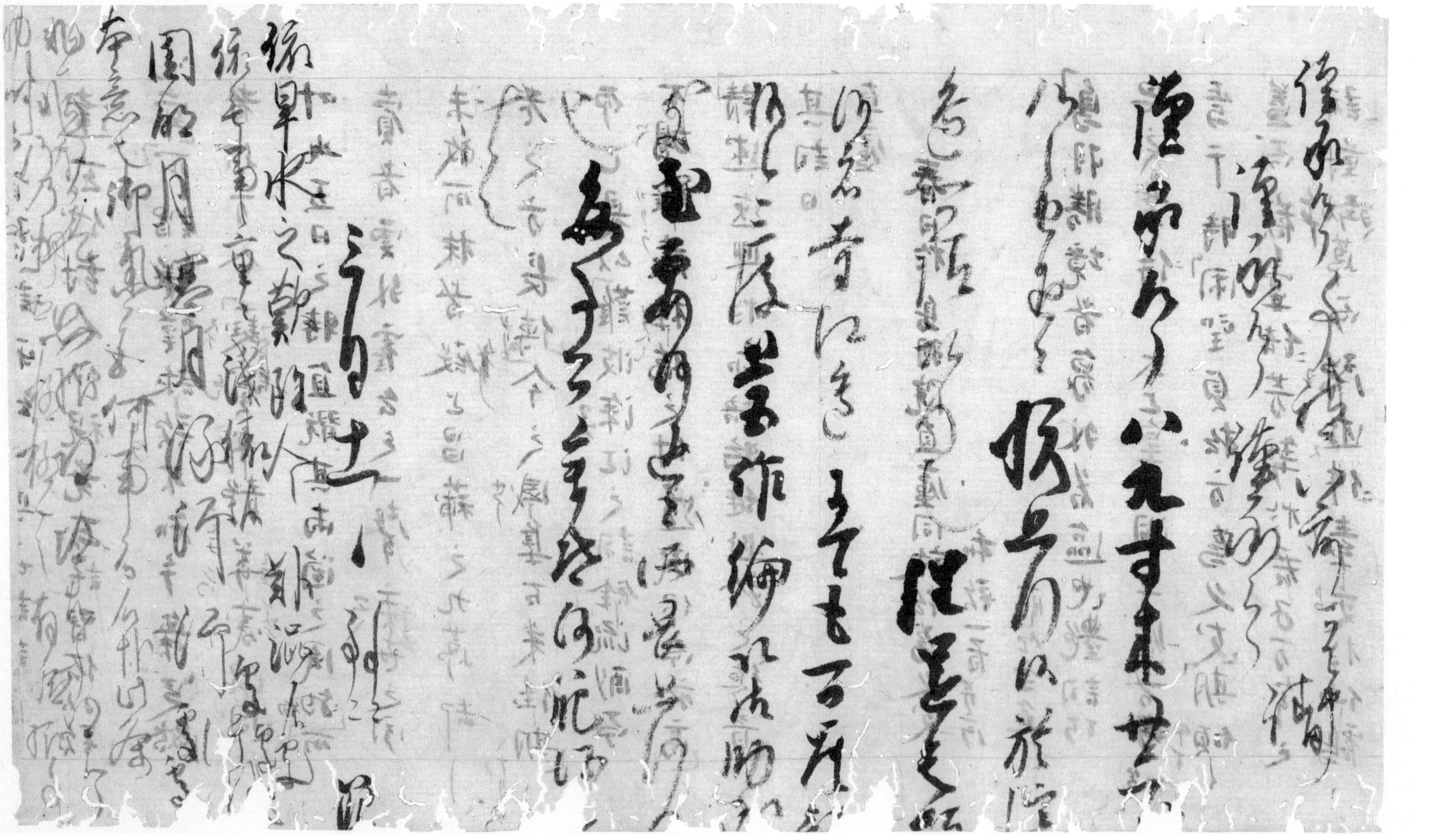

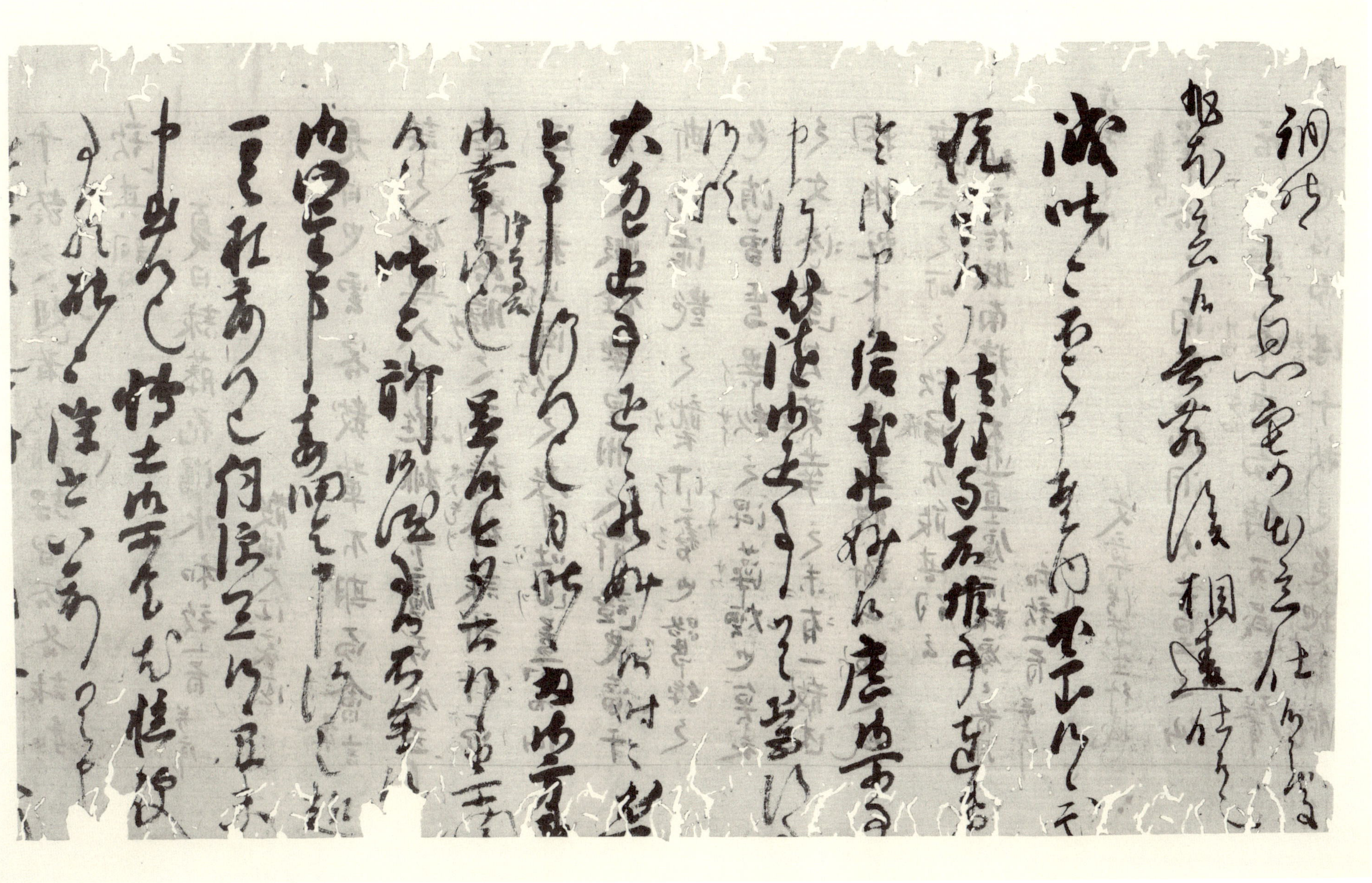

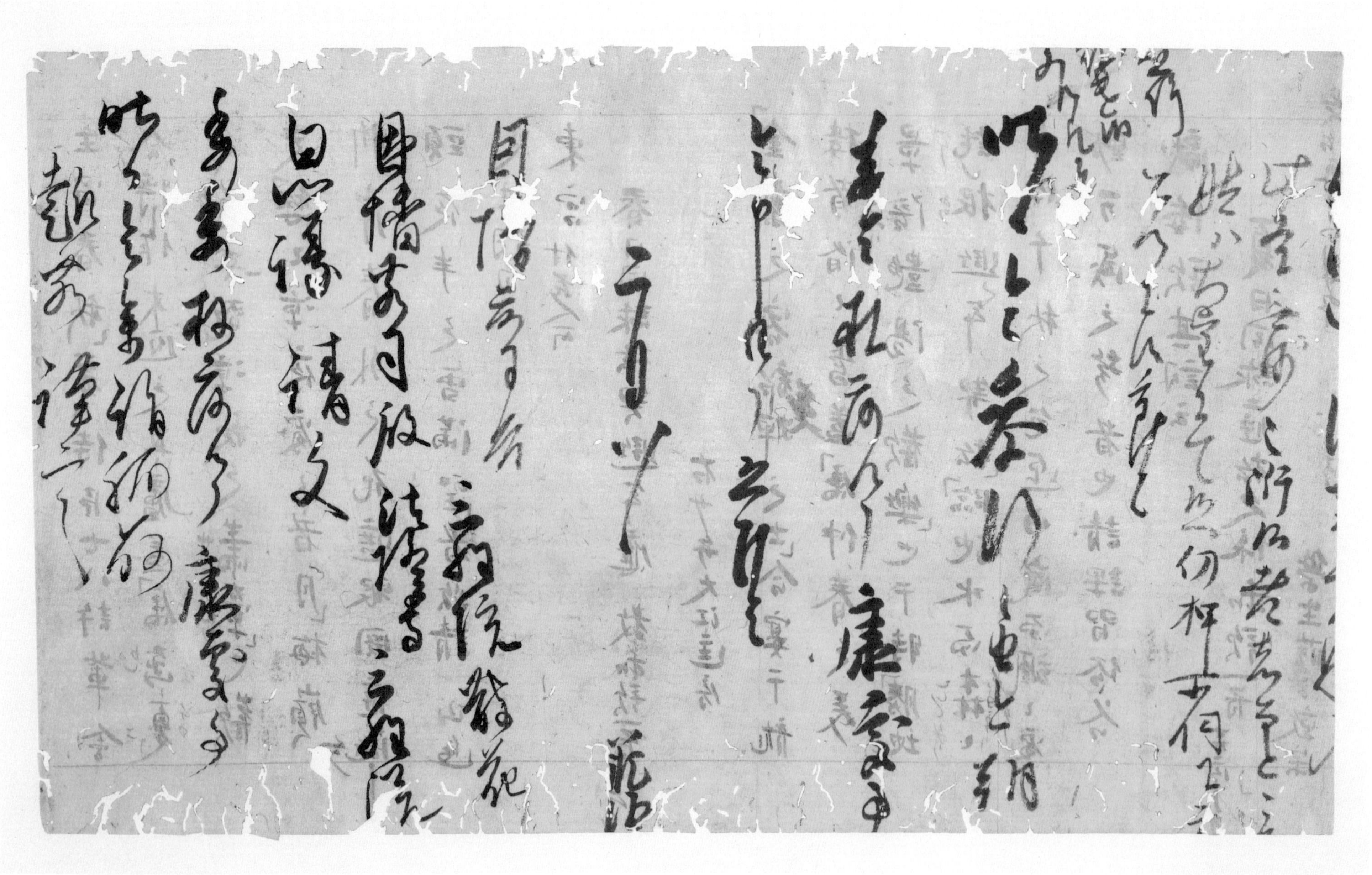

(13)

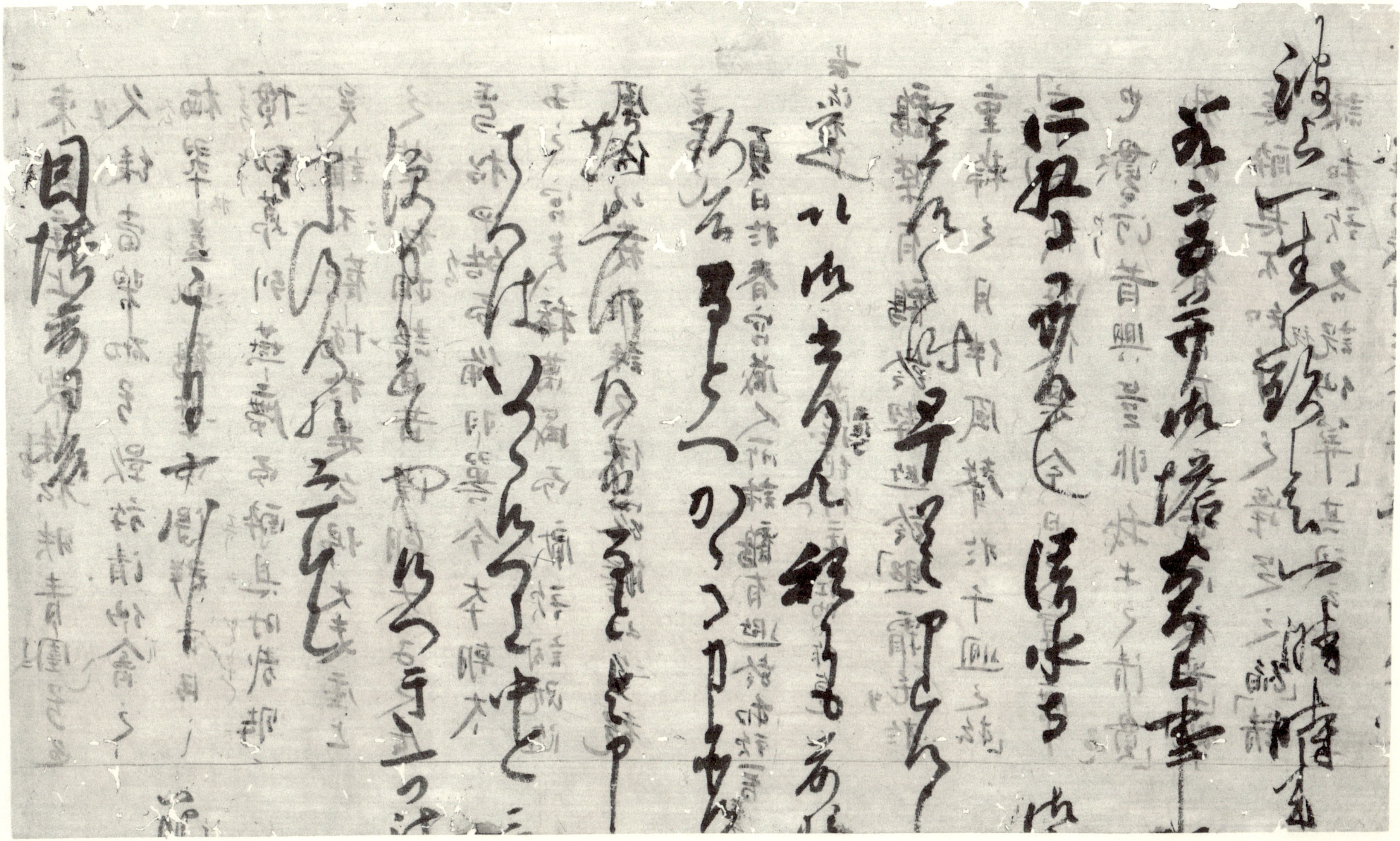

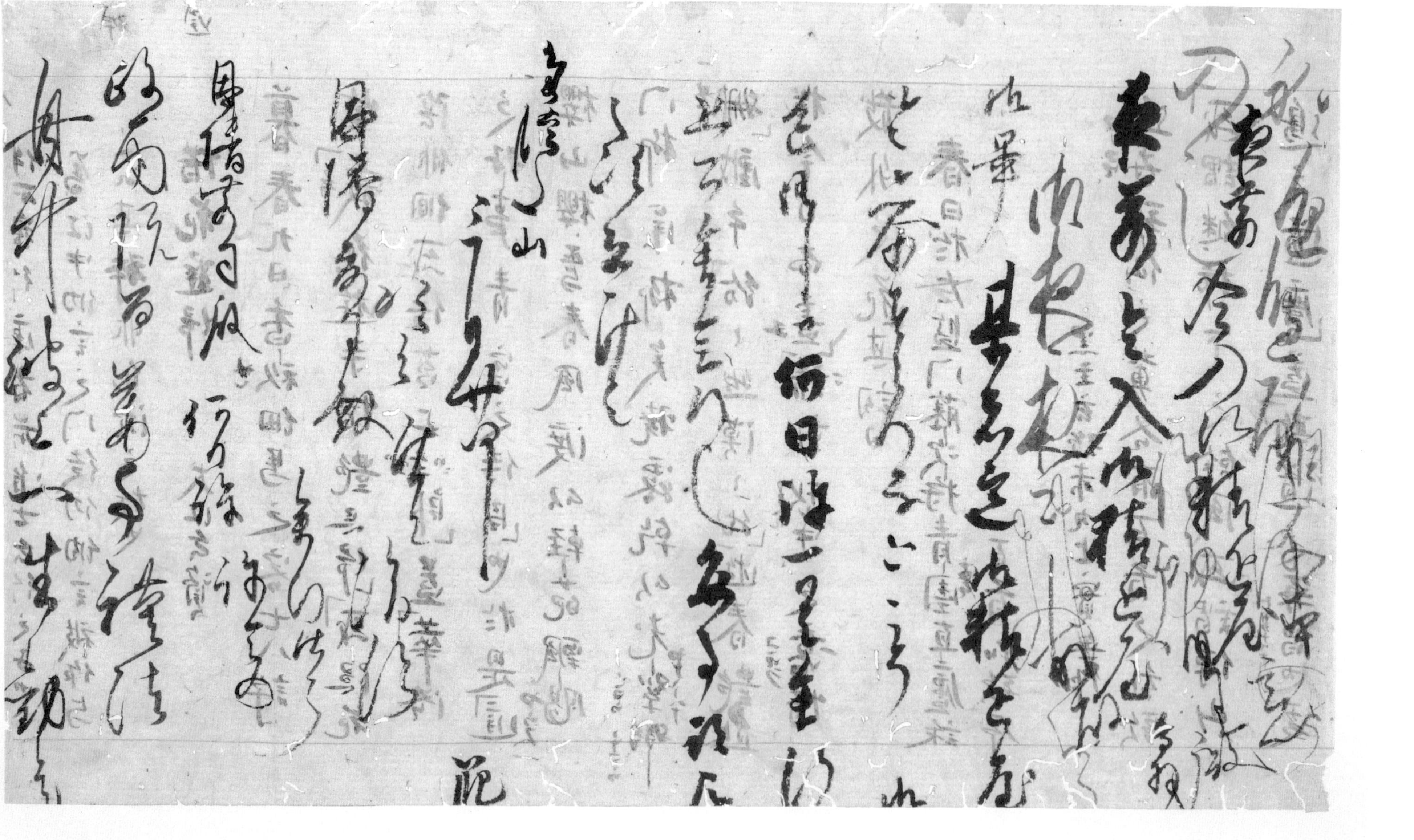

(15)

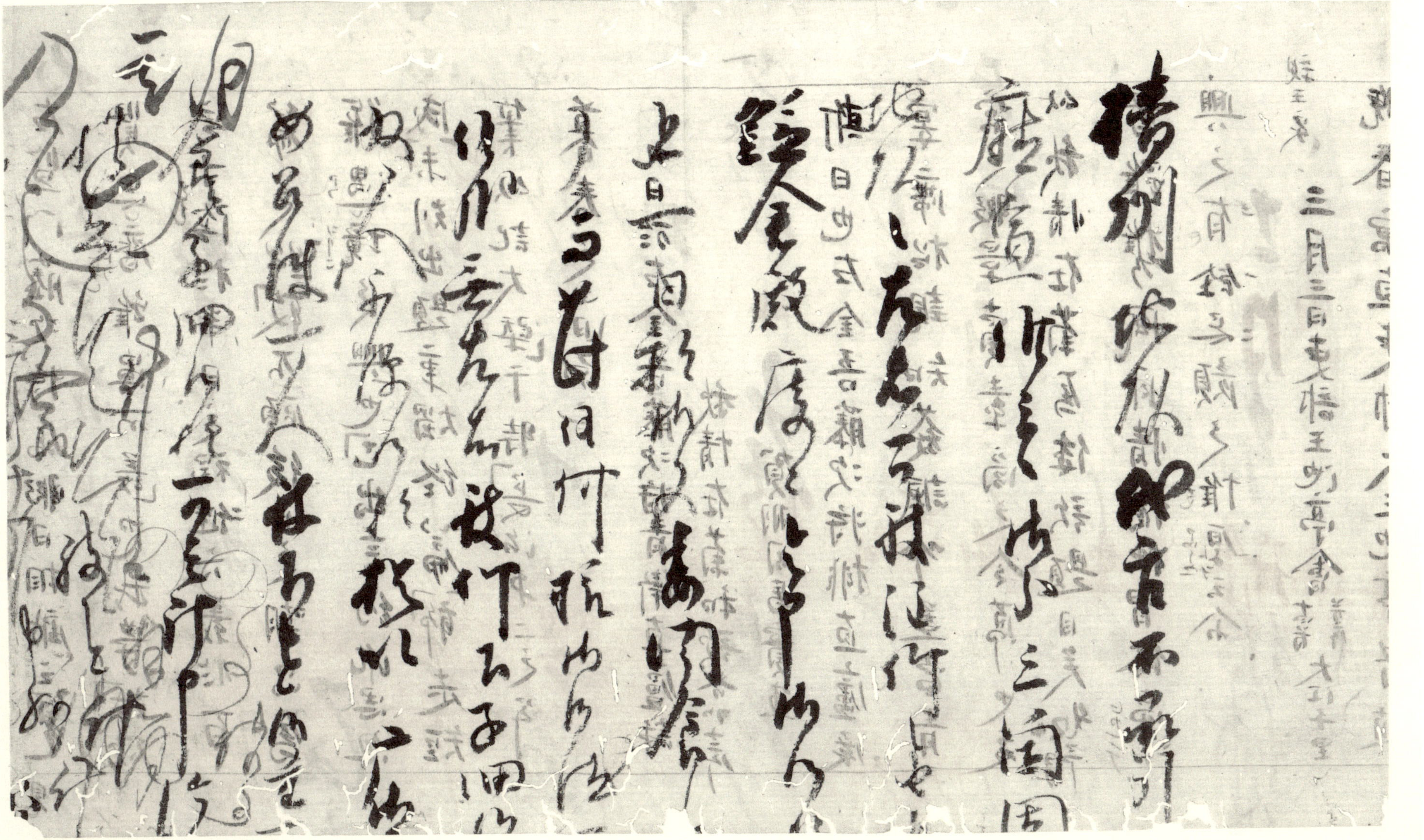

(16)

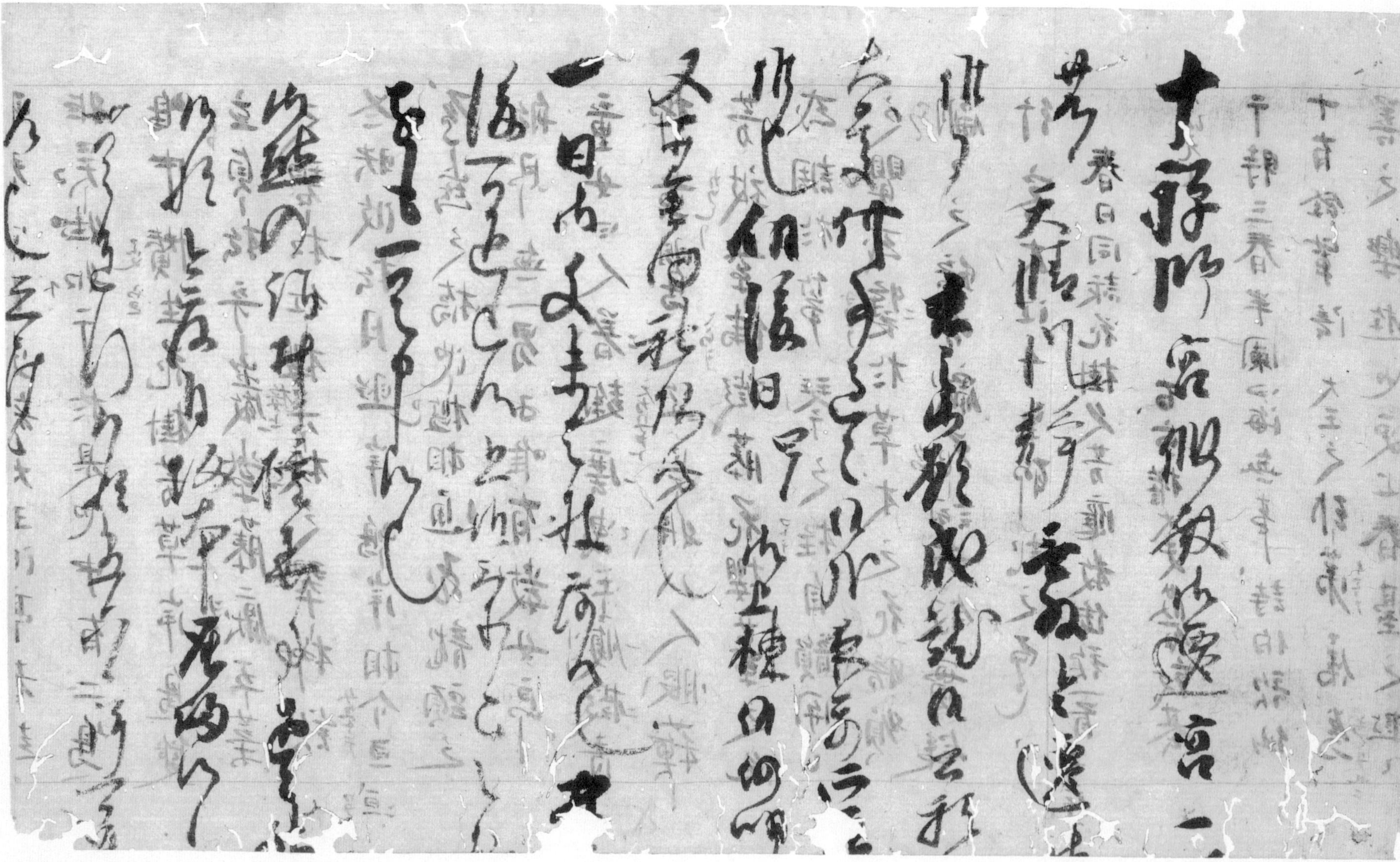

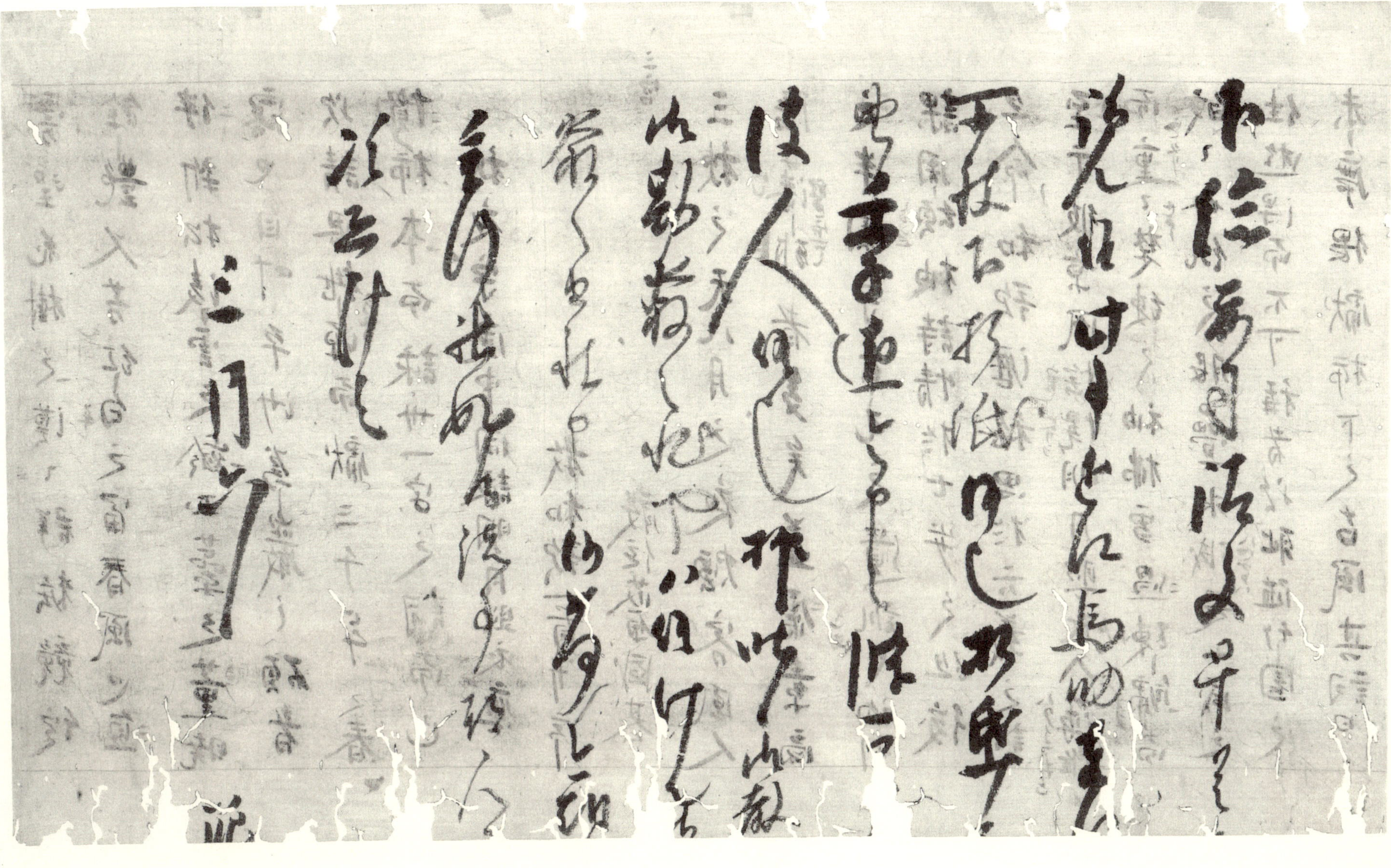

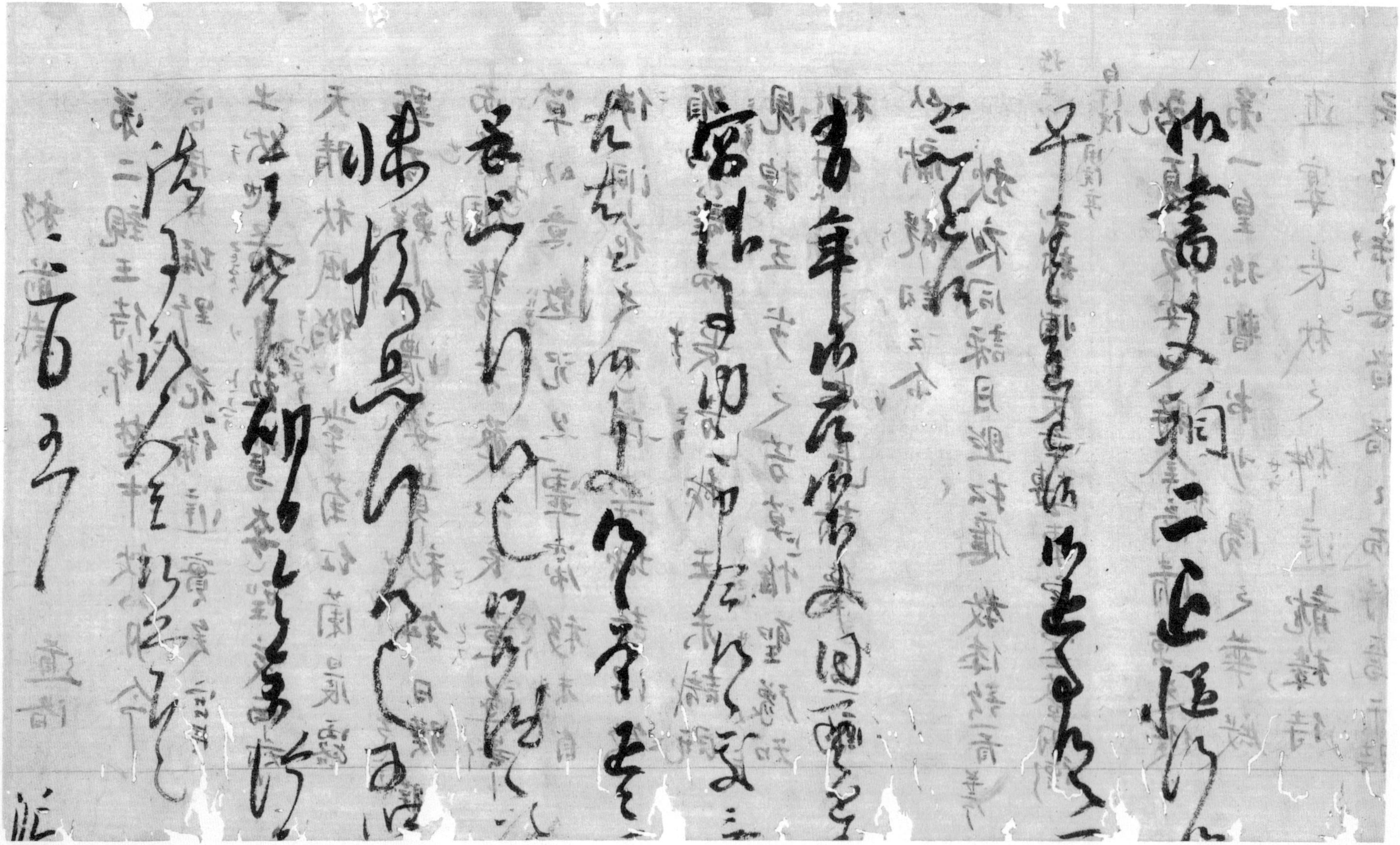

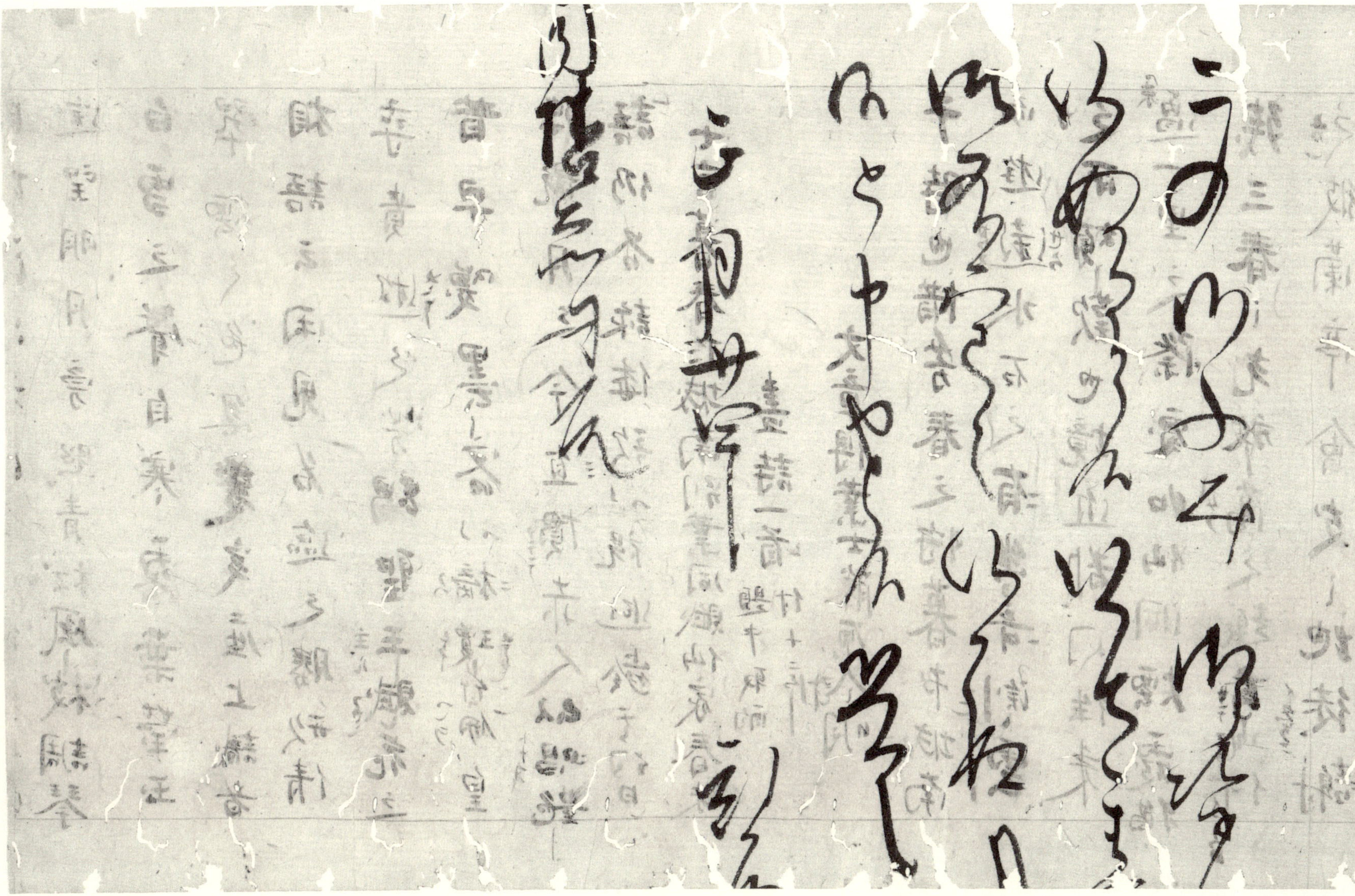

謹問
假令甲以所知神田壹町限直参拾斛（段別三石充）放券于乙、其券状不書載
弁済祖米於本領主之由、而當嗍之例者、於不輸熊田者段別直米参
至于薄田弁有公用畠直米、皆或壹斛伍斗或貳斛也、随於可有祖米
者、不日書載于契状、是旦風之習也、而件田所在本自為新地貳斗代也、
此田一處彼里内皆以寂薄田二斗代也、而如此田限不輸、令放券之以残田令
放券代之所當役者、古今流例也、随如券状者、不見可弁祖米之由、於
乙不意之外逝去、乙室家丙令承継彼遺財之剋、甲稱可有祖米之
由、放暴悪輩付作人等令譴責之日、作人等不知子細、為道當責、暫
其弁於爰、甲偏或知先日知行伐死甲私領戸重色米、或付私使於作人等
非不論也、責也、丙之女丁承継領掌之剋、以同前也、因之自去々年且
且為之、哥法擲留彼弁之日、綴諸無實成訴訟、令致哥法損亡之條理
然哉、凡神田御薗御厨等割其内所構定不輸、雖放券於彼放券田之勤
以残地可令勤仕本役也、随傳領如此神領公財等之道、當時領主進止也、而當
之身雖存知券文之状、[illegible]失法意、仍相副彼券状、謹請明判而已
安元二年十二月日
菅原氏

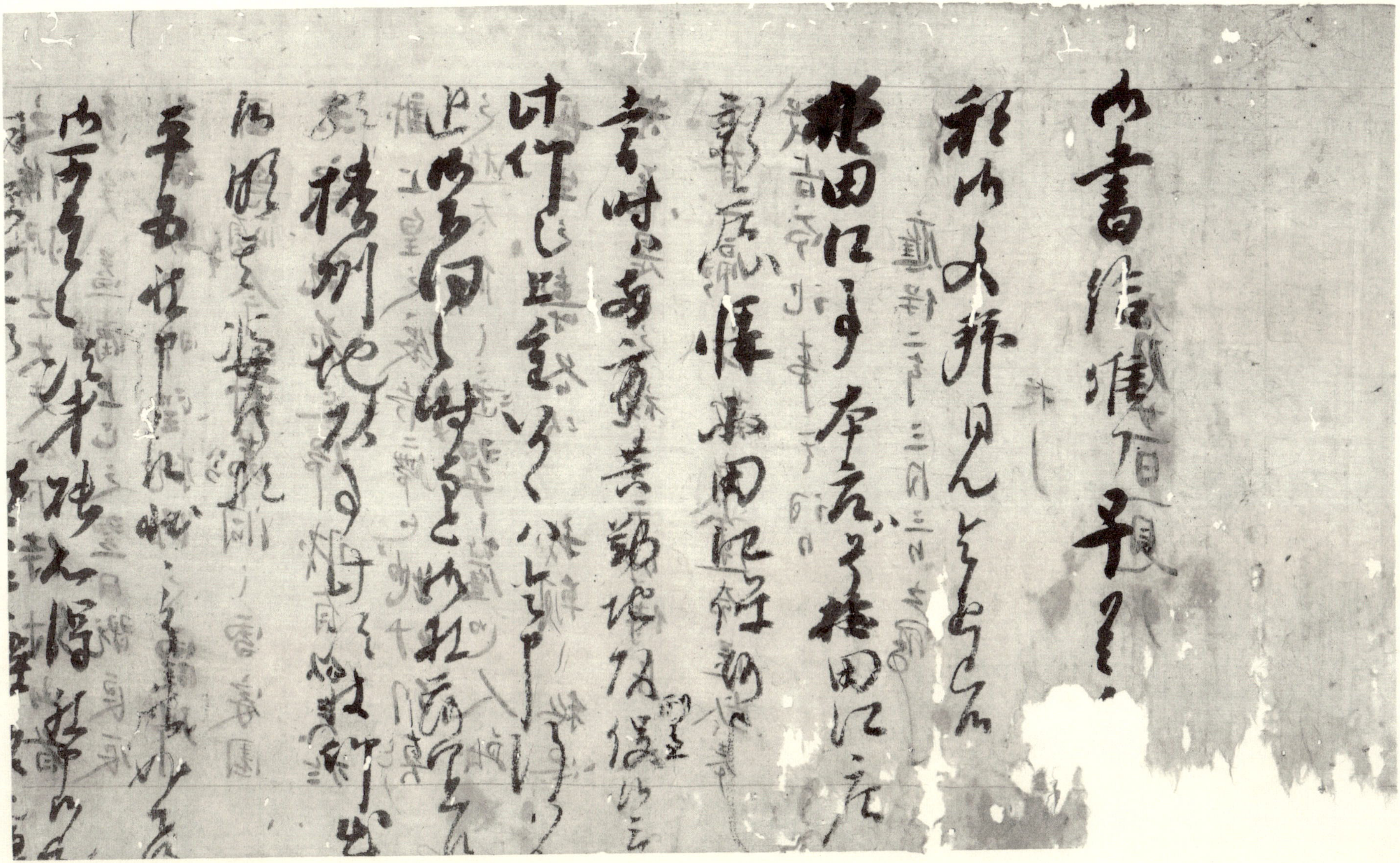

台記

仁平三年冬記

台記　表紙

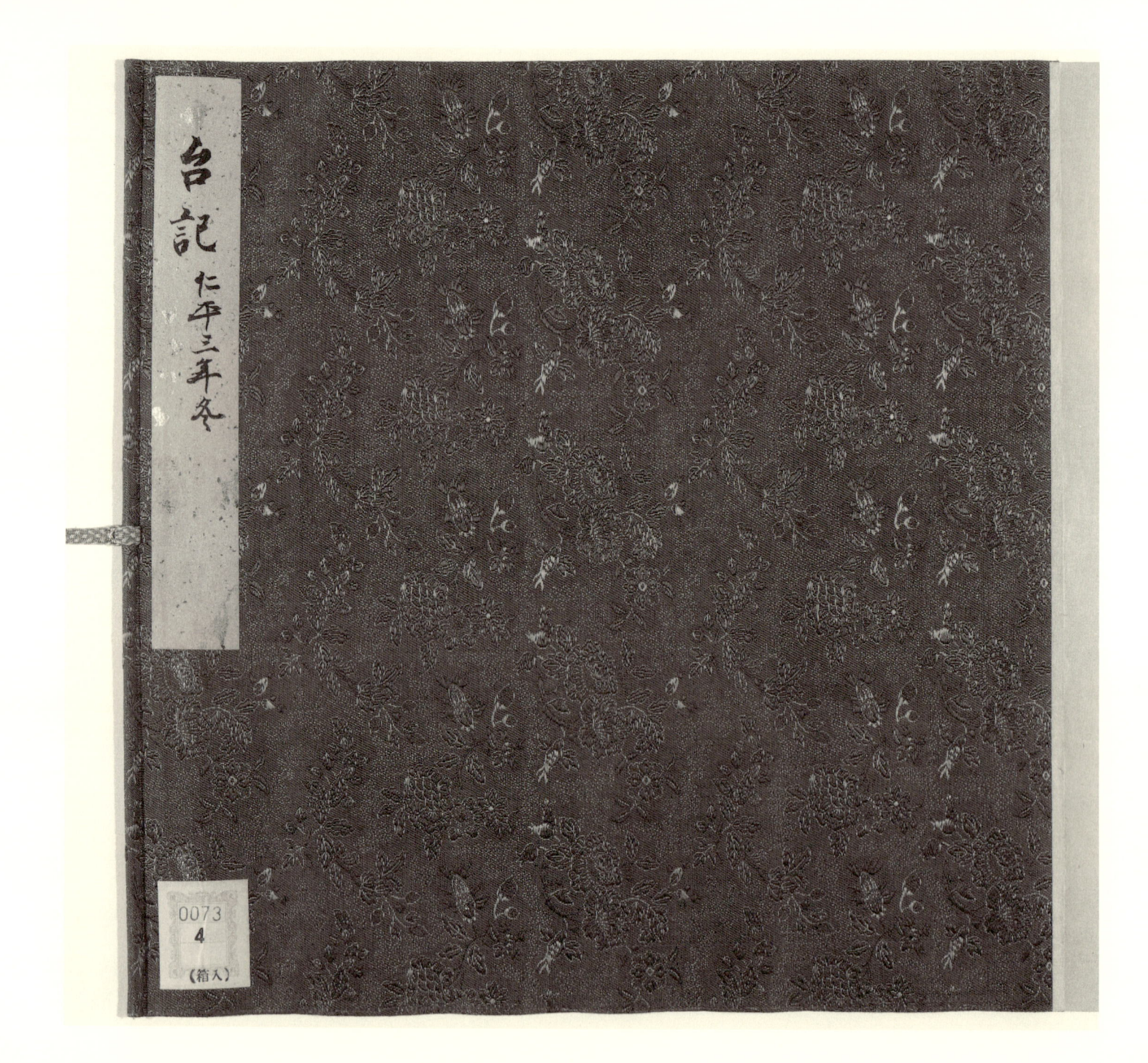

東京大學圖書
17334

同範家来曰傳々
仍日付下勘状之
行事弁中丞又々
上卿下宣中務卿
阿闍梨殿也　亜相　阿闍梨
昇殿之由両人並立殿
了君殿上次第陣座専
来下　右長来報来下新院下　長備中守参事
範業並同範家
々阿闍梨手々使
於鐘楼中納言僕
参法親王右中納言持之
大臣阿闍梨下可作法印
給儀阿闍梨来曰而殿修條之
之依下許作御殿
儀阿闍梨法殿之依六人
則当勤修証隆覚已許
号範依病灸治同法之下
了退又今日院為法皇之
請申了　左　衣　全令之
別記
禅閤被作下行事了

別記
神閑故作下行事了
被示件殿事
立件殿事採心在了
十九日甲戌
夜初校通是書　名説帰　着相遇了
今令行府覚於同所着明日欲沐
宅宴飲大内記並朝臣相具了
大内記白綿一領　史生出之
侍ス等長不見内記如之云々
廿日乙亥入夜右大弁
二通　須物使弁判他文所々云々　已上不付物使仍付阪別当云々
御寺僧御前論義捉之候帰
廿一日丙子申刻立夜侍従
次参内於宜陽殿南廂　亥刻入夜
並長所長参院ゝ行信
余ス長御修法始ス
朝ト方ゝ見卿ト在前
大宮御ゝ参陣令申之
依ゝ着座職右ゝ吩ゝ
廿二日丁丑遠暁朱読月明注文参所
所
廿三日戊寅申刻参ゝ須史退下ゝ了

廿三日代寅申斗参上頭史匡下〔云々〕
宿所印入御宇路依院門
廿四日己卯午斗参御所□
廿五日庚辰次日甚雨会日身
出宿幸〔令新隆利〕〔云々〕
二年定文〔京家夜〕網文
二十八口不書吾教仏会〔云々〕
一□路殿留雨云云
勤文東極不呈覧〔云云〕
外に夜宿依次日次
所得老見春同領
七ち寿守故行書汰
〔春明日〕〔云云〕
共日辛巳申行〔云云〕参行成
阿弥陀堂次東塔次運新東北陵次
堂次講堂次観音堂次新東北陵次
次此清夏長月六
〔宝〕〔等之文〕繕也〔継也〕
従事此事依頼倫行
五師定文
我時一二三短冊之一着清秋
其後精我 旧拳川
考差川 余支詞二番自

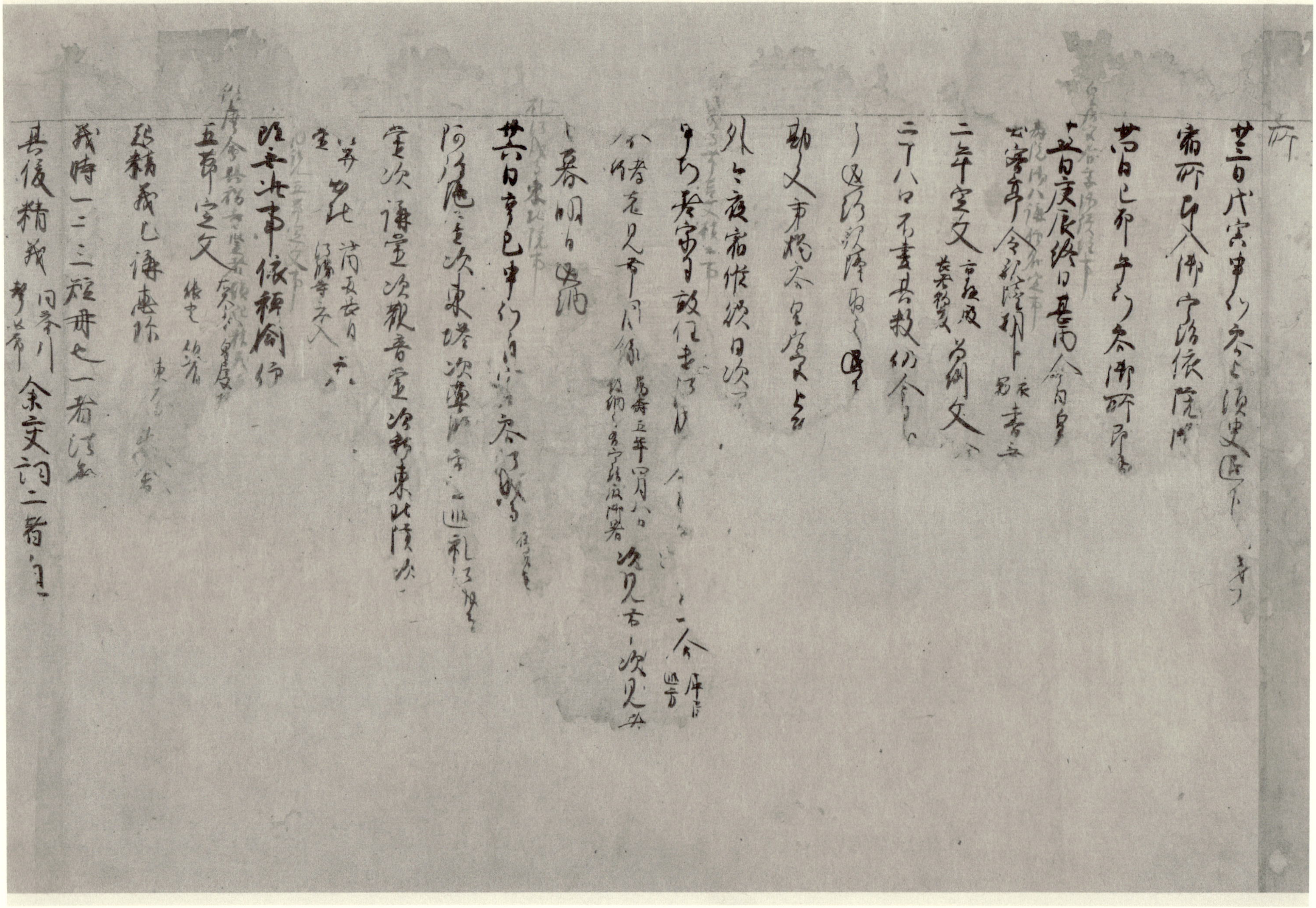

義時一二三短冊也一番清[?]
其後精義 同条川 皆以帝 余文詞二箇[?]
有法 已上不 了解 堅着文
明才智不足之依難[?]
廿七日壬午申刻已後也
摩訶師也 [?]加羽[?]近[?]
義一番良覚已議也 澄瑜已[?]
六番今夜宿仕
一番 良覚大法師答 澄瑜大法師問
二番 覚長大法師答 守覚大法師問
三番 尊継大法師答 恒敏大法師問
四番 行智大法師答 行顕大法師問
五番 勢真大法師答 覚兒大法師問
仁平三年十
今日亜長着袴 十月余大納言也 着袴例也
摂柳直衣冠前駆衣冠存
衣蓋務前釼在車後[?] 亜[?]覧日時
陰陽以暮崇 見了造凡子日時下給行事[?]
親長加署
木工寮 左大史師経 同着 令造凡子 大臣侍子[?]
西宮抄[?]擇偶床子 敷黄端半帖又大臣侍子下敷
所[?]識不敷之大臣納言[?]皆画日成立[?]
着座日時[?]

西宮抄擇偶座子　敷黄端半帖又大臣座子下敷
所見識不敷之大臣納言參議皆立日成立方位所方
御
午　着座日時執筆兩道黄 [illegible]
東三條中門廊南東　中門 於中 [illegible]
餘從 [illegible]　出自東門乗車於 [illegible] 賢門　時中之時下
從皆出門著深沓　依雨 令前駈取笠 [illegible]
着　近陰陽寮同使隨身同時　時重入
利 [illegible] 外記之 [illegible]
次入西腋 納言 [illegible]　着靴 依雨 [illegible]
戸 [illegible] 着座　二間 [illegible]　在母屋西 須 [illegible] 人 [illegible]
自外記西門經西廊 [illegible] 間入 次西西戸 [illegible]
入小座着深沓　隨身一人 [illegible] 使一人 [illegible]　自 [illegible] 出門 [illegible] 陽明門
乗車 [illegible] 東三 [illegible] 使 [illegible] 對 [illegible]
次在西一間 [illegible]　高 [illegible] 東二間
主人 [illegible] 高 [illegible] 二 [illegible] 殿上人
[illegible] 下 [illegible] 着 [illegible]
史 [illegible] 随 [illegible] 立人 [illegible] 着直衣 [illegible]
[illegible] 殿上人 [illegible] 衣 [illegible] 大夫 衣冠
宇 [illegible] 殿上人五位殿上人 [illegible] 不 [illegible]
[illegible] 文 [illegible]　[illegible] 随身 [illegible] 冠 [illegible]
[illegible] 左中将 [illegible] 以下 [illegible]
以下饗 [illegible] 明日饗 [illegible]
廿八日 [illegible] 到宮御 [illegible] 内府
左府 [illegible] 奉 [illegible] 令 [illegible]
[illegible] 人 [illegible] 人 [illegible] 東 [illegible] 事

右府申了、参法勝寺、依八条今(?)修所也、五
位了四人、何為加侍四人　陸奥右　東帯了後事
廿九日甲申、山階別当、参籍(?)侍所入(?)被(?)語之
卅日乙酉、行参、鳥羽(?)東殿(?)、道理(?)法(?)…
仏事所(?)法(?)…
信(?)将(?)…
之後、今(?)…
奉仕(?)…
下…
下…
今夜文章博士…
明(?)…
…

十一月小建
一日丙戌、晴、今日五位者…
…
信(?)…延長九年五月廿一日丙戌…
…
同東三条…
…
日(?)…
…
…
…

納言之後、参議以下者次第着座
池第次諸卿
参議大舎人参納言、参誠盤〜変中文儀以等
右大弁、井々不参、左弁
朝隆卿下着兩座
了、紀史進申、参後申通、〜渡立
就當参史進白、諸音當立者、次戌刻
之後、参議之徒者人失之、成隆卿下者予乳起
右大弁立着之後、着付物之間被匠下、飲湯
者、
参門、陽明門出立着庫、着右仗、全及長官門代自外記庁、
長官連車了、参誠申通、〜渡州三雨両自立同
外記史御厨、参仮候使参、并乘家
〜外記中御厨参仮候使参、并乘家
所令内含作、同食由召外記中将宁長〜
所令内含作、同食由召外記中将宁長〜
液日暮翌日区納小家了、敬信、哀冠、令忘〜
没出、今日、文章博士、黄明郷下、朱作冗、勤事
出五位頭
二日丁夜、更出 行駕、宮藏物上、稲内有宁和中将長〜
比合忠爲、終禰、嘉射五度
〈小文自院、沸書披作明日、大一尖〜〉
三日代子、今リ、左陽門随馬引事、四室下射、鹿る催
外者子、に御不唐 下留当人の人
〈殷州部申九藤中八成作
同作鎧、同藏腹、〉
日己比、当リ、寒所、吞上使、俊善参五呼、参日話
窯所印、参宁治
六日庚寅、御祓、萬就、疾目明其我医験
神閣、後御恭目、渡御、小河御寺、全役侍参、翌日、登、
玄日己卯、敷後、各尋、乾仁満、使、捕朱餘、梅物、論菜、次藷
慶午玄、夢深、三日後、父、彼、御、淮、梅雨、候、目、誤、〜

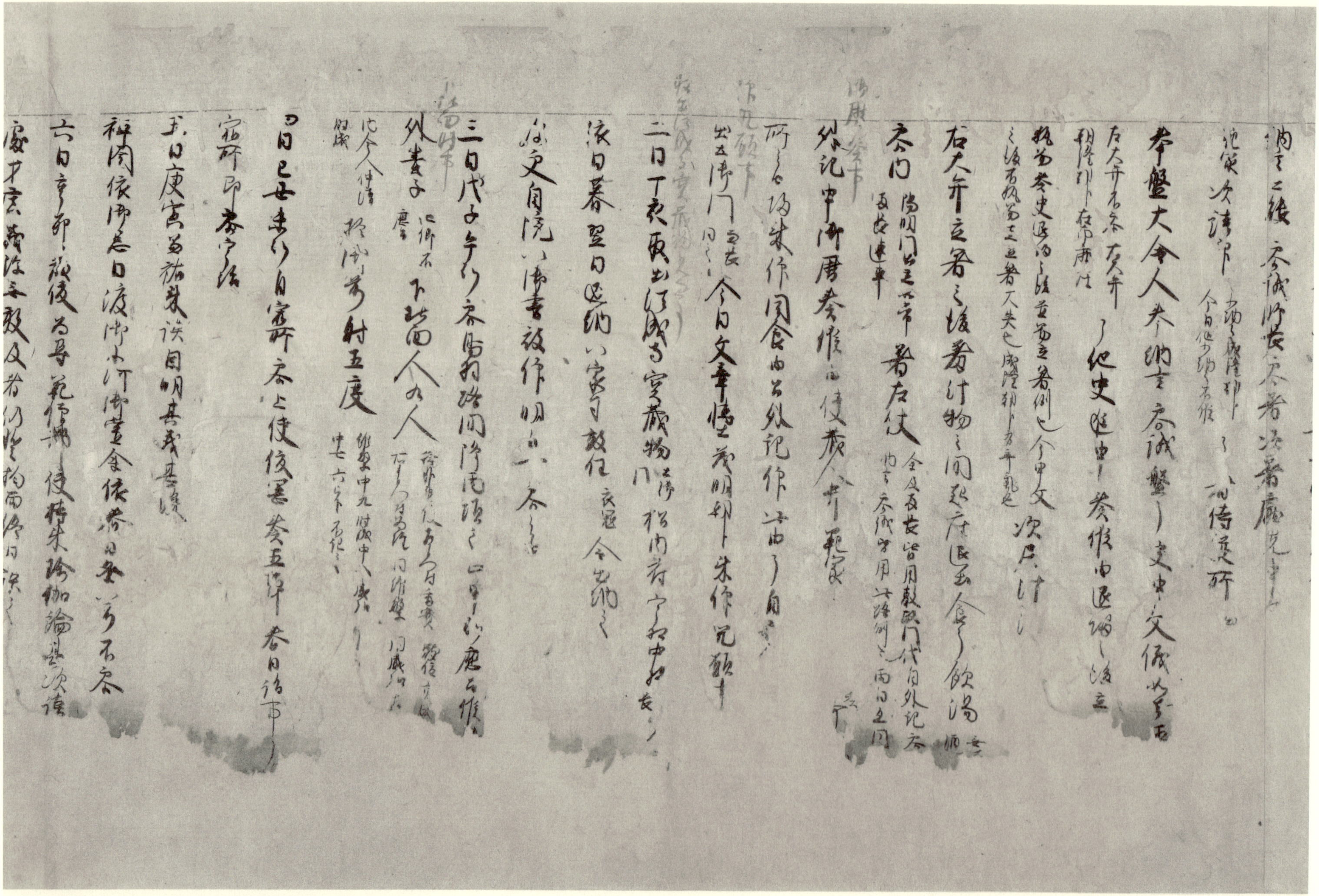

六日壬卯、親俊参、範信朝臣使将朱論伽論並次第
慶才房請法事發及者仍修補雨後可读
九日甲午今暁蔵俊帰布壹晩該金胎胎
十日乙未發遣答日神爲兼度使右近将盛豊成市外記中
寛以助吉力降而答作丁以發俊未行る卿之
十一日丙午る直楓宮神爲兼庭使指弖夜任國晩玖参
後墨答后第目七日丁路参日之由参る第月忍月
參神社的今月廿古日丁路者作日質之入于改俊么
寛方
十三日戊申門参頭更全及大御々日教仍庭云参仰
下外兩人於仰者竹下度

家實 ……的的的的的的七
重成 ……的的的的六的的三
實經 ……的的的的五
賴昔 ……的的的的八六
為況 ……的的三的四
盧昭 ……的的的的五
怕察 的的的的的的十
敏時 室、室、的的的的三
雅則 室、室、的的的、的四
時成 的的的的的五
賴启 的的的的の六

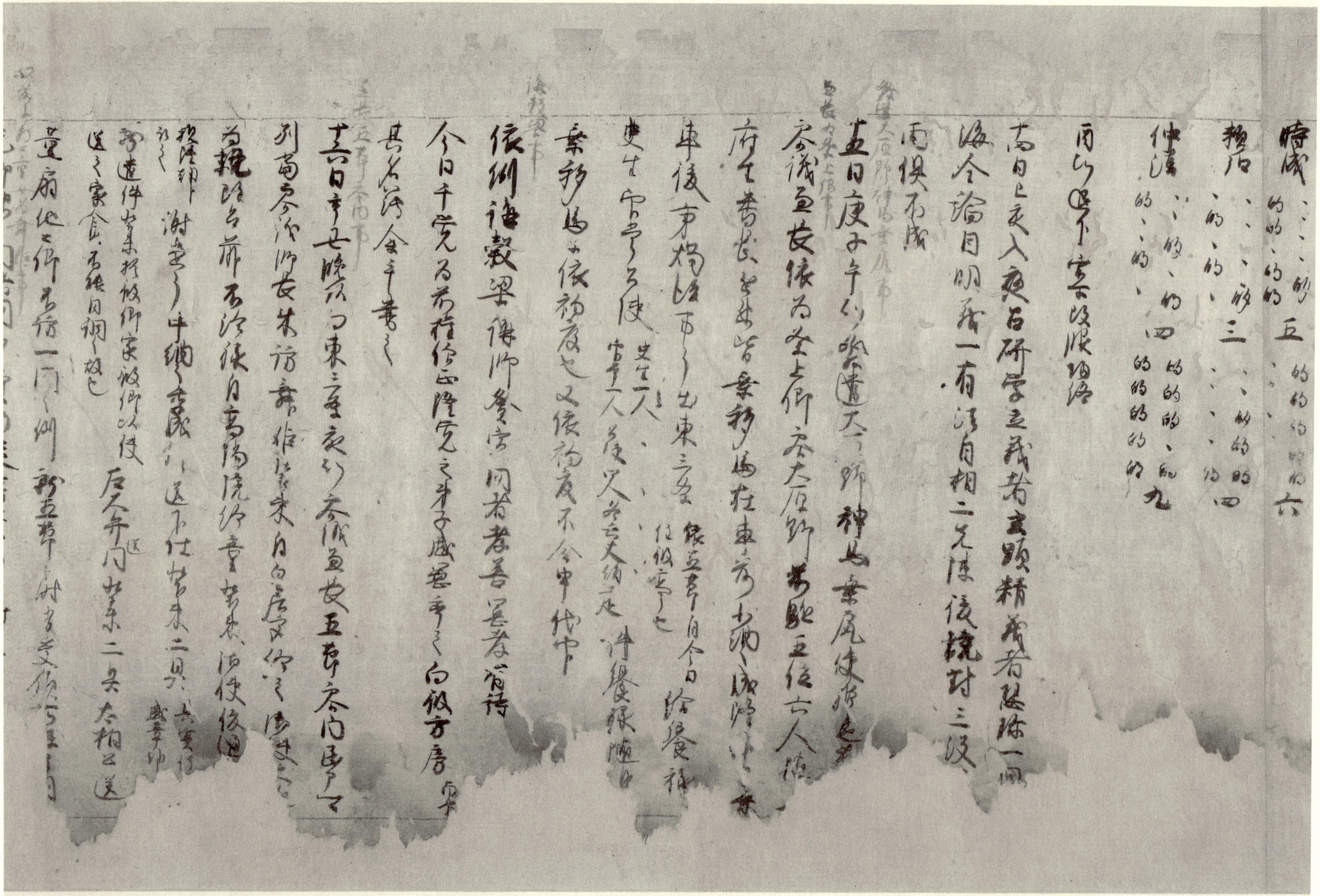

院御懺法御結願、今夜依隆長令候、予依障不能参入、自余殿上人々所候云々、隆長今日巳剋許来、直向五戸所先是芳宗市、候陣方為感之伴隆長令候云々、

路方調楽事、
彦院繚子内教王家、
記事向五戸所、隆長次第不守俊次、
朝隆又伯隆長、
各院祓雇納、祝詞朗緑今裾如常必常、
中一座廠上人参陣、
各七八訖、終六百章、従経頼口非弘方者、非陰若兆
吉日至寅早旦便隆長同仁彼了度頻二、
、伴二蔘朝比初、
不用車靴之、不敢哀、齋非如此、五戸所
三教度左衣、楢比淳著車靴付随女房此願、

（以下略）

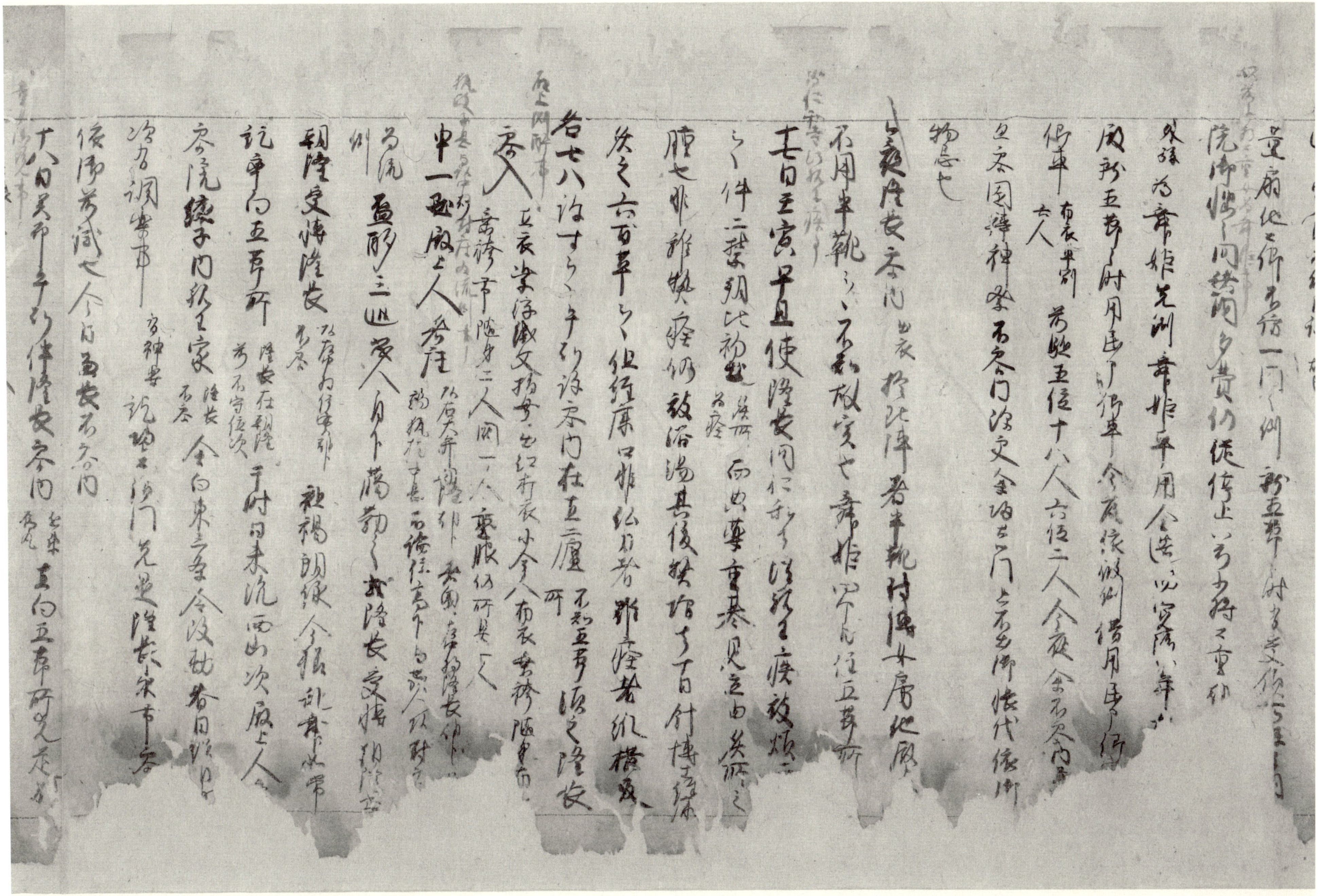

依御前式也、今日為長者之参内
十八日戊申、午刻許倬陪安参内、自東廊宅直向五節所見差
意之維殿上掲入、五節所子問童女下仕装束来
門ノ大卞参入、即来五節所、須史皇后職ノ人為安参
捐卑甚殿上先是判入酒ノ之後右府為安五節所
垸飯并備量盤上是別当所調送也、其後及膳日
饗及次殿上四五位畢座生 殿人 取肴 次一献 余受之 役内府 蔵人
依忠執勧盃無人、次長定執盃 居肴為青蔵
布衣役送 自殿上而下 勧盃 随身取文役之 其肴長者肴
役之人 抜 六位取貴子傳殿 二献 三献 二献 内府受之 役余
安長卿下勧盃無人 為高依執盃 次居汁 大卞
識之殿上五位 六位役送 六位直居之 安事
次朗詠 之権佐 次三献 余受之 役内府 次弁朝隆朝臣勧盃無人
高階為忠執盃 余唐令飲 三四盃之後 令朗詠 神楽 次余
之卞 神楽 次今様 右兵衛佐 次乱舞 右兵衛
五節所西宮前之宮所 日間 自殿上下 向五節所 召肴
物之 君殿之文 似為献 飯汁 酒肴 勧酒之 各供饗
飯出之 余之 出物
召飯之 右兵衛 召酒用
盛土器 次余参上 更之 使引陪卿下 為諸卿
参之 次童女二人 右中弁朝卿下 右兵衛 安卿付右童 下仕四
人 右中弁 後通 右中弁 依信頼 右中弁 侍従
数信長雅 少中将 信頼 宿衣
次之仰自下殿 送之下 日来流 今日 童女之 仰為巻 庇下

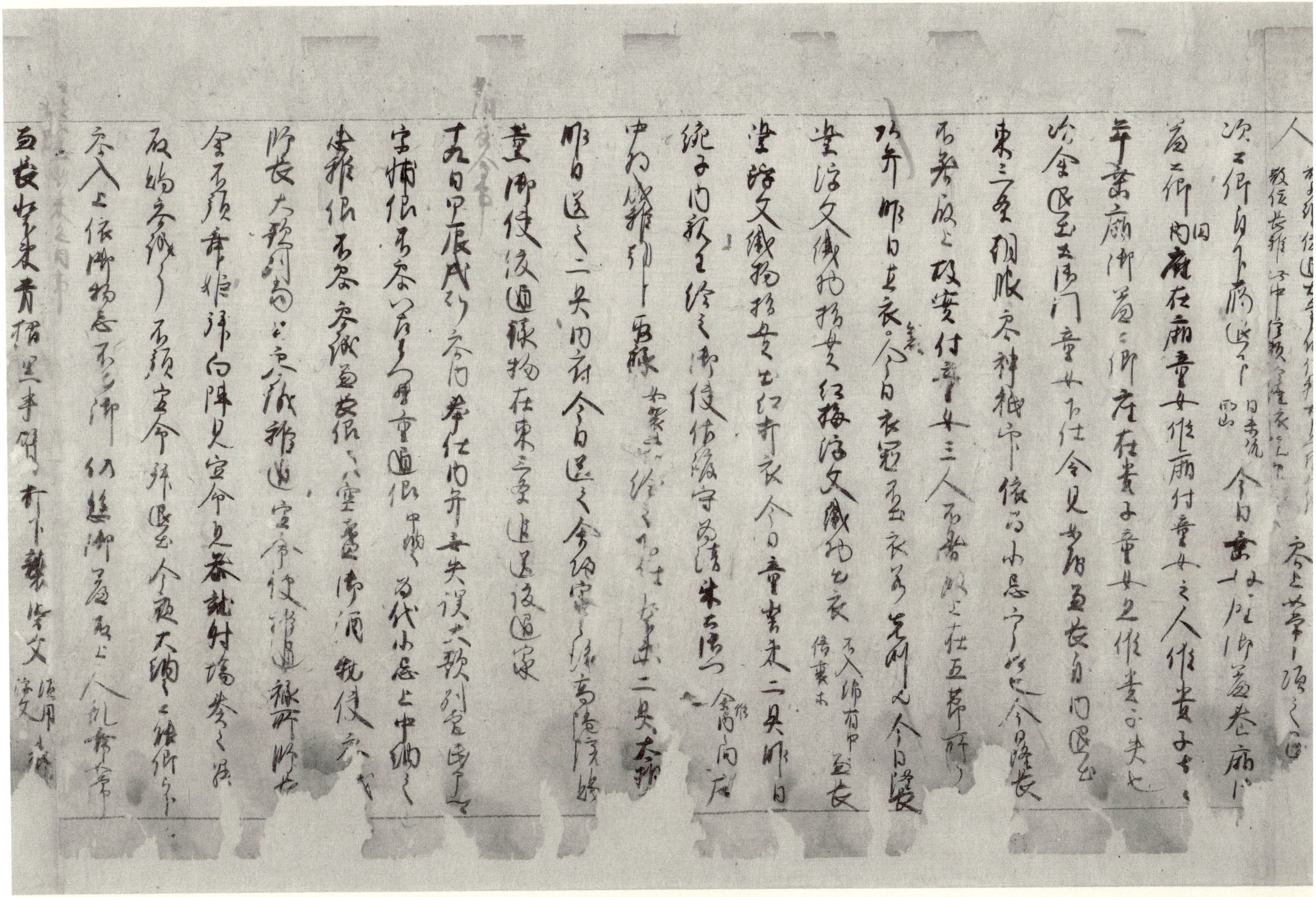

百敷女来青摺運李賢、新下襲、檜扇文〔］用之濃
紅裏、裏濃紅梅袙、袙濃紅打衣、張挙衣紅大口、曰者
挙冠、赤紈〔鬢小忽右肩垂〕入参、挙父武者衣俳鏡鈿月
信社祝之
比年諸朱行為女者小忽向大拍府內府々従女內府
家童賀童女与仕事来垂名別之名々樓々
不之長今所隠五寺打衣并童袴依
調送者一所衣盛雅卯二所庶師衣俳三
所戸入黒車道俳二所隠大納言教俳吊御
仰日五寺所內末密信今以不知何様有后尊
眼下隠五寺區云東三廈同案入諸子給童作
判柳考色金口芝頭裹山但判柿九少衰興頗庸雁
今日先海院皇居室御院章女下住此人去皇太人
於歐魚長自門內東三廈廢上人奉拿莫道
令書海院皇居度御院章女下住此人
付失仕信頼候不奔
章雁此来参夜見官寅日参織故長今日参徐師長
御子減夜今夜ツ降炙支廃人礼挙女大入医
閥今多席人束病石中一院及大為隠有今幸厚下
隠屯絛其院俵気長童女
廿日巳所灰入行千主隊入被有来新抑至
密語可了夜令ら擦扱之扇仕尻擾樂人
中殿下云宮廣ら諸前依之之分官廣廣之入
冬夜魚幸敗ら破人絹鈴今夜石任令打研鬧愚長

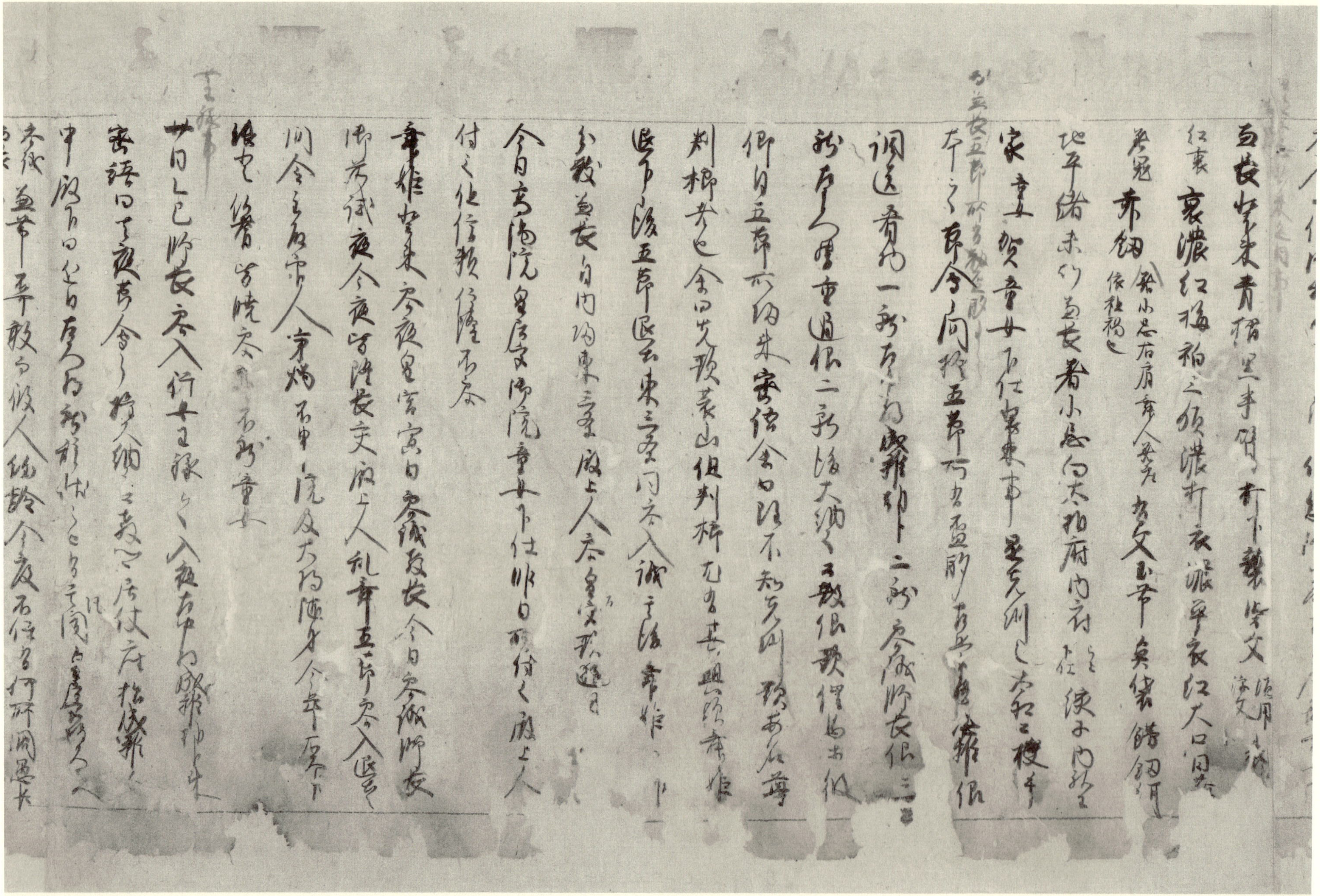

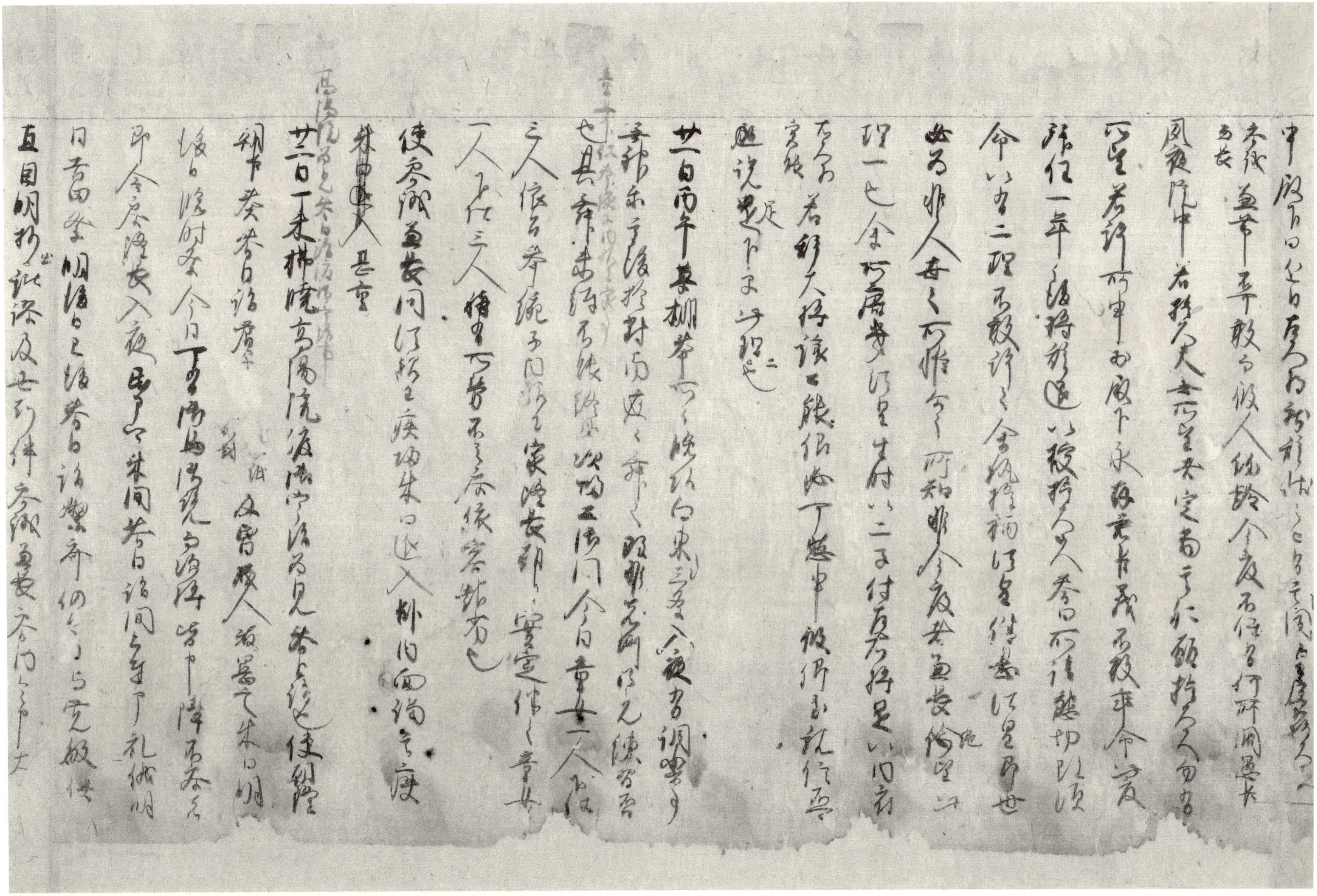

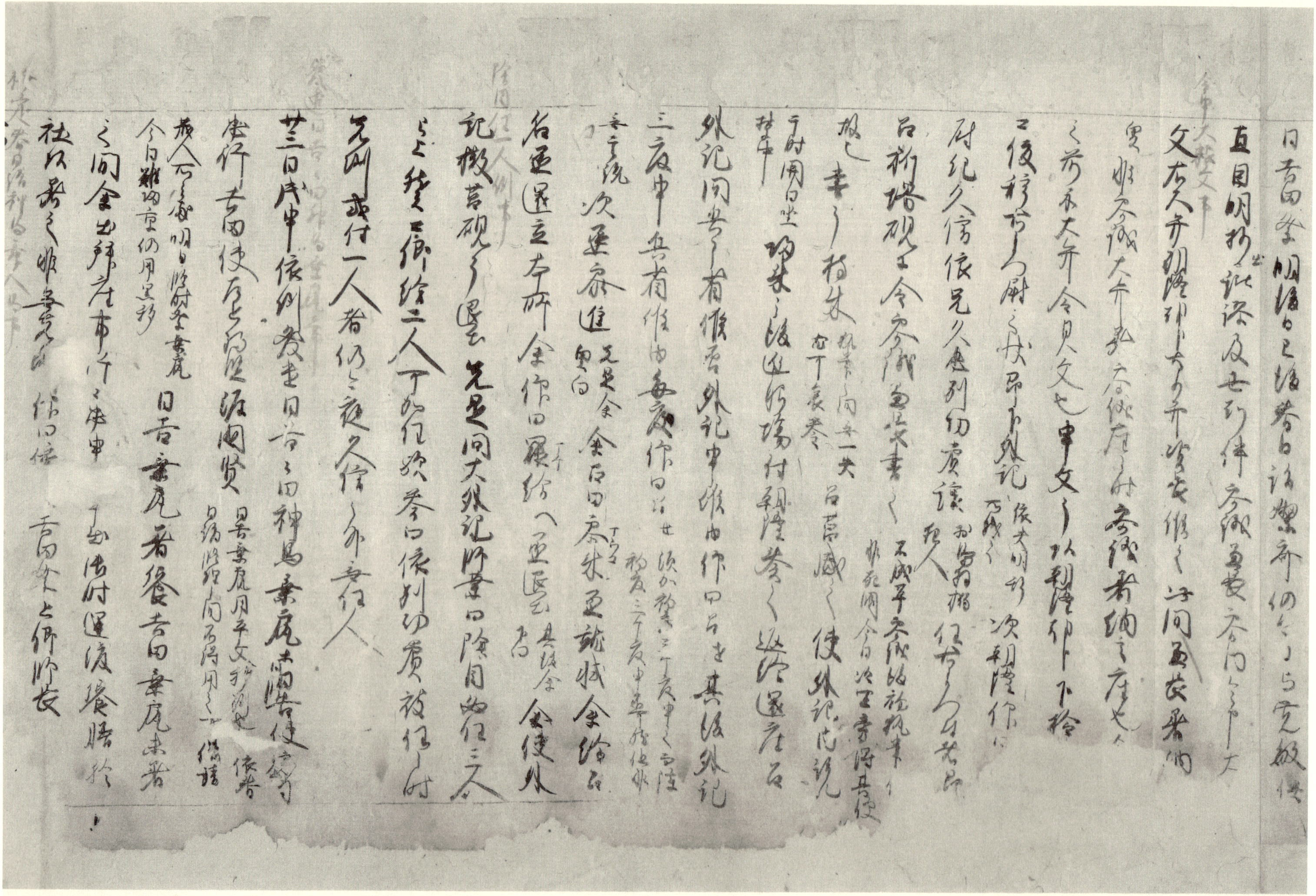

(15)

社以謝之、収帛宣命、作日條　　香取奉上、件修安
廿一日己酉、後東三条権宣神戸奉幣人両人
座之長参入、夜漸入、未日傾、之上皇参云
右大臣参、中納言、大納言、後関白、仏参入、清安両
武車盡、同出宿、御師于経、宅法之
賊人後日、受以并之、不奉見、法所入、従明
賊、覆退御前、申安参入、修安不参
廿五日庚戌、終日奉人、法役業忌、入給
車之、暑子、入物、非、息童、加之服
秋季仁王会、依参日、清所、是頼作之
廿七日癸丑、例記、清参日事
廿八日壬子、今夜参日、覚、息者、暑十二月以也
之頼也　　被附私日、今夜参、呉覚息十番
列記　　覚西事
廿八日甲、例記、内室事
廿九日甲寅、清来、以修安参、御寺入日
自西方西面階、自方杖内
御廟于時参入、仍修入、体所令佛
参議所安、但参入、四着、御廟
蓋　　后所、金鼓之勅大綱流出之又
若佛寺所　　余番安
五日時　次僧侶
上　　各給

屏、自東階昇入自西面、同
唄師唱唄師、取惣礼之
散華師、五頌讃師、音吐朗、在次講師
高座次礼堂音吐弱之、左右
花苔次散花了賺僧
綿忠　妻表白、次説経次
師取礼盤後之咒願	
信円自比方重就行香札
同布大納言宗輔参誠主長
人三人列居、為列居余房當
信円此道立女居東頼才三校東
令人助須仲頼取大舎在其東次
余言下列立其面東上仲頼
芳延就り香粒
拾於信円仲頼自殿上人座東仁
余与日下階後、自庭等後之、
後是経房廟仏後
信侶敦房経房廟伍同幾三
院大納言下左此庭
隆下階経下階損譲大綱之

退出大納言宗能…

降本階経本路揖、謝大納言、

不用之、（終日殿上、次入出門）次行事済成出、

初後中日作経用袍、（已講之講師）

日大夫束帯、（立蔵持衣冠）大納言以下布

御膳、不立御簾、初日朝座中、

列見例、依旧式、日不依之、

僧廻本数、束葉月御前客、

宗能卿為使、依（右依後定）秀例成之人、為各令差年、依被問作、参入、

八年前所参入之、今日補抜出人歟、

（去年後初補之、仍用昔日也）招以弁、獻食…

後左少弁付宣仁申、抜出人者、

宗門、皆在客座之弁之、須臾以後下之、

日申ノ任之、資長惟宗、巻文退出、次下府束則、向之、

下勘之者賜之、令施之、成長奥宣書宣之、

作之、令施之、

六文所経、五位之家申…、令、

書抜、作範、成仁、

依例自今日不用奥類、招成、

修徳百万遍、

十二月

一日乙卯、晴、未刻御堂入、自西面中門、

其後招行朝光、

先是、令件文為長問仁和寺…

先是令使重安問仁軒之後宣長自仁軒之堅
門者親服入也語曰逈入御所見者甚難之似者
威章句者三人（寛實・寛賀）／（陳海運）
障高名之同及勝（無）ノ信侶不（迴倭音義也）于時大納言都慈院
忝誠資信郡一座入次衆議擇題 （於此信都慈院）
同者呂藤康路（精義）／漢葉新頭覚元寛飯康も（已上五日 佐記仁康る東ろる）立者興葉仲覚興教所立佛
善隆趣九而王之心行 章引死廢信之者時持又総受月（或曰同友
之縷受月時訂福郎 彌服工忘総受月
出逈三男弟子地善隆堂堂其中也心行 縷ョ自夏
不逈乍似唇縷者於實句一堂破之余 音ら
行討得倫之加所生衆平安詠作佛解覺る余
乍受唇之故 非僧放因也
乍身如珠居行玉郎之故ろ仰之得一同
谈余令玉言己平此明者郎神中因明拷香故之
中方不偏府令儲と又玉者一者一行得那と別
具容其意挔戎而行余者ろ仰者具
甲方此邦安之言證宰之知
作謂縷別足一詞塾宰諺
另石于也題宰俊別立議之 今年

台記　仁平三年十二月

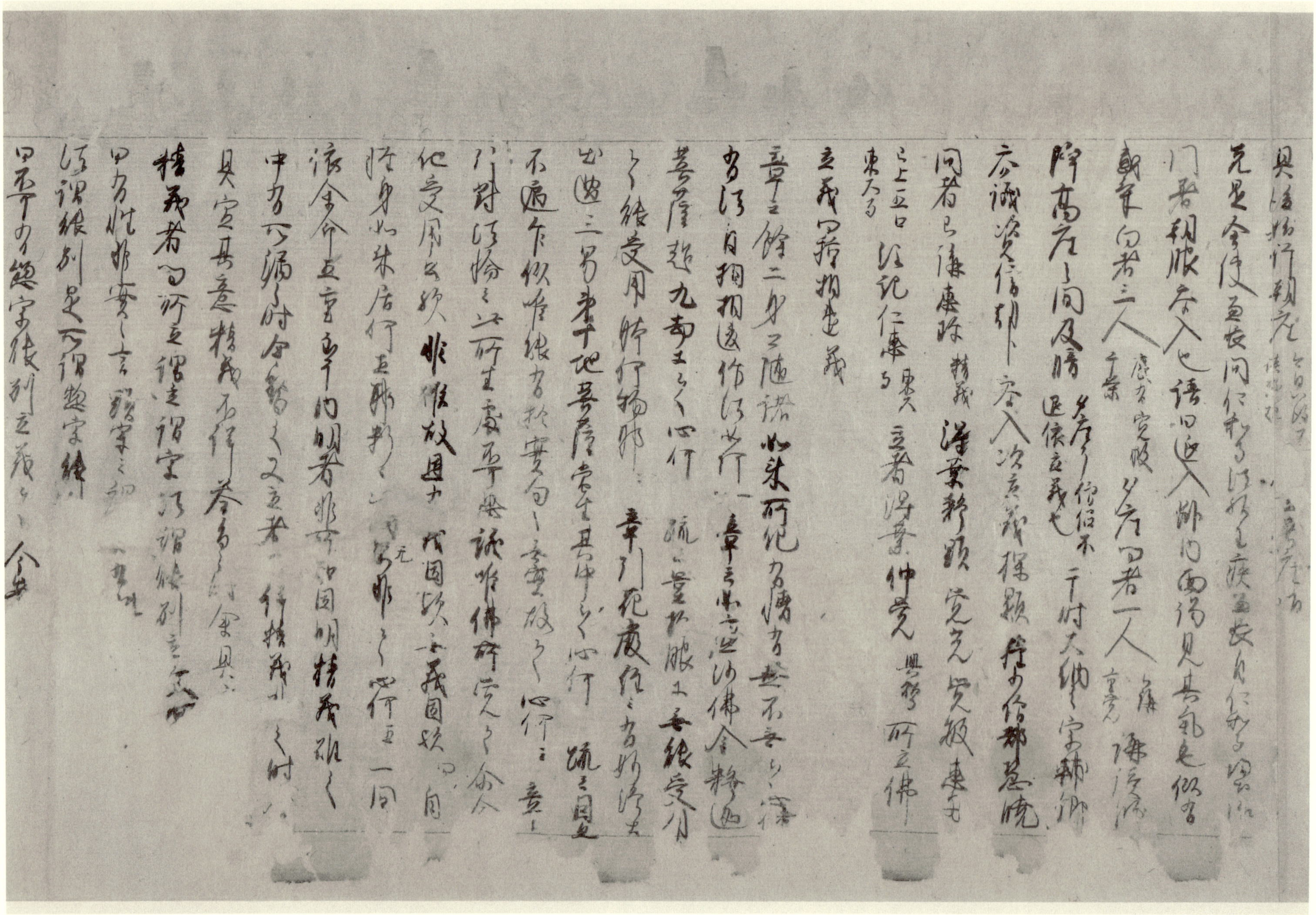

所謂縱、足、所謂繁字縱別
曰、不すの、惣字後別立残の
尋申欲弄趣宗繊別、我立者
義又持戯者曰儒別方降　彼儒別方脩々堂と也、
燈枌所說と立者、曰、似欠彼脩々　江耳姓非宴と学言、
　　　　　　　　　　　　　立者
遊欲々今至と宴、不脩之非々又
曰、拘總遠、、吾立者奉曰、奉止學、
方、所曰損絶遲也、吾立者參口見。、
致遲と、忌無那、、殘我作之亦、諸及之途々非繁
坡峯、暑今謂何所、以音方似、歛此途々立者
粟務、、同奉留之體行房、同所々今至、
理と夜攜藉立者、三行也明才知濟之、
子立者放神我之、後　同春曰敬神祇　萬然此
思若餘之解除々歌、不鮮芳敢、、之者同付
父拘順々、今奉對不為若也非若之不
苟餘俊、又脈々、下得鳴響、
敞三著拳暑雨俊、最高、我同春難民者、不、、
罷石緒如脉摧殘、雅口力、之云、因庭方行
力一變曰是、丁方、滂、々、、今奉殘為不復不為立
若石申也丁脚丁、、、探、代、務、我非、叫一、、
　　　　　方所為性覧寒と方性、、々一、家
　方安旬と辛寒、、似、、又非、、實、、之一、、力
　方性、、實位、、之可々上、、性、、、、不、

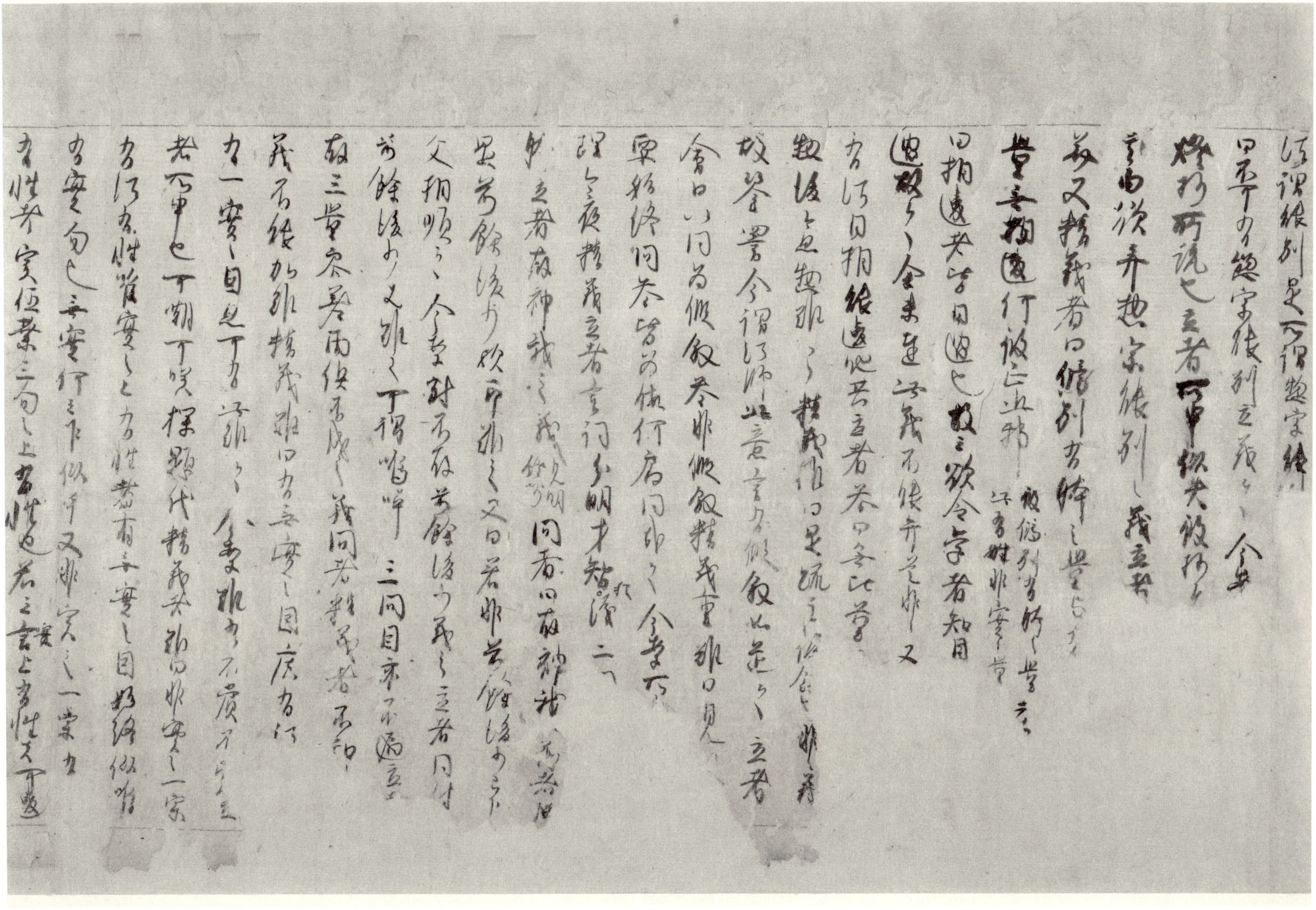

申寄句了、寺家行事下候等又非寛之一宗力
有性芳、寛・伍挙三句上書性道老之言上書性天下敢
疏々不云琉文金出文句力許、行果寛伍挙
寛為一字已非徳非我、寛居一宗已幸讃二家云々、金文非居寛、
一字乃性三字、行経僧二家云々非寛之二宗、二乃非口非寛、
非寛之一字已非徳非性共・乗追三字之不云之、金文非寛、
様寛互石俵百断、吾侍二堂共及行之琉聞云行故
不云名於吾寛二宗多寛之々、間別之四石用参、因二
宗多寛、用力一同人目之致已、此非梅之宗力徳双因
非梦之宗力業致目好左不失非催楽々多字無用者
参寛三目、立者石能令共非非正同々、立者医不樣題
孑巳医玉次余医云云時者、戌非作宿去年記払石者
記
二日震子之伴重文、度行堂王者乃如廊戸乃对東條
乍寛之寛目々一心人目々故已、此非梅之宗力徳双因
晴丁超絶云、所於俵為先足僧廿口許奏集師者律
荊僧等正僧僧、自尚廊所届、先足僧古者金参度、両比
々又老者、、、、、、時者、時集会
列身参於
若三人 童寛同東院
此共聞寛張参依侍長次入引庄同
紗々庄同、列此東迎界、自東院等門初日依所朝、
市僧已、推信所寛於海、乾信僧経戸廊所等者、請読
度々擦啓作不父報催、於海僧所久次井者次堂章子者
列所仲柏、所々石送、徒寛後、次童童子者、矢宗敢
花所於仍号倡致花甚在、矢宗敢
月書子而行後、経之与皐赤、敬抜人出我依立所
子々入月而巳原東西、云人於而々於与於者皐子

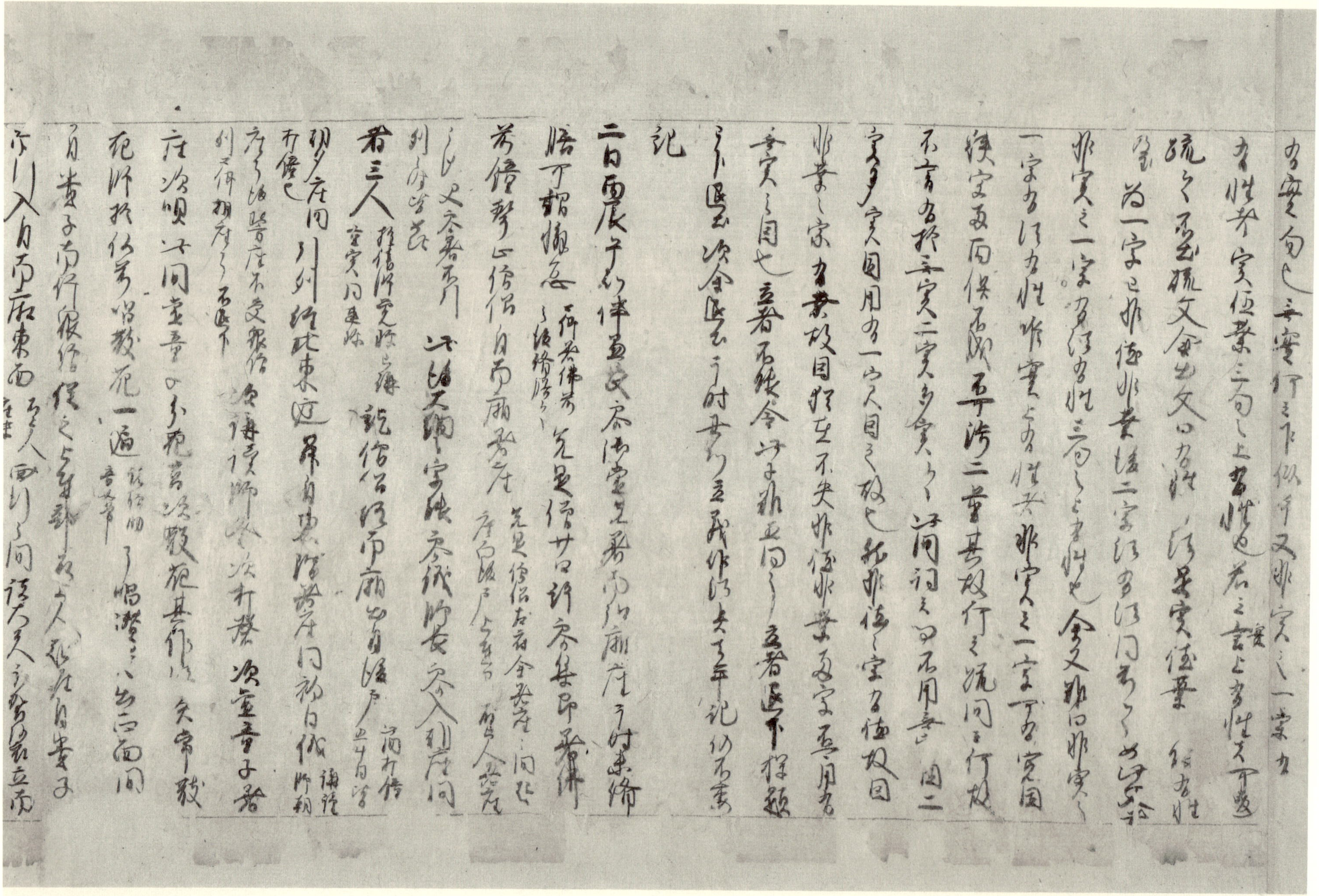

書く。蔵人依て所ラ、転人ら所へ□□□書入へし□□□□□□□□
三日丁丑、行幸還御、依□□、寄來参院、依名字、門前東折
行御外記ラ□、

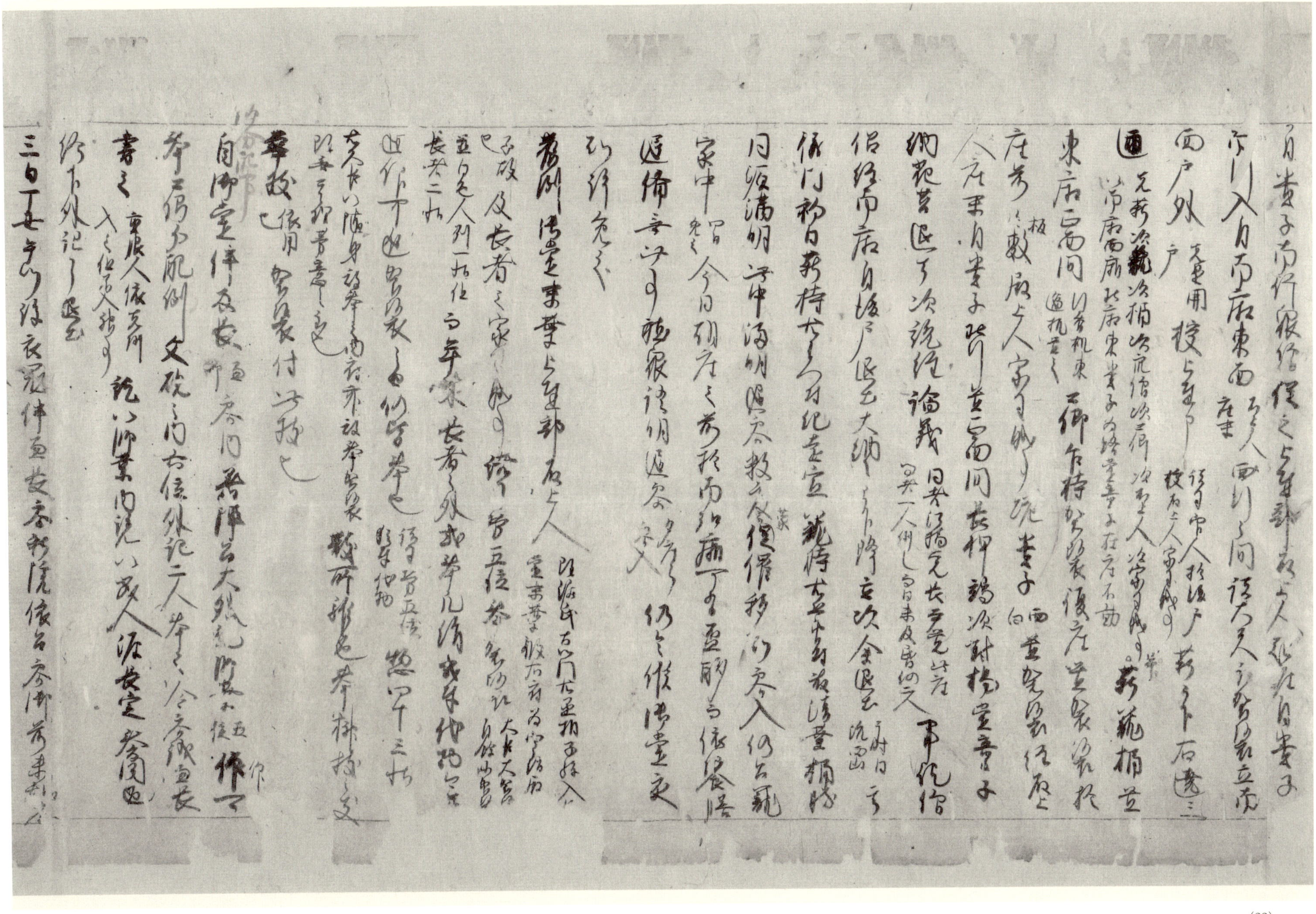

給下外記了退出
三日丁丑、午刻行法、衣冠伴直衣、参新院、依召参御前、事未始云々
御堂朝座四者三人（光頼　右中弁）、次問参議所役雅通、参入之
座四者三人（宗忠　事位）福及膳以立取之、以卿下弁光
出座、立者弁教、日四者一巳講論二問答之題三問
守覚問證頼、互難覚、記行践之、同二問了退出、先是
右定二問、次證三問之題、四問守覚人白證頼等、一問発仰
題、参上了問答之、以第二題冊為四題冊疑之（以当吉）
不相違、一院依宣命立重
四日戊午、午刻中納言参、行成了、著内府須史中納
言参入、宮寄中務卿下、参入（座折）、金取之、勅盛（安藝）
及殿上人、次立者即授之、召佛名花信保之
者三人（立券行事）、守同大納言宗輔、宗能参議
信保川例、参之守同名頼纔（執読文雅定、範隆卿下加判）
取信同指参之、又召信俊奉事、経一部
例也、楊枝名之、出總朱取之、四者一人（参）
六人丸（範隆卿下）、二條卿下立之、次令取之
庁了後（修保不退）例時（公卿参阿闍梨千僧名例執、香爐讃讀卿以所次第云々）
殿上人、讀了人、川布施（讀次川台衣也、殿上人、以布施左府並信庄云）
庁昇之出庭、了信保経右府自後戸退出
立次令退出、時日来院西山諸寺皆以
重三千餘来、来之出之布施供養
戌刻許出立者、覚猷因明禅師、覚珠之
庁西同覚長、不依定因覚珠独来
今日西長隆長参入給晩頭高陽院定后
西宮給依高陽院法華少殿上人（宿所）

今旦英長隆長参宇治殿於高陽院宿所
而宇治依高陽院法事女院之人穢也
呼公直讀類聚詩文者同月之
六日庚申辰刻雷鳴已刻祈成隆卿
以米瀉藏自昨日堂普同苑以公令白粉
辰刻成隆遂卒之事於木寺、而之
其而而向年六十二　寛治五年十二月廿九　生年二日恨廿日云々
悲歎尤甚依先又下者十日假冊卜
服暇不出仕依例讀老子讀誦寫
八日壬戌今夜葬汀殺生於縁野邊之
路参向高野之後白成隆卿語曰中納
言所從葬車後信汀殺生儀遺書所
修之運死之所無限善根也是貴乎
喪中之事六日殺生入滅之後参入
從車後時人曰無發者也雖聞虫卒
倩聞信而汀預神時序是汀之傑
十日甲子入夜雷雨拾信御亭家　表衣　出居
宇治次亭全偈之　烏帽　直衣　右大臣
一覺参之由次師業奏語曰右大臣
以皇不許之其使無三讀之然日者思識
右大臣九日出家全不信受之間今聞以誦
十一日乙丑使使奏事於汀里入夜之
英長大将汀里參詣即經汀里寺
開白權大三位仁大将之例中
之
十二日丙寅使使成雅卿中故汀殺

十二日丙寅、使成雅朝臣、於中外、布施了
修諷誦於同房、修之、調布五十端、諷誦
同日於二房以無仏事了、送高野治也
十四日戊辰、早旦参成菩提院、行参
行禅閣、依法菩長参入、謁見了、禅閣田
為長帰京、今日書経所忌也、諷誦
失也
十五日庚午、月食、依雨不見、候閣之定
於後院為消月食奏也、左中将成雅
十七日辛未、候閣、明長依為無慮之日、不
於木寺両房、解除長、依示長不参也　中宮御
十八日壬申、未刻帰京、出行奴假文　不也
着陰同服

殿上

請假十箇日

右依異父兄喪、所請如件

仁平三年十二月十八日従一位

外記

請假十箇日

右依異父兄喪、所請如件、以解

仁平三年十二月十八日従一位

或曰、右大臣家依所望不許也
今日禅閣参内、明後日下
十九日癸酉、依服無長、不参外記、新出見参也

今日榴閣冬日折明後日ニ
十九日天晴依改直冬終之記　抑記之覚後
改於口而物之中納之遂宗冩縫時
萬文著終記府於土屋戶終番源
今日教信買隆於芥榴閣信房
一枚加白紙一枚方年對教信仲頼
嚴実芳先之申教別當宣情有
々冬与前新栢閣被閉之慶院冯之行
攝閣宣房要殘之二桄買芳焼之人
自夕至夜十三ヶ夜破壹　廿年内月
廿日戊日今日至于廿三日与藏俊伊
廿二日雨子今日有定上伝房下俄見事奪大著
大納言狄也今日呈冩之
望長朱囘洗
廿三日丑長雪有行始於本方市房除佩
今夜長秱門院参人一扇房事
人不时明後介　今日、
拘束偏冤記ニ一卷　代代不絶
今日四有於房能十五ヶ
廿六日庚辰重長及伝仰終
廿七日後日甚雨伝関早且
付徳行所於旱乾作郡重長
夫有紙　芳布信俗所芽駄人庭冬
俊奉白杓駮　自有芳駄布竃　次参與福

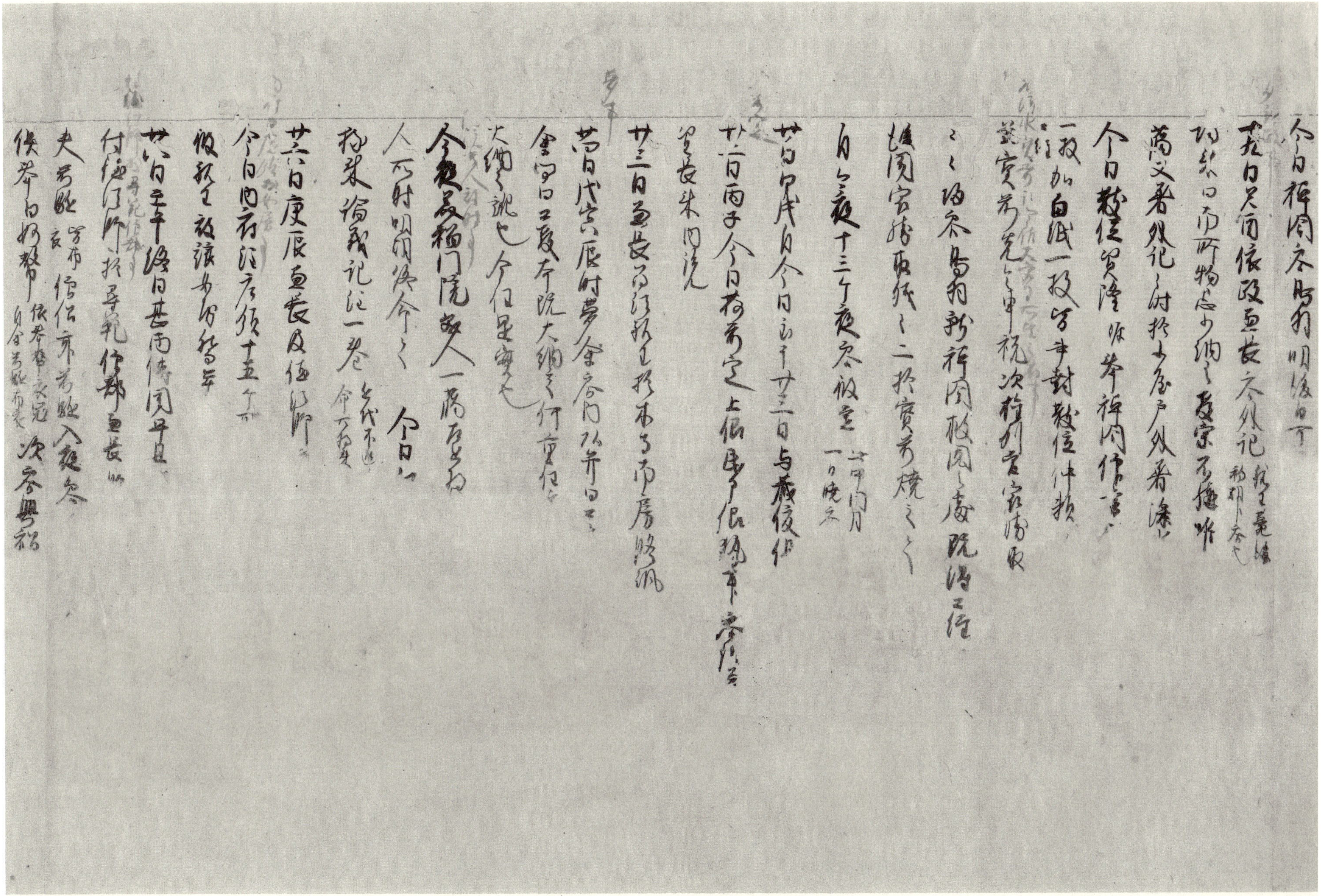

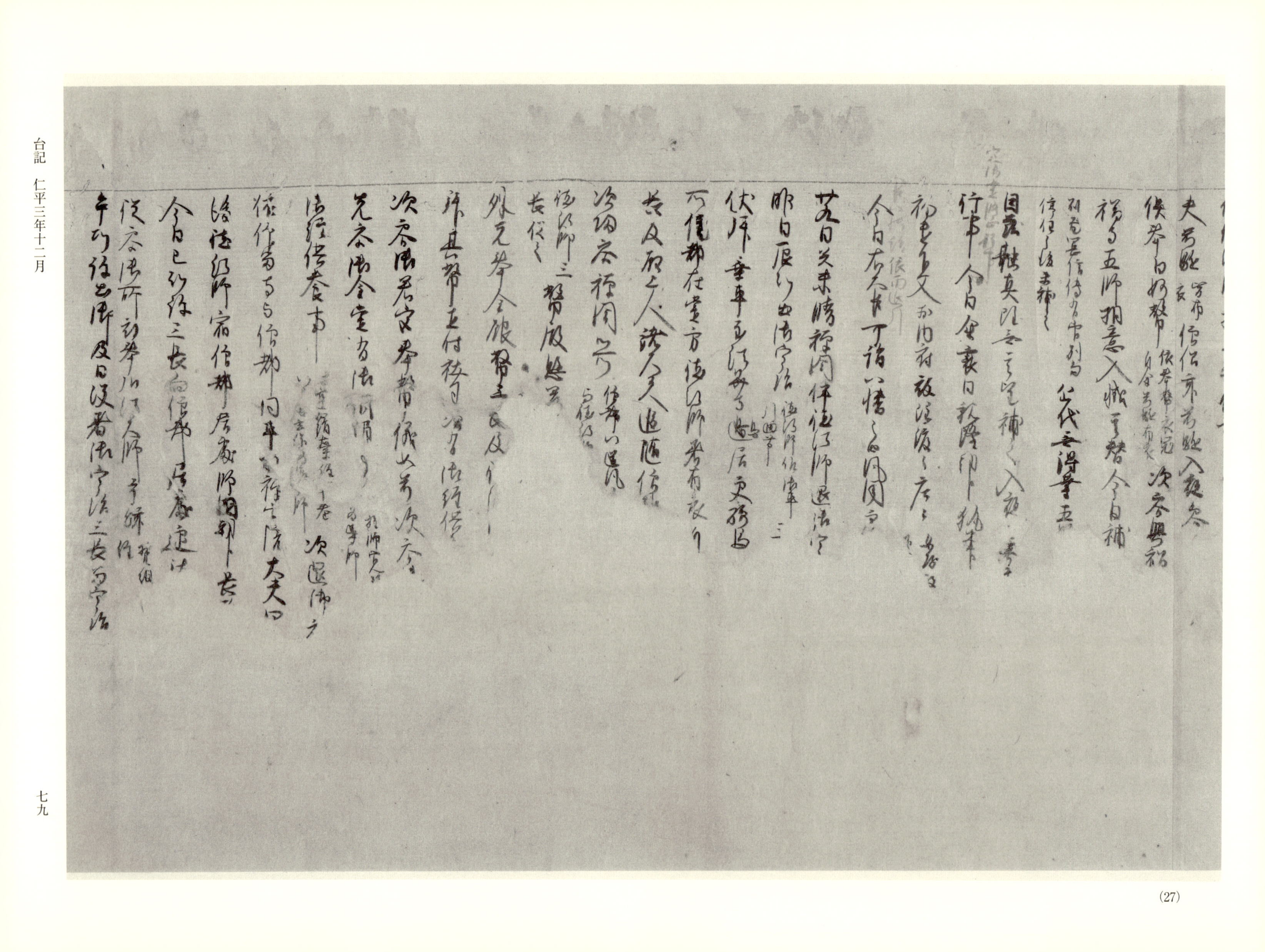

[illegible]

閏十二月

一日乙酉、依所労不参、依惜物忌歟

三日丁亥参長隆亭自宇治帰京

四日中宮御間参何有欲
長卿参東洞院焼亡事内々
云、亭東朱雀外立車内所乍大夫進雅亮
後光院焼亡之後、極失色見参官人不
雖亮朱雀伝申　先使
官人玉座此也年候焼亡参列官人大略
今日自此参列官中了信定久
六日庚寅宮陵帰後初朝参中了
珍重履令中告書
仏名
渡所此辰
定頼覚行等
七日辛卯於丁参陽出帰説一
信仲列
八日壬辰御法懺院殿内

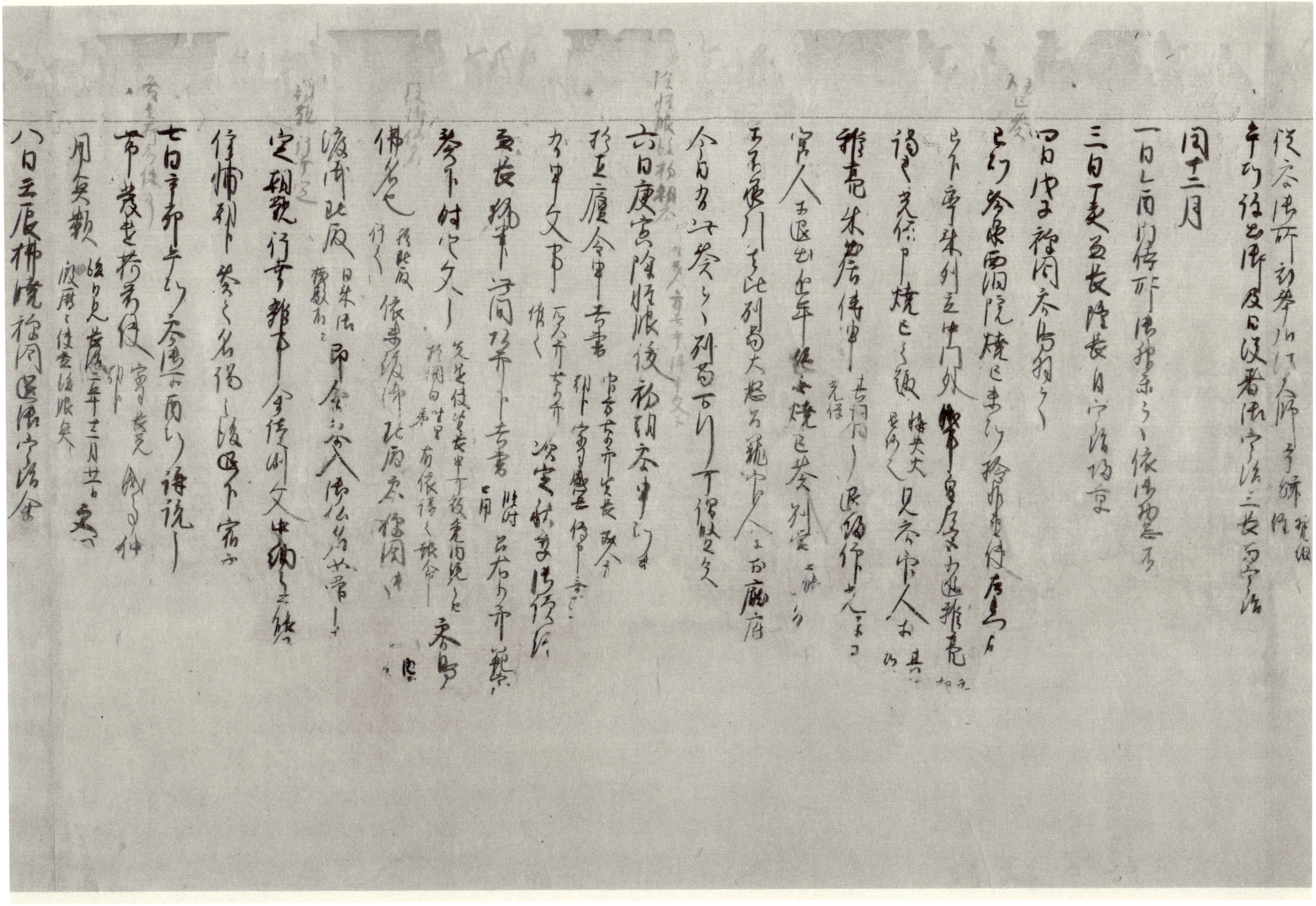

八日壬辰、佛像搆内還原守治金
區家
補任金岡講參仕右仁大夫
海閭行今拾役内御童通参儀了
補調誦 魚長
作末 上卿參宗致文ら
九日癸巳降雨ゝり行事欝白本賊令
十三ヶ御賀 中ら参御布施ら禮儀、
古甲午来い魚長参八有資金體成
同布施出居當主亭者及申ら拾於
あい右ゝ异資長自資長月八有参を
調信捧策召行事ら弁资長ら次召位あ
甲ゝ参召印令升鐘永中納く靠大参
金らゝ下戶者度と出居茲者ら修参也
ゝ付以佛像如采像也吾屠書羅ゝ書
候改起五大刀像別戶ゝ信侶区下仁
區者度と出居區下余件戶所無実今
上次正仰答と南度とゝれ次信侶参上申し
區下次仰答區下次出居參下今自炎
中納卓通二張与絃魚長師長戶雨
印下同召卻ト次参新院 先是諈読あ戸
石庚笑居戶あ陰長仰ら持行通印ト中
次夜御伯扶 院法方行香
スヌ大參胯服充低弓侯絲
屋三人拘并八人行香了降低
土日乙未以在宿履後至車不
得侯仰比らり水醍召明答丁令せ
一移院法服寒时嚴俊

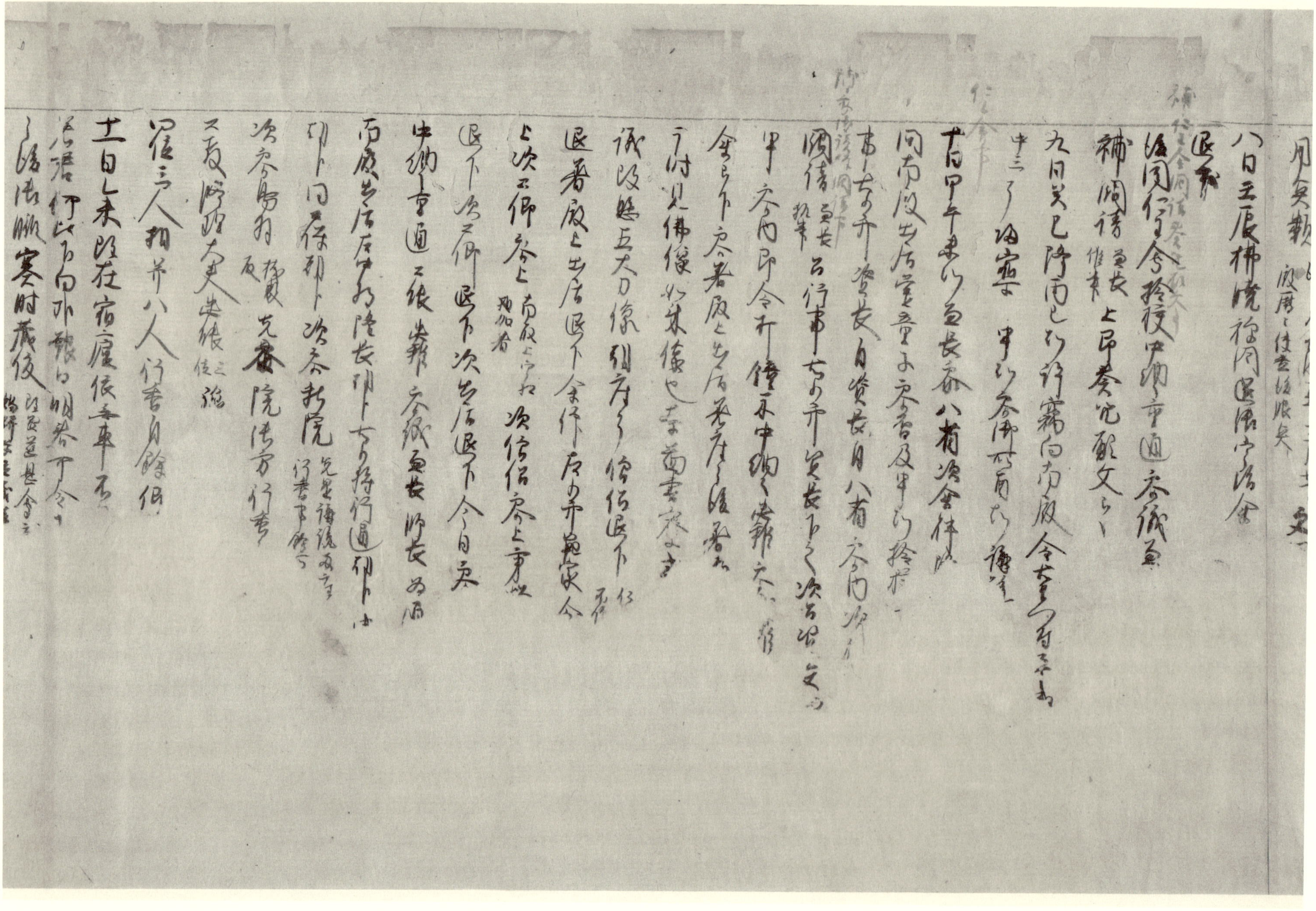

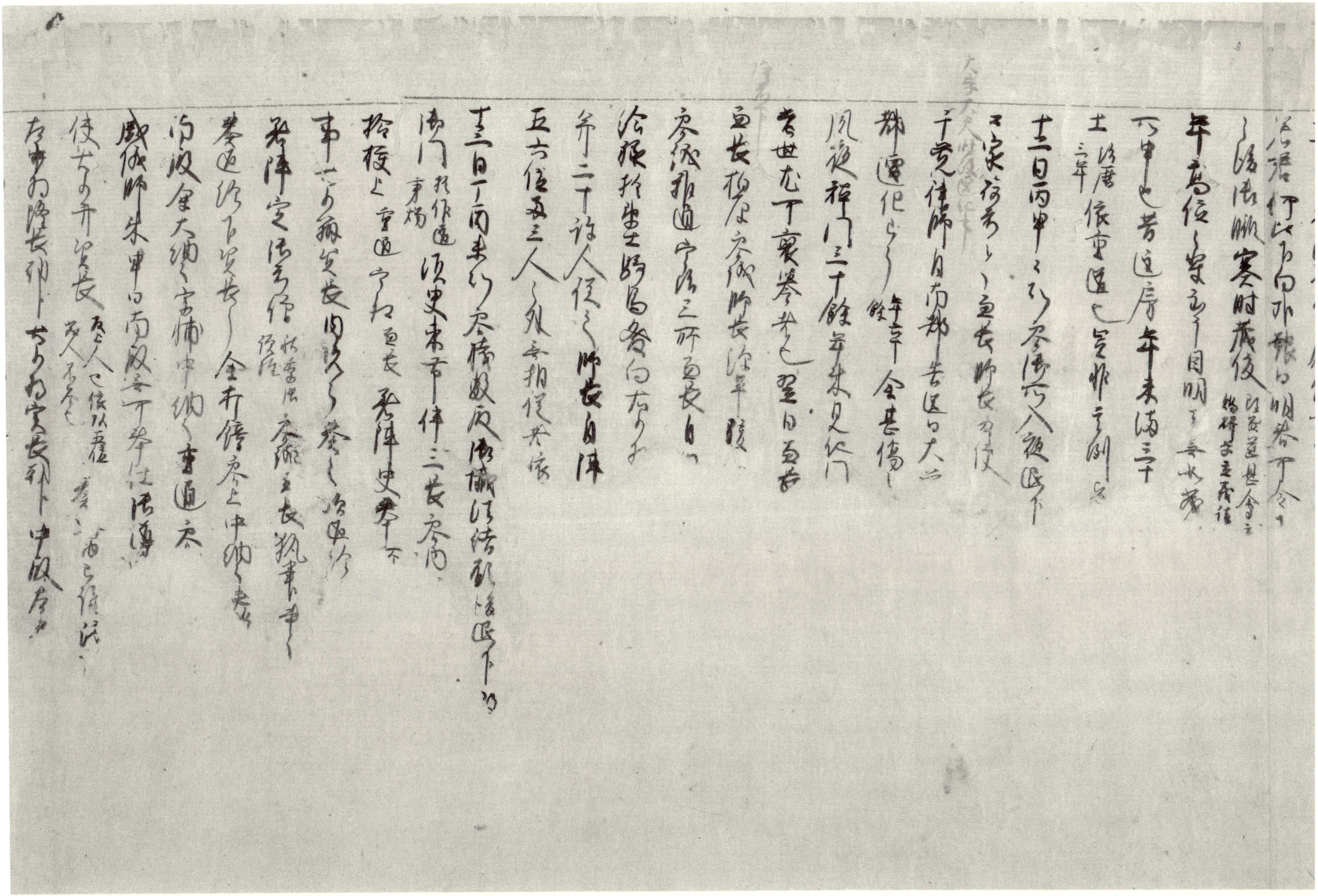

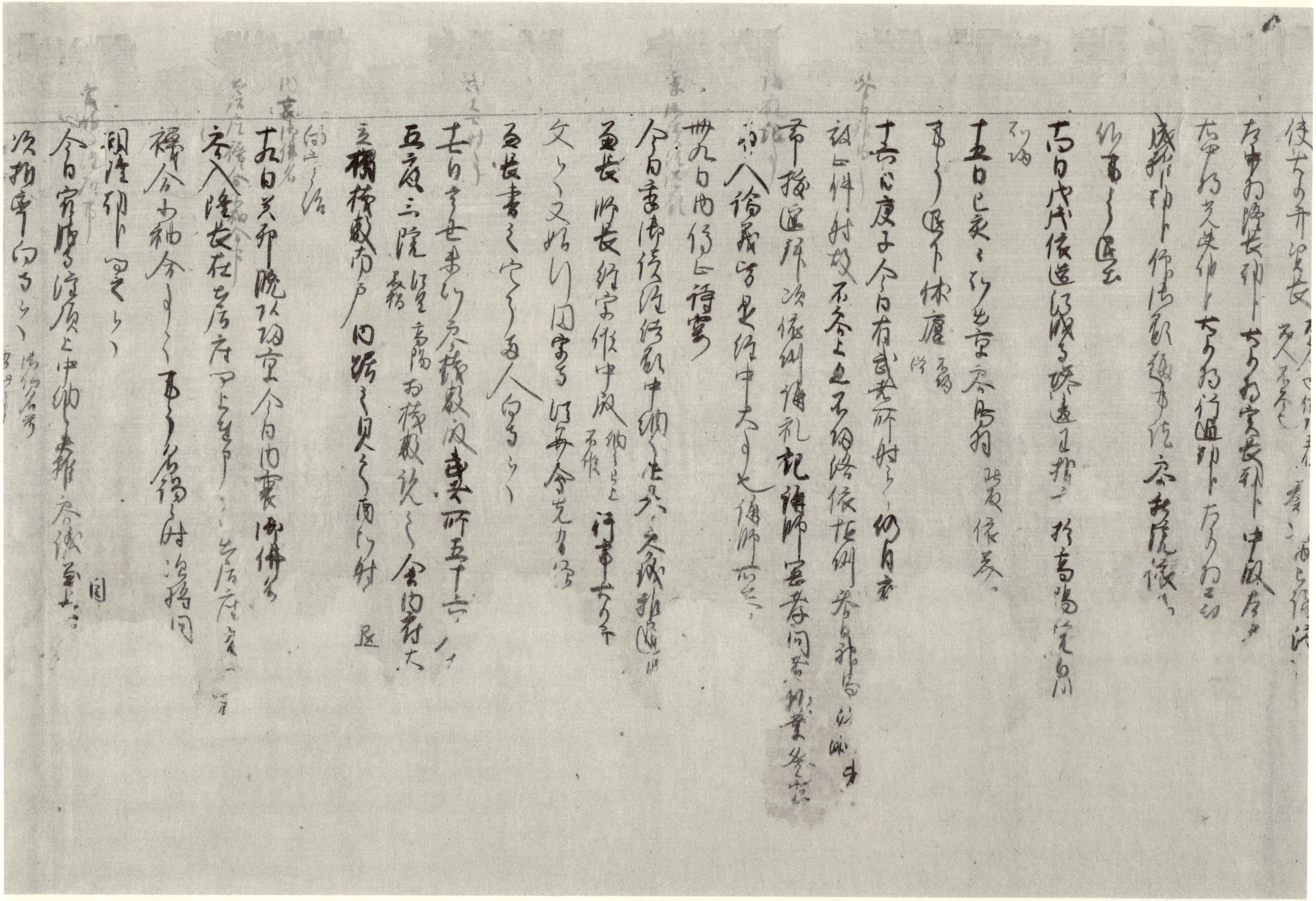

今日宗能卿慶上中納言、兼雅参議、並上云々
次拝季御方々　従仰依曰　右ヲ
廿日乙巳、今年未刻、官奏先日使外弁作
度大丁行之作、何今日内大臣欲候奏　太政之
不昇大臣下奏之、疑作之、疑依御卜、不　依之
戸信業使入復外弁、未作日自開白可
若為大外記師業大夫外記長作之、又作之所無
行明後日戌刻可段参之、可奏囲諸卿要
外隆日来煩物気之夜、雑甚揆修、御以謝
感悦之余、賜衣一領云々　余記
廿一日丙午、巳刻、行外弁未内裏、申文未刻云々
路頭来呈、主申刻、休直長、参内、先内裏入云々
左右須臾、中納言兼雅参入、夜蔵人来召作
参三箇史生之、侶来給之、所作也、依宣下
之夜頃有頭弁奉之、納言等出、不能之無
参内宮又依御仰、先是雨下、余臨行　参入始り
禍後退出、参陣、同之、仰余内大臣出
参成長、所長經宗為道、卿之
為輔退御、陰長宗、右府退出
廿二日丁未、辰刻、外大弁、利隆
仰経常、同日、不参、奏大間了
清書上、宣旨、作可内覧之
依為長、仍中納言、余立座
則隆朝臣参仕、内復命了云
参近衛上給、御遣使、季実告
奉仕清書了、退出云々　依御召不参
夜、道季、民部卿来也　右佛賞

本仁清年〻医云、依恼日不、
後通車返云時者食事也、
捻中納言重長云、参候頻之捻大
医方大師者依室、別大婦者後曜、
大守捻師者実ニ寒、頭似著義顕、拾、
今日除目之一巧詩下師連滝仮名を参珎、
之度隆員日致驚同留云、之礦書捻、
吾匠右時梢走右方院者称左方禄、
遠伐吉致不大末申文参大同ヲ須辰、
大向付大末面陽折一申里文有二通以上者、
梢以文丞仍里文ハ第三没吉、
立射場州仍可取吾文、
重長侵梢中納言、魚重慶文按不
夫左中将
某日有以夢戸院多某路中納一魚中和、平老
放長拘月寒一、
月定通従者、夜頼安、同重長共、
経云久婦敷重長亦、金禾長低口完り幼名、
細久実来一つ納を仁師并、
ならて名以着半禄肉を参洗行
之得之諸々々々母五百塞依送書、
付ニ魚長守中仁費下石没、付結
心禄内二魚長甲仁費下名、
丁方共座官仁所欲遣納中名者今度重、
平丁相仁時名之衣、

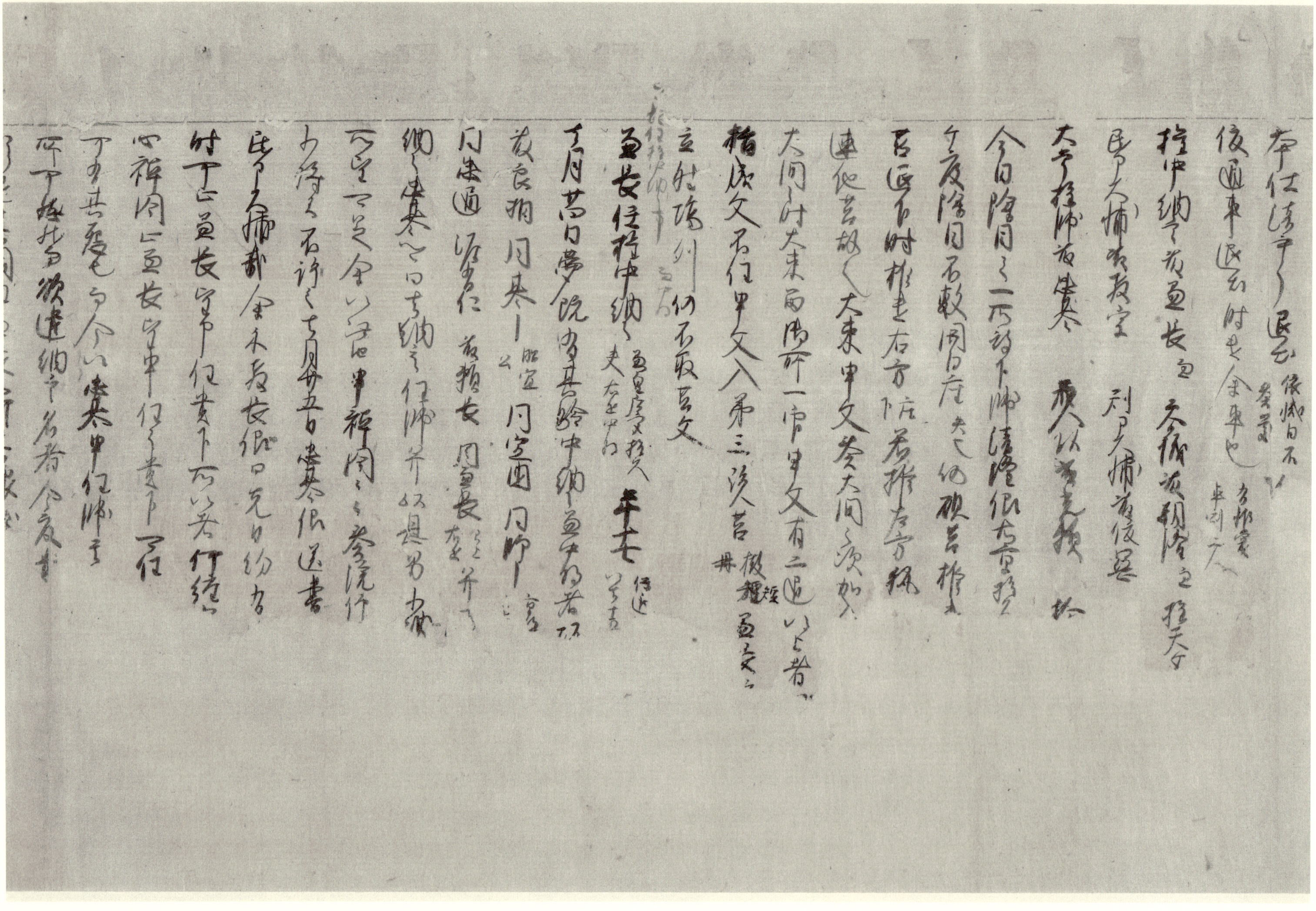

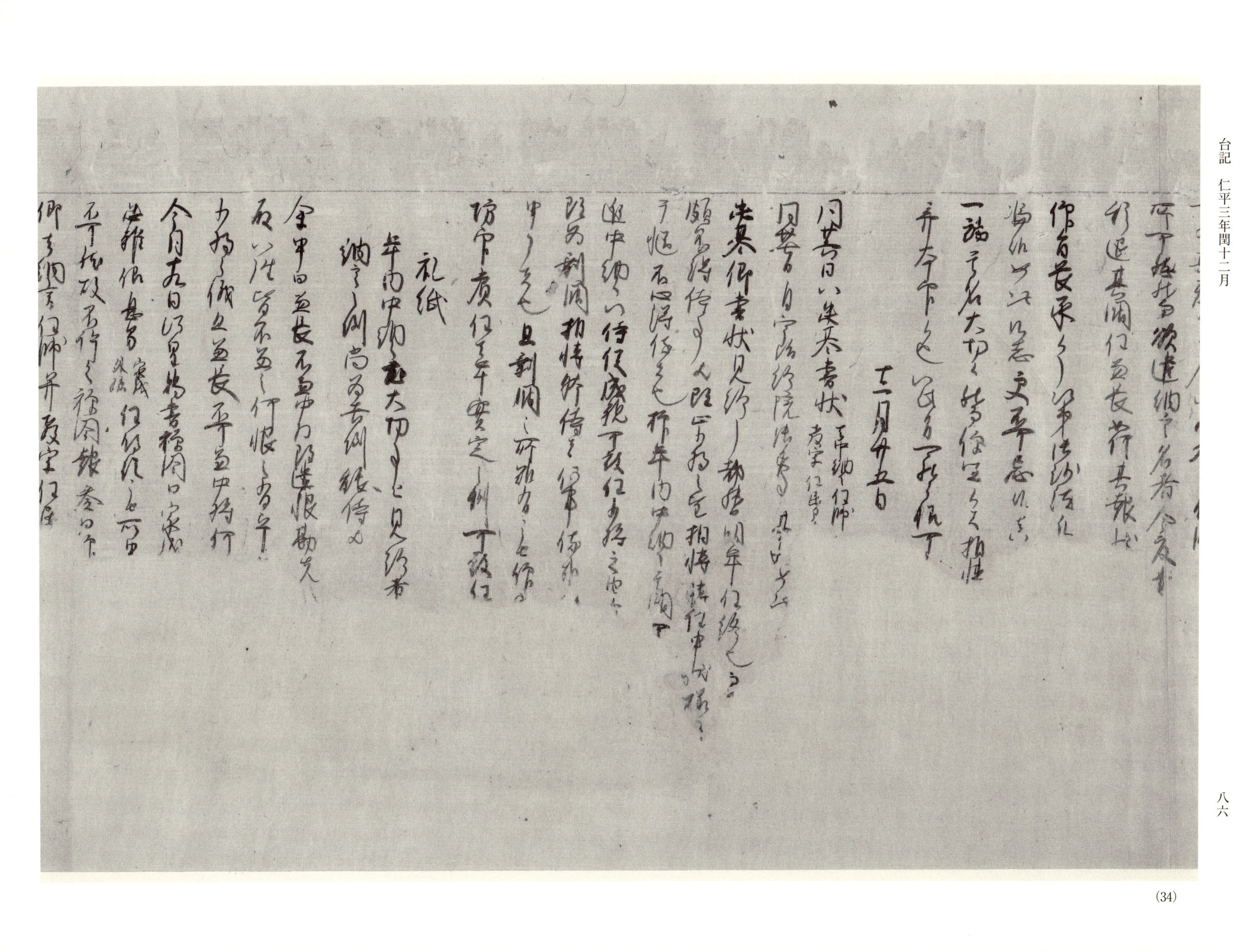

[illegible]

所下給并書被遣納言名者今夜也

行進其函仍益長許其報也

仰曰益長[illegible]

[illegible]

一[illegible]右大将[illegible]

弁并下[illegible]

十二月廿五日

同廿[illegible]日以決文書状[illegible]

同[illegible]

決文仰書状見[illegible]

[illegible]

[illegible]

返中納言以[illegible]

[illegible]

[illegible]

[illegible]

礼紙

[illegible]

[illegible]

[illegible]

今月廿五日[illegible]

[illegible]

[illegible]

[illegible]

石中抗及信行々稲岡銀参ヶ斗
御示納并侶師并度宝侶宝
師石許度宝□人殖以三一宮
侶師并度宝丁足□□行々那
師之代　年挍満明答丁挿搭ヶ年
宕石新院々那白自宕石代
業々三経終侍三加納々前宮
侍説十語も□被成所
奉行侍明年一歳出同々法

　　　　請書
　　家成
今日打里と結并到隆行師幹妣又三
之由辛辛汙到隆く
召日代十余指之使経寅長切下貿納寸
生気玉仮生貸月
五日之而暁文人等日稲間も居志陽所
紛茶天膳参御帯稲白汙是新名一
侭此納右衛門未取行下余仕市参口
之日依方温氣石帽自吾仁穀高処
而今須堂乱門口と食正及底
～派と急～石吾任信侭と後妃本々
脇宝参三酒喉喜倘侭解旅逝即参ヶ亭版

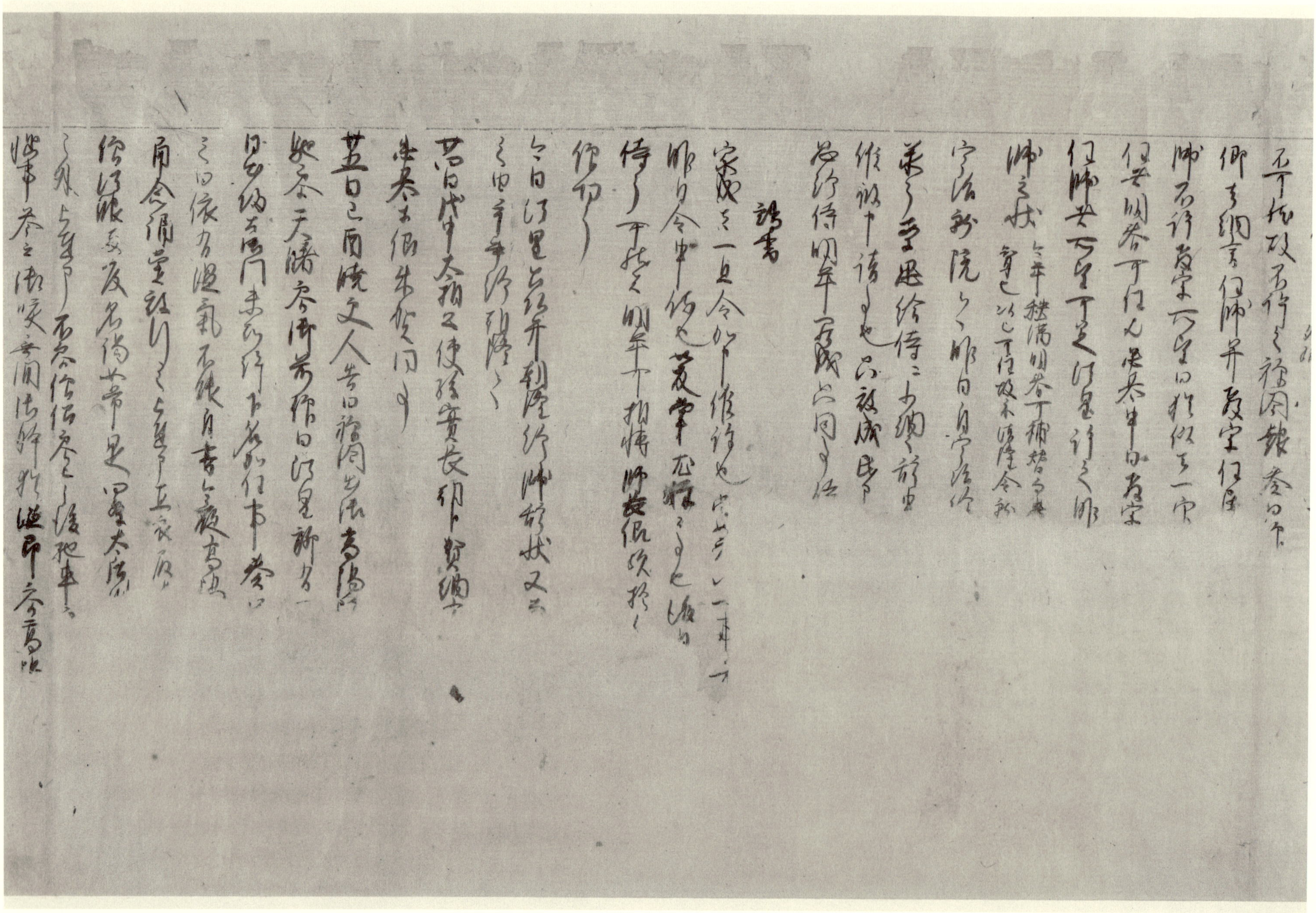

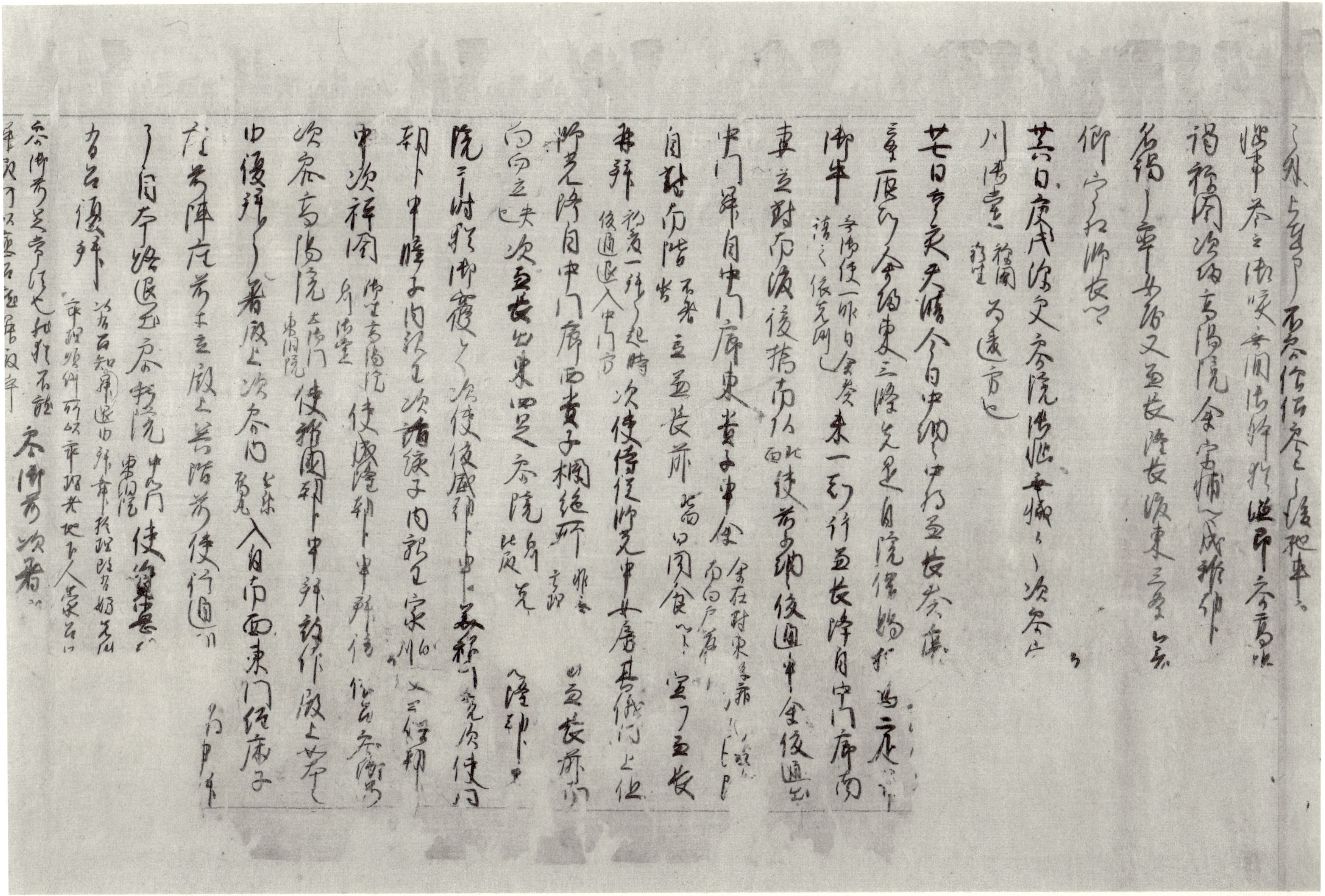

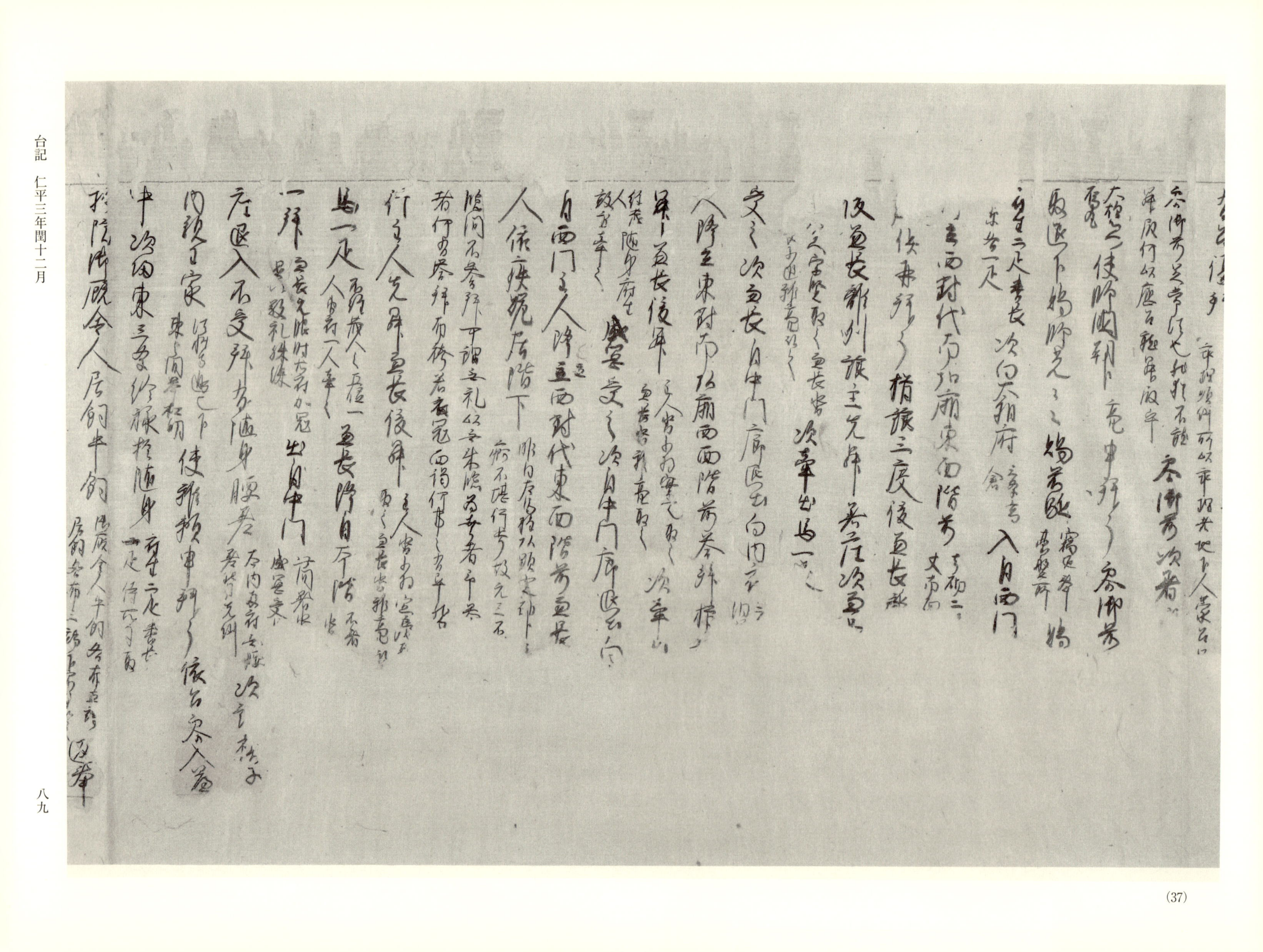

[illegible]

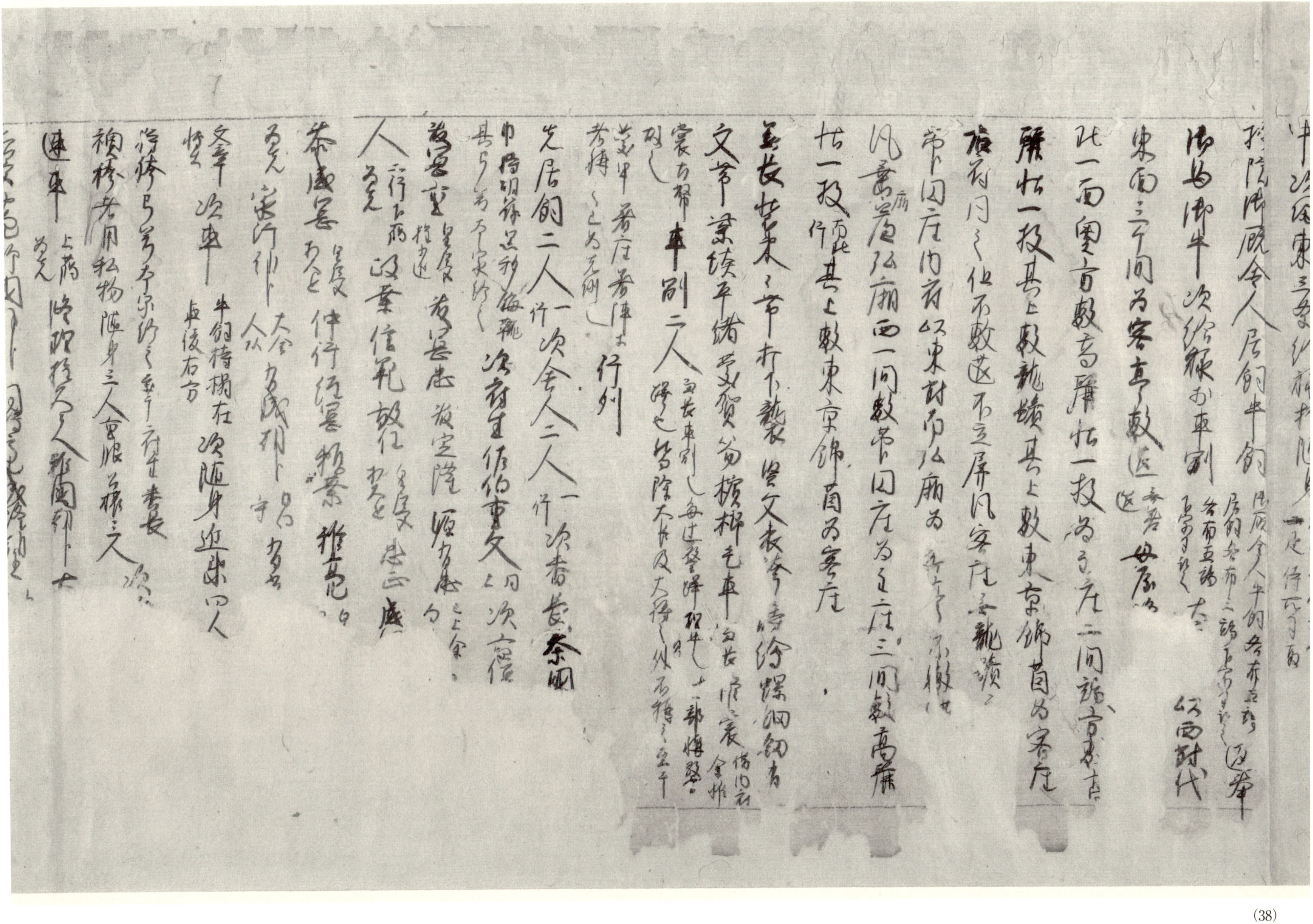

遂車　上﨟　後政経之人　新国卿下大
宮亮資国朝臣　同経已渡
侍従隆兼　数信隆雅　為長出付余於
同門　但朱合経同所見物　頼朱出上　後参内
路頭之為長参入申事退出給
職事、東人退出　東三条方拝後
朱其後但朱中事卿退行
卿内言読次参議右大弁朝隆・
作関白食由　祖隆弁拝退出　俊経行事　作関白食下
廿六日壬子　天晴　中納言中将補勾当
朝下作之　前備二尉　故皇后宮権亮子　高階泰宗　仲行子　李許
出衣方卿綱　小瓶　棚衣　二慶賀　業頼　柳参新院二
院内　石　次退出　前姫六人　衣冠　新院
四人　布衣方綱　袴内三人　師国朝臣　遂車
頭右中弁光頼朝臣　中事
今日有廟説　内文上之儀　事在之
侍ふ但上　但世射賜参向
可子　中府　諸卿下々　参陣
今度宇佐大宮　太神宮
仕有新付中下之後　作例
事府中下平中之後不
之　下依擬判之　何事千定
從太神宮文　於廟説々々失之

下給権刺し候了〻〻〻〻〻

経太神文於廰説くべく共
之処幸四下着於廰丁説行文字宣啓曰信即令作
重様下前移廰後之云欲成隆嫡伏　　　　　簡従後奏
参院曰宜長不云日立錦礼持奉中脆連軍下八代院
被人敦作末日中納脆率下巻
若日世信行臨未年不次信爲禍松之由佛着苦退雨
判日至長来帝内車遂参院隆月四蚤至長院到
其曰院義縄上院列筍冊不敢肅着慶於院判申
代筍宰未傳参次着居之次啓慶於其縄門行申
滝筍室冠依傳啓院着后之次伴並長奏為縄院浴神
列宮馬慶〻〻郎教如有捕刑爲長使俊憲参之内
之春長信三年八月廿五日ぞ依九月六日爲女院
評事夫行次說之由側所說也即亶頁曰記引勤
〻〻〻〻〻〻〻〻〻〻〻〻〻〻〻〻〻〻〻〻〻〻〻〻〻
同廿間宣長去同頃之今内東之丼先頼申五年
〻〻〻〻〻〻〻〻〻〻〻〻〻〻〻〻〻〻〻〻〻〻〻〻〻
滝範宣冠依傳啓以着居次伴並長奏為院爲勒
選眷　　範宗　　　　宣着居之後所之勒
学院学生来参見奉法洲修繕物隆長後逝郷奉
内逝侇上経久字和郡通く水判中滨曰定内說
今朝隆院被人故改曰說月参之次語判滕判判
之依列芳判中代行說之成知所改内依六信宗
四判芳見之此之外弁辨
中代说方力僅何義人信之作曰若預須之実信判
定俊更更未内参之由沽礼說之次得判贈三年為作〻
曰英江四参年内作行沽依例老寛敦拾合泉

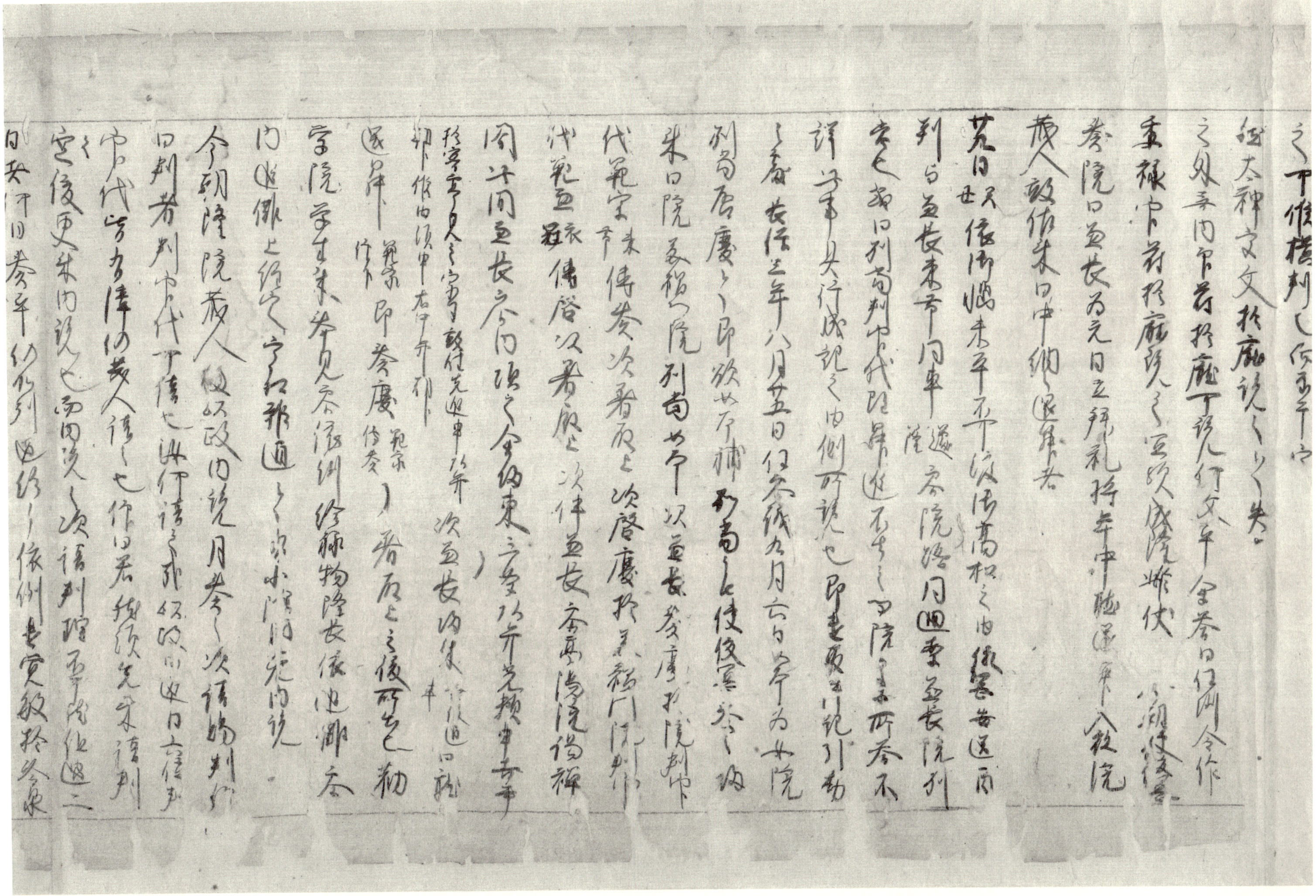

[illegible]
日安仲日参年[illegible]依例[illegible]
供養[illegible]代[illegible]
[illegible]

五長上日

九月小
十七日 慶中 六條　廿日 参内　廿一日 参安法輪院

十月大
一日 平座　二日 参内　三日 参内
四日 参内　五日 参内　六日 [illegible]
十日 参内　八日 参内　九日 参内
十一日 参内　十二日 参内　十三日 参内
十四日 参内　十五日 参内　十七日 参内
十六日 参[illegible]　十八日 参内　廿日 参内
廿一日 参[illegible]　廿二日 参内　廿三日 参内
廿四日 大[illegible]参詣　廿五日 内裏一日　廿六日 内裏一日
廿七日 参院

十一月小
一日 政　二日 参内　三日 参内
四日 参内　五日 参内　七日 参内
八日 参内　九日 参内　十日 参内
十一日 参内　十三日 参内　十四日 参院
十二日 [illegible]　[illegible]　十六日 [illegible]
十五日 [illegible]　廿一日 参内
廿二日 [illegible]　[illegible] 参院　廿三日 [illegible]

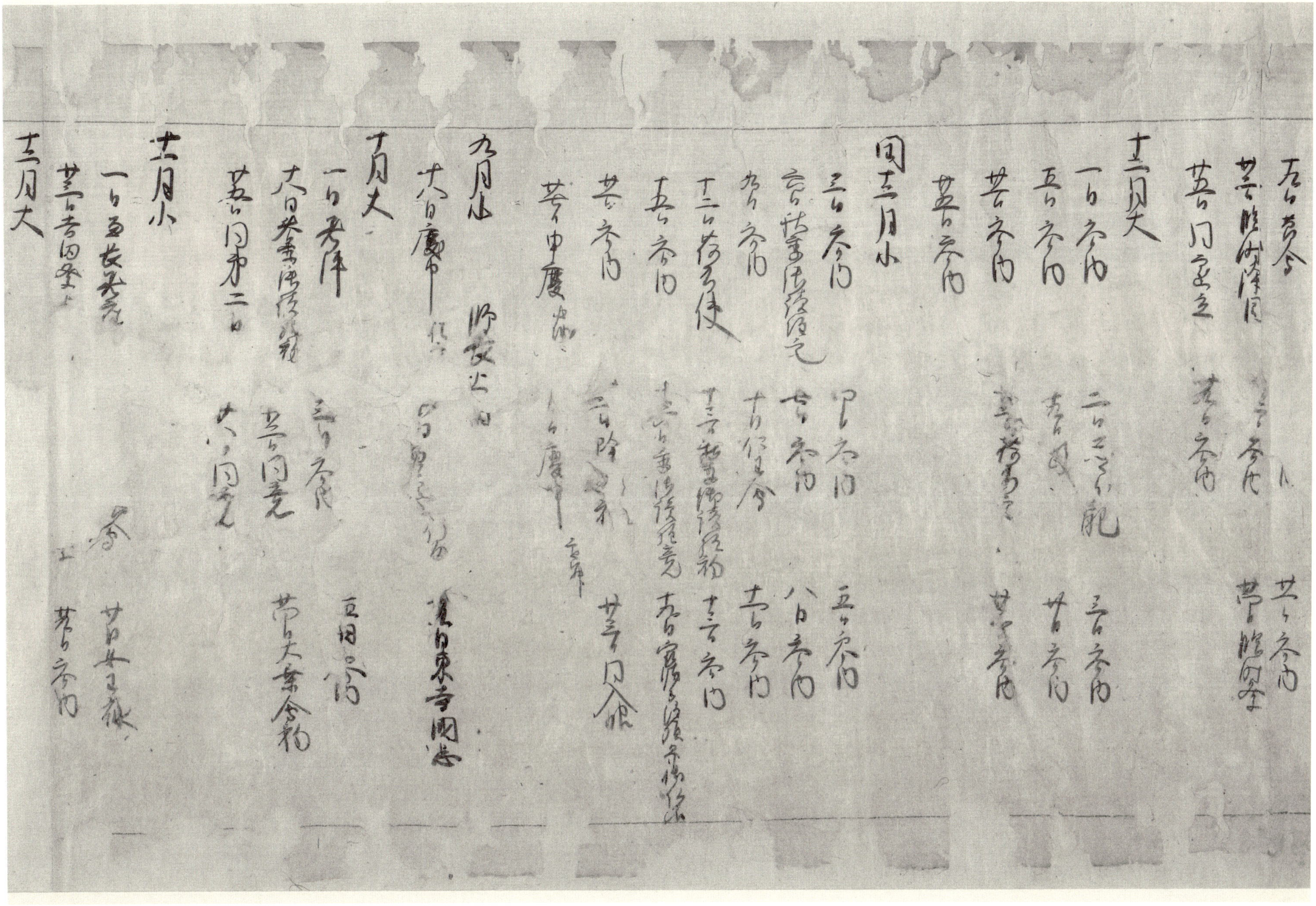

十二月大
閏十二月小

南無阿弥陀仏作善集

南無阿弥陀仏作善集　端裏外題

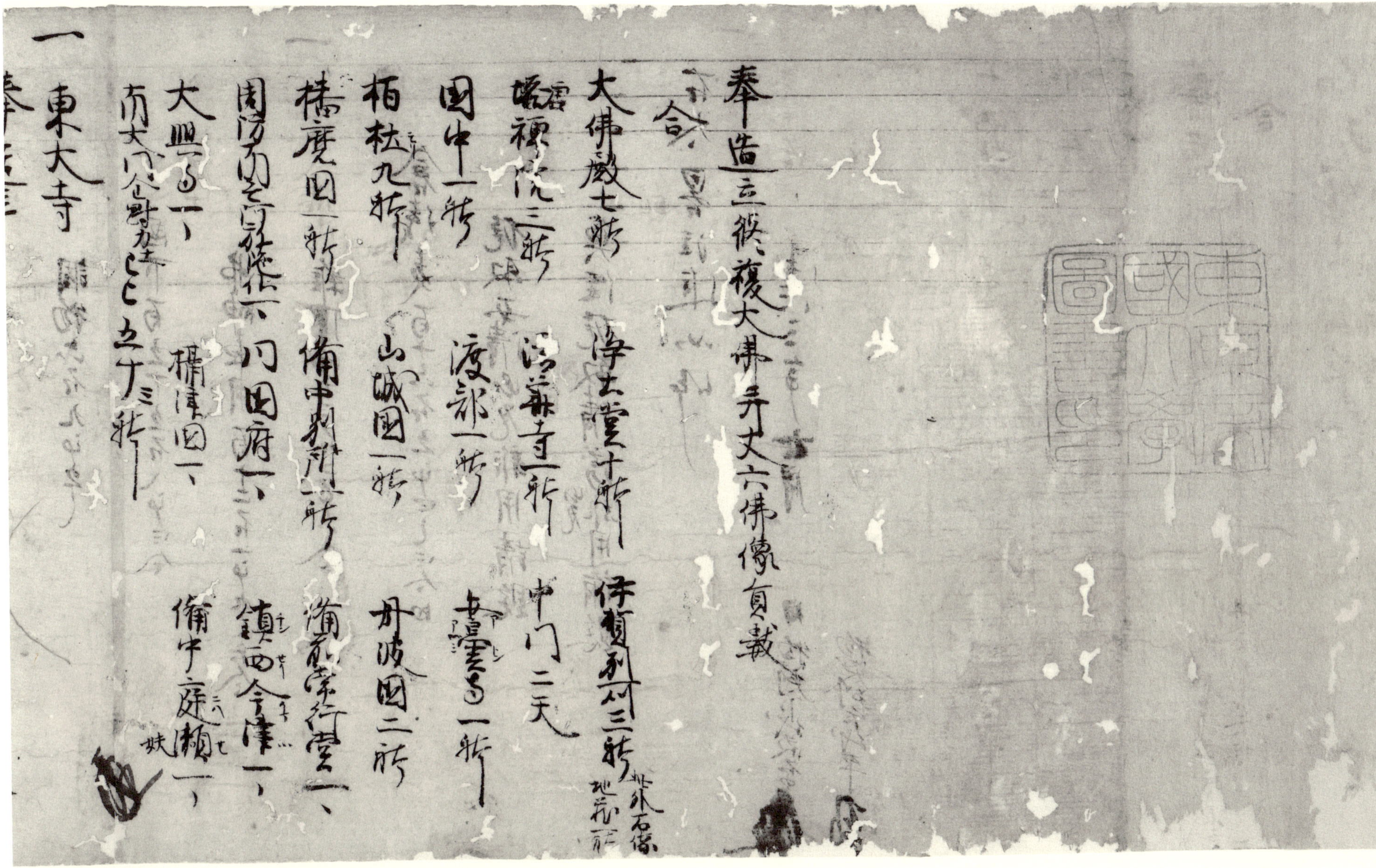

奉造立修復大佛并丈六佛像員數

一 合

大佛殿七躰　浄土堂十躰　伊賀別所三躰

醍醐禅院三躰　浄菩寺一躰　中門二天

國中一躰　渡部一躰　高野山一躰

栢杜九躰　山城國一躰　丹波國二躰

播磨國一躰　備中別所一躰　備前常行堂一、

周防國阿弥陀堂一　同國府一、　鎮西今津一、

大和國一　播磨國一、　備中庭瀬一、

同大門金剛力士二躰　立ナミ躰

一 東大寺

奉造

(1)

南大門金剛力士〻〻立丈三尺

一　東大寺

奉造立

大仏殿 九間三面　大仏 十丈七尺 金銅盧遮那仏　脇士 六丈 観音 虚空蔵

四天 各四丈三尺　石像脇士 三丈　中門二天 石獅子

四面廻廊 南北中門 東西楽門 石垣 軒廊 合百九十一間

南大門 五間 金剛力士二丈三尺

奉納大仏御身仏舎利八十余粒并宝篋印陀羅尼経

戒壇院一宇 五間三面

両界堂二宇 勧進長日最勝法華 奉安置八尺両界曼荼羅

長日最勝御読経 奉納脇士実忠仏舎利六粒 三粒東寺 三粒招提

一　鎮守八幡御宝殿并拝殿 奉安置木像法花経

納置八幡宮紫檀甲箏并和琴

一　奉修復

法花堂　唐禅院堂 丈六三躰　備進堂

御影堂　東南院 御影堂

食堂一宇 安置丈六観音像一躰

大湯屋一宇 在鉄湯船 大釜一口 同一口伊賀別所 又造立之

鋳木跡奉鋳并鋳

奉造営 気比并天神社拝殿 宗 　奉修復菩提寺行基并仏

奉修復

天台院堂　大四面丈六　伴寺堂

（2）

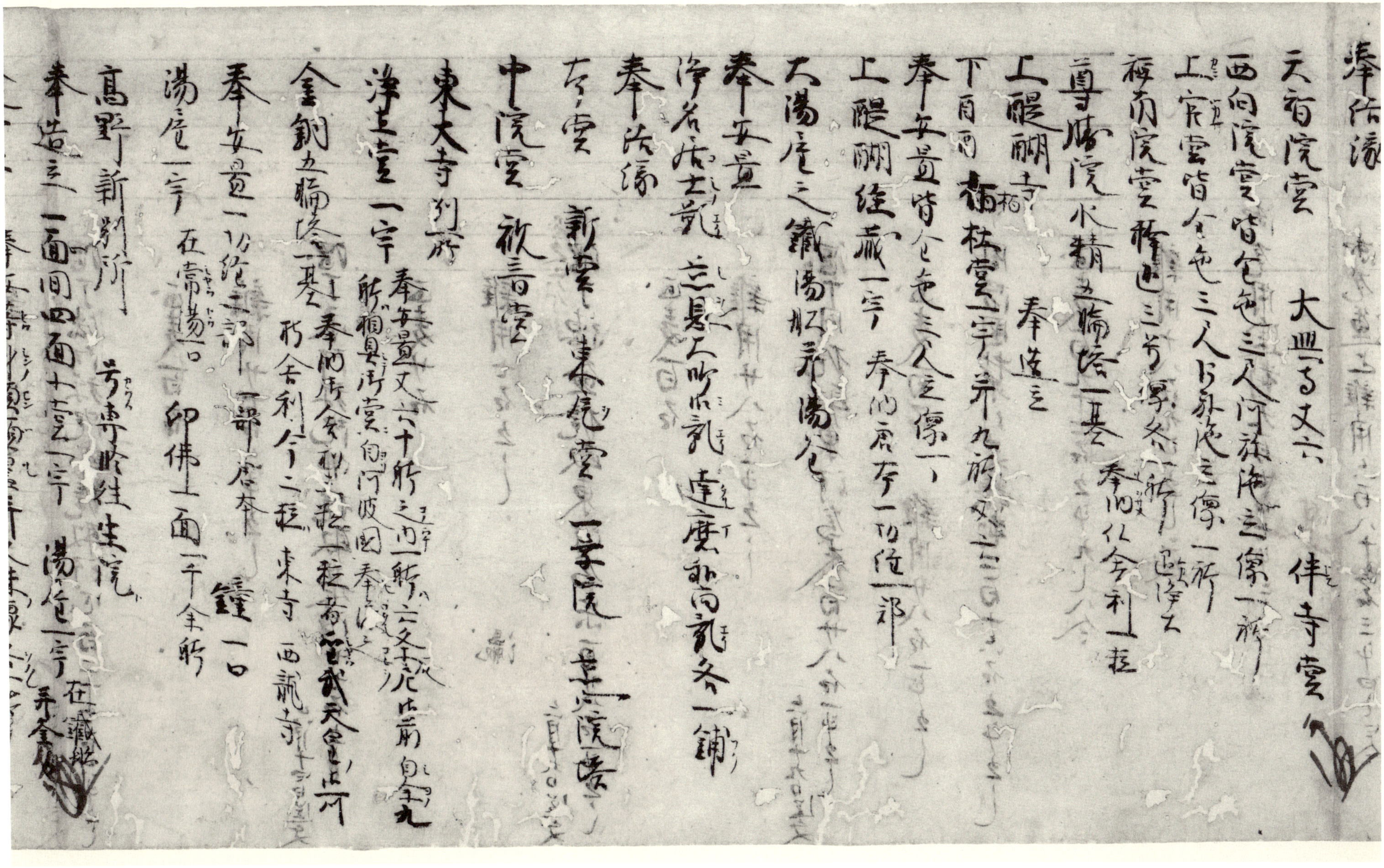
奉作添
天台院堂　大四寸丈六　伴寺堂
西向院堂皆金色三尺阿弥陀三尊像一体
上院堂皆金色三尺阿弥陀三尊像一体
[illegible]南院堂　釈迦三尊各一体　[illegible]
尊勝院　水精五輪塔一基　奉納仏舎利一粒
上醍醐寺
下醍醐　栢杜堂一宇　并九体丈六　奉造之
奉安置皆金色三尺之像一体
上醍醐経蔵一宇　奉納宋本一切経一部
大湯屋之鐵湯船并湯釜
浄名居士影　[illegible]　各一鋪
奉安置
奉作添
本堂　新堂　東南院堂　一字　[illegible]院[illegible]
中院堂　観音堂
東大寺別所
浄土堂一宇　奉安置丈六十体之内一体　[illegible]
金銅五輪塔一基　奉納仏舎利一粒　[illegible]　東寺　西[illegible]寺
奉安置一切経二部　一部唐本　鐘一口
湯屋一宇　在常湯一口　印仏一面一千余体
高野新別所
奉造立一間四面一堂一宇　専修往生院　湯屋一宇　在鐵湯船并釜

高野新別所　専修往生院
奉造立　一間四面堂一宇　湯屋一宇　在鐵湯船并釜
食堂一宇　奉安等身頻頭盧并文殊像各一躰
三重塔一基　奉安金銅五輪塔一基　長八寸　奉納其十九
精舎一基　一尺三寸　納仏舎利五十一粒
奉安置　三寸阿弥陀像一躰并観音勢至　唐仏
三尺皆金色阿弥陀像并観音勢至
八大祖師御影八鋪　三尺涅槃像一躰　三尺金色像各一
執金剛神深沙大王像各一躰　十六想観一鋪　化仏
十六羅漢像十六鋪　唐本　又十六羅漢十六鋪　釈迦出山像一鋪
弘法大師御筆華厳経一部　一紙三行
良辨僧正御筆　見無辺仏土功徳経一巻
畫繪像涅槃像一鋪　四幅不動尊一鋪　普門経一巻
湯屋一宇　在鐵湯船并釜
鐘一口　大湯屋　伝法院　塔九輪　鐵　蓮花座鐘　各八尺　金卅石納
播磨并伊賀丈六奉修　畫像阿弥陀三尊一鋪　唐本
渡辺別所
一間四面浄土堂一宇　奉安皆金色丈六阿弥陀像一躰　并観音勢至
来迎堂一宇　奉安皆金色来迎阿弥陀来迎像一躰　長八尺
娑婆屋一宇　銅五輪塔一基　奉納仏舎利三粒
大湯屋一宇　在鐵湯船并釜　鐘一口　在鐘堂一宇
天王寺菩薩装束廿具　菩薩装束廿八具　楽器一具
印仏一面　一千余躰　奉始迎講之後六箇年成建仁二年六年
奉結縁一國一面十堂一宇
播磨別所
浄土堂一宇　奉安皆金色阿弥陀丈六立像一躰　并観音勢至
一間四面薬師堂一宇　奉安坐像丈六一躰

奉安皆金色阿弥陀丈六一躰 [illegible]
浄土堂一宇
一間四面薬師堂一宇 奉安皆丈六一躰
湯屋一宇 在鉄湯船 奉渡長尾寺薬師堂 并半丈六三躰 観音勢至已上
鐘一口 於豊前遂誂之後二ヶ年 於自二階二ヶ年
迎正像一躰 鐘一口
備中別所
浄土堂一宇 奉安丈六阿弥陀像一躰
吉備津宮造宮之間 奉渡之 鐘一口鋳 奉施入之
奉渡神宮寺常行堂并本仏 金
奉修造庭瀬堂并丈六
周防南無阿弥陀仏
一間四面浄土堂一宇 奉安皆金色丈六像一躰
鐘一口 湯屋一宇 在釜
奉造宮一宮御宝殿并拝殿三面廻廊楼門
遠石宮八幡宮 小松原宮八幡 三ヶ所 末武宮御宝殿 八幡三
天神宮御宝殿并拝殿三面廻廊楼門
伊賀別所
卜五古霊瑞地建立一別所 当丑寅中古新別平
巌石之一堂 仏後大座皆石也
奉安皆金色阿弥陀三尊来迎之像一躰并観音勢至各丈六
鐘一口 皆金色三尊 到講長三尺 湯屋一宇 在釜
絹写十六羅漢十六鋪 同仏料 優塡王赤栴檀像第二轉畫像 奉模作之
備前国
造立常行堂 奉安丈六阿弥陀仏像
同国府立石湯屋 不断念仏定置 秘入供三十六人
豊原御庄内造立豊光寺 立湯屋 在鉄湯船
此外国中諸寺奉修造九廿二ヶ所也
奉渡善根山三重塔 鐘一口

豊（以下欠損）
武蔵国中ノ諸寺ニ奉施入鐘廿二ヶ所也
奉始　喜撰山石塔十三重塔　鐘一口
三重塔　大安寺鐘一口　伯耆国善通寺
一　天王寺湯屋并湯釜　太子御廟安置仏舎利之御堂
於上醍醐一千日之間無言時読誦時懺悔法奉行
修紙衣上下稲道場於十二ヶ所修百余人請僧如法経
一日奉書写供養　三井寺　信正　頭
乞於以下ノ面々ニ奉書写如法経度々
相模国於箱根若宮王子之御宝前奉始如法経
鎮西於筥崎奉書写如法経　於余処奉始如法経
於那智奉書写如法経
生年十七歳之時修行四国辺
於生年十九初修行大峯　已上五ヶ度　三度ハ於深
山取御紙衣調新紙奉書写如法経　法花経
二度ハ以持経者十人於峯内令転読千部ノ経　於熊
野奉始之　於御嶽誦作　又千部法花経奉読誦
葛木二度
信濃国善光寺一度ハ十三日之間満百万遍
一度ハ七日七夜勤修不断念仏　初夜夢ニ金色
舎利賜之　即可呑被仰　仍呑畢
次度者面奉拝見阿弥陀如来
奉造之　堂　文六紙ノ　此度自加賀馬場奉詣白山之山
大唐明州阿育王山
渡周防国材木奉起之舎利殿　為修造又奉渡柱
四本虹梁一支　南無阿弥陀仏之影木像画像二舗
安置阿育王山舎利殿　供養
興福寺　施入湯船二口　五重塔心柱三本

安置阿弥陀三尊舎利仏供香花新写
無縁寺 施入湯船二口 五重塔心柱三本
光明山 施入湯釜
播磨国小矢寺所造立所奉渡舎利之
伊勢国石剣足立奉渡三尊地蔵并一躰
天王寺御塔 奉納舎利之 奉納造立伊賀新大仏寺御堂一宇付塔三基
奉納複文三躰并脇士 或人夢廻之明旦石今来沈被作之
於春日御社大般若経一部奉安置之 帰依三十人禅侶信依
於東大寺八幡宮御宝前奉供養大般若経三部一奉安置之
伊勢大神宮 奉書写供養大般若六部 内宮三部 外宮三部
六部 三度奉供養毎度加持僧正十人 二十人請僧
并侍従王皆勢州人也 首今三度之奉仕信達
又法会一夜奉供養之 十代養度々
天王寺御舎利供養二度
於西門満百万遍度々
大和国諸寺諸山併施入御明油
五輪石塔一基 奉渡九条入道殿下
霊山北西奉施入三尺阿弥陀仏之像一躰
奉鋳寺角施入半丈六迎講像一躰 半丈六
願成寺奉安置大仏阿弥陀仏
東十五町北行十余町立堂安置之厨子仏一躰
依高上浄土阿弥陀仏八口入導河内国奉安置三尺人像阿弥陀仏 慶仏
於行年六十一歳奉東大寺造営 勅定至寿年八十三歳
廿三年也 而六十年奉造立大仏尊造開眼之日臨幸河
院宣然又作棟上同臨幸 又五六年之間参遷宮
宣旨東大寺修造供養之後院宣度臨幸
宝寺寺宝前会仏法施人供会式
其用途 次定下被切頸人事十人
放免之 施行之

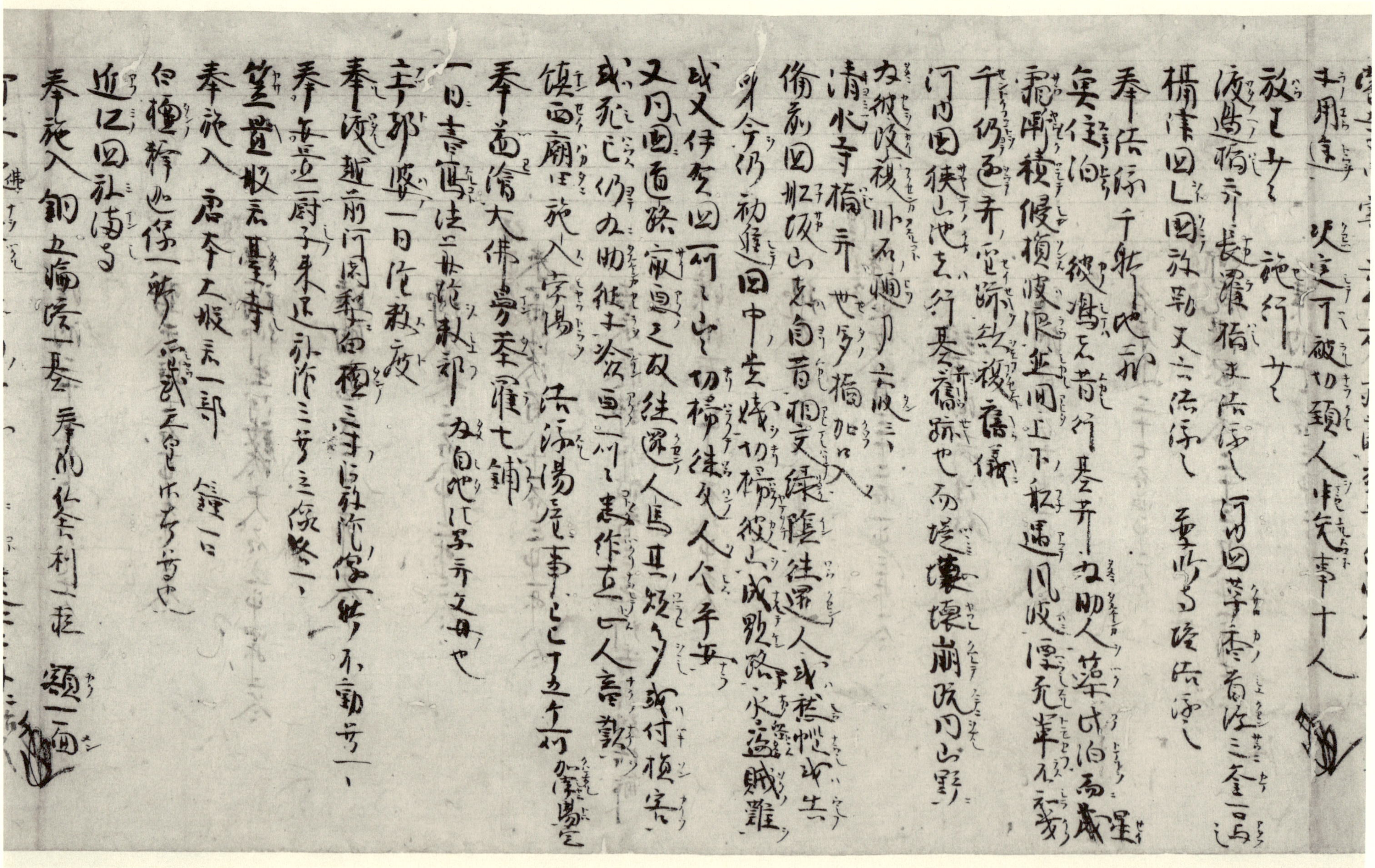

土用途　次定下被切頸人申免事十人
放之了　施行了
渡邊別所并長屋浄土堂　河内国薬王寺香首汶三尊一百返
播磨国別所勤又云浄土堂　薬師堂浄土堂
奉修複千軒也二所
魚住泊　築船泊昔行基菩薩助人築此泊而歳星
霜漸積侵損波浪並両上下船過風波漂死者不知数
千仍追菩薩跡被修復者
河内国狭山池者行基菩薩旧跡也而堤壊崩既同山野
又彼役夫石樋ノ修六段三ハ
清水寺橋并世多橋加修
備前国吉備山寺自昔相交縁隠往還人或愁悒悩生
此今修初経回中生残切掃役山成野路火盗賊難
或又伊賀国一所ニ定切掃往反人令平安
又同国道路所取具之後往還人馬其煩多少或付損害
或死亡仍為助彼寺塗道一所ニ悉作直二人喜歎
鎮西廟仁施入宋湯　浄湯屋葺亡十五間加湯屋
奉為崇徳大仏奉羅七鋪
一日書写法華經料紙　為自他紅字并父母也
安芸那婆一日法鼓施
奉渡越前国河関新白種三十六口秘法ノ修伴ノ不動尊ノ
奉安置一尉子未足尓修三尊之像等一
奉安置般若臺寺
奉施入唐本大般若一部　鐘一口
白檀釈迦像一躰　不動毘沙門天皆木造也
近江国弥勒寺
奉施入銅五輪塔一基　奉納仏舎利一粒　題一通

奉施入鋼五鈷鈴一基　舎利会利一粒　題一面

阿弥陀像名付日本卌八妻鏡已下月建仁三年三妹
背西方　産小章華子制く　九二蔵姚妹
　　　　　　　　　　　　　　　　　扉工郎成
　　　　　　　　　　　　　　　　　　　　　襄南
厨子佛一躰　弥陀像　行暮寺　　一人三寸　賜土
　石自女ら弥陀仏ニケ佛像送　奉し沼か
　後下歌盛屁自八聖妙之側建仁元年被施入後ノ像玄
　尝念仏而乱那ル新弁仏紐枕沙新井三子末月伐新年
厨子佛一躰　渡師法問ま
厨子佛一躰　渡法佛房
高野所新雲就江所掲下三ヶ五石閻堂く
園見寺一切経奉涼し
三人皆合セ也　擇的徒一紙
　　　　　　　　　優頃玉奇梅極像第二弱書画像奉
　　　　　　　　　　　　　　　　模様し

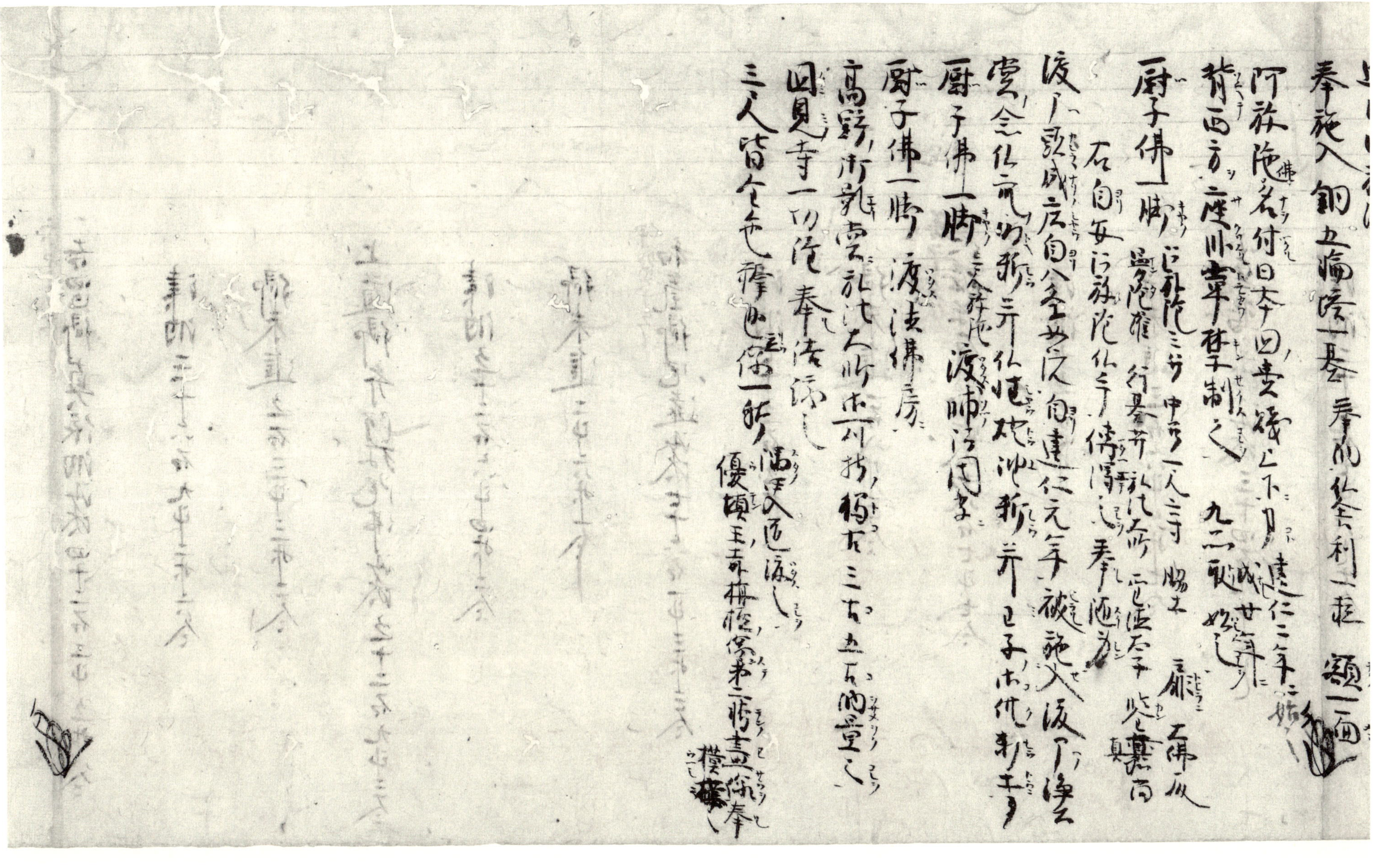

(10)

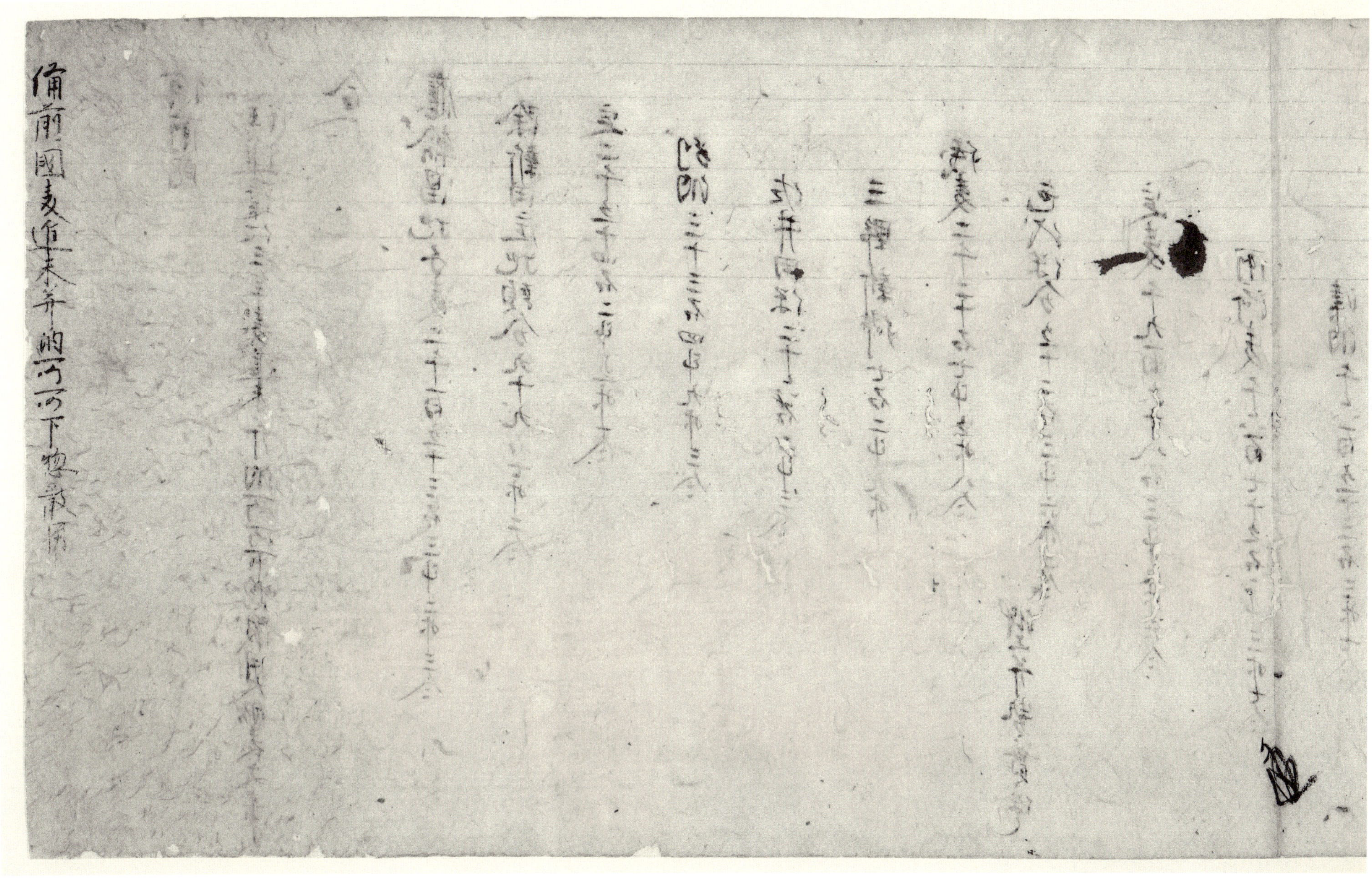

備前國
注進　建仁三年麦進未并所々下惣散用目録事
合
應輸畠地子麦二千百五十三石三斗三升三合
除新田庄地頭分九十九石七升二合
定二千五十四石二斗六升一合
別納三十三石四斗九升三合
佐井田保二十六石二斗三合
三野新郷七石二斗九升
残麦二千二十石七斗六升八合
色代保分五十二石三斗九升二合
御上并勢賀保
定麦千九百六十八石三斗七升六合
所済麦千五百七十五石二斗三升七合
未納千二百五十二石三升七合

南河麦千〇百七十九石三斗七合
吾酒俊貞俊酒沙汰四十二石三斗二升八合
宇□□□
帰未進二十二石四斗九升六合
漢酒九十二石二斗二升四合
宇月僑内吾留沙汰七十四石七斗二升
新日庄酒九十九石七斗十三合
帰僧廿天進九十五石三斗二升三合
御司酒并家司阿弓沙汰七百五十四石六斗十来三合
漢酒六百六十四石三斗三合
未進八十六石五斗四升二合
漢酒三百四十石三斗五升、雑末納花付貝下河遣
邑久々爺郷把頭銭兵庫免済四百二十六石
吾備前漢酒例立用二十二石二中
未進二百九十三石二斗九合
漢酒千六百十三石三斗七合
四斗九升三合

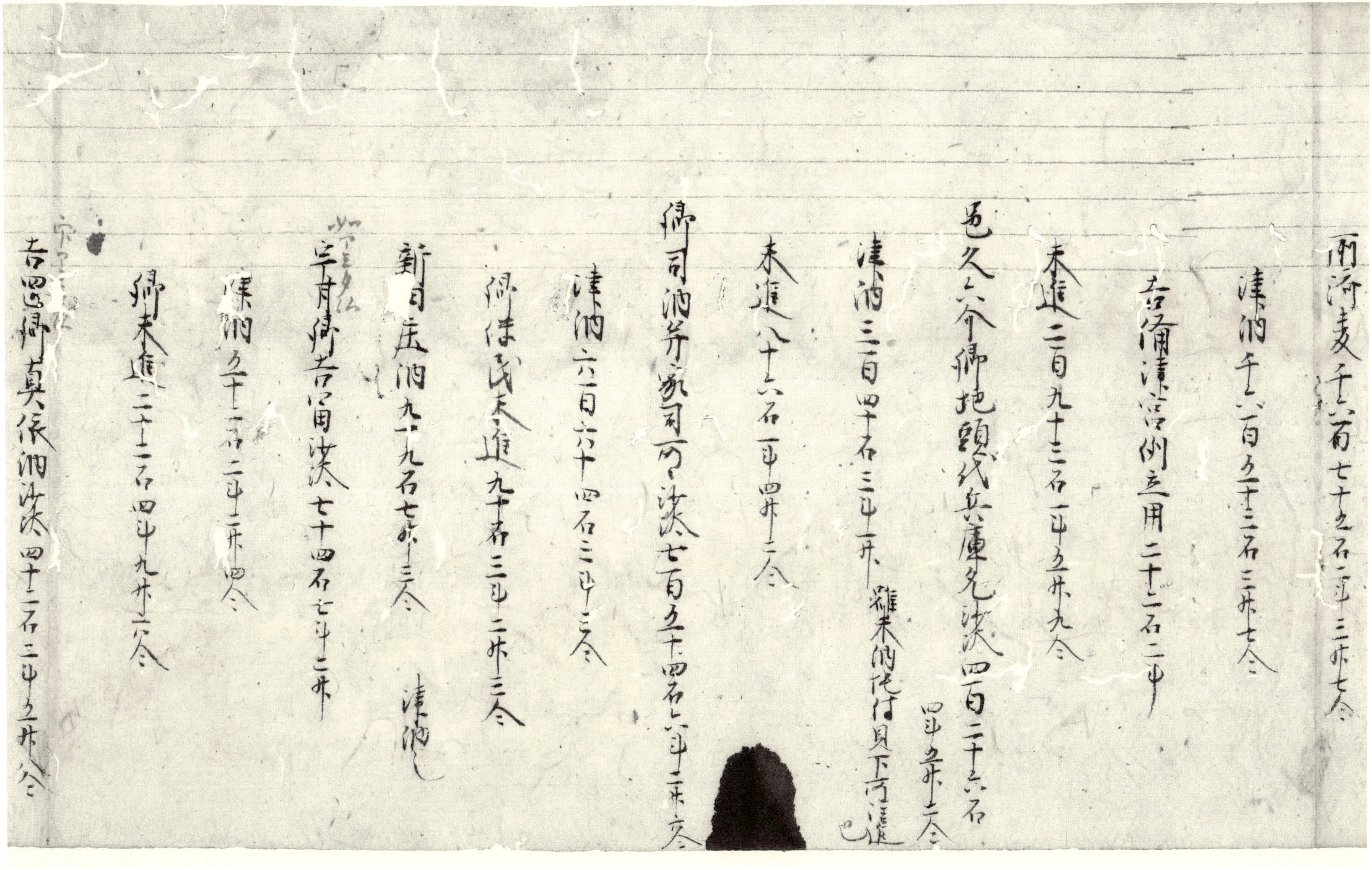

吉田郷真依酒沙汰四十二石三斗五升八合

済納三十六石九斗三升六合

残未進五石三斗二升一合

上道郷弁阿弥陀仏沙汰五十二石九斗三合

済納五十二石六斗四升二合

残未進二斗六升一合

和気郷尼蓮遠沙汰七十六石一斗三升二合

済納七十五石五升

残未進一石八升三合

仁塚保有能沙汰十八石七斗七合

済納十五石四升

残未進三石六斗六升七合

小島郷宗次沙汰三十四石九斗六合

済納二十壹石七斗六升七合

津納二十五石七斗六升七合

鴨未進七石五斗九升三合

律師御房生阿弥沙汰十八石五斗四升二合

津納百石七斗二升三合

御未進三石八斗一升三合

米留沙汰百八十二石三斗一升八合

吉永藤野弁政智三宅郷吉用別法師

津納百六十九石八斗九合

御未進十二石五斗九合

得益沙汰百二十二石一斗三升一合

調所油五斗　法橋

津納百四石七斗一升九合

御未進二十七石四斗二合

御蔵得思沙汰二十三石八斗七升七合

津納七石三斗二升

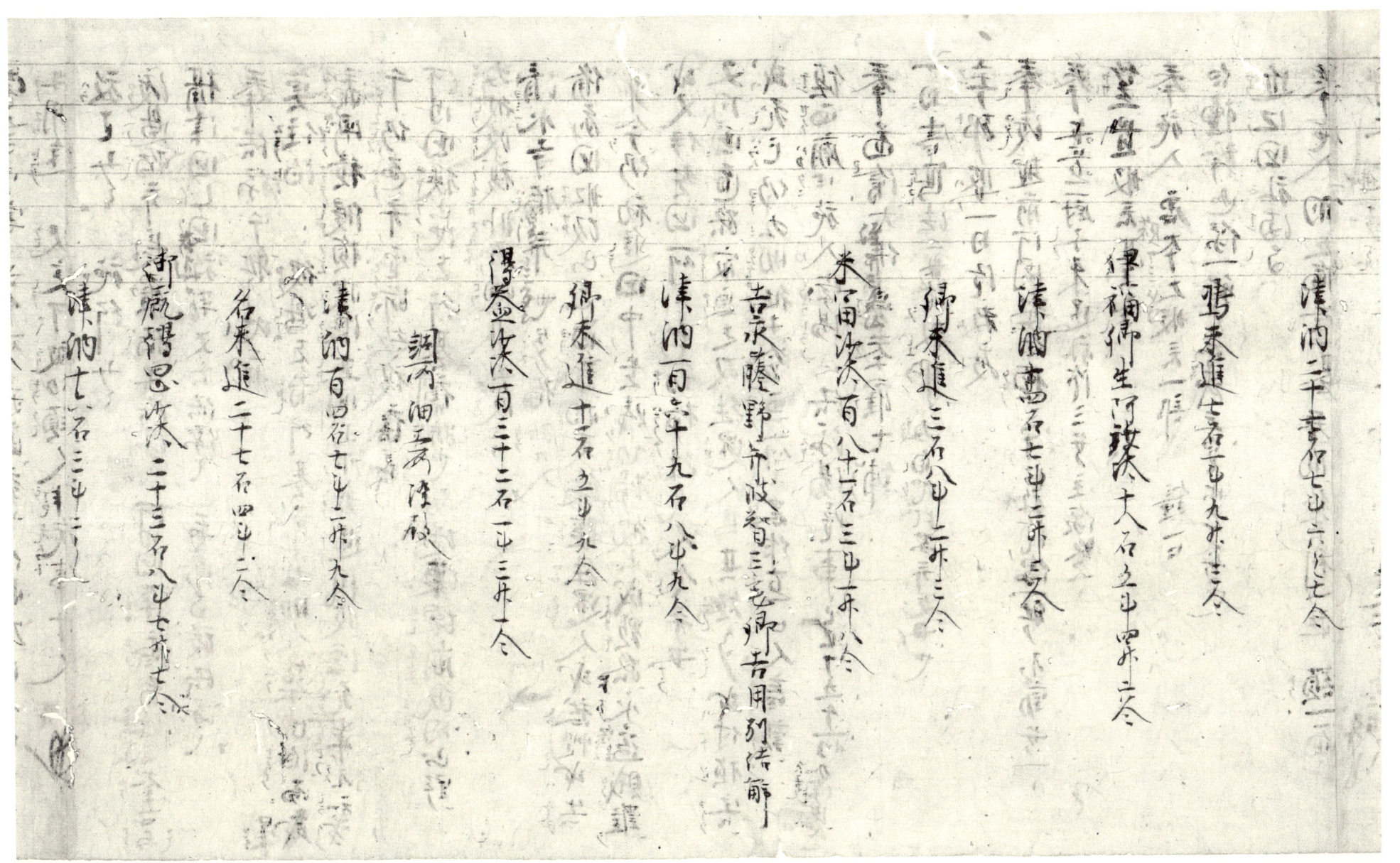

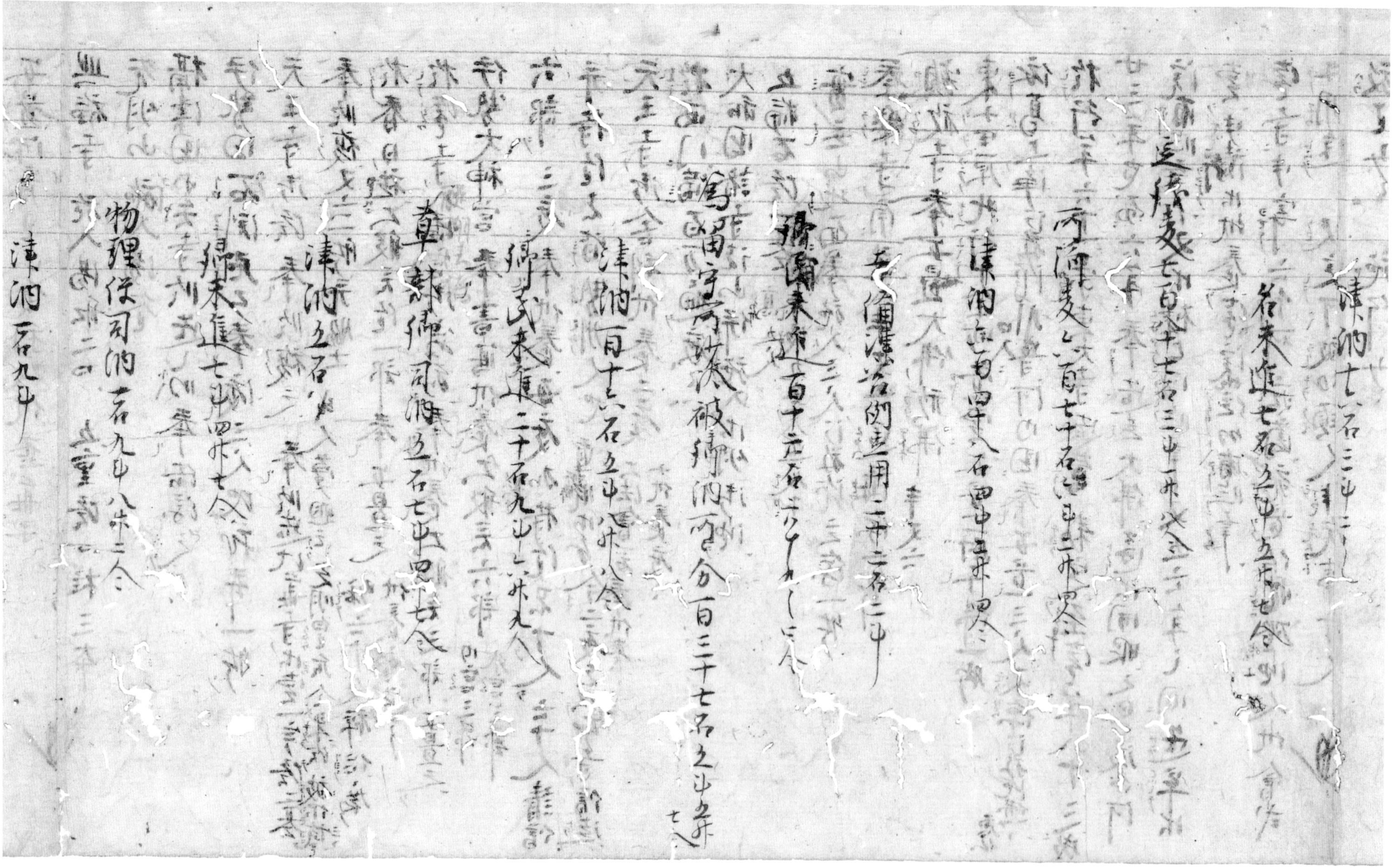

未納七石三斗二升
名未進七石五斗五升七合
延法麦七百卅七石三斗一升八合
所済麦六百七十石七斗二升四合
未納[illegible]石四斗五升四合
[illegible]納二十二石二斗
[illegible]未進百十六石[illegible]
留守所[illegible]被[illegible]納[illegible]分百二十七石五斗五升
未納百十六石五斗八升八合
[illegible]未進二十石九斗[illegible]九合
[illegible]司納五石七斗四升七合
未納五石
[illegible]未進七斗四升七合
物理[illegible]司納石九斗八升二合
未納一石九斗

（7）

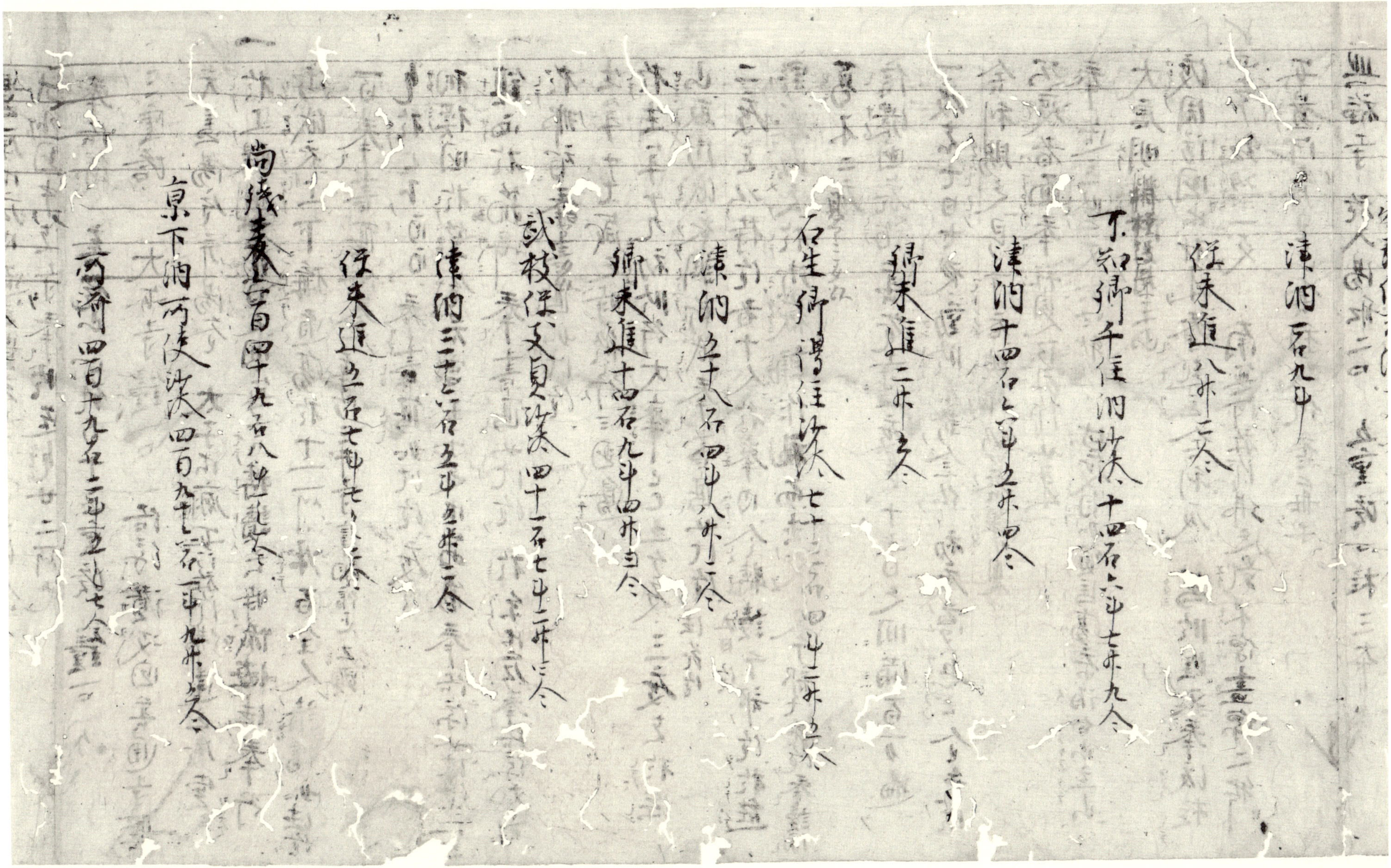

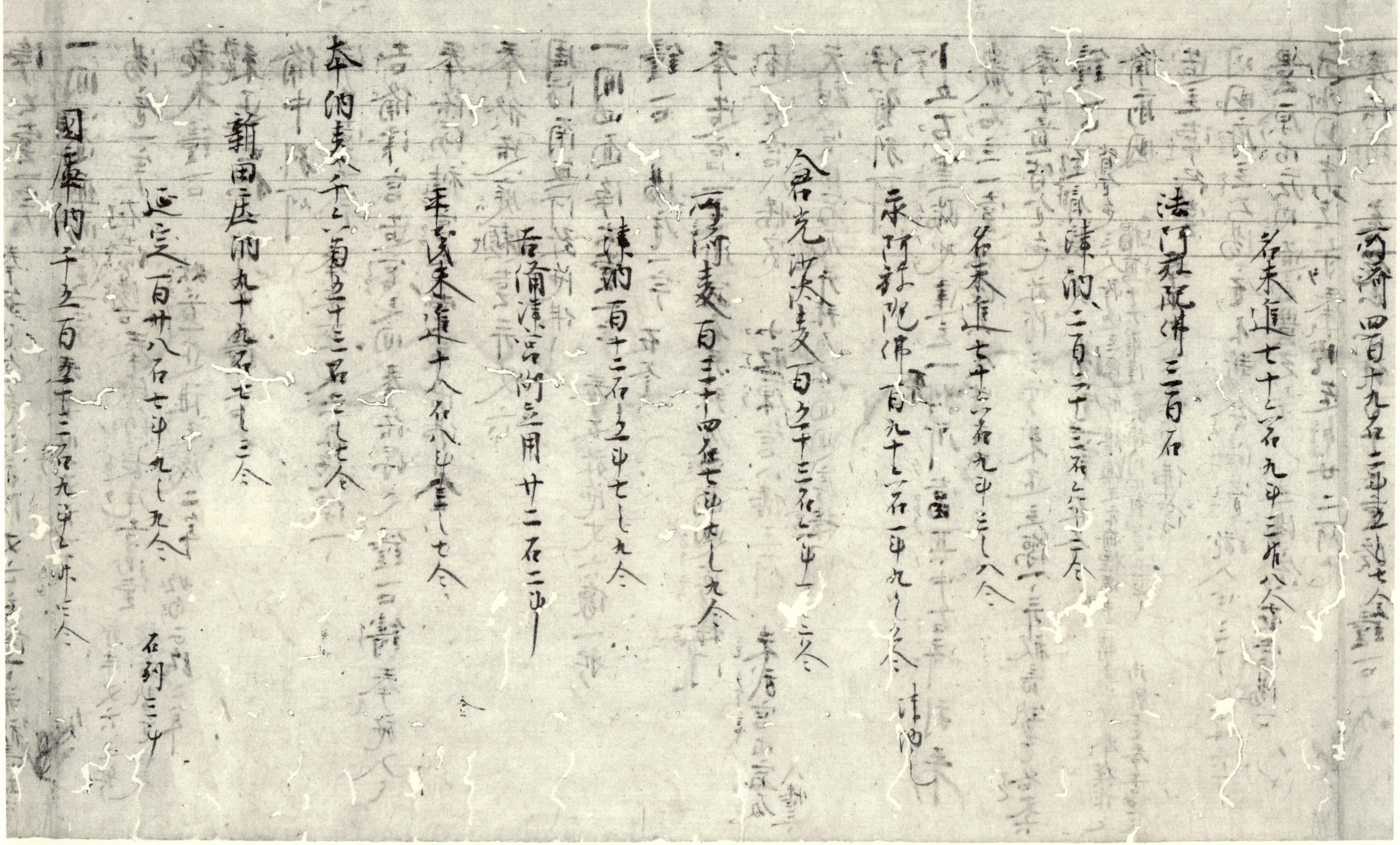

（5）

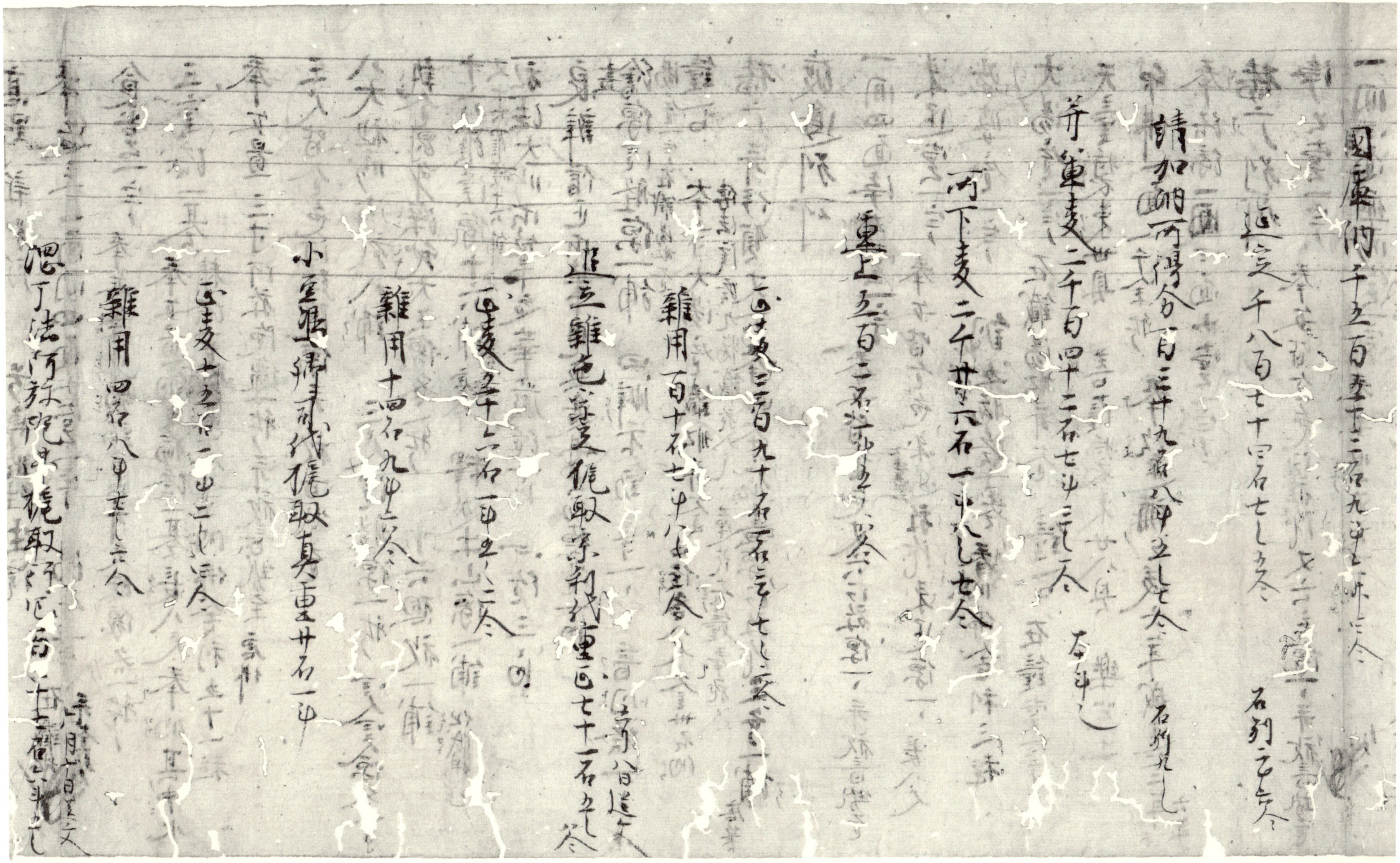

（4）

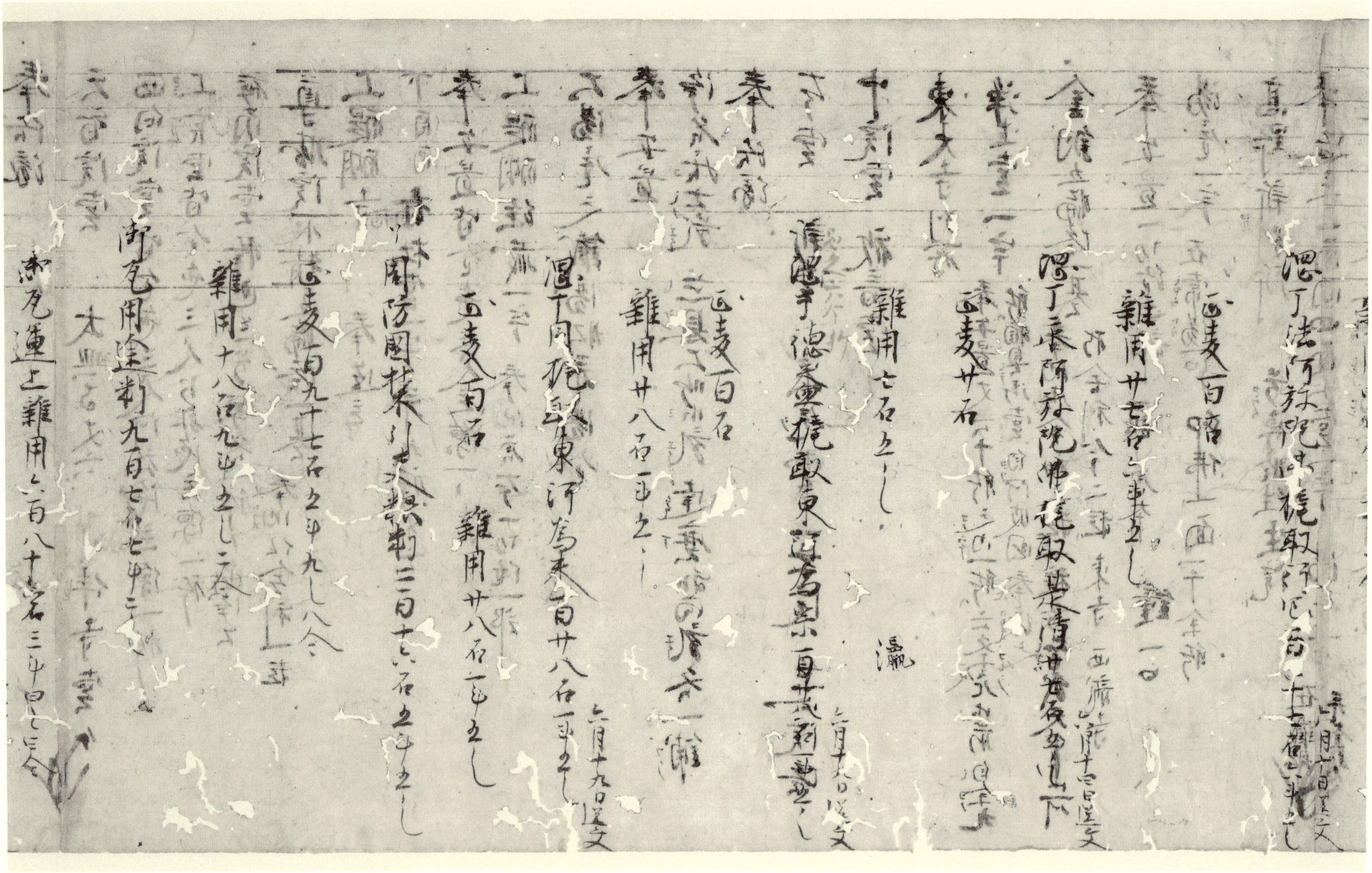

（3）

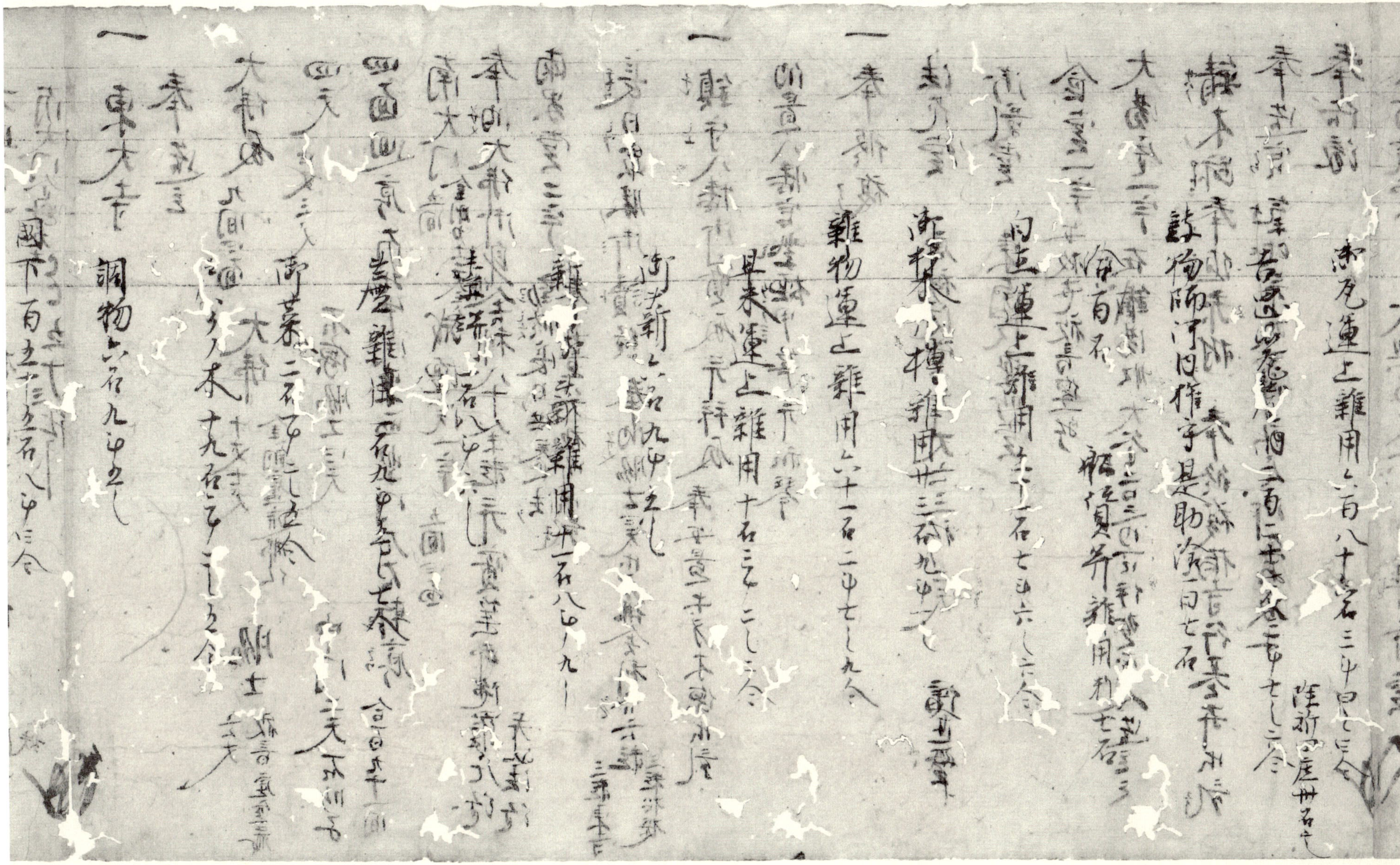

一 東大寺 調物六石九斗二[?]

　　　　　　　　　　　　　　　　　國下百五拾九石八斗四合
大般若[?]　　　　　　　　　　　　　　　　　　　　　　　新十禾斛一
　　　　　　　　　　　佛神事用　四明雨十二石二斗九[?]
　　　　　　　　　　　　　　　　　　　壇越[?]
　　　　　　　　　　雜用四石二斗三升[?]人[?]蔵[?]
料麦[?]　　　　　　　　　　　　　　　　　　　　　　　
　　　　　　　　　　會議麦百十六石五斗已上合[?]
　料中上粳[?]
　　　　　　[?]僧料
　　　　　　　　梶取[?]清山[?]新用請[?]
[?]三[?]
　　　　　　　　[?]料[?]清[?]御用[?][?]
大寺[?]士藤原[?]
　　　　　　　奉[?]日[?]大[?]六船御貢進
奉畠三[?][?][?]大寺十五大六船御貢進
　　　　　　　　　　建長三年七月　日

石谷昌[?][?]以作
　　　　　　　　　　　　　　　物所[?]作成定

南无阿弥陀佛作善集

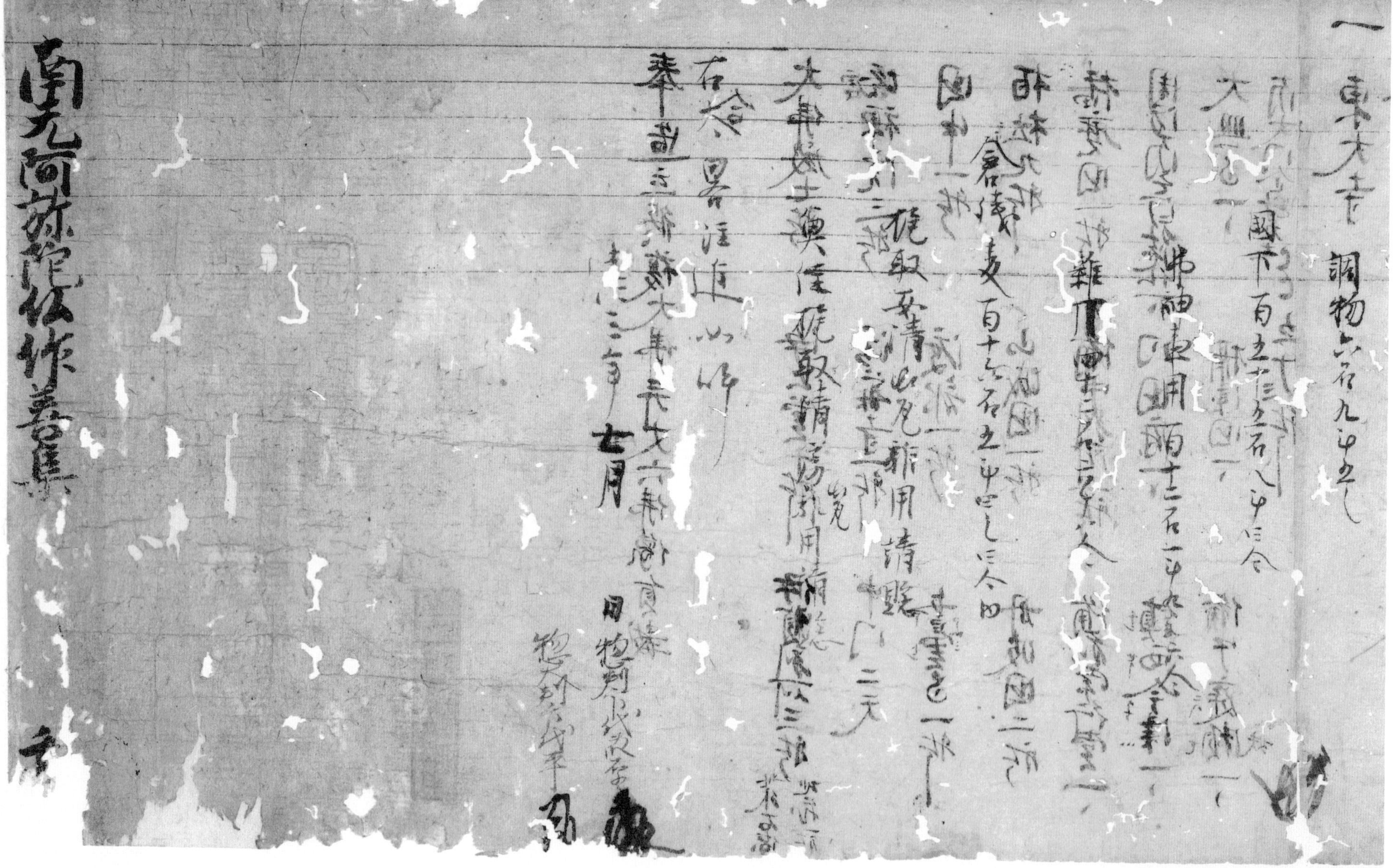

後嵯峨院北面歴名

後嵯峨院北面歴名
文永六年
3
14

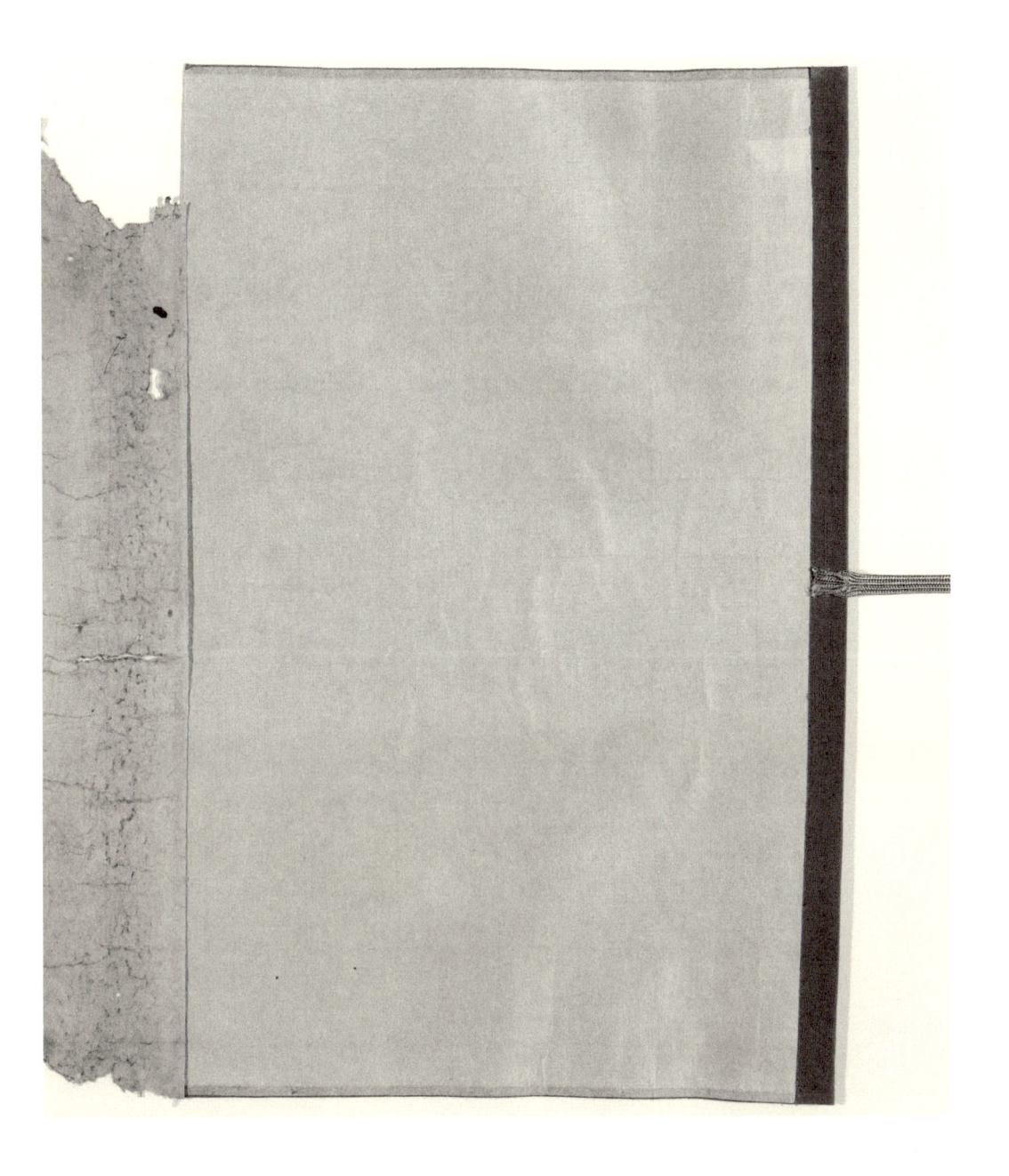

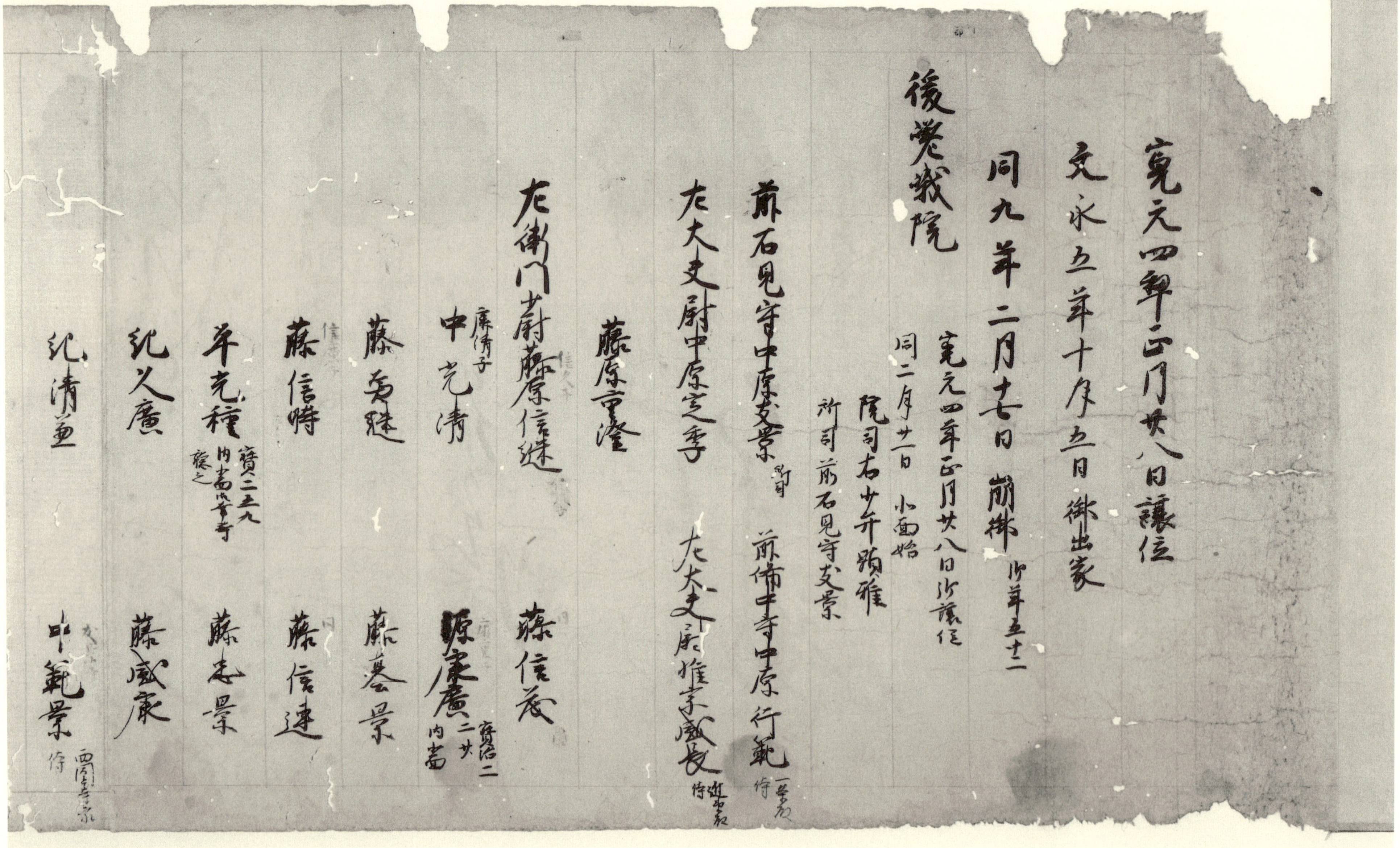
寛元四年正月廿八日譲位
文永五年十月五日御出家
同九年二月十七日崩御 御年五十三
後嵯峨院
寛元四年正月廿八日御譲位
同二月廿一日 小面始
院司右少弁顕雅
所司前石見守友景
前石見守中原友景 所司
前備中守中原行範 一臈 侍
左大夫尉中原定季
左大夫尉惟宗盛長 侍
藤原季澄
藤信成
左衛門少尉藤原信継
藤信衣
中光清 康清子
源康廣 資信二 二廿 内舎
藤秀継
藤基景
藤信時
藤信連
平光種 資二三九 内舎人 藤之
藤孝景
紀久廣
藤盛康
紀清重
中範景 侍 西園寺

(1)

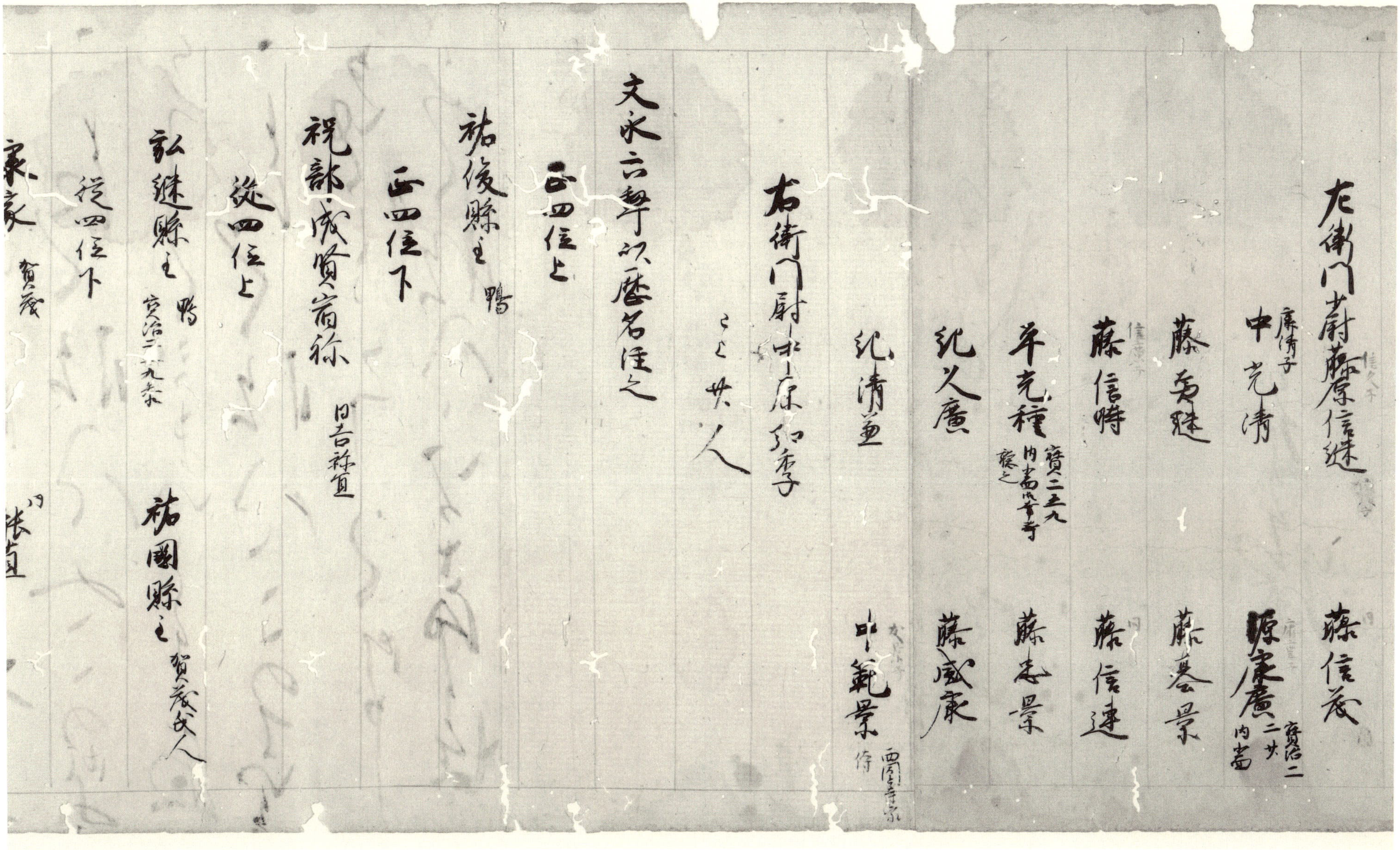
左衛門少尉藤原信継
藤信茂
中光清
源康廣
藤秀継
藤基景
藤信時
藤信連
平光種
藤忠景
紀久廣
藤盛康
紀清兼
右衛門尉中原知季
々々廿人
文永六年以歴名注之
正四位上
祐後縣主
正四位下
祝部成賢宿祢
従四位上
弘継縣主
祐國縣主
従四位下

（2）

祐俊縣主　鴨

正四位下

祝部成賢宿祢　日吉祢宜

従四位上

弘継縣主　鴨　寛治二九叙　　祐國縣主　賀茂氏人

従四位下

康家　賀茂　　（内）経直

正五位上

盛季　所司　左兵衛府舎人正　　宗信　舎人正　出羽守

行資　大史府　四品　美作守一条左侍　　章澄　大判事　明法博士

明盛　（内）　大判事　明法博士

従五位上

行澄　大史府　対馬守　行経子　右侍　　康遠　大史府　壹岐守　康遠子

光清　近府　　佐継　府生以継子　上野介

基直　大史府　筑後守　　康定　藤中納言資宣侍

宗長　馬権助　豊前守　　信友　大史府　能登守

従五位下

近……

（3）

縦立信下　市春
延平　有康　大夫尉　光前亭
経村　宗村　大夫尉　宗継子　近衛府尉
親佐　　　　　　　　大夫尉有侍
範経　大夫府　左馬権助…名侍　　向康
改氏
　左衛門尉
藤原長康
大江知澄　　　藤原盛貴　馬寮助
荻頼季　　　　藤能盖
大江遠継　　　源満家
中原光廣　　　豊原章長
藤業氏　　　　源行継
中季故　　　　惟宗長章
惟長氏　　　　源　詞
藤代種　信継子　大久経
荻市縄　　　　中仲成
中正経　　　　中宗信
　　　　　　　源教経

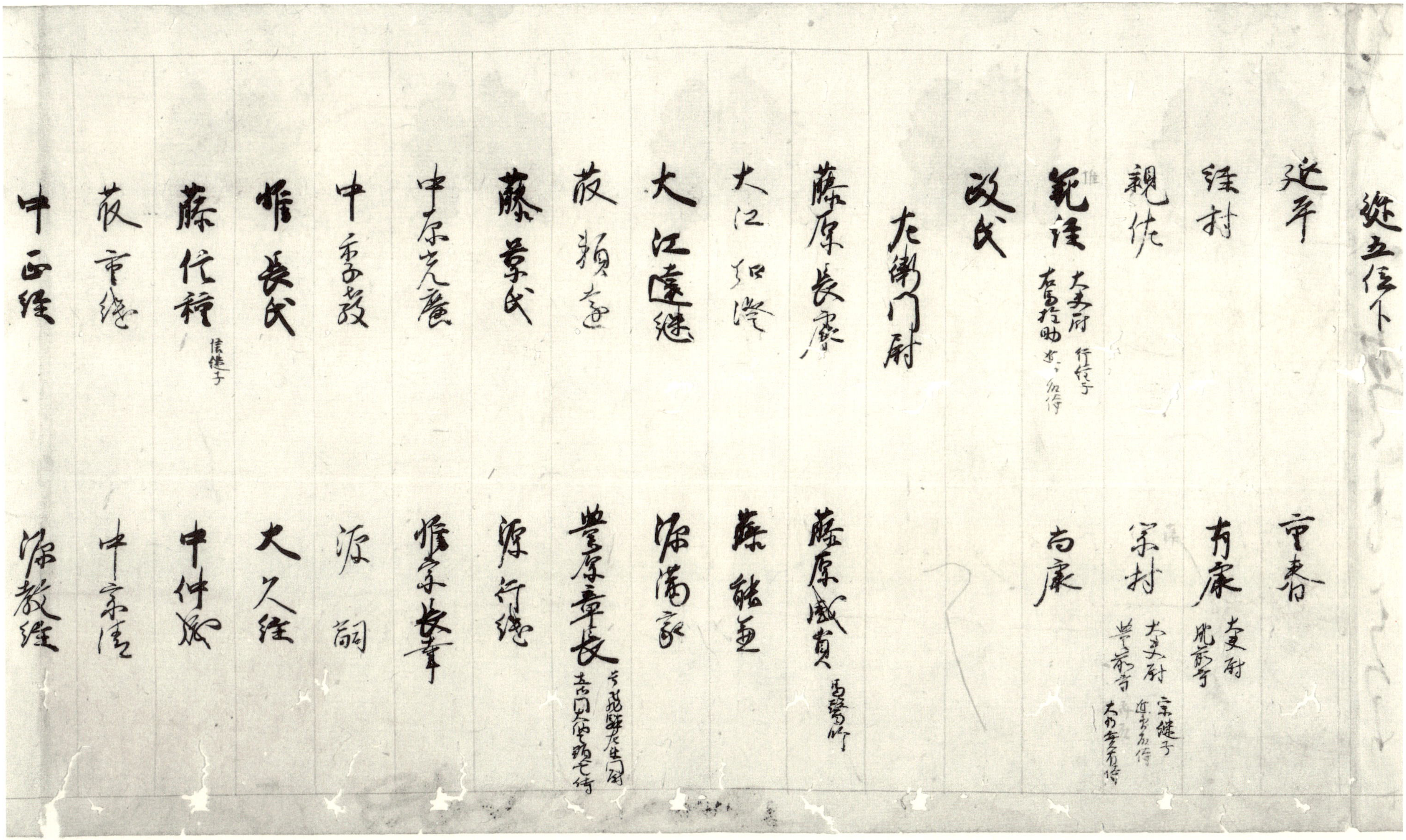

中正経

源宗季子　　　　　源教経

源康経　唐橋兵将侍　　紀久氏

大景親　　　　　　　　紀行清

源康光　山村左衛侍　　藤原行業

源親村　　　　　　　　中英業

梅市岡　　　　　　　　惟行頼　行花子

中原章長　高金大史　　源康少

藤経業　　　　　　　　藤親村

藤基稙　　　　　　　　紀久隆

藤本岡　　　　　　　　藤原康盛

藤原重国　　　　　　　藤原行盛

源行岡　　　　　　　　平寅秀

源邦俊　　　　　　　　藤原行清

中原行賢　　　　　　　梅玉久

藤原業房　　　　　　　源康俊

中秒景　　　　　　　　藤原重高

平　　　　　　　　　　源貝盛

　　　　　　　　　　　大章

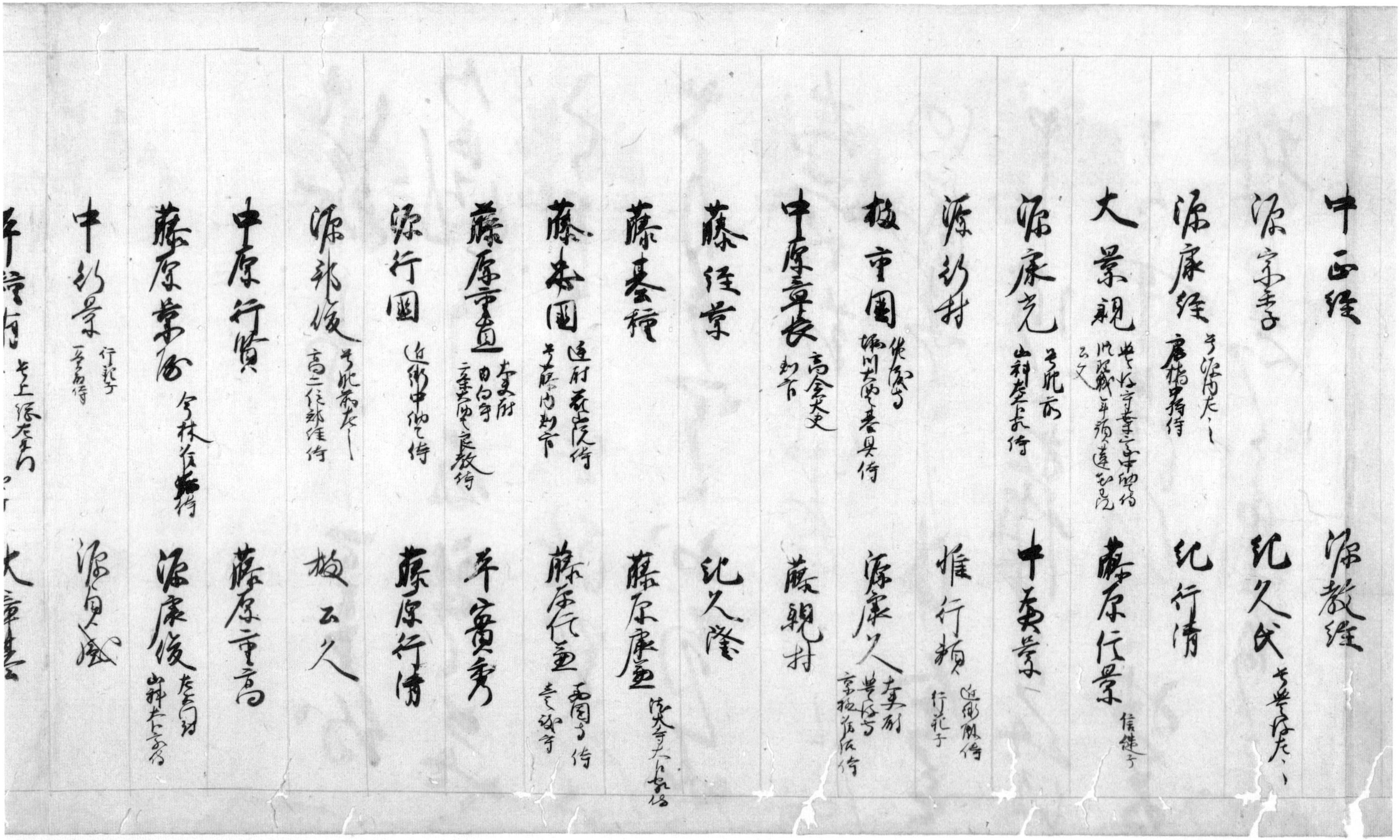

中原景 行範子 一条局侍
平親有 号上臈左衛門 大炊御門大納言通親侍
源章文 左兵衛尉 北條ゝ西園寺侍
源康顕 左兵衛尉 康季子 年八十 周防ゝ
平英季
藤季親
源信季 使大夫尉 備中守
惟長隆
源康連 左兵衛尉 刑部丞 年八十 下野守 出家法名康円
藤原盛廣
藤助盛
藤仲頼
源章経
藤以氏 出家
藤原康国
藤原章藤
源文俊

源貞盛
大章基
藤廣時 左兵衛尉
惟盛能 近衛尉 盛康子 近衛殿侍
大久重
藤業政
藤基長
菅廣親 使大夫尉 三条院門 侍 信乃守
藤重種 使 出家行種
大江盛種
源晴
藤信昌
源季久
菅信武 使 出家常昭 大炊御門侍
橘政季
紀久能

右衛門尉

右衛門府

源政重 使 臂手

藤行祐

中業季

源康行 左兵衛尉

行禅 下総守帯劍

行行 備中前司中務

僧

市深 主水仲陰

古人弄手出家被隆少将華

正五位下

父業 美努寺　石見守

康景 兵庫寺　隼人正春秋豊達中宮亮侍

従五位上

盛長 大夫尉筑後守 越中破侍光張公

行頁 行季

源定俊

中範緑

源康行

藤光谷

書音 將加

明長 主良願

行親 備中守　原賀侍

範景 左兵衛尉　壹伎侍

市隆

康廣 有栖川中納言侍　大夫府

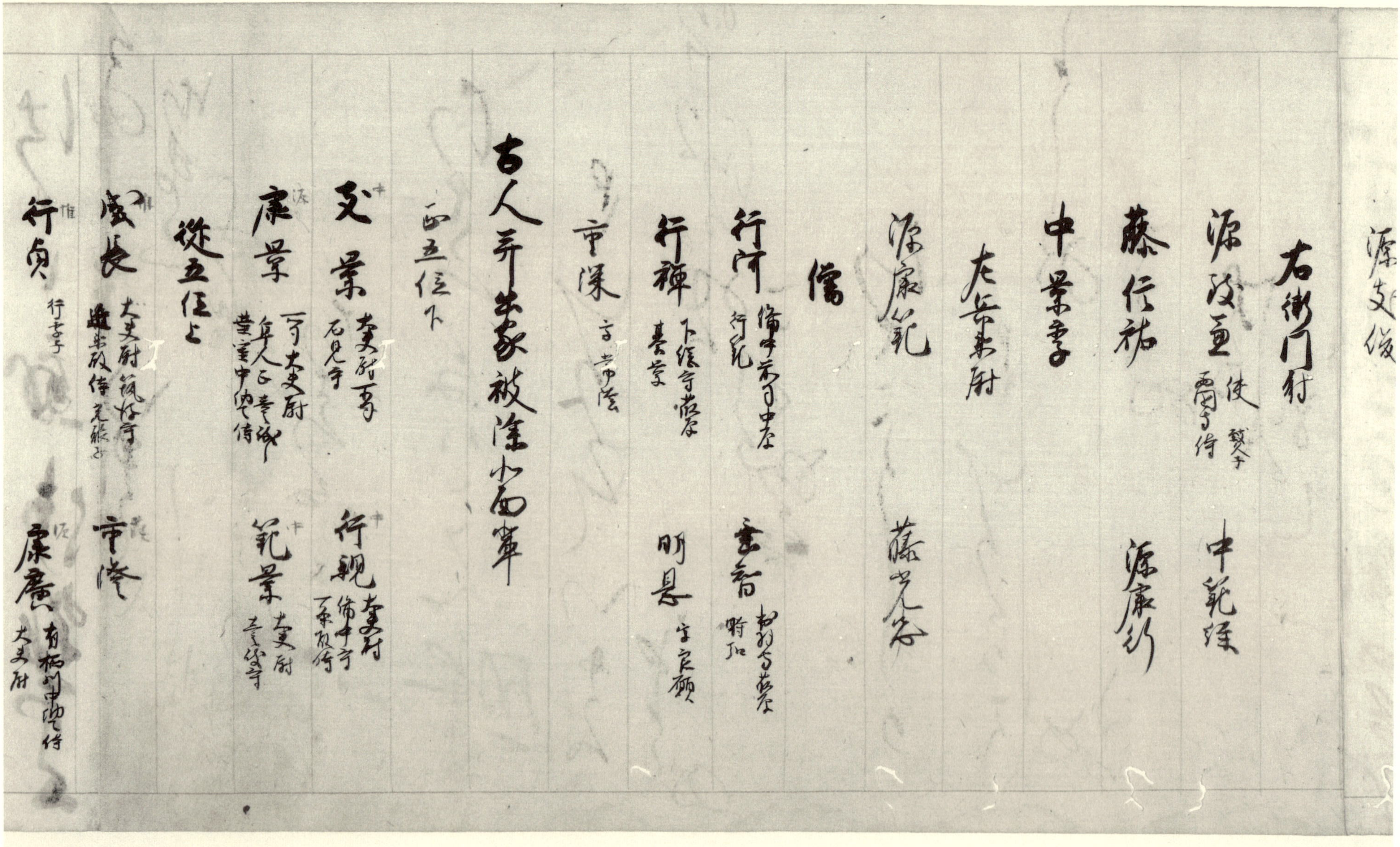

盛長 市経

行貞 行重子　康廣 有栖川中将侍 大夫尉

章種

従五位下

定季　信継

為康 安範子 近衛将曹 進叙　以経 進士右兵衛尉 八幡子

康俊 康重子 近衛府生　章経

盛康　信成

重宗　量親

親信 改定　長季

季秀　重継

行文　廣能

秀能 秀張子丸 右衛門尉　国清

左衛門尉

紀清兼　藤忠景

紀久廣　藤信時

藤為継　藤信連

平光種　中知重

[illegible]

平光種　中原師季

源季通　寛治二二五　内外記之

藤原盛久　中原行平

神為光　紀久宗

藤有言　伊使家職

藤家経　藤原廣経

藤行言　源康氏　寛治元五十

平資久　藤原季仲

藤原國盛　藤原隆頼

藤仲兼　伊使守職

源康高　紀成清

橘仲康　葉室中納言傳　伊康子　平光景

藤行長　中原友経

紀久成　藤原範経

藤忠長　源康季

源康茂　中原康親

藤康隆　吉田中納言経俊　平良親

[illegible]

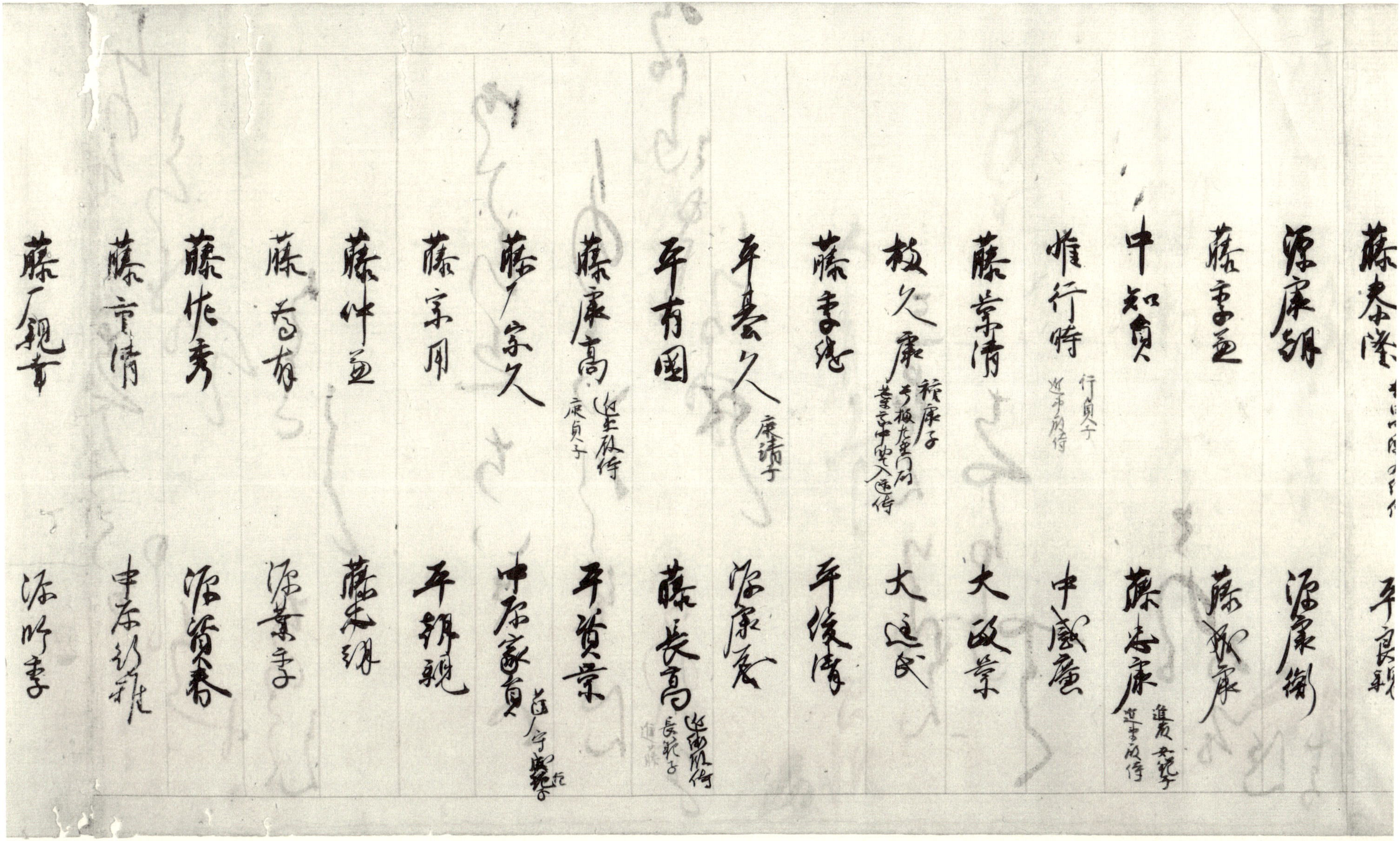

藤泰隆　平良親
源康綱　源康衡
藤季直　藤邦康
中知貞　藤忠康
惟行時　中盛康
藤宗清　大政宗
枚久康　大通氏
藤季遠　平俊清
平長久　源康家
平有国　藤長高
藤康高　平資宗
藤家久　中原家貞
藤宗用　平邦親
藤仲直　藤忠綱
藤為有　源業平
藤佐秀　源資春
藤章清　中原経能
藤親重　源明季

藤原親重　　源時季
藤以村　　藤重能
藤廣資 仮親子 二条局侍也　　狛行有 直衛行貞子 楽所伶
右衛門尉
紀宗有　　藤忠康
平基頼
社司
賀茂久継〻　　同重通〻
同能継〻　　鴨季成〻
賀茂種平〻　　同世平〻
祝部成茂宗孫
僧
定祐 字賢林
鴨祐継　　賀茂氏久 寛治之
藤重有　　被宣国
藤信遠　　同時宗
中原兼方　　藤親康
惟宗行資　　藤盛廣
惟宗行賢　　藤業種

惟宗行資　藤業種
中原重清　藤[illegible]康
大[illegible]國　藤康長

（1）

（2）

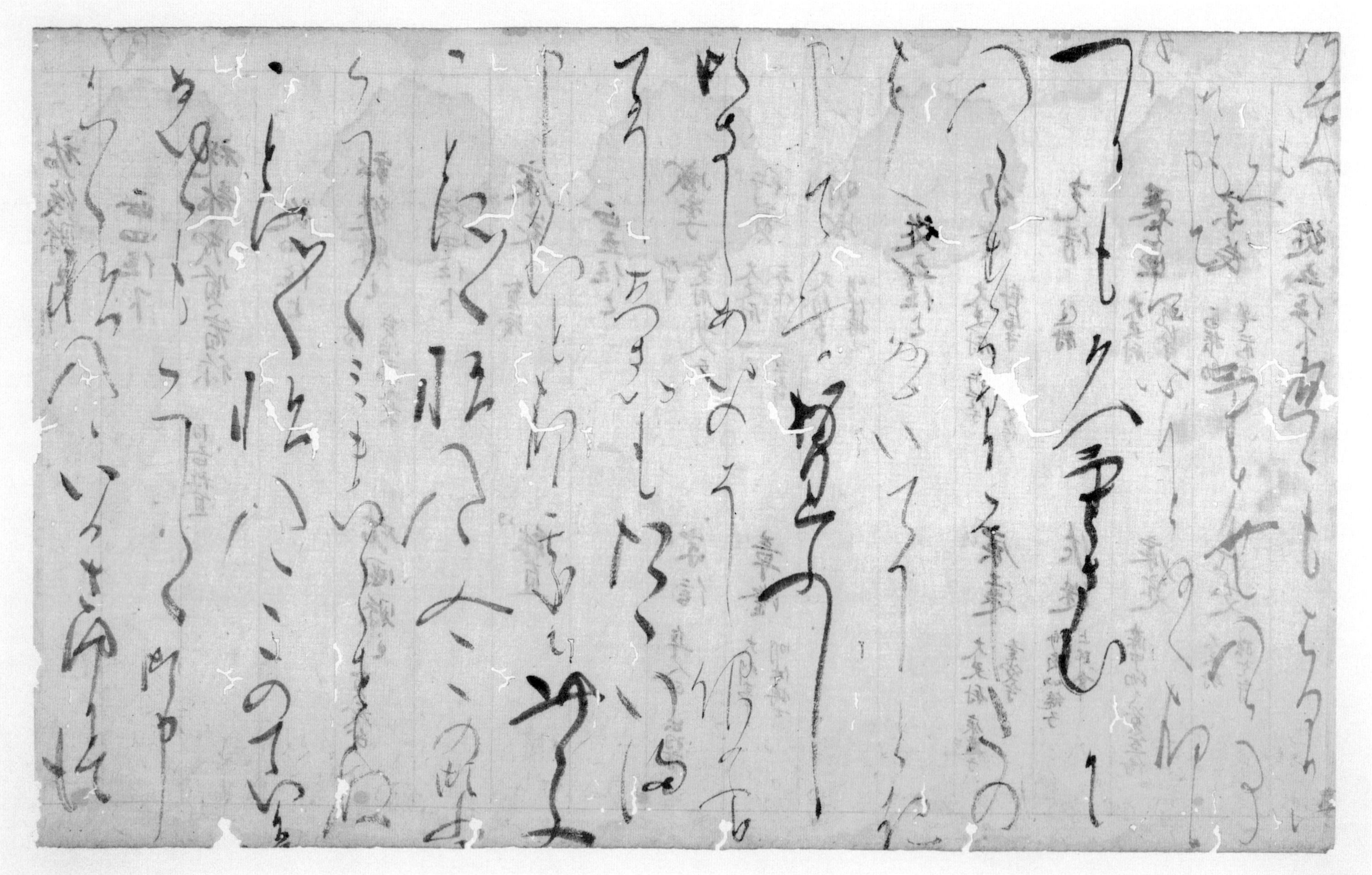

（3）

（4）

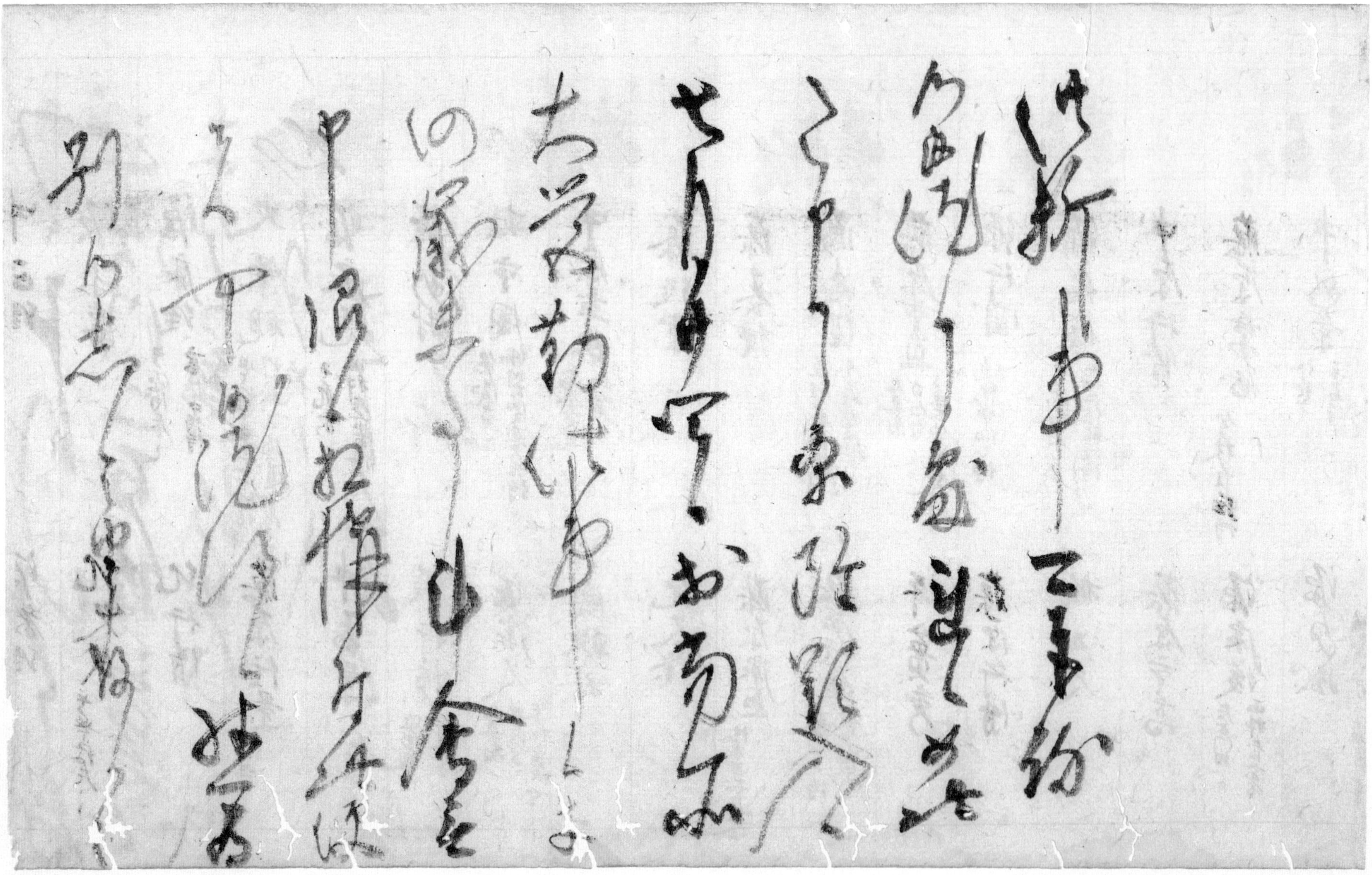

（5）

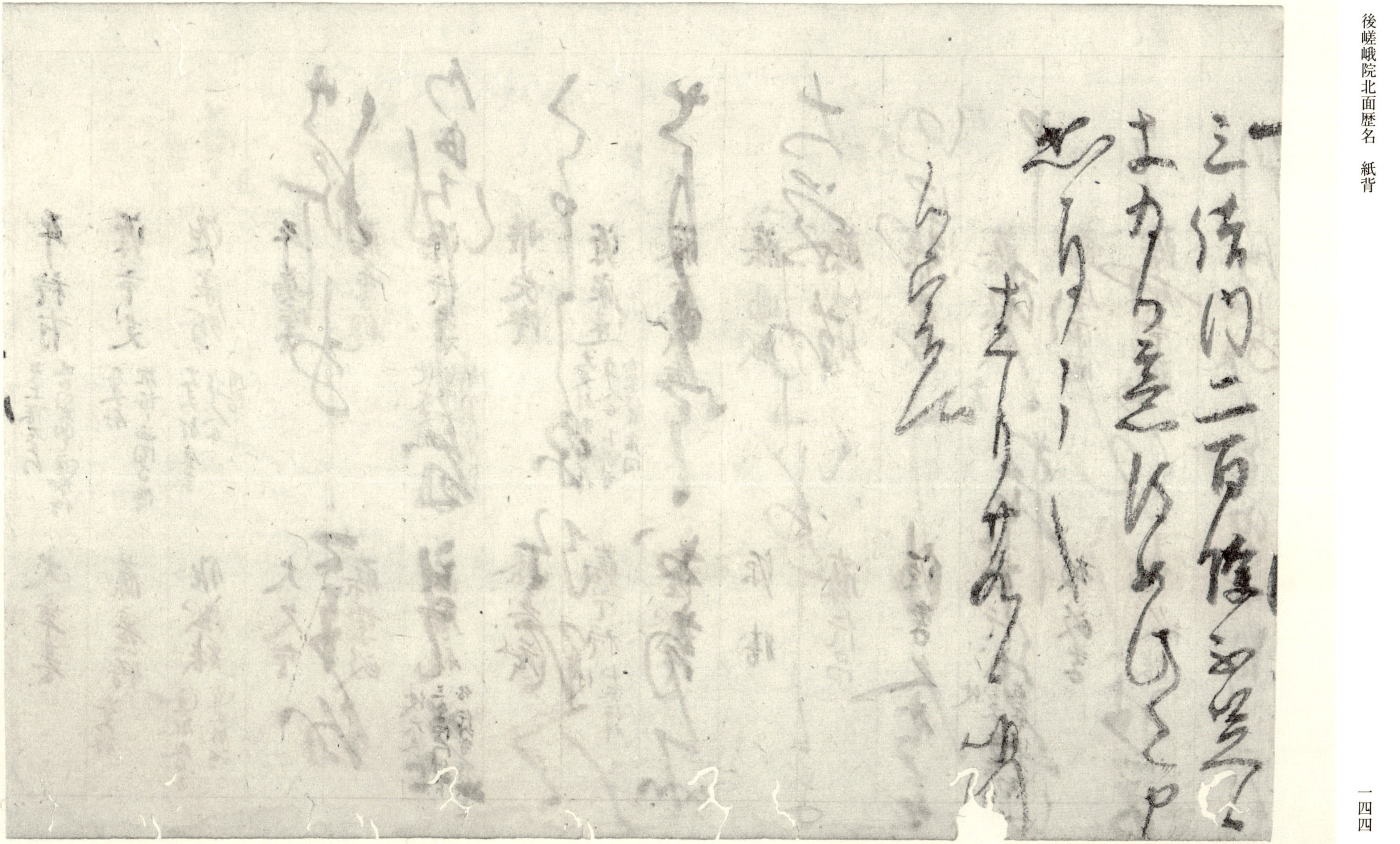

（6）

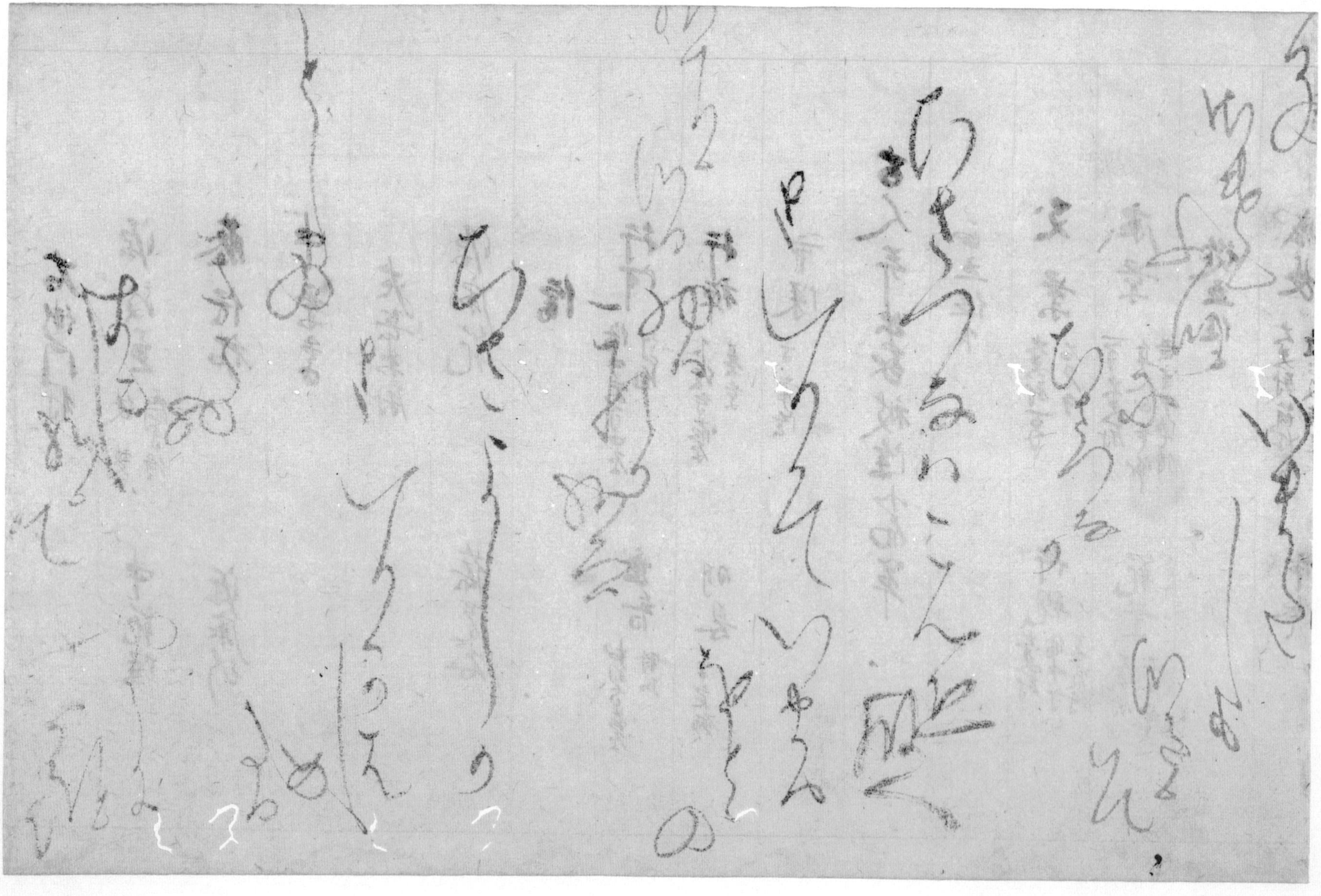

（7）

（8）

（9）

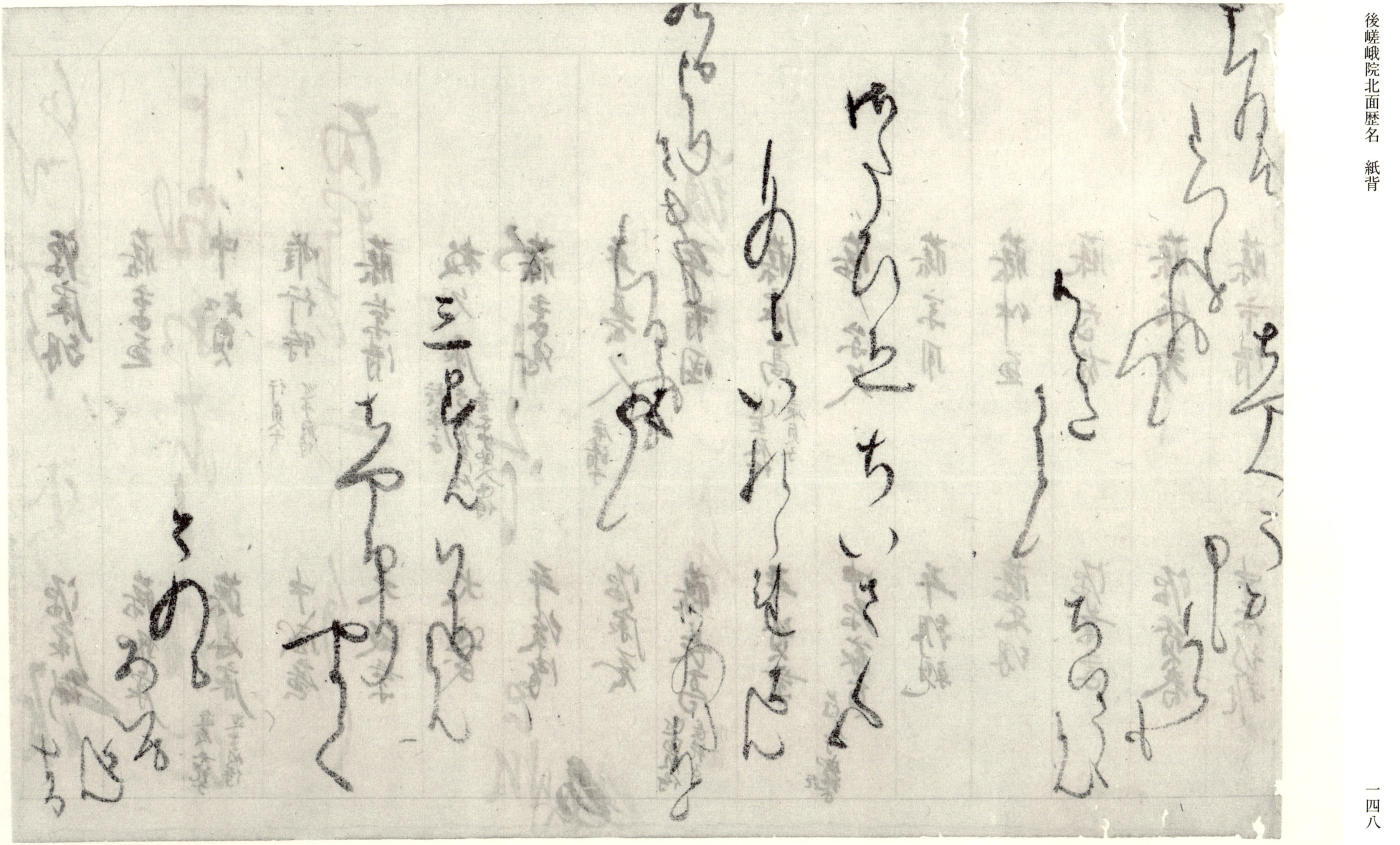

越前国方上庄下司職事久康訴廣口年之
難訴会米伍拾石余就令托用重之雖経御沙
汰訴求致其砂汰以之而為訴競令抄剃頭新里
利当職為成公為観録一流之上者可被仰付訴
彼抄用令三十余康可致砂汰之由度々被仰下以
為成雖長度不無是砂汰之由今庄一野子預
地頭上者雖難里人領師之而令言上以早其後近
部米砂汰之日限已雖令其後久康
那道罪科自已被官放下歳早此上猶為成由
子細者可被仰他人之領家不令久康
公康托用云年云今今成由砂汰之
単人以将又領家今金東同久康抄南之下致砂汰
忠被仰下小尚故抵留毎司已莫云之嚴
砂汰雖訴之由難歎準人小服下司云雖致云

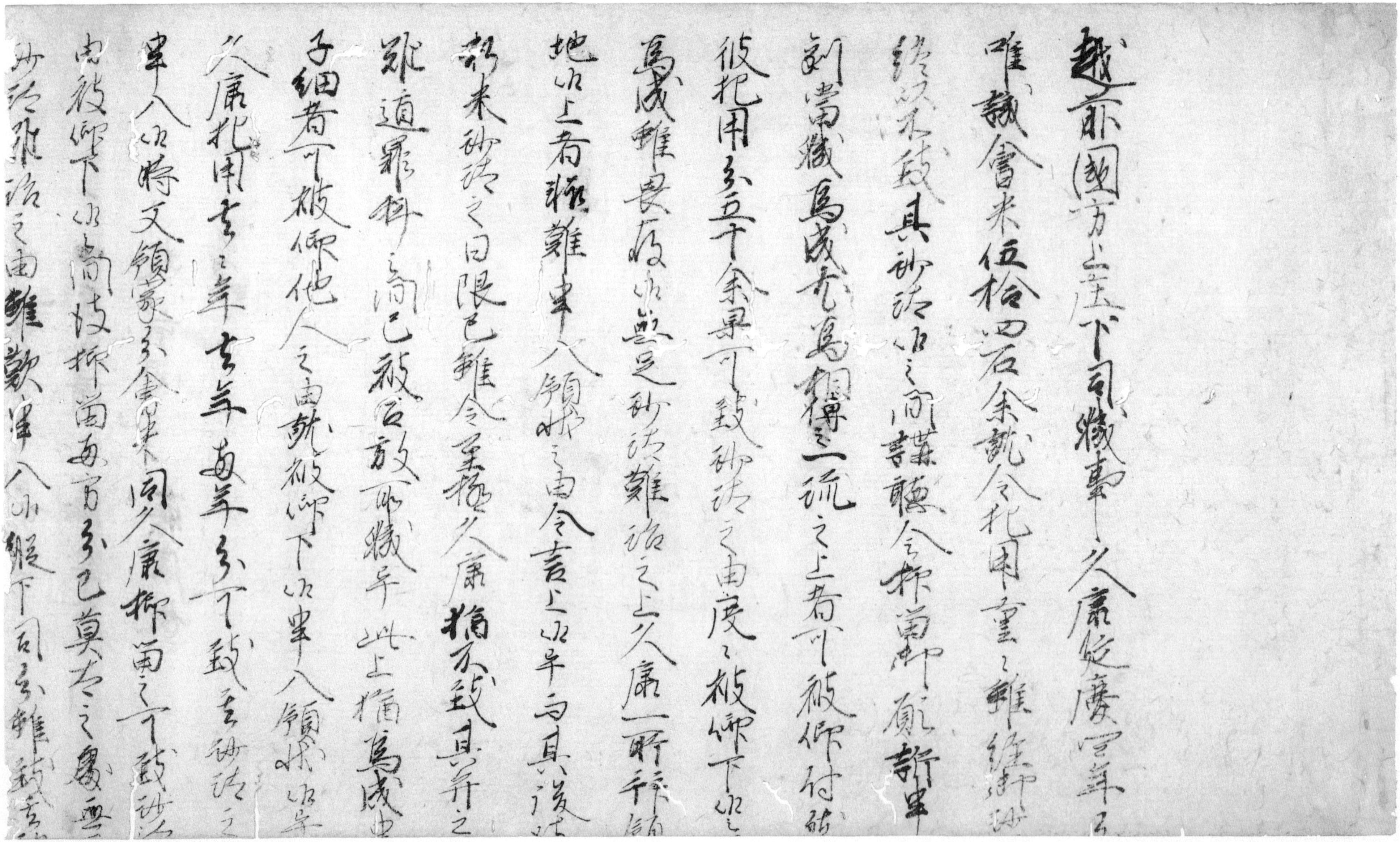

領家分無沙汰者柳葉神領之条不可有子細云々面就被仰下以両方云々二江差
共正二百余束可致其沙汰云々両車人領城且下給
御下文如此雖為後証両車賜講師群儀状此趣
久康罪科之隠旦云為成事意之篇其趣講聴棟
以此業文未則進説之矣此承領以米被仰下師
候神末御供以下神今之事雖一度不軍子細念
属今被改政之後逆付久康之柔穏歎無此類伝
為成共行被仰下之百沙汰八久康手々把用之
会未可令興行被業神願致臨時課役不之事云
久康去年之把用有限蔵官当同令及講聴之大訴云
驚上聞科人侭為争被罢食持有患而無以為成指
事而有罪科人康為成祥領侭後不幾年同四被罢
不被還補久康苟過相当画無政久神代今致患言還
為慶一人合懇訴之柔不便之次米旦奉ね件事旦
忠書可並之様車御沙汰以去可要度以慎帳様之
　五月十六日　　　　　　　　　　　　　　　為親
起申
又院御房

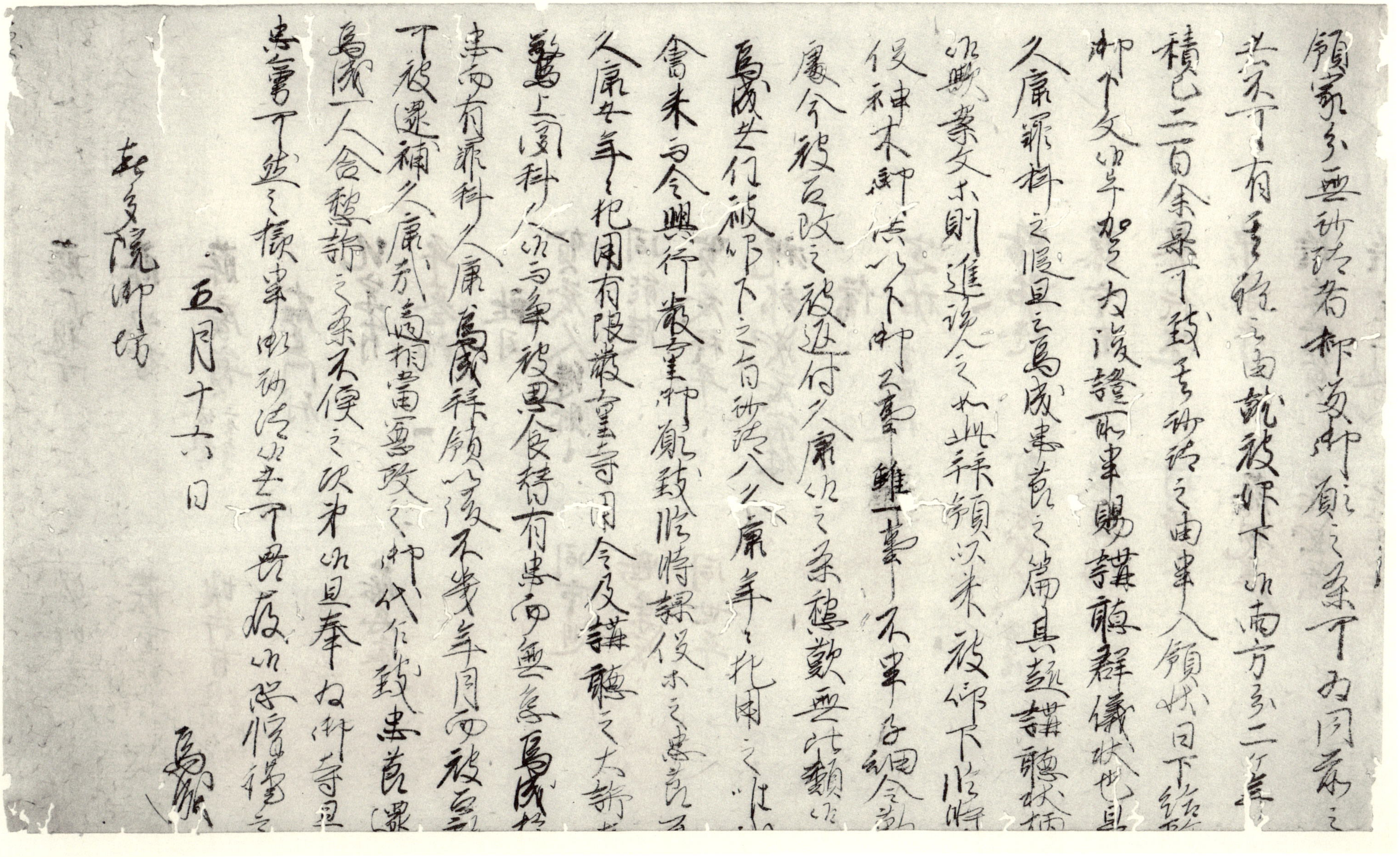

大将歴名

大将歴名
貴3
15

野口遵氏寄贈
東京帝國大學附屬圖書館
151347
明治四十三年五月十日

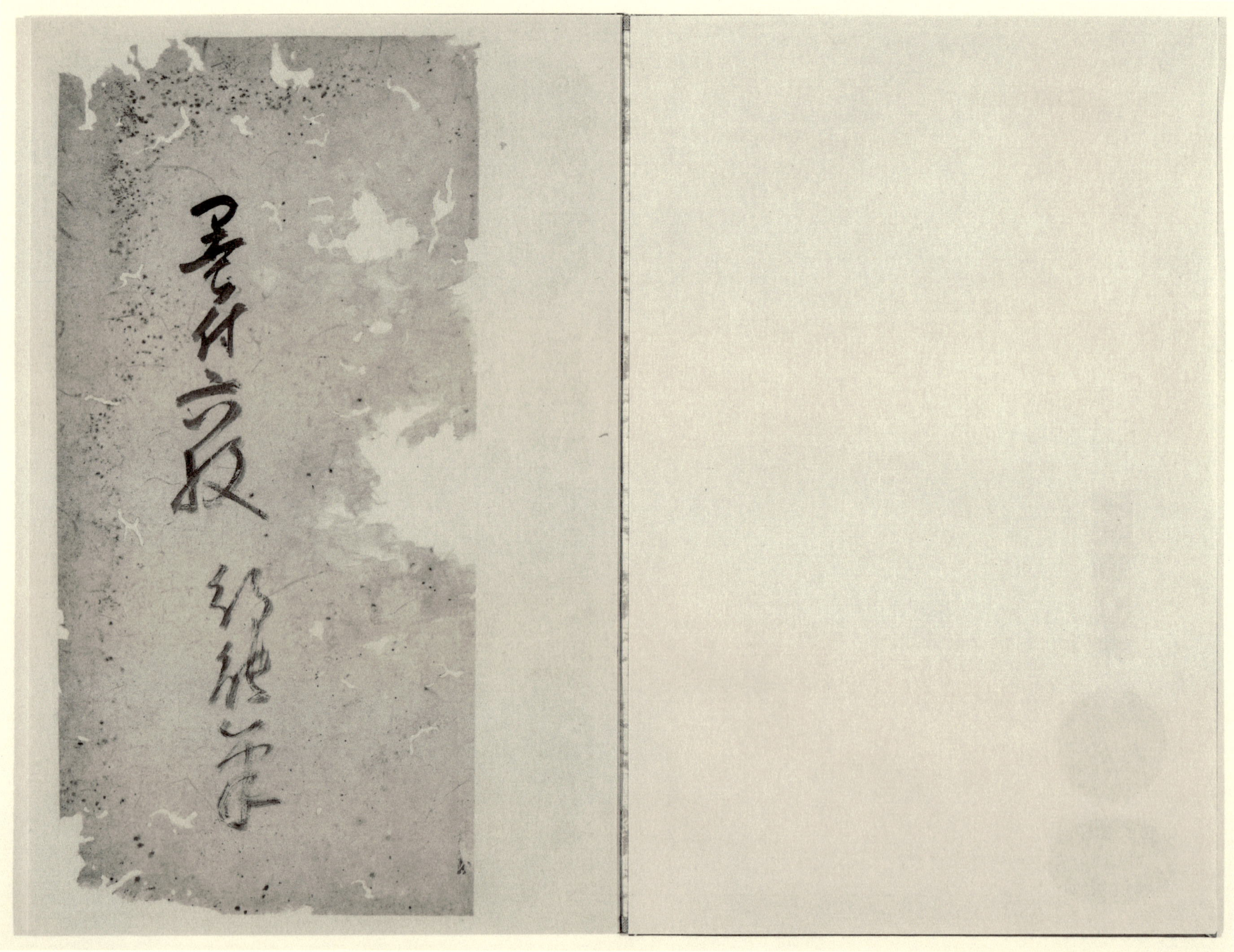

（１オ）

左右近衛大将 天平神護元年置授刀衛、同二年改近衛、為左近衛府、以中衛為右近衛府

藤原内麿 近衛大将 [illegible] 三男　坂上田村麿 右 中衛 左京大夫苅田麿子

巨勢野足 右 [illegible]

藤原冬嗣 左 贈太政大臣内麿二男

文室綿麿 右 従三位智努王孫 三諸朝臣大原長子

良岑安世 右 桓武天皇子 母百済永継 [illegible] 同母弟也

清原夏野 左 少納言小倉王子

藤原吉野 右 参議綱継一男

[illegible]氏公 右 内舎人贈太政大臣 [illegible] 友王子

源常 左 嵯峨天皇子 [illegible]

（２オ）

（１ウ欠）

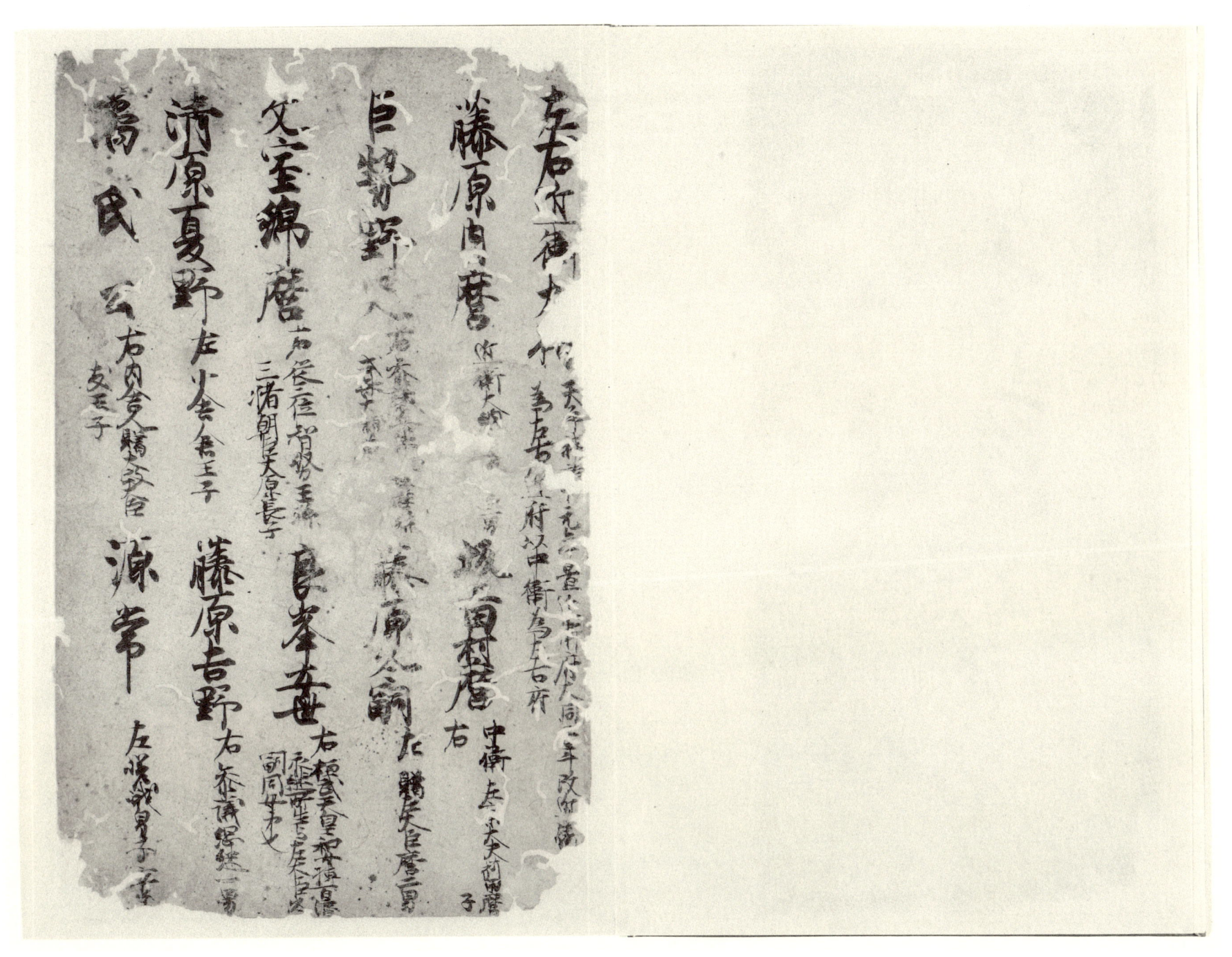

（2ウ）

二

藤原良房 右左 冬嗣二男

安倍安仁 右 参議寛麿二男

藤原氏宗 右左 中納言葛麿子

藤原基経 右左 中納言長良三男 良房子

源多 右 仁明皇子

藤原時平 右左 基経一男

藤原良相 右左 冬嗣五男

源定 右 嵯峨弟六 母尚侍

源常行 右左 良相一男

藤原良世 右左 冬嗣八男

源能有 右左 文徳皇子

菅原 右 参議是善三男

（3オ）

藤原定国 右 贈太政大臣高藤男

平惟範 右 中納言高棟男

藤原道明 右

藤原仲平 右左 基経男

藤原恒佐 良世八男

藤原師輔 右 忠平三男

源光 右左 仁明第三皇子

藤原忠平 右左 基経四男

藤原定方 右左 高藤二男

藤原保忠 右 時平長子

藤原実頼 右左 忠平一男

藤原顕忠 右左 時平二男

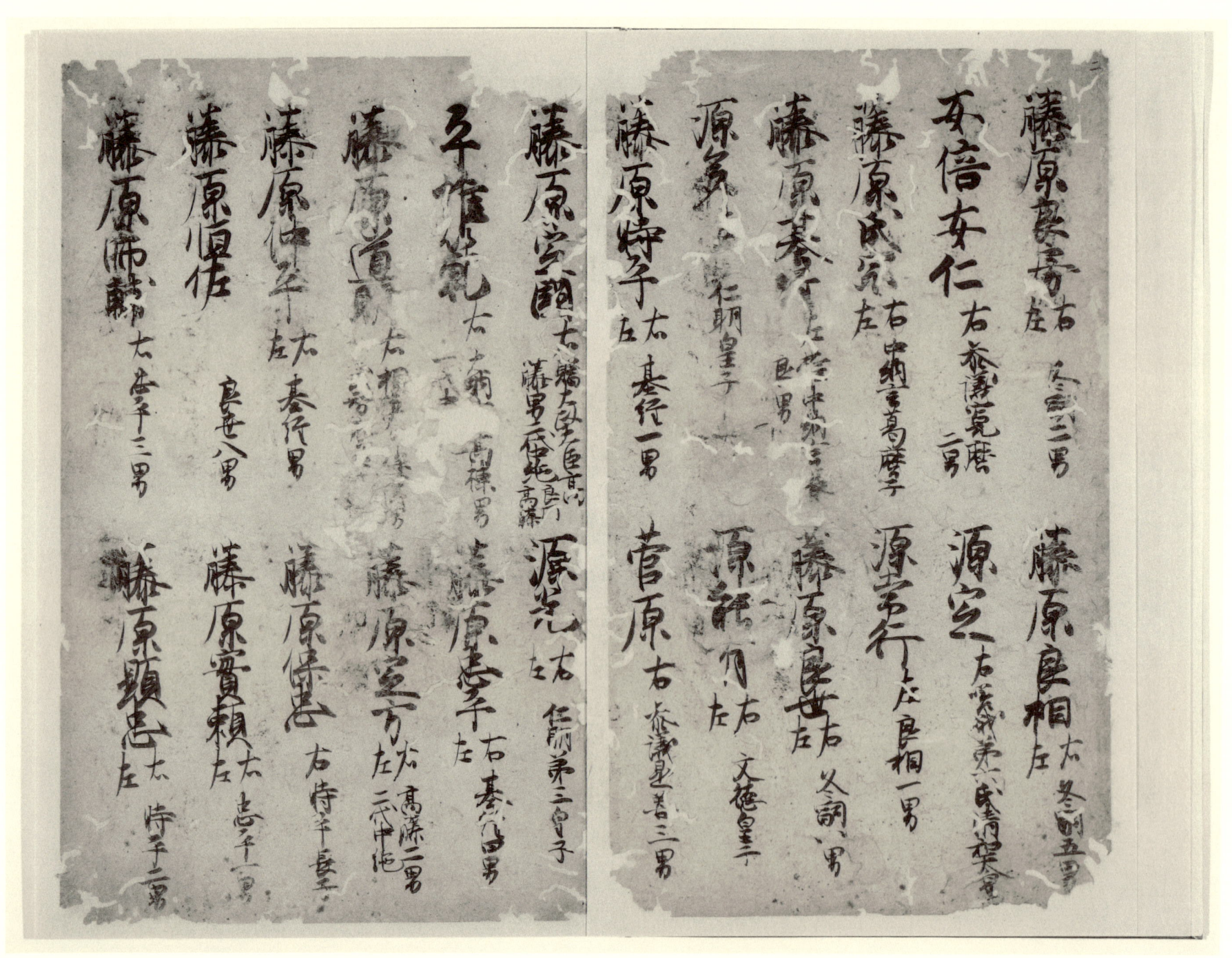

藤原師尹 右 左 忠平五男
藤原伊尹 右 師輔一男
藤原兼家 右 師輔二男
藤原朝光 右 兼通三男
藤原道兼 右 兼家四男
藤原顕光 右 兼通一男

源高明 右 醍醐皇子
藤原頼忠 右 左 実頼二男
藤原済時 右 左 師尹二男
藤原道隆 左 兼家一男
藤原道長 左 兼家五男
藤原公季 左 師輔五男

藤原道綱 右 兼家二男
藤原頼通 左 道長一男
藤原通房 右 頼通一男
藤原師実 右 頼通二男
藤原信長 右 教通三男
源顕房 右 師房男

藤原実資 右 参議斉敏四男
藤原教通 左 道長二男
藤原頼宗 右 道長三男
源師房 右 左 村上孫 具平親王男
藤原師通 左 師実一男
源雅実 右 左 顕房一男

（4ウ）

源俊房 左 師房一男

藤原忠実 左 師実男

藤原家忠 右左 師実二男

藤原忠通 左 忠実一男

源有仁 右左 後三条院孫 輔仁親王男

藤原頼長 右左 忠実二男

藤原実能 右 左

源雅定 左 雅実二男

藤原兼長 右

藤原公教 左 実行一男

藤原公能 右 実能男

藤原基房 左 忠通男

（5オ）

藤原兼実 右左 忠通二男

藤原忠雅 右 雅定男

藤原経宗 左 大納言経実男 一條中宮

源雅通 右 雅定男

藤原師長 左 頼長二男

平重盛 右 清盛男

平宗盛 右 清盛二男

藤原実定 左 公能男

藤原良通 右左 兼実一男

藤原実房 右左 公教男

藤原兼雅 右 忠雅男

藤原良経 左 兼実二男

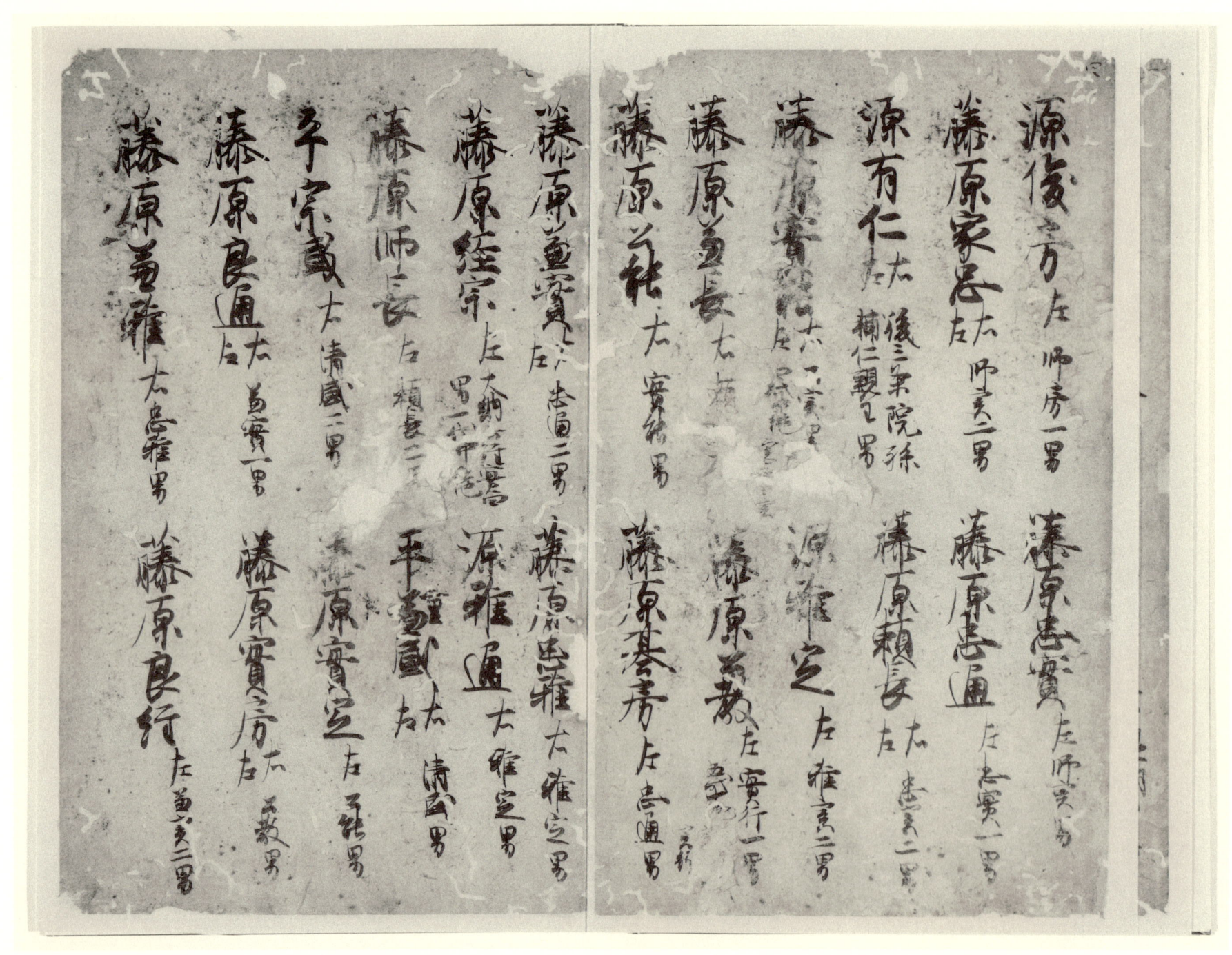

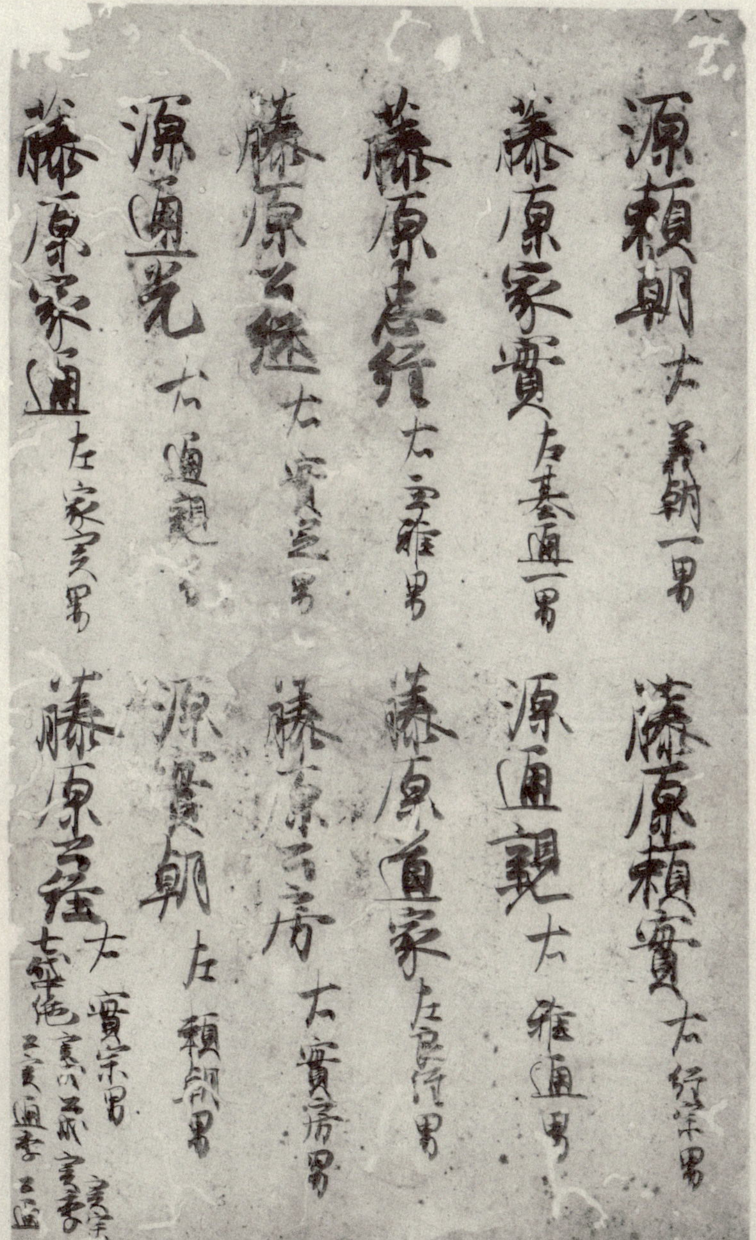

源頼朝 右 義朝一男
藤原家實 右 基通一男
藤原忠経 右 兼雅男
藤原公継 右 實定男
源通光 右 通親[illegible]
藤原家通 左 家實男
藤原頼實 右 経宗男
源通親 右 雅通男
藤原道家 左 良経男
藤原公房 右 實房男
源實朝 左 頼朝男
藤原公経 右 實宗男 [illegible]

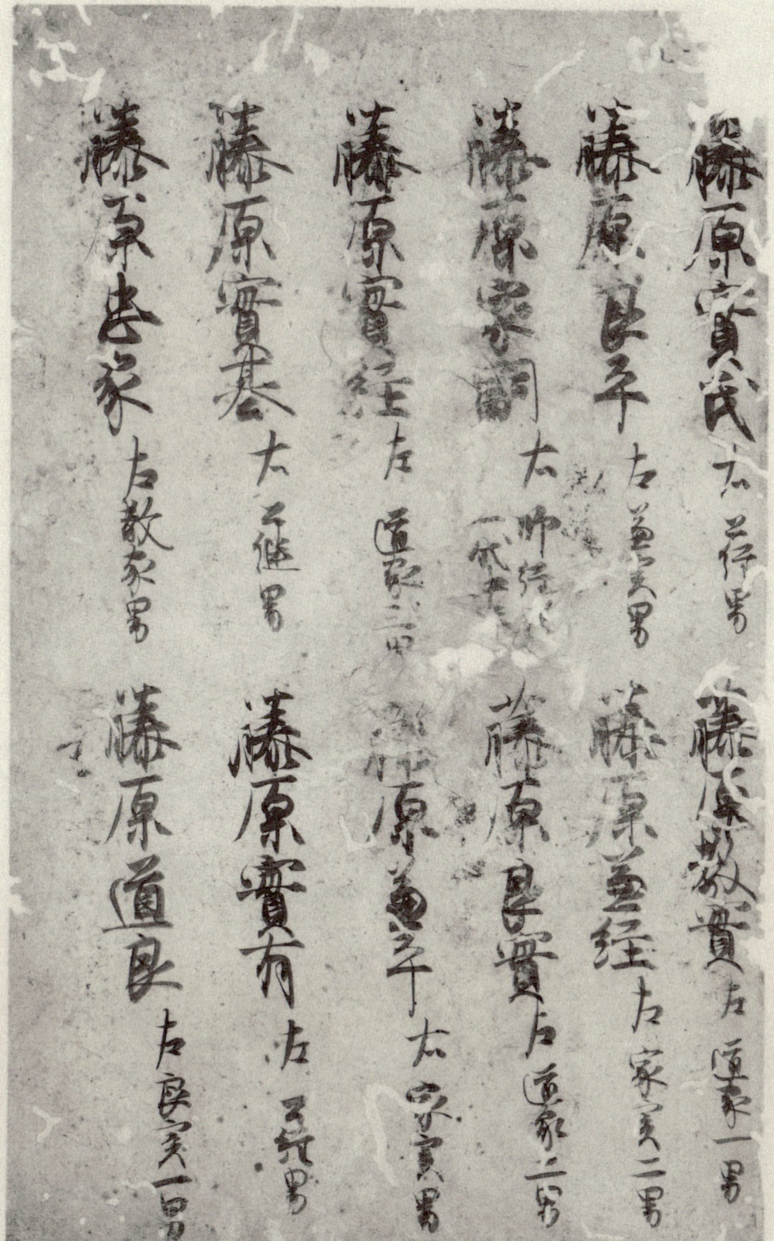

藤原實氏 右 公経男
藤原良平 右 兼實男
藤原家嗣 右 師経男
藤原實経 左 道家二男
藤原實基 右 公継男
藤原忠家 右 教家男
藤原教實 左 道家一男
藤原兼経 右 家實二男
藤原良實 右 道家二男
藤原兼平 右 家實男
藤原實有 右 公経男
藤原道良 右 良實一男

（6オ）

（5ウ）

源通忠 右 通光男
藤原公相 右 左 実氏男
藤原公親 右 実親男 一代中絶
藤原兼平 右 左 家実四男
藤原通雅 右 定雅一男
藤原師忠 右 良実男

藤原定雅 左 忠経二男
藤原公基 右 左 実氏男
藤原基平 右 兼経男
藤原冬忠 右 左 家嗣男
藤原家経 左 実経一男
藤原家基 右 左 基忠男

（6ウ）

七

藤原公教 右 左 実家男
藤原兼忠 左 兼平二男

源通基 右 通忠男

（7オ）

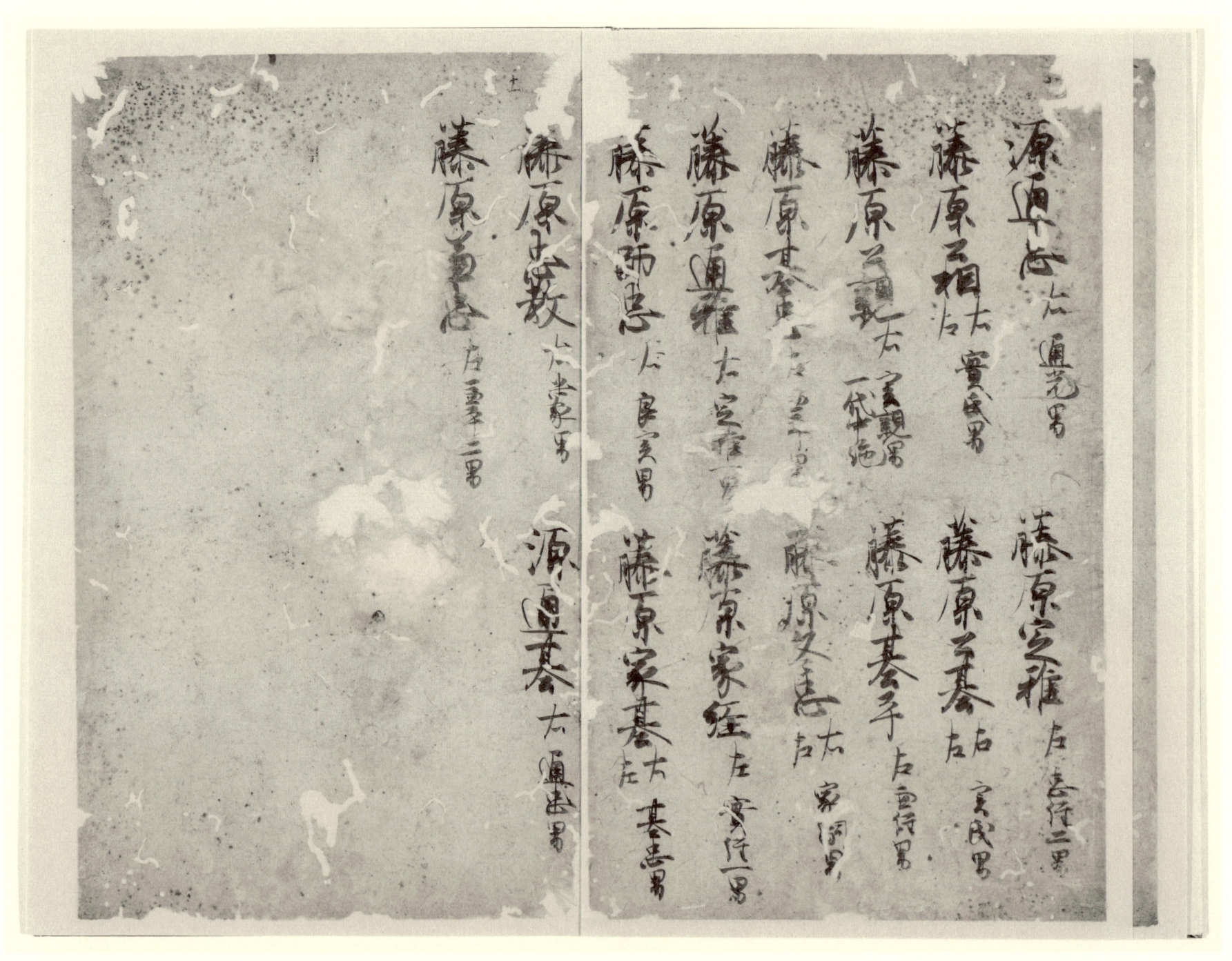

（７ウ欠）

大将歴名　裏表紙

検非違使補任

検非違使補任
18
15

史料編纂所備用

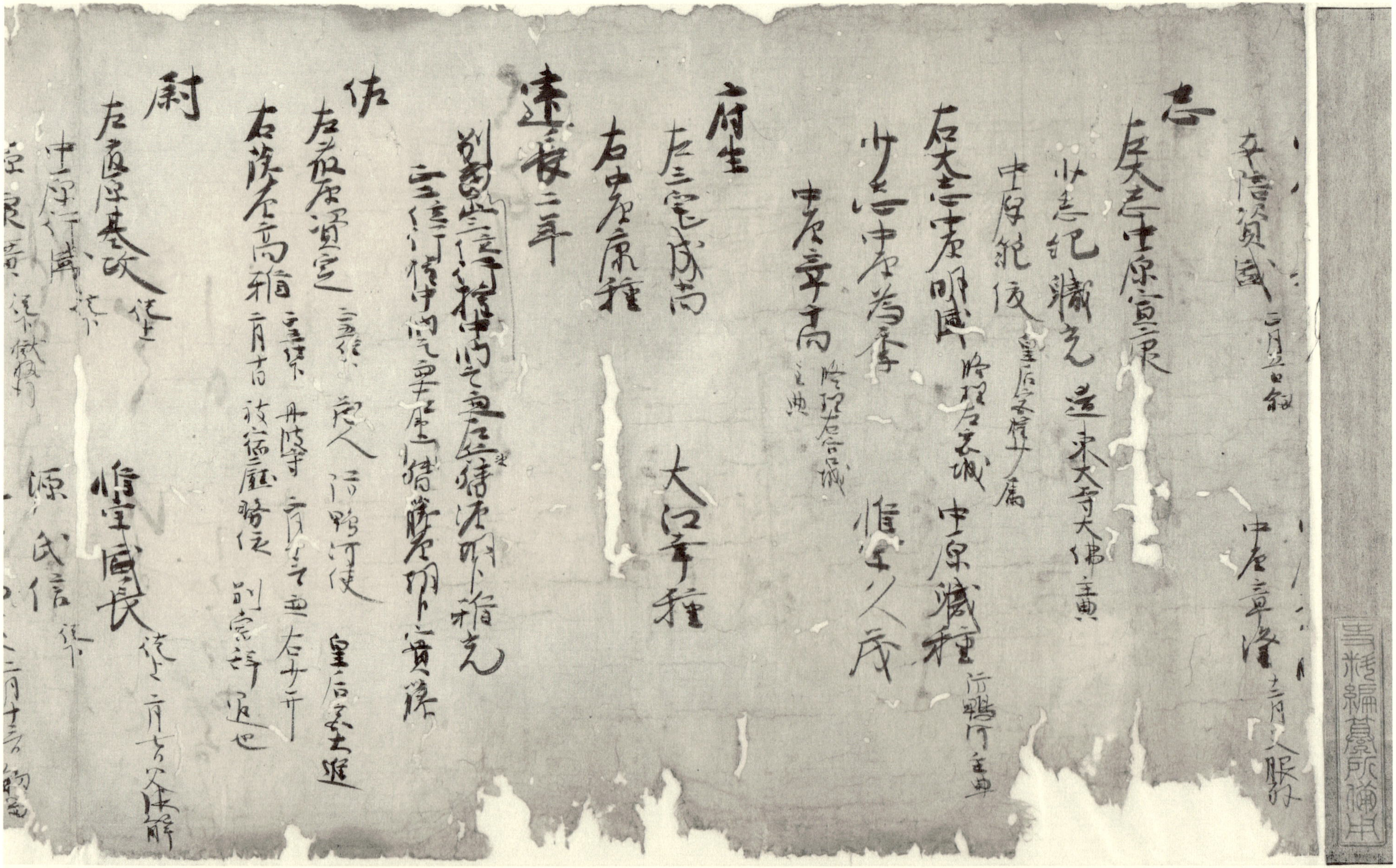

（1）

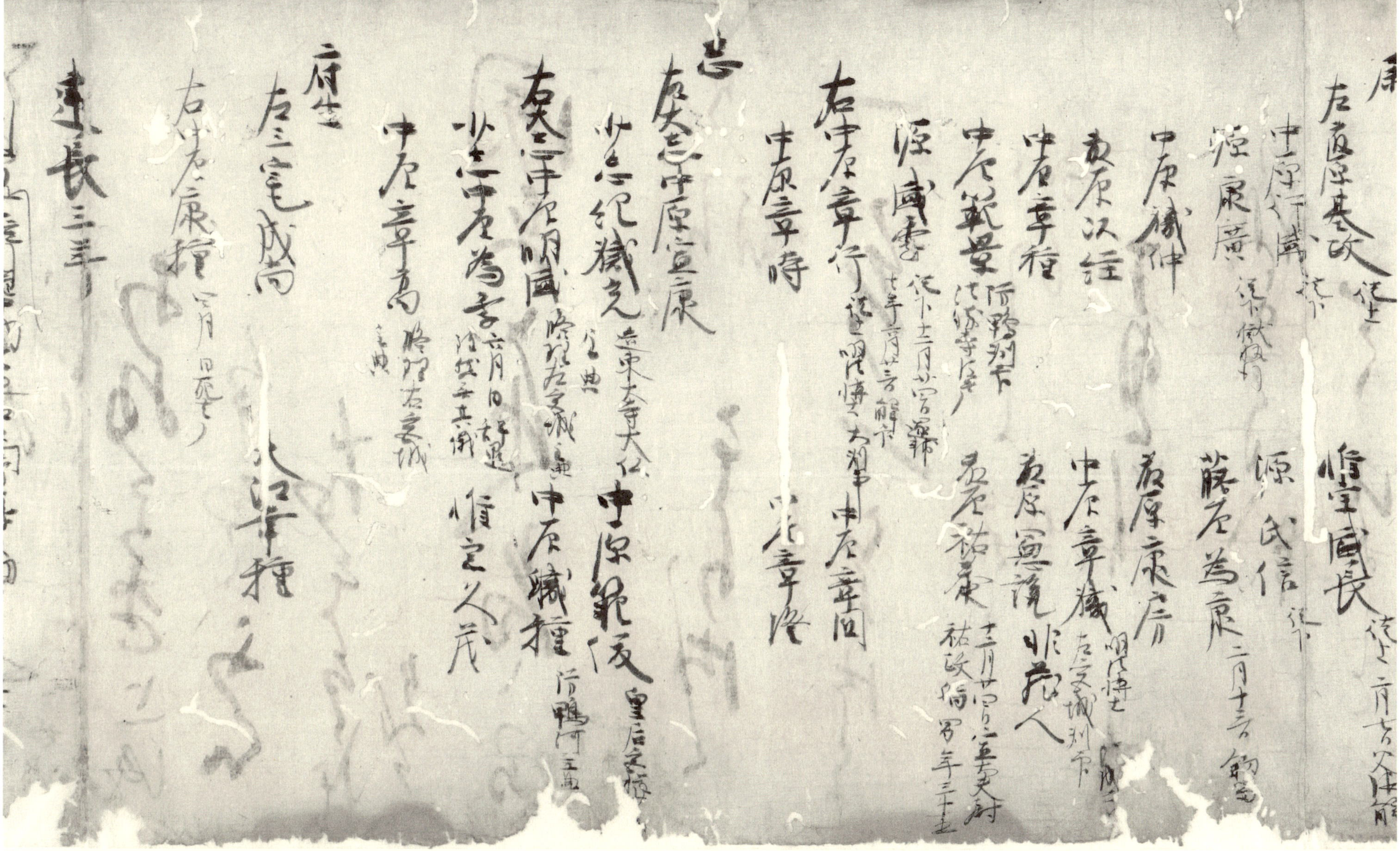

（2）

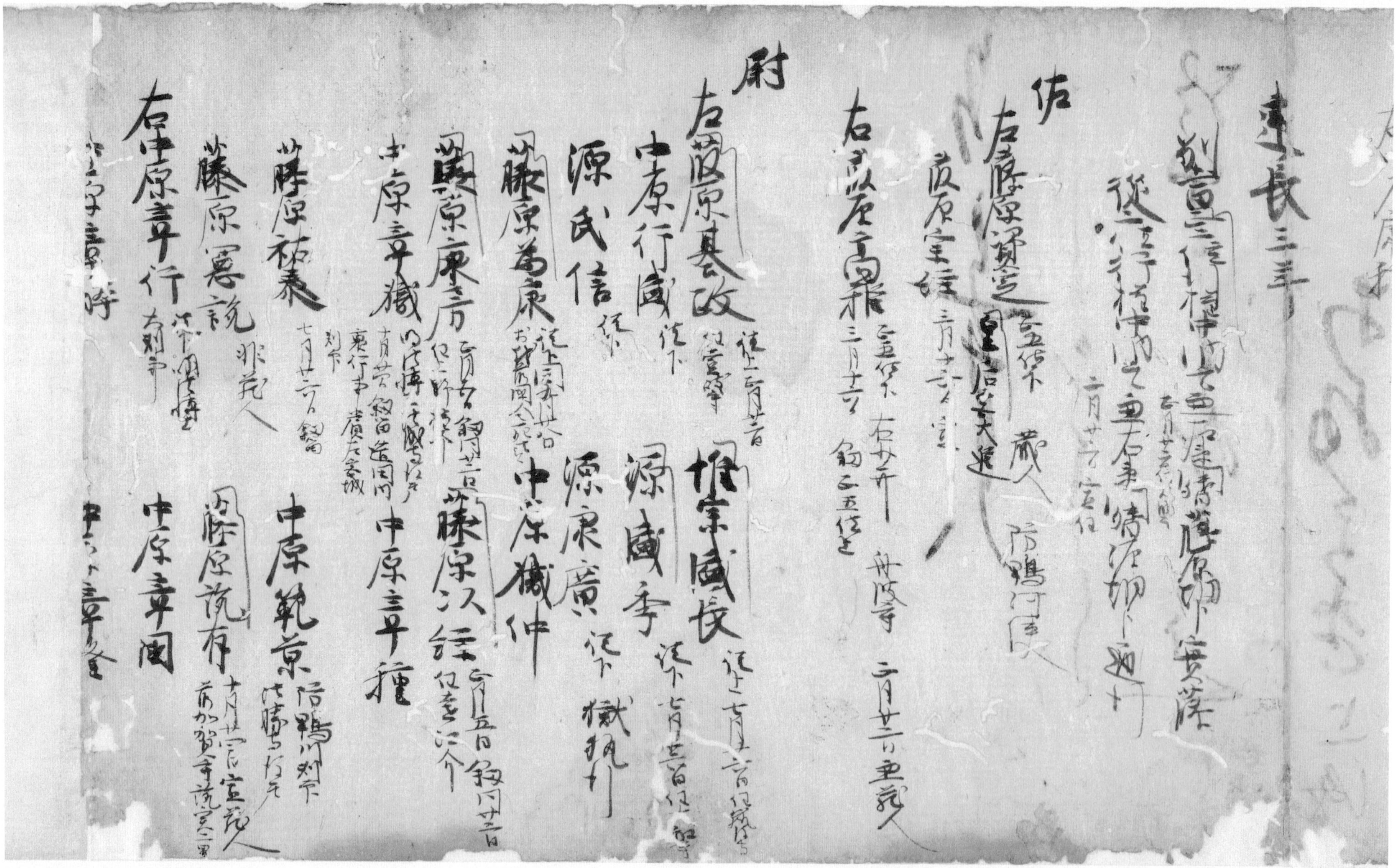

建長三年

別当　三位　権中納言兼右衛門督藤原卿実藤

佐

右　藤原資定　正五位下　蔵人　防鴨河使

藤原宗経

右　藤原高能　正五位下　右少弁　丹波守

尉

右　藤原基政

中原行盛

源氏信

藤原為康

藤原康方

中原章職

藤原祐泰

藤原景説　非蔵人

右　中原章行　大判事

惟宗盛長

源盛季

源康広

中原職仲

藤原次経

中原章種

中原範景

藤原能有

中原章国

（4）

尉

右藤原宣経 正五位下
　　陰陽頼親 十二月宣 正五位下

奉原行国 依十二月十九日間神事四為召仕所被召仕
　　　　　　　　　　　　　　　　　　　　　　源式信

源定廣　　　　　　　　　　　　　　　藤原祐泰

中原章繼　　　　　　　　　　　　　　藤原章仲 十二月廿三日 宣書成門

藤原章義　　　　　　　　　　　　　　中原範章

源泰清 依隠居等成清　　　　　　　　藤原信時

藤原國廣 十二月廿七日宣　　　　　　中原章国

右尉章行　　　　　　　　　　　　　　藤原基京 春宮

中原章時

藤原卯國

志
左大志中原宣康
紀織光 柴東大允

中原有景

右大志中原織種

少志權宇久茂　　中原章高　　　　　中原章季

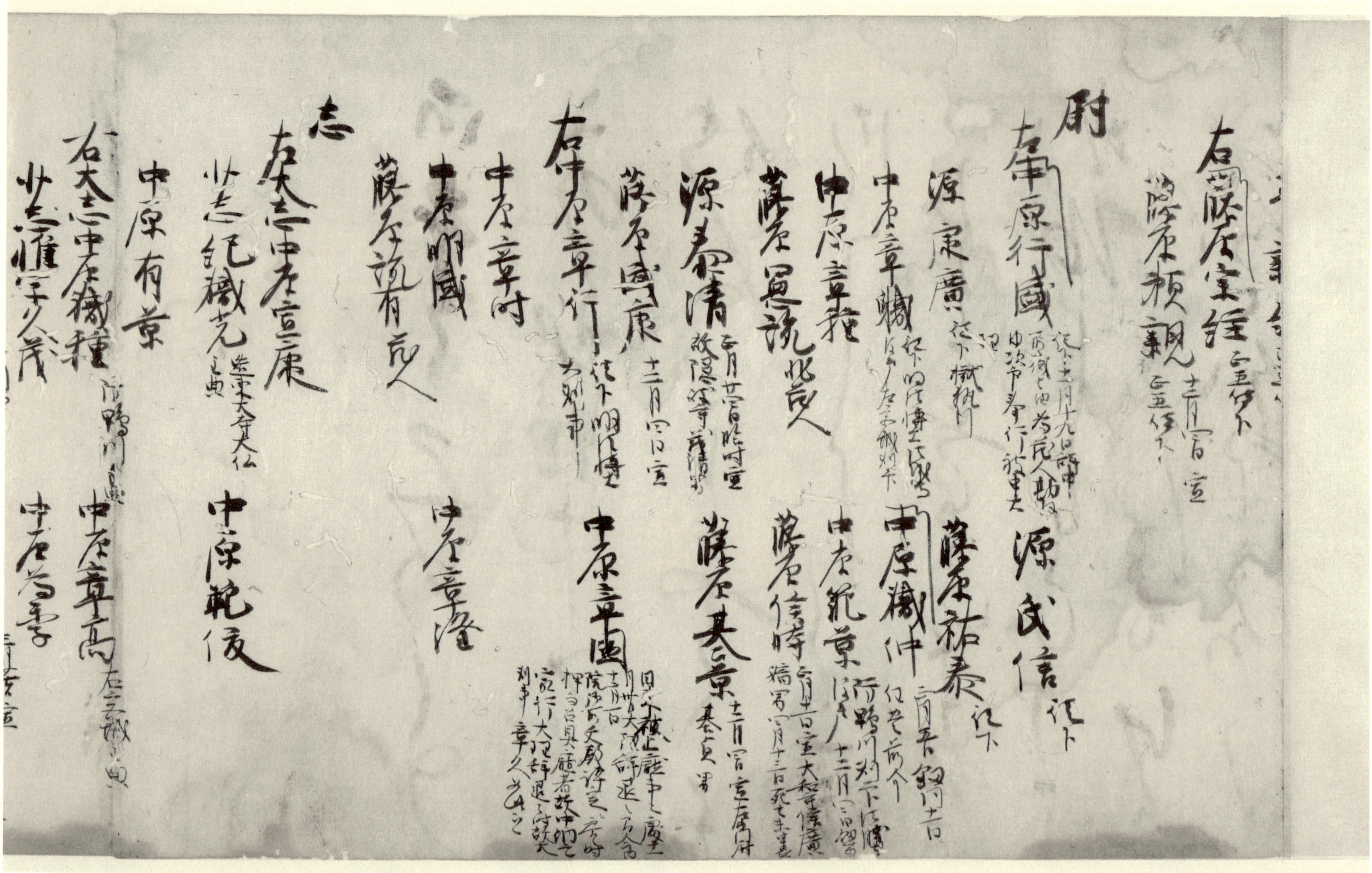

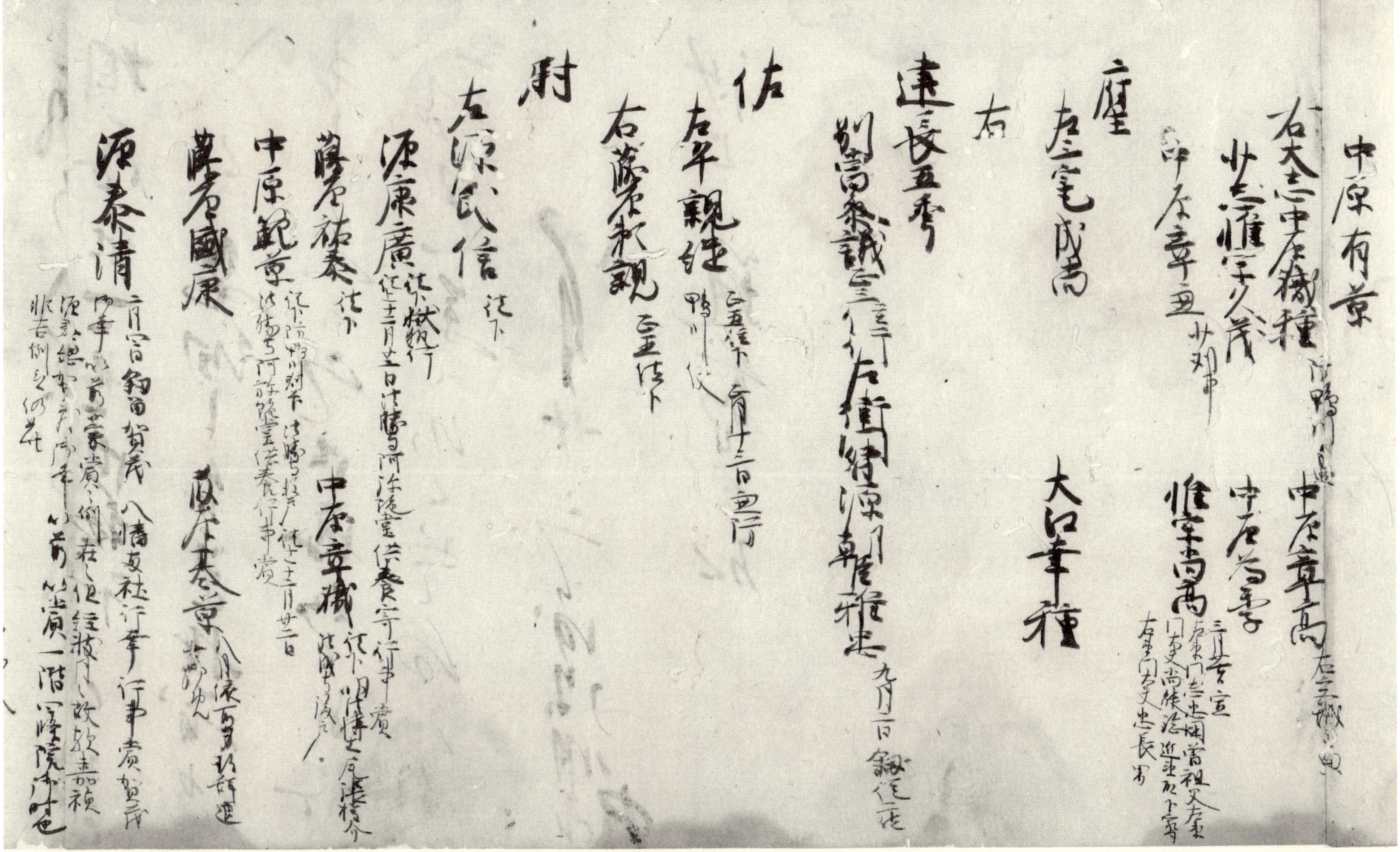

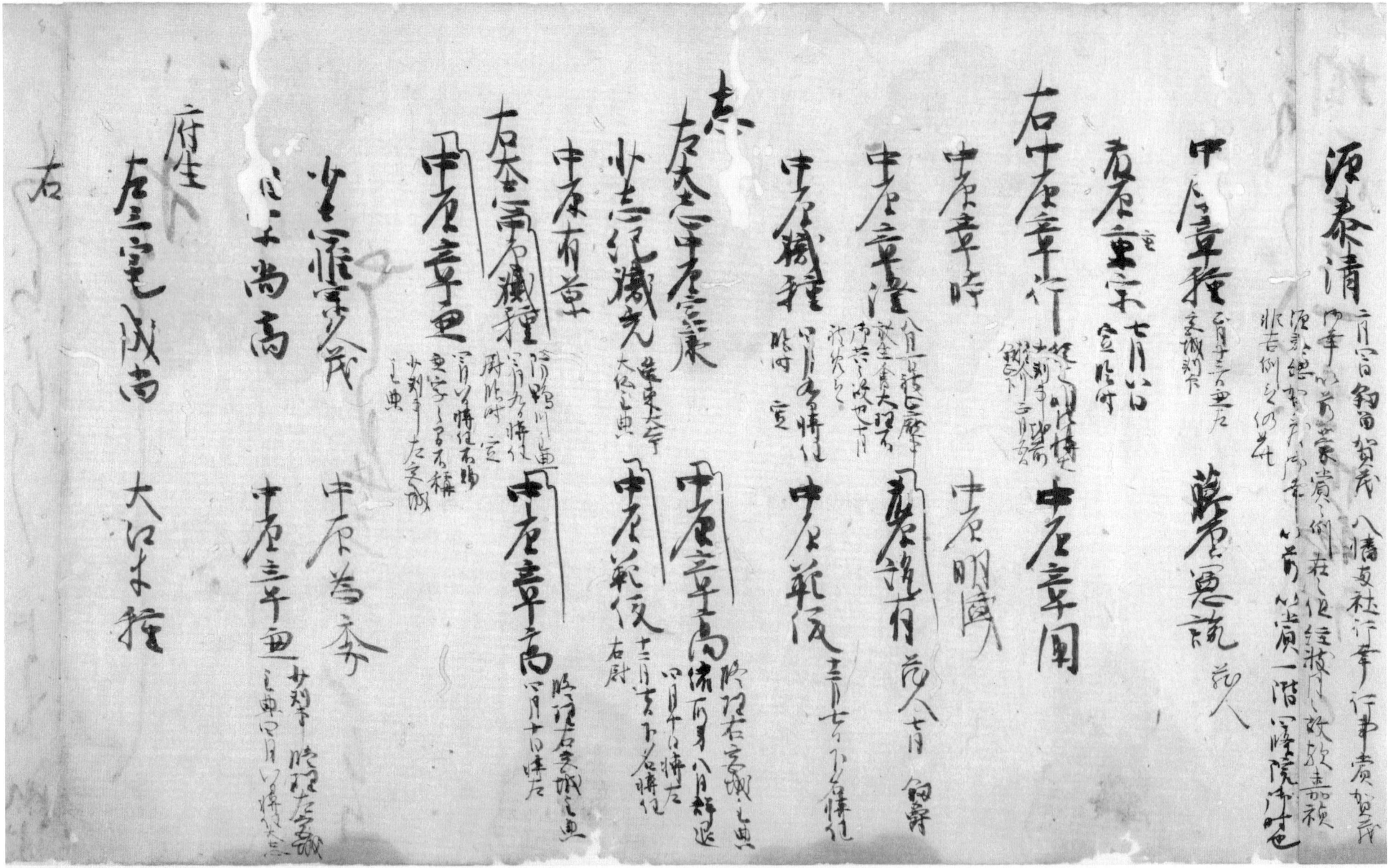

源泰清 四月官符申賀茂八幡夏社行事賞賀茂
　　　　源泰総賀茂行事賞仍今度被改放賞慶
　　　　非吉例之仍也

中原章種 云月廿三日云々
　　　　　　　　　　蔵者要請
　　　　　　　　　　　　疏人
右衛章宗 七月一日
中原章時
右衛章行 十月廿日改任
　　　　　　　　　　　　　左衛章聞
中原章澄 八月十五日
中原明國
中原職種 十月十七日
　　　　　　　　　　　　中原範政
志友章廣康
必志行滅允 左衛大尉 中原範俊
右衛尉少藏種 庁官 中原章高 八月廿四日
中原有章
中原為秀 中原章里

府生
左尉毛成高
　　大江章種

右

右

建長六年

別当参議従三位行右衛門督源朝臣雅忠

従二位行権中納言兼右衛門督藤原朝臣顕朝

佐

権佐

正五位下平朝臣親継　防鴨河使

尉

従五位上源康廣　摂行

従五位□源氏信

従五位下中原章職　明法博士　尾張権守

藤原国康　二月重服

藤原重実

中原章種

藤原忠茂　八月卒

藤原康房　以経相具還補

従五位下中原親景　防鴨河判官

従五位下藤原祐泰　同五月十五日

従五位下源泰清

藤原基景

藤原信成　防鴨河判官

平時連　七月二日

大江章平　二月重服

藤原以経　還補

大志
　史ノ信康
　　少史惟職〈左衛大仏主典〉　史ノ章高〈罷任〉
　　史ノ中雄〈二月廿七宣〉　史ノ有業〈六月十三日左衛門〉
　　史ノ中雄〈明法博士章職男〉〈年十六〉

府生
　三毛成尚　大江章種
　史ノ康景〈九月十五〉府生康種男

権佐

右
　立信　作友ノ頼親

尉
　史ノ章行〈青明法博士〉
　　史ノ章時　　　史ノ章間　　史ノ章隆
　　史ノ明威　　　史ノ範俊
　　史ノ職賢
　　史中ノ章魚〈主典〉
　少史中ノ為季
　惟宗忠高
　　惟宗少茂
　　史ノ職隆

検非違使補任　建長六年

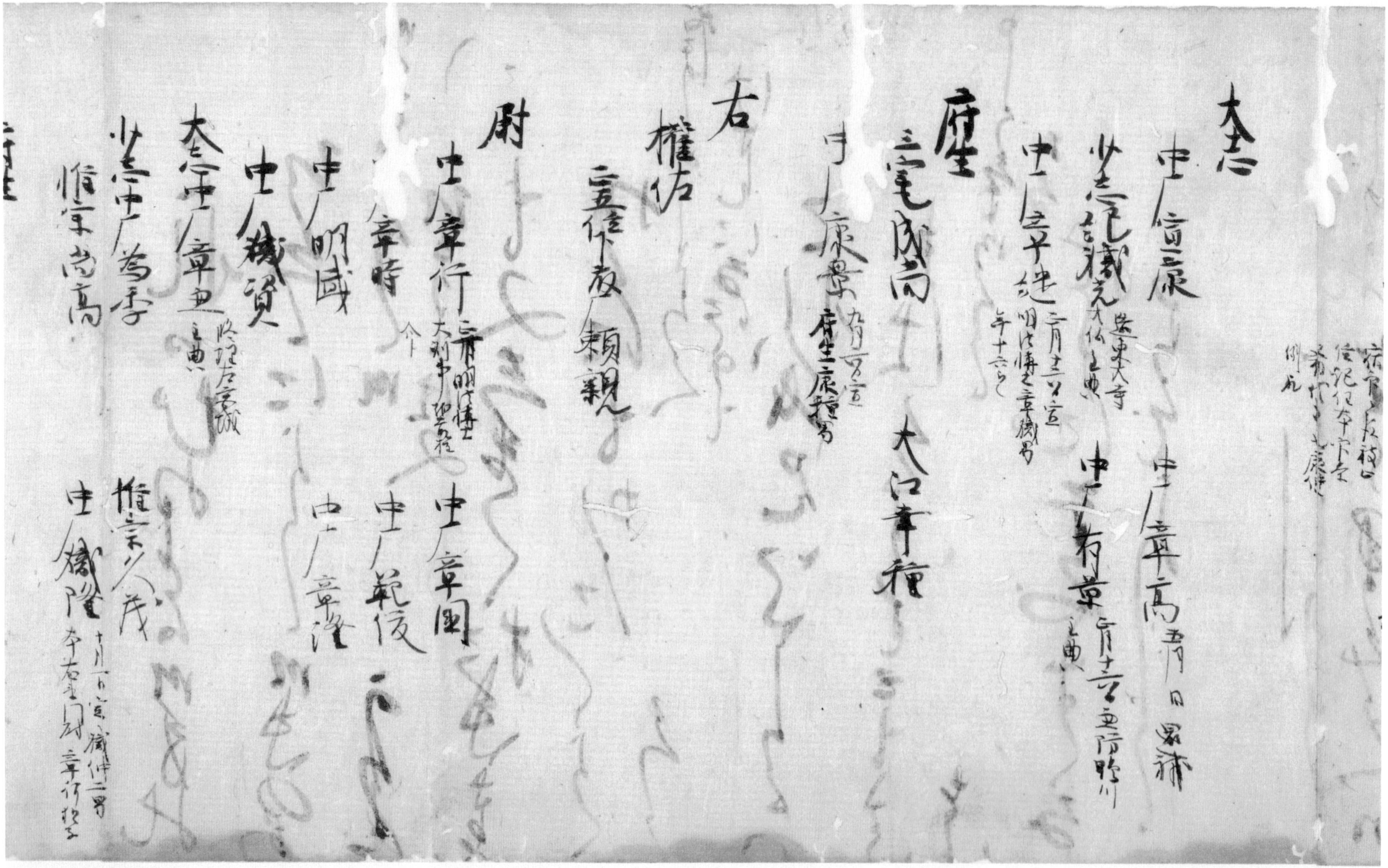

府生
　惟宗忠高
　　　　　惟宗少茂
　　　　　　生入獄隆　十月十六日宣、蔵仲二月　　別当章行経上

達官七手
別当従二位行権中納言兼右衛門督藤原朝臣頼朝
　兼議従三位行陸奥出羽按察使兼右兵衛督藤原朝臣隆行宣

右
権佐
　三位信卜朝臣頼緒　狩野川使

大夫
　藤原忠流　范六月除籍

少尉
　源原廣　経上獄執行　六月六日改上籍等　中原範章　経上所六月廿六日獄執行
　源氏信　巻十月六日後上　讃　　　中原範章
　源泰清　讃　　　平時連　讃
　兼原國康　任下　廣以任　　讃
　藤原兼章　任下　　　　　藤原國広　二月廿六日卒

　廣以任十二月十三日　　　源時仲　九月九日位　法浄等伝員婚寄　　附人

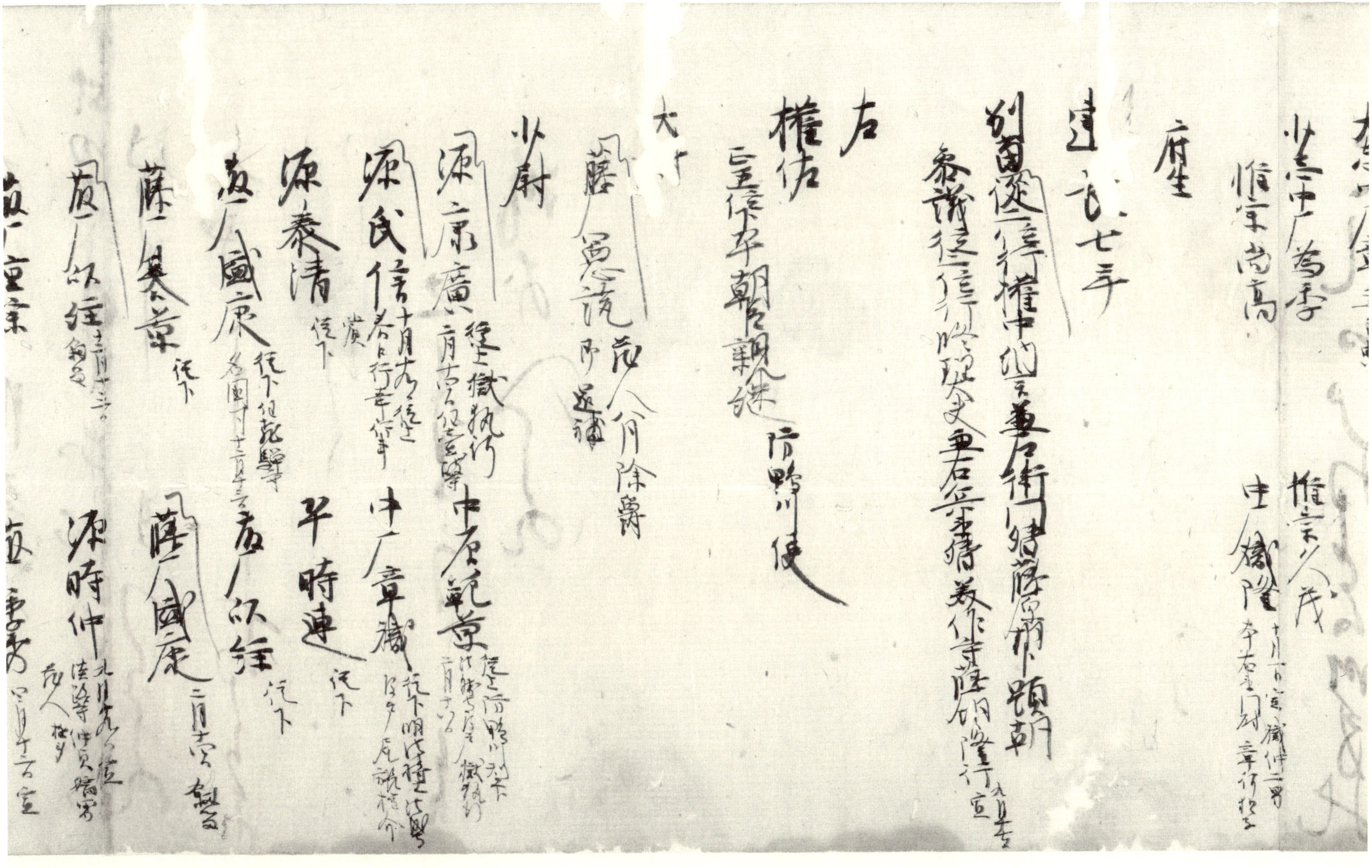

藤ノ兼香
庭ノ以経十二月十三日
前ノ宣案
前ノ基兼 源時仲 九月九日六位 法橋等俊兵衛尉
中ノ章俊十二月廿七日発 中ノ章乗 三月十三日
前ノ信成 同陣河別下 中ノ章国
大江章徳 中ノ章時
中ノ章隆
太宰ノ宣康 中ノ章高 二月廿五日
中ノ章継 中ノ章國 陣右厨
り志紀獄之 参東ノ寺 中ノ有章 信野川主典
中ノ章継 四月十六日 陣右大夫 三宝成方
庁宣官成方
立ノ康章 大江章種

大府
横佐
右
正下藤原朝臣頼親
必尉
中ノ章行十八日次侍送 中ノ章國陣石

一七九
(11)

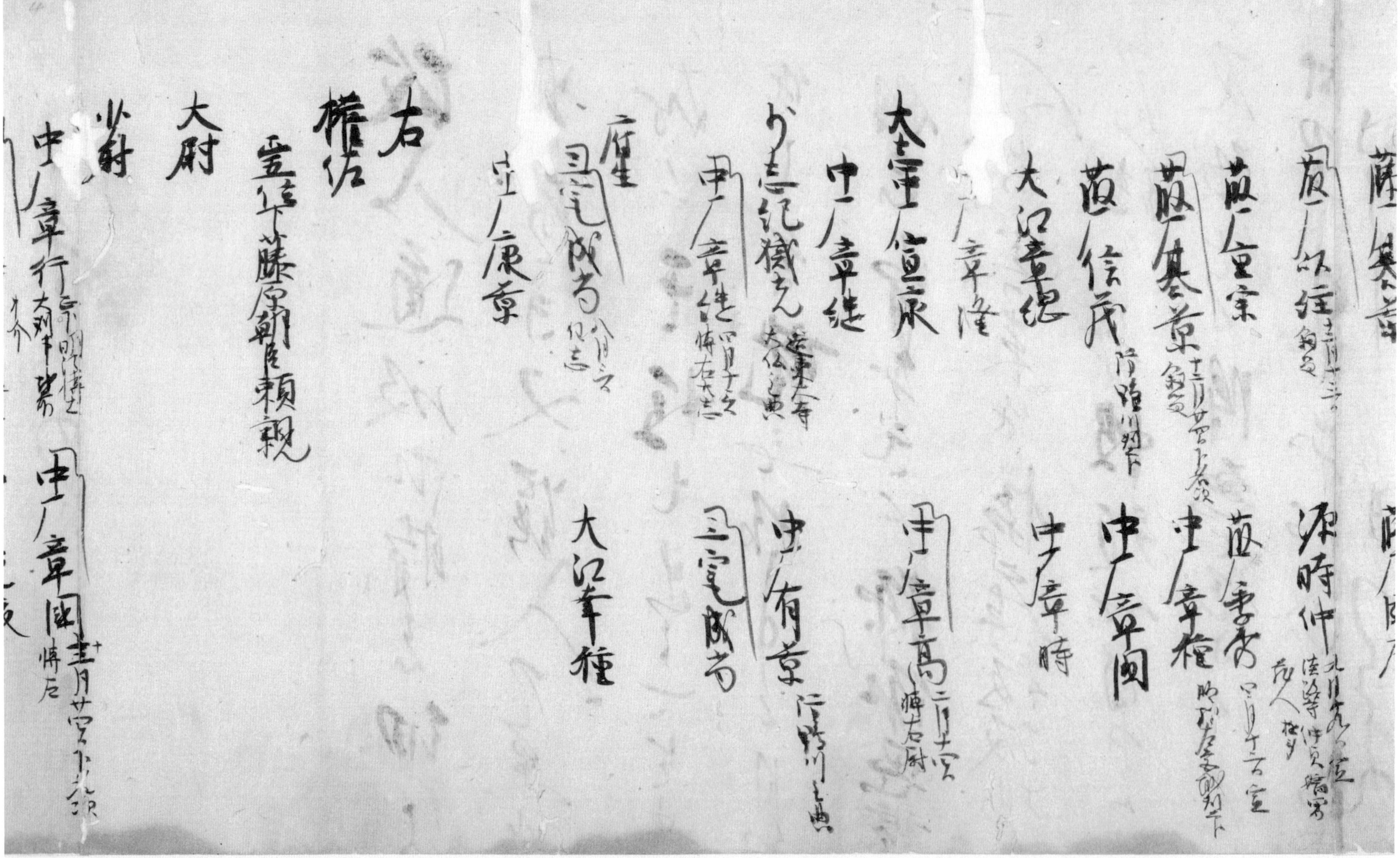

少尉
中原章行
中原章時
中原明盛
中原職種
中原章直
中原章国　十二月廿四日
中原範俊
中原章澄
中原章高

大志
中原章由
中原章継

少志
中原為季
惟宗為(重?)

惟宗久茂
中原職隆

府生

建長八年丙辰　改康元　十月五日

別当参議従三位修理大夫兼右兵衛督藤原[illegible]

右
権佐
正五位下平朝臣親継　防鴨河使

少尉
中原範景
中原章職
源泰清
平時連

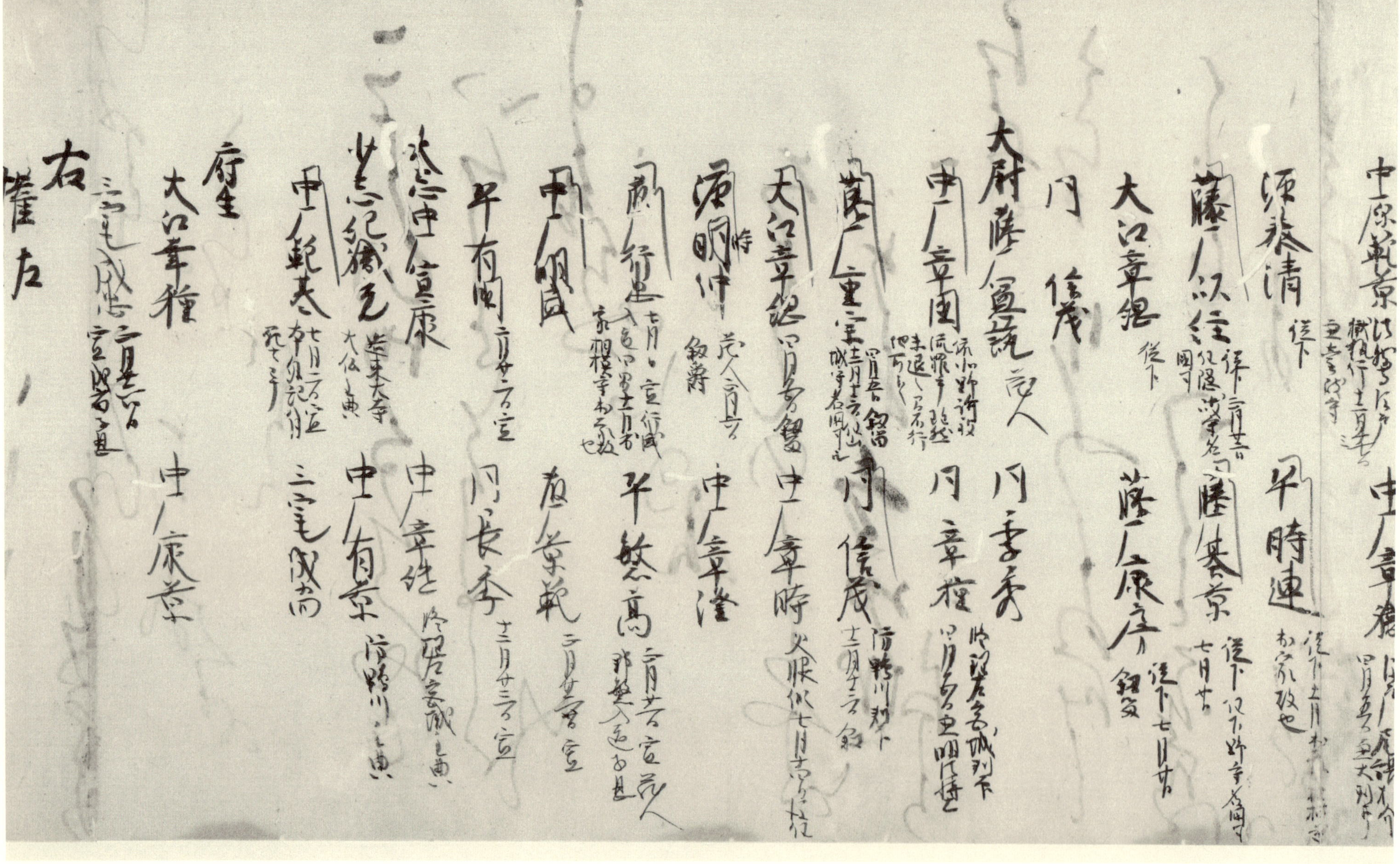

(13)

少尉
　中原範後
　中原惟礼　沈讃
　中原章董
大志史中原職隆
少志
　坂上兼高
　坂上為季

中原明盛　海清
中原章高
惟宗父孝

府生
　康光二年訂三月十二日改元為正嘉
　権佐正五位下右衛門権佐
右
　正五位下右京亮頼親

尉
　中原兄景
　源泰清
　大江章範
　坂上兼詮
　中原章勝
　坂下信房
　坂下康房
　坂下景泰
　坂下季秀

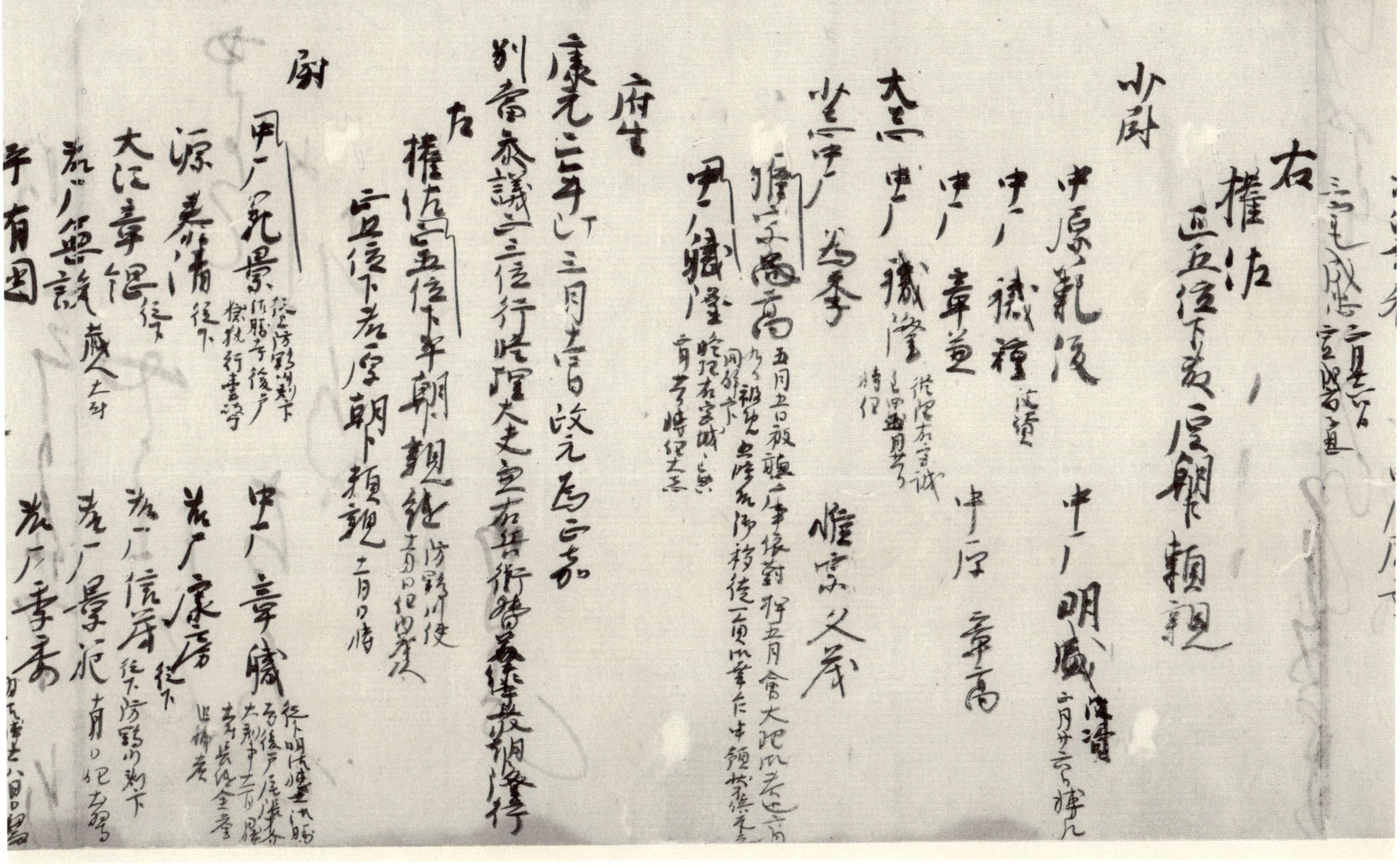

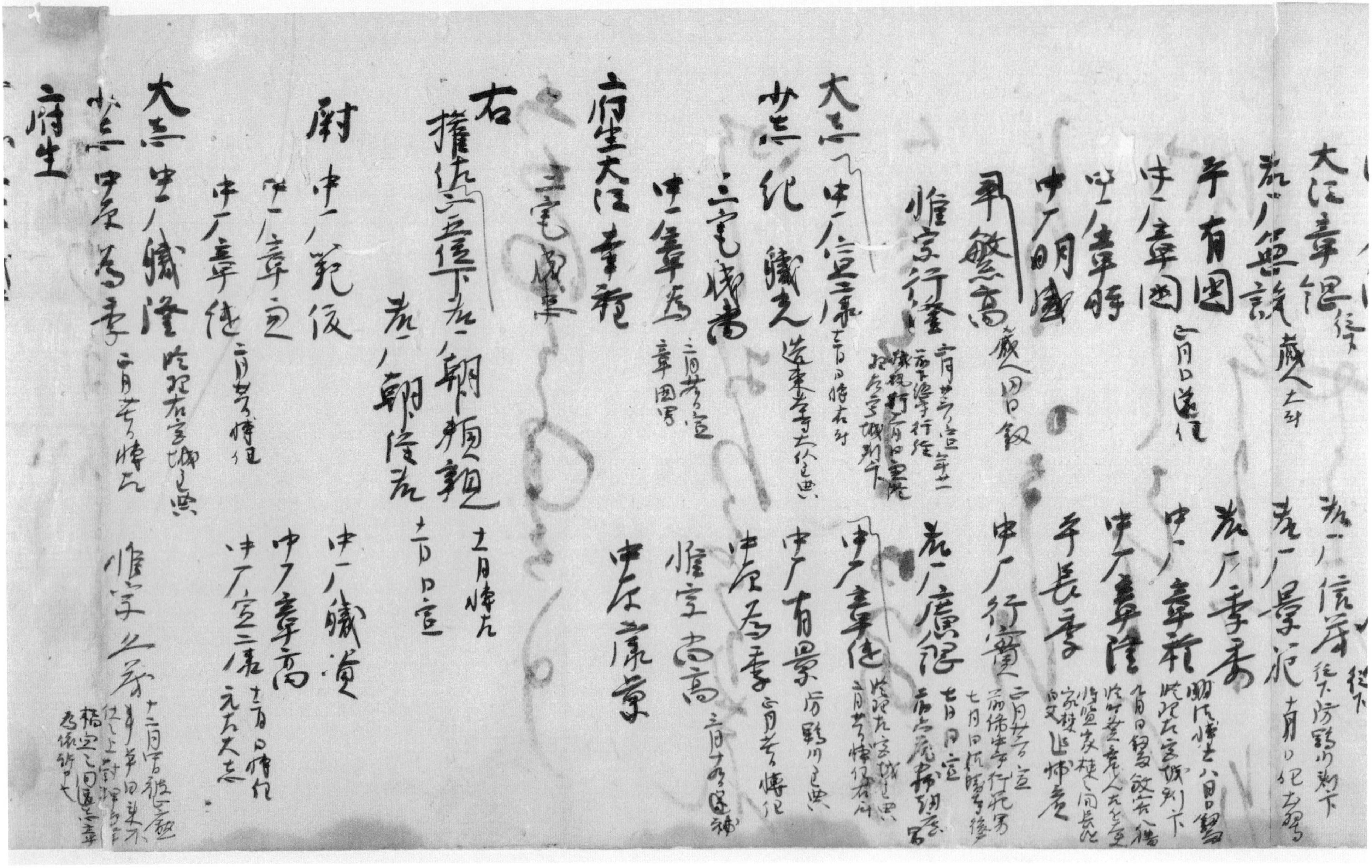

(15)

大志　中原職隆

少志　中原為季　三月廿六日辞之

惟宗以孝　[illegible]

府生

正嘉二年　戊午

別当正三位行権中納言藤原朝臣隆行

参議正三位行右兵衛督藤原朝臣資季

左

権佐正五位下藤原朝臣頼親

尉　中原章職　[illegible]

平康房　[illegible]

藤原信房　[illegible]

中原章澄　従下

平有国

中原章国

坂上明盛

中原行実　[illegible]

藤原康保　[illegible]

藤原行有　[illegible]

藤原重有　[illegible]

源泰清　従下　[illegible]

大江章澄　従下

中原章種　明法博士　従下

藤原忠親　大判事

藤原季安

中原章峰

平長季

惟宗行澄　[illegible]

藤原行氏　二月十三日宣

中原職資　[illegible]

源重經　[illegible]

中原有宗　[illegible]

大志

少志　紀職之

三宅成尚

中原章為

中原章長　[illegible]

三宅成平

中原為季

惟宗尚高

中原康堂

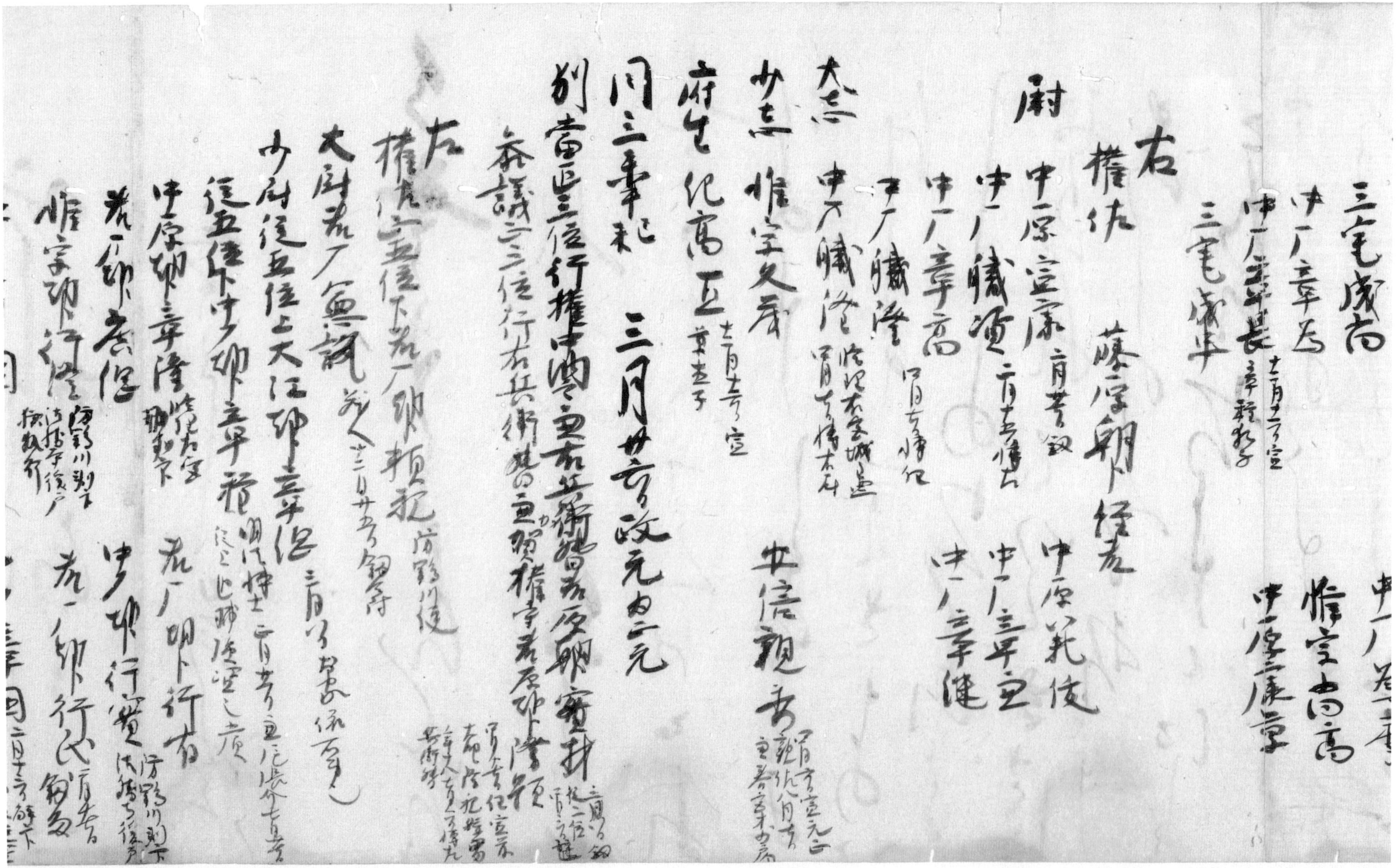

三宅成尚
中ー章為
中ー章長
三宅成平
中ー
惟宗由高
中原康宗
尉
右
権佐　藤原朝臣経光
中原章康
中ー職道
中ー章高
中ー職隆
中原職隆
中原親佐
中ー章国
中ー章継
大志
少志　惟宗文季
府生　紀高直
安倍親有
同三年己未　三月廿六日改元為正元
別当正二位行権中納言兼右衛門督春宮大夫藤原朝臣実持
参議正三位行右兵衛督兼加賀権守藤原朝臣隆顕
左
権佐正五位下左ー卿頼親
大尉左ー為識
少尉従五位上大江朝臣章経
従五位下中ー朝臣章種
中原朝臣章隆
左ー朝臣行有
中ー朝臣行寛
左ー朝臣房経
惟宗朝臣行経
左ー朝臣行氏

(17)

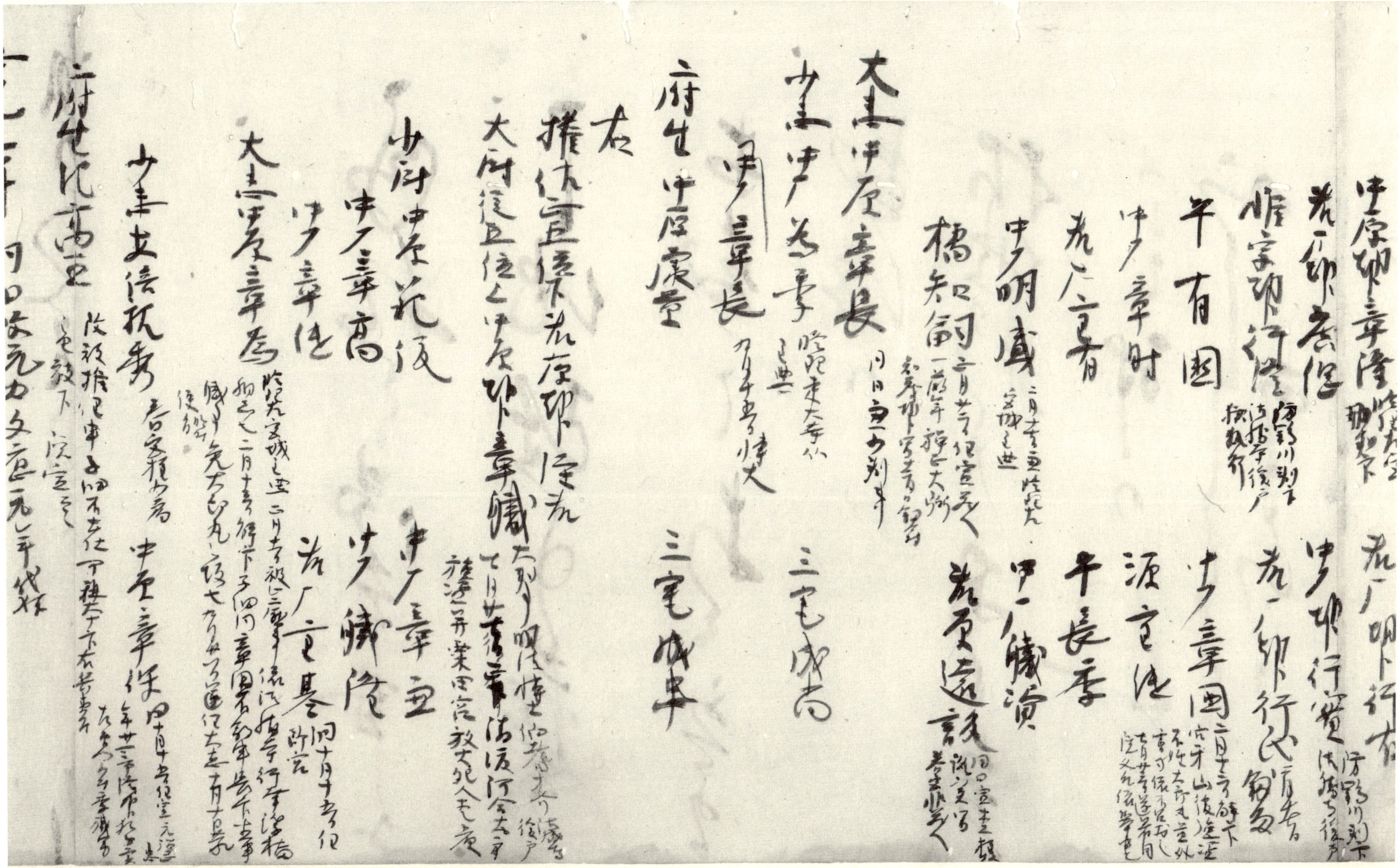

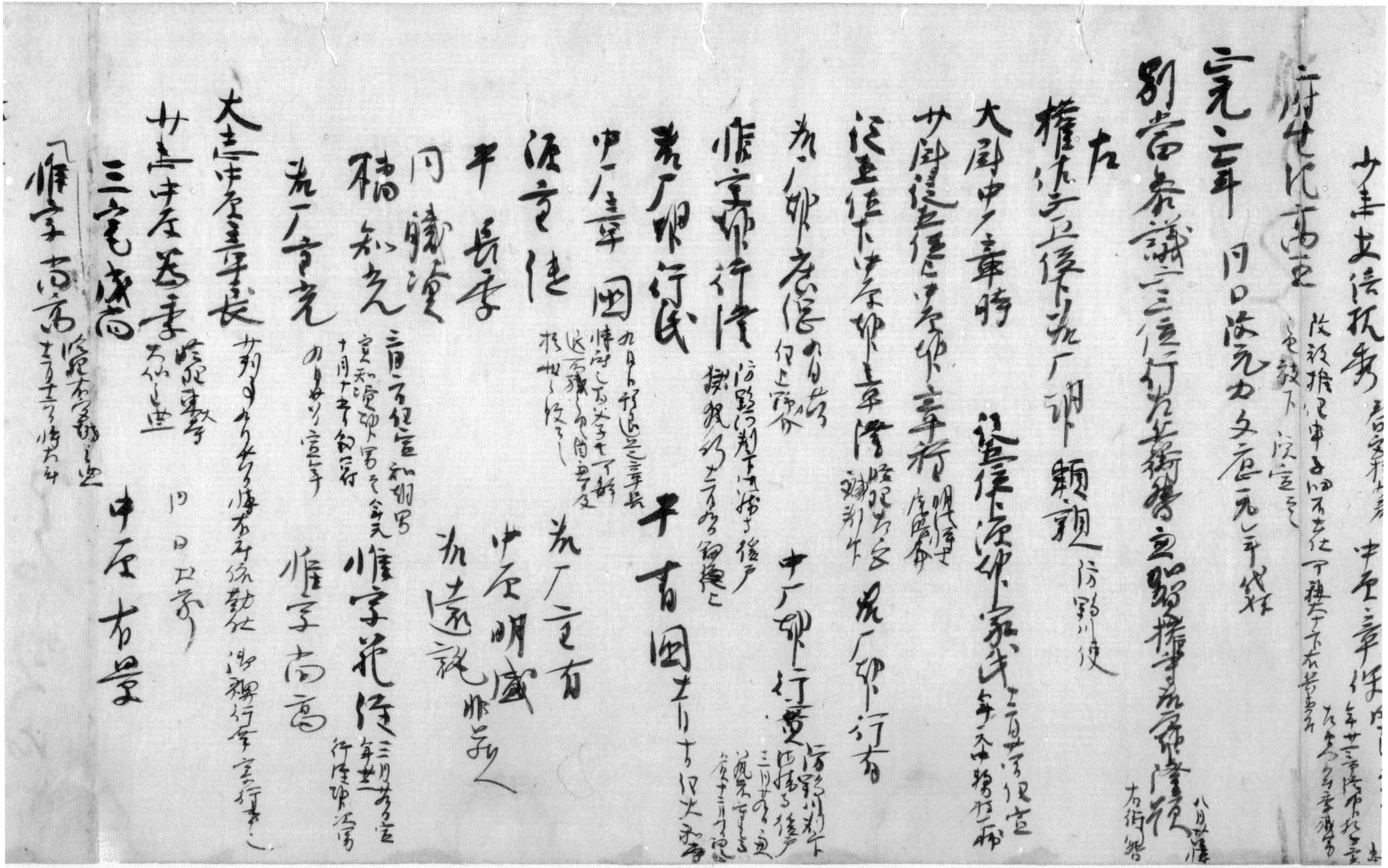

(19)

三宅成高 中原有量

「帰宇高高〔...〕」

府生中原有量 三宅成高

右
権任正六位下兼石見守
大厨正五位下兼卯上章晴〔...〕後戸
少行中倉死後
中倉章高
中倉章後
出信親去

大志中倉章長 大志右兵衛志時 中倉千景
中倉章画
中倉猪隆
為少志基
中倉章長
中倉〔...〕

天信親去旨 中倉章長
中倉章房

父廳二年辞二月次元為任弘長元年
別當本議正位行方衛門〔...〕
左
権〔...〕正五位下兼一頼親卿
宣佐正五位下兼一諫議原卿拳了
中一章呼
少〔...〕佐官卿拳権

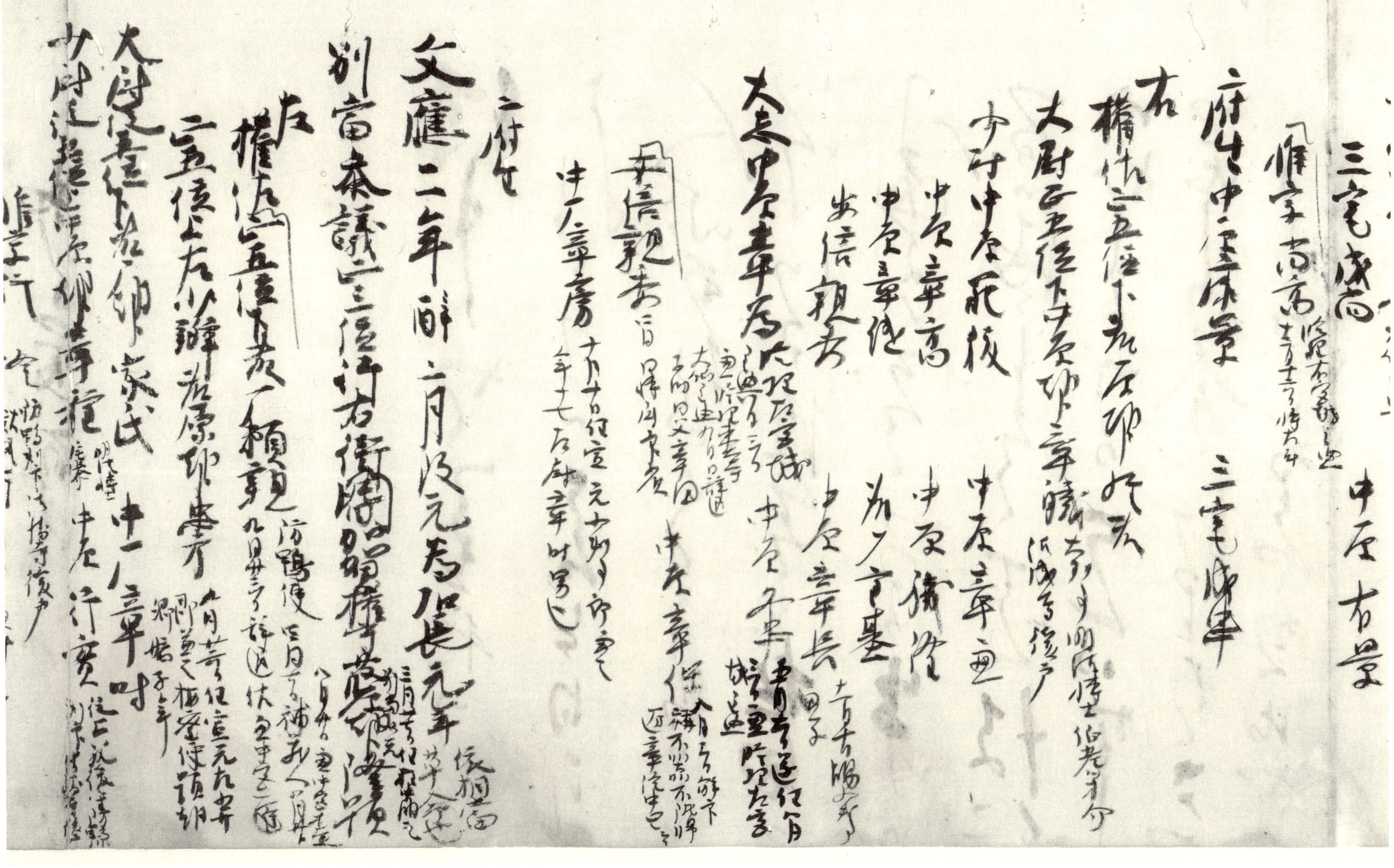

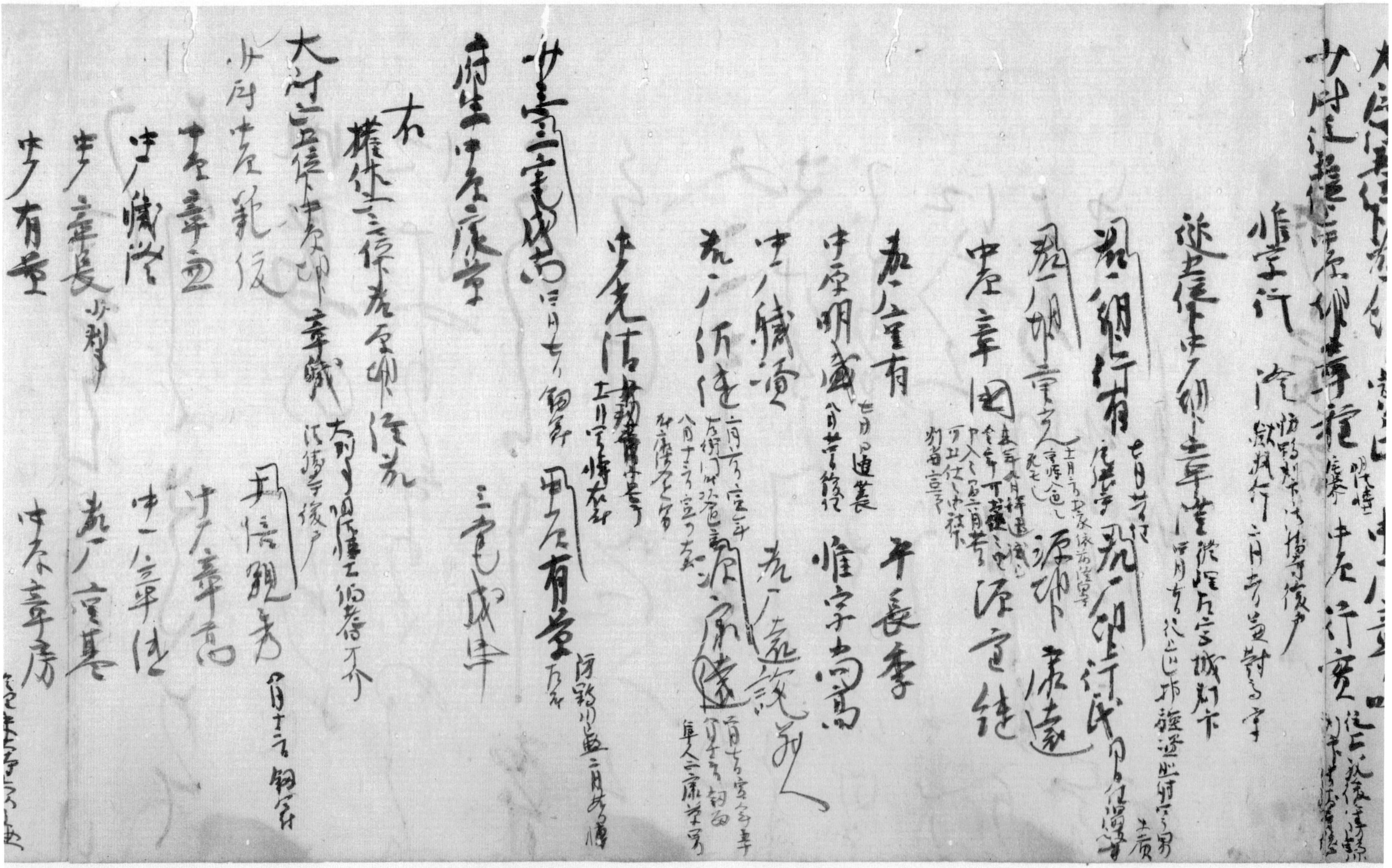

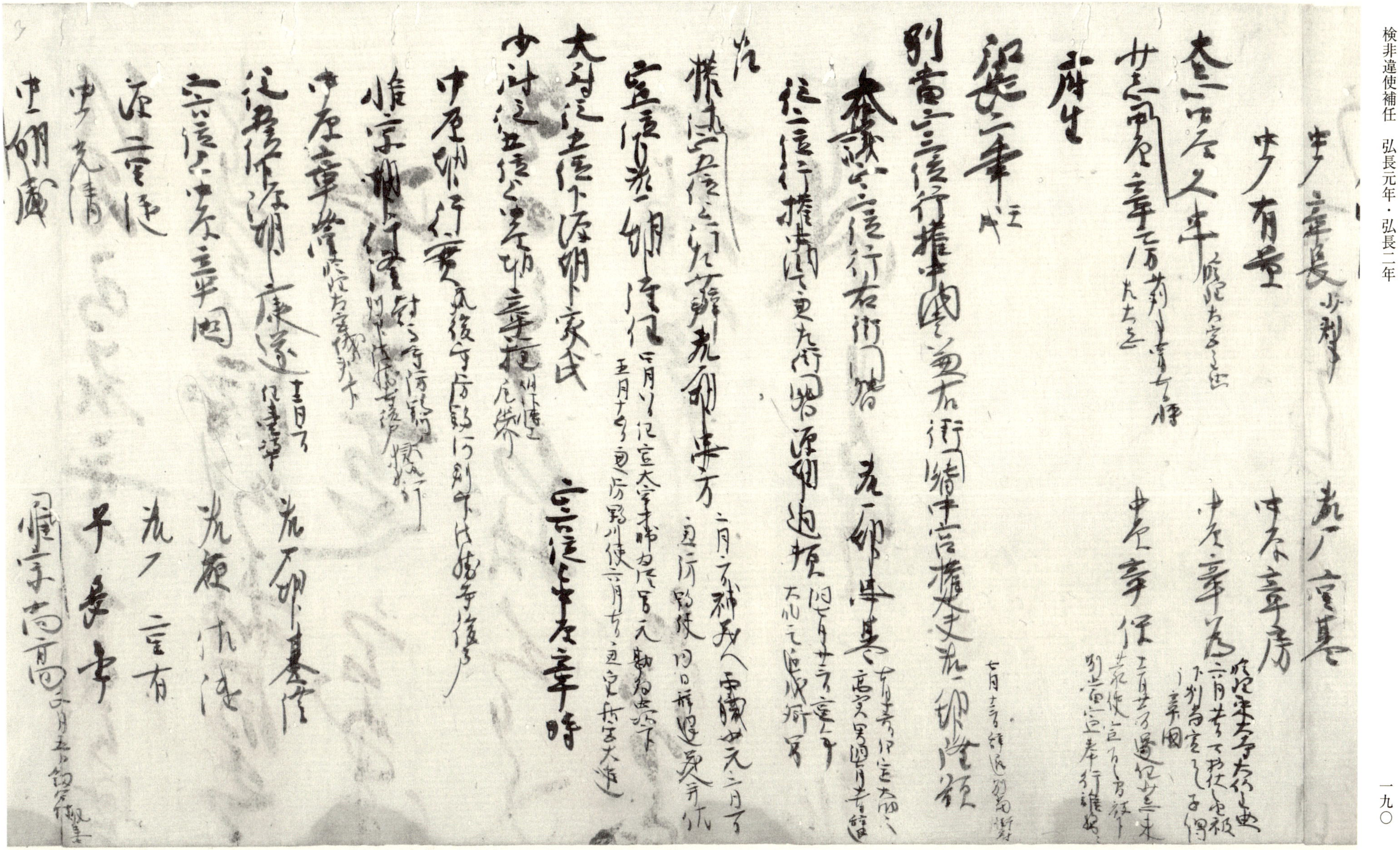

(22)

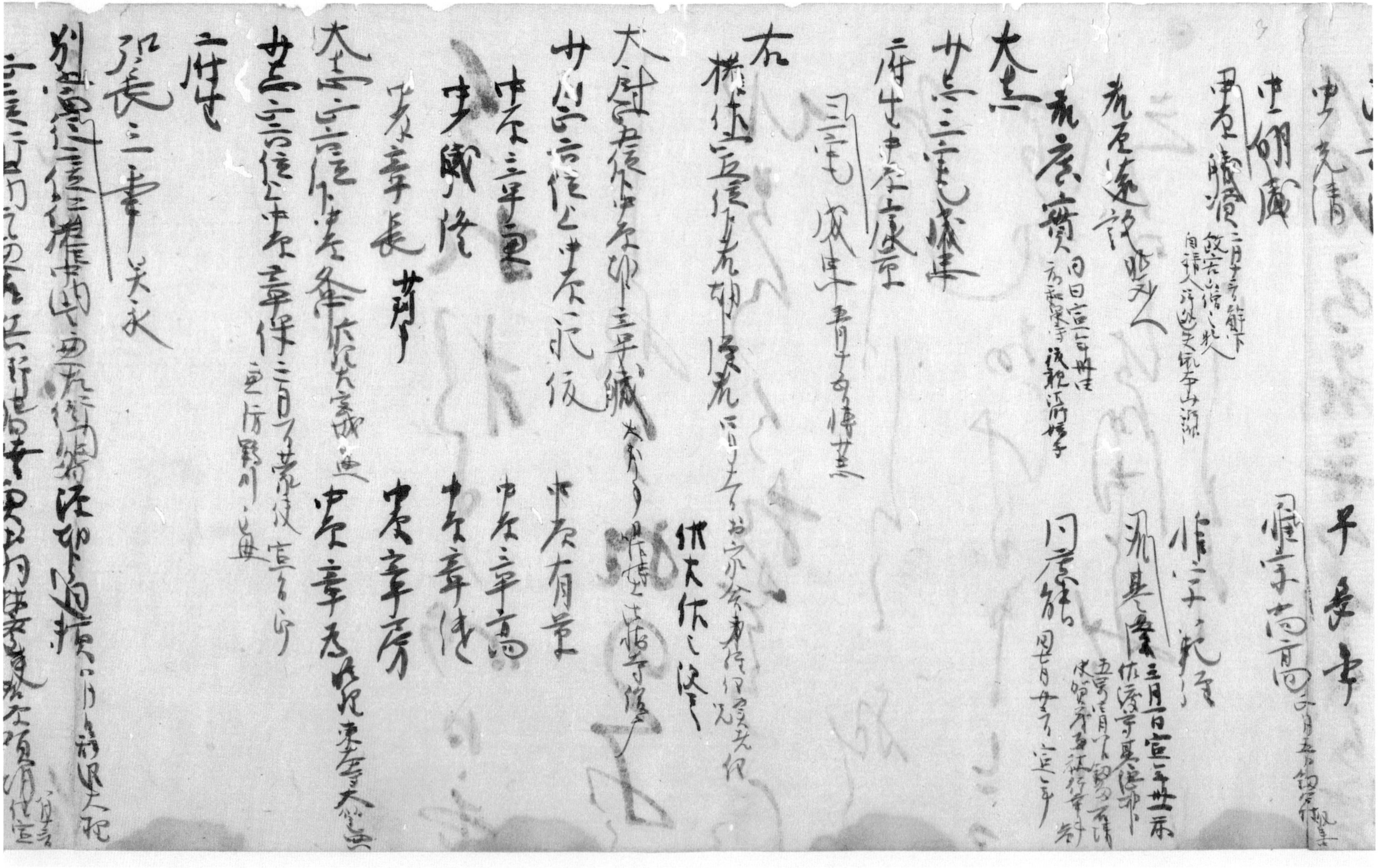

(23)

別当正三位藤原経任　内蔵頭右衛門督兼任　従三位
正三位泰通朝臣　右兵衛督皇后宮権大夫
　六位信光朝臣　俊行　判官代賀茂川使　豊廣大輔
　荒尾沢朝臣　廿日転任蔵人頭　元長兼侍　四日退賀茂川使

尉
大
　従五位頼朝家代
　少従五位中泰三章堯　中老行實
　　惟宗行隆　連箋代　　　中宮職　荒尾卯守長隆
　　　　　　　　　　　　従是下中家幸時
　　　　　　　　　　　　同日勾多職次
　　　　　　　　　　　　二月廿日補蔵人
　正従六位中家幸国　荒尾九俊　　同日勾多職
　　　　　　　　　　荒尾宣有　陸奥方募鋼貢白
　　　　　　　　　　平長季　　同日退左大厨
　　　　　　　　　　光房資
　顕章化　　　　　　罷明蔵　　　飛弾遠院　八月勾多職
　慎享代　　　　　　　　　　　　　　　　　中家職資　同日還者
　同忠行　　　　　　　　獄舎假者と下去
　　　　　　　　　　　　撥りし者

志
　荒尾時忠
弘長三重　光永

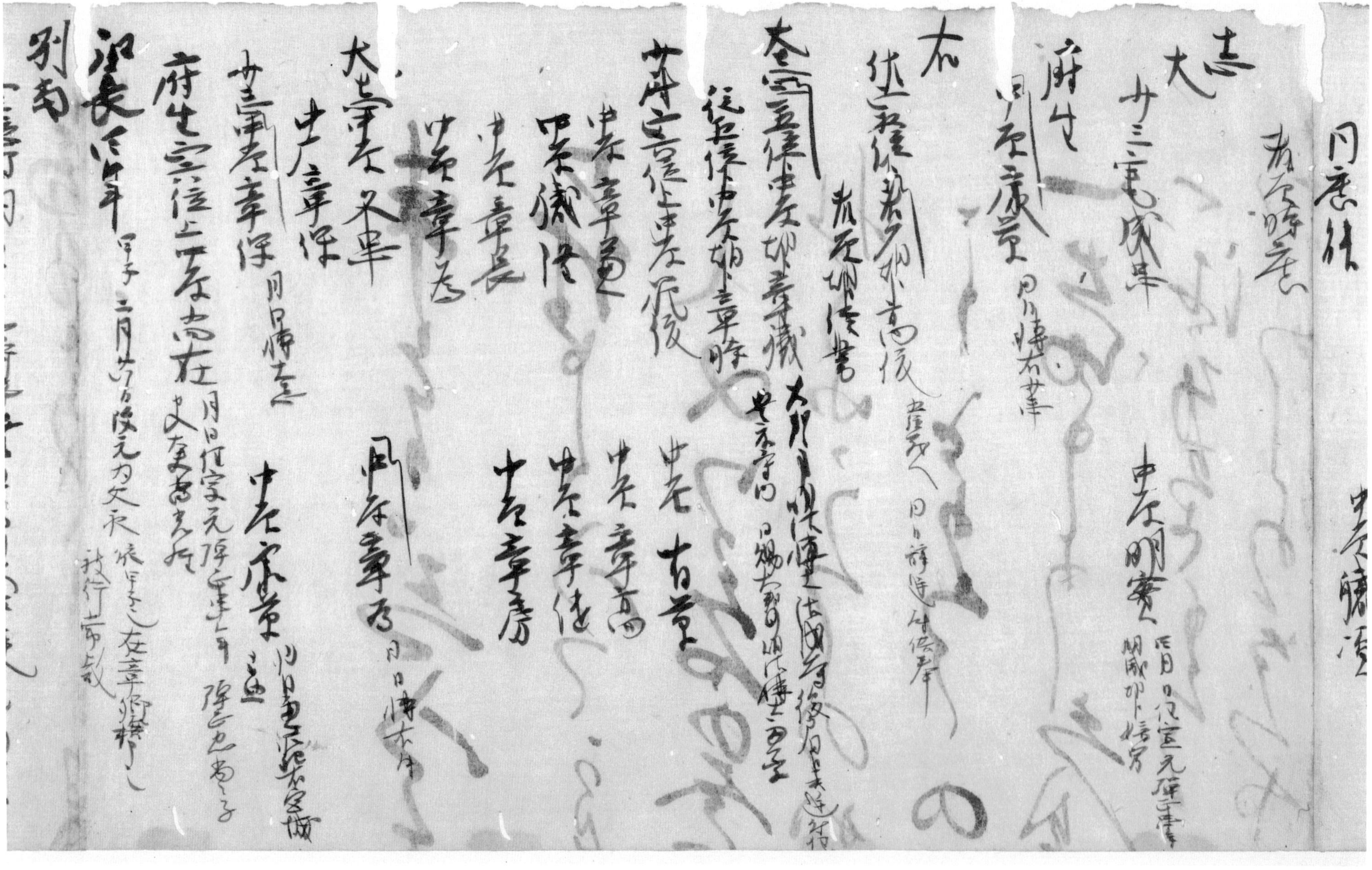

(25)

文永元年 甲子 二月六日陰々元勅文永元年仍被改号文応三年十二月廿八日 〈辛酉〉 執行宗政

別当

　三位行房 正五位下左衛門権佐兼伊予守 検非違使宣下 祭絹

佐

　允七位上行和気相成 〈五位〉 房朝同伎

　右正七位上行参軍卯幸時

大尉

　允七位上行和気泰卯〈宗安〉

　右正七位上行参軍卯幸時

少尉

　允七位上中原卯望行 〈成行〉 房衫川削下 ?寺後? 獄執行

　佐正七位上梁川卯幸経之 〈後戸〉

　廿七位上参軍卯幸清 〈先任左家城卯下〉

府生

　廿六位上参軍卯基済 育房任検察守

　兼一例時参 二月廿四日辞
　次卯時清 　　　出仕化之

　　左近府生 基泡

　立信衛参　章岡 　　　教兵代侍
　兇犯時庶 　　源　竜他
　君尻言有 　　平長季
　兇尻虐黄 　　　生長光清

　　闕時清 十二月廿日酉時死亡廿七歲住間卯雄
　　　　　時廿七日乙時死々卯
　　　　　　 召るゆリ佳記使社宗ぞ

　　　　君卯時些十二月廿六鋼笑

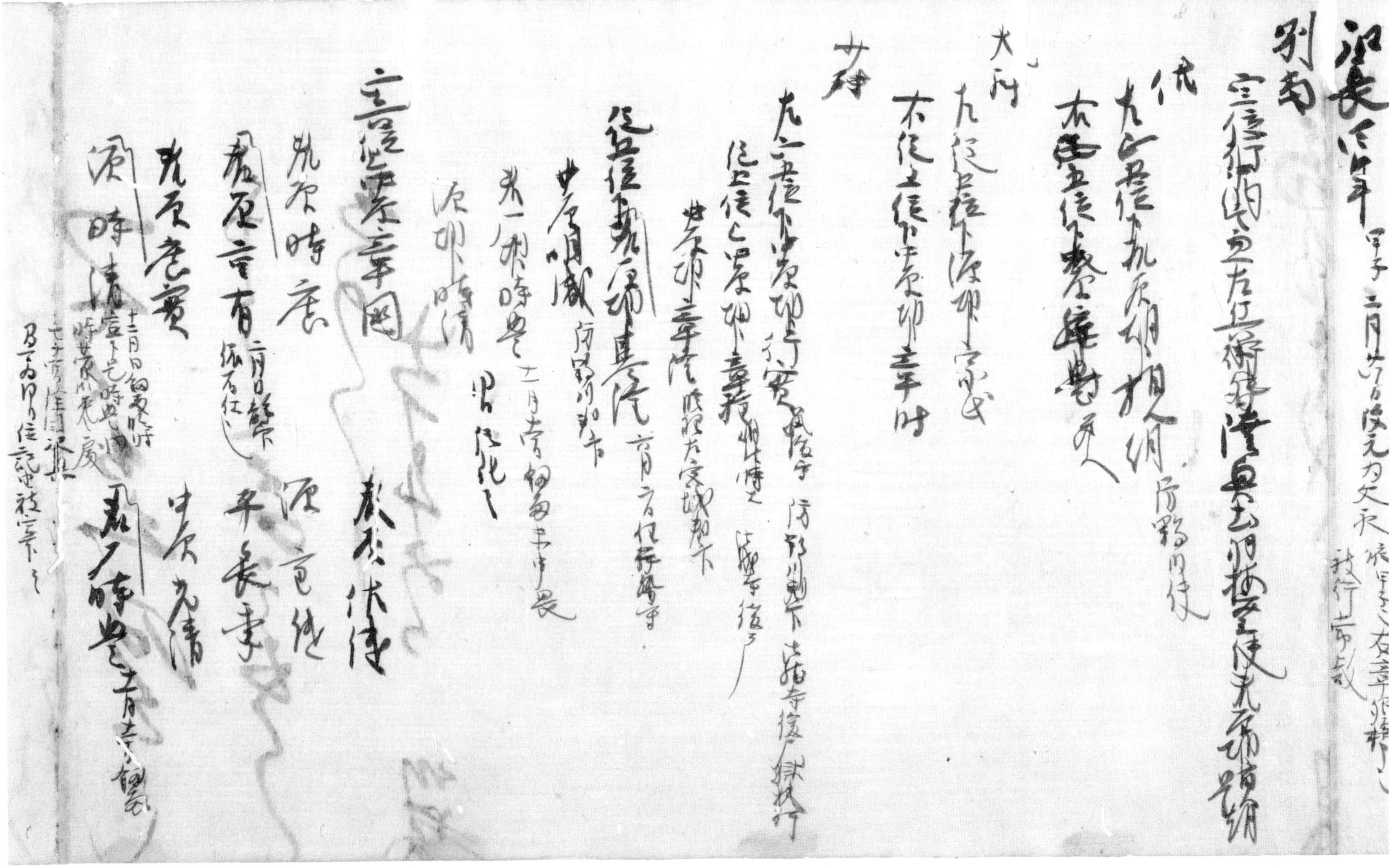

臨時除目
中原章世

右衛門権少尉範俊　日臨時
伊勢章重　童殿上
小原職泚
中原章名
中原章房
中原章年

大志
大尉信兼少尉宗成　蔵人所雑色
右衛門尉章任　西路小路
少志大尉信兼少尉明実
右衛門尉少尉清定　蔵人所雑色
廃
大
右衛門尉少尉信在

文永二年

別当三位中将実基卿左少将右兵衛佐出羽権守兼

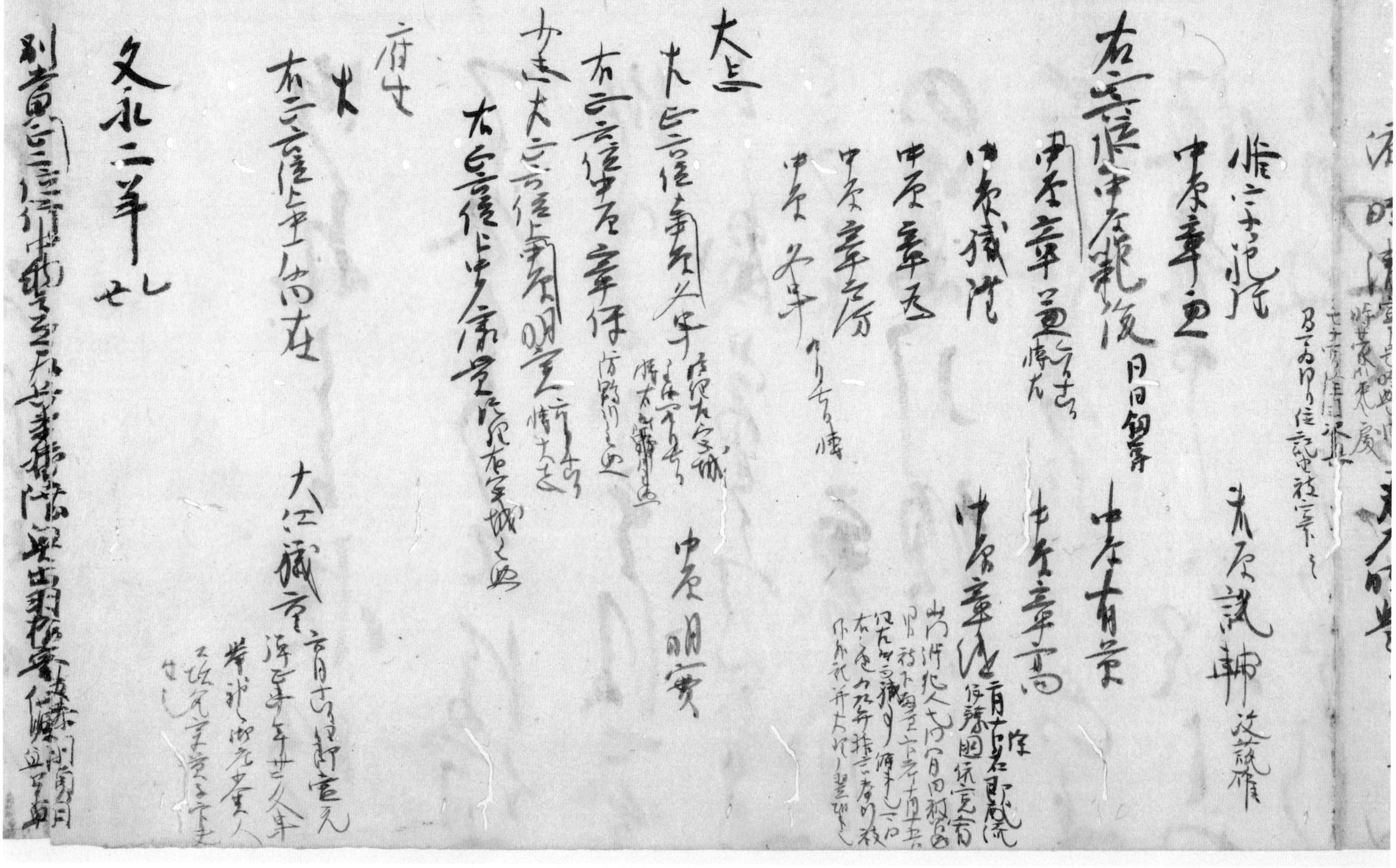

檢非違使補任　文永二年

泰盛正三位行兵部卿兼陸奥守出羽権守藤原朝臣　三月八日転正左把使
　　　　　　　　　　　　　　　　　　　　三月廿七日宣下返上

別当正三位行中納言右衛門督陸奥出羽按察使藤原朝臣経任

佐
　正五位下藤原朝臣永朝　五位蔵人　阿野川使　正五月廿三日
　右正五位下為世朝臣経長　返上

大尉
　従五位下源朝臣家氏　四月廿五日従五位上高司
　右従五位下宗朝臣章時

小尉
　　九正五位下左衛門尉行実　筑後守阿野川殿　蔵人所衆
　　従五位下中原朝臣章檀　検非違使蔵人所衆
　　光朝章澄　検非違使蔵人所衆
　　藤原朝臣明盛　阿野川使
　　　　源朝時晴
　　　　中原朝光清　青月八日到着

正六位上中原章国　四月□□日遣世辰
　　　　　　　　　　左衛門尉右兵衛尉遣世

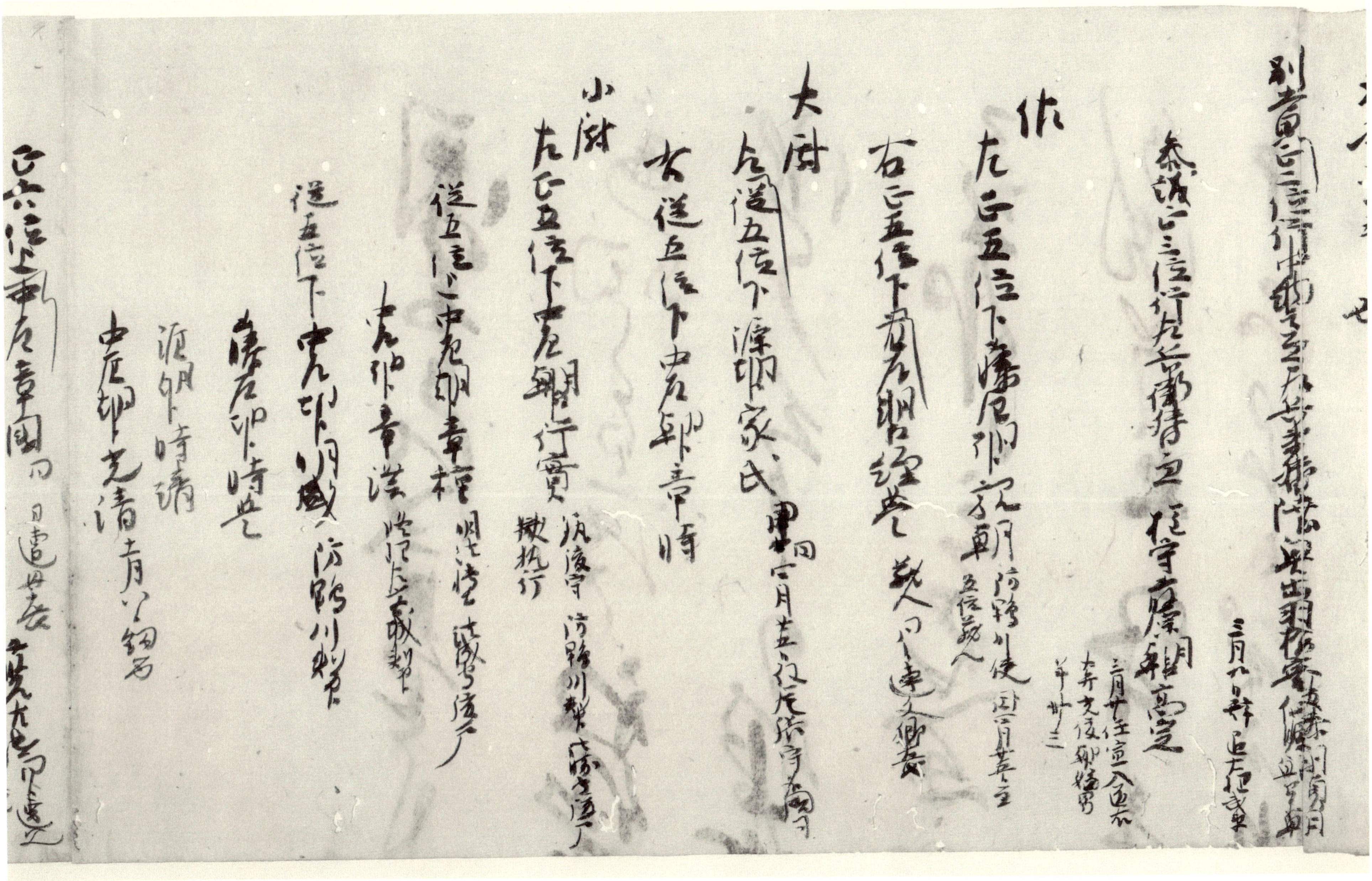

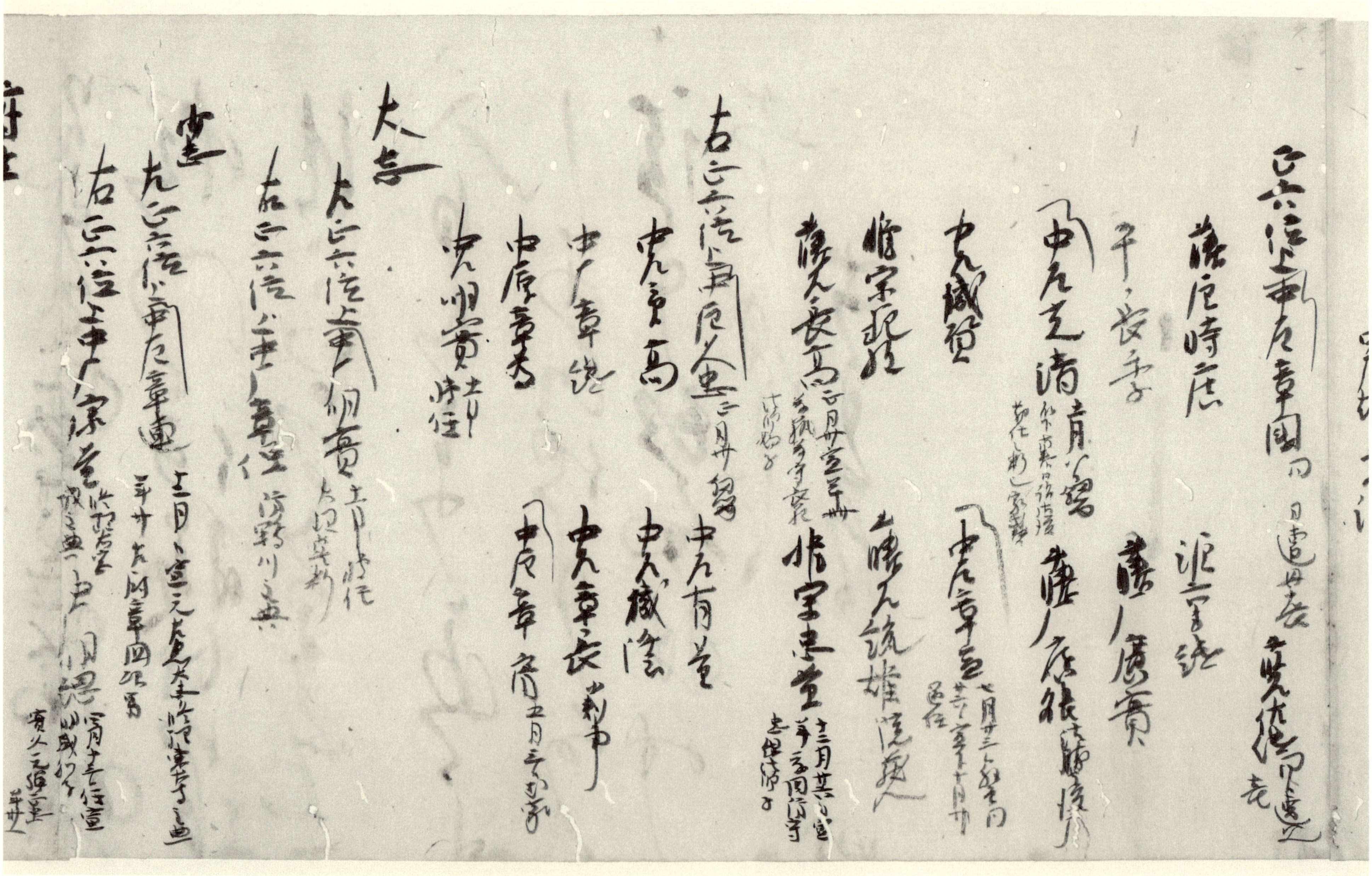

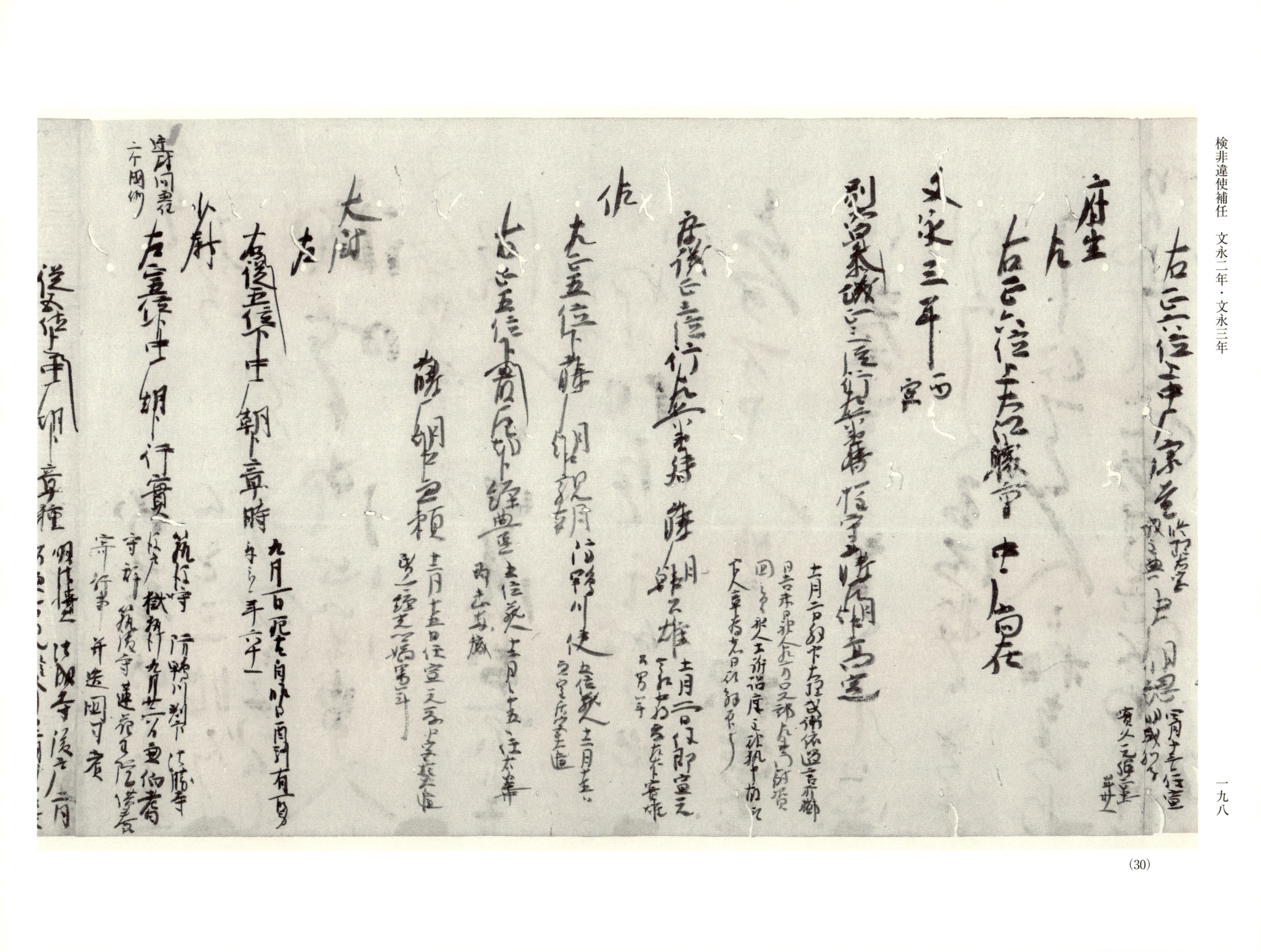

奉行事　并造国司宣

従五位上行中原朝臣章種　明法博士　法曹寺従五位上二月　右衛石見権介　十二月廿日卒　一年六十六

中原朝臣章澄　修理右宮城使

従五位下中原朝臣明盛　防鴨河判官

藤原朝臣時実

源朝臣時清

中原朝臣光清

藤原朝臣廣綱　八月廿二日叙爵　始任日年　上臈上首子　人也　藤原　奉行方ゝ　　而下欠挙し　放免

正六位上中原章国

藤原時広

平長秀　十二月廿日叙爵　十二月下旬被　任人　四月二日補　右衛門尉　有国事

藤原光継

源章任　十二月廿日叙爵　但清(?)奥入　十二月

藤原廣貞　九月廿日　相模守　年卅八　被殊賞　公条　廣綱之　可然望問　依犯不許　之ゝ　相模之

藤原廣綱　法橋年没　八月廿二日叙爵

中原職資　八月廿日辞　遅

中原章通

惟宗範経

藤原長高

藤原清親　十二月廿日宣旨　左衛門尉時親二男

藤原範雄　法花入

中原章高　年卅七　八月廿日相承

惟宗忠宗

藤原季教　四月廿日宣旨　少納言家子　五月　叙爵

平有房　八月廿日宣　年大和守有国　嫡男

右衛門少志中原有景

朝直　章高　十二月廿日卒

中原職隆

中原章継

大志
　右左衛門章恒〈阿野川島〉中ノ章為〈十月廿六日任〉
　中ノ章長〈十月廿五日遇五蔵久義〉中ノ章為〈閏十月廿六日從五位下叙留任〉養父母〈十ノ章任〉流任棒国
　中ノ明定　中ノ章倍〈三月廿三日任〉

少志
　右左衛門章恒〈三月廿三日任〉
　中ノ康章〈時政〉中ノ明紀〈三月廿三日任〉
　中ノ章長〈二月廿日下任〉三年十二月廿三日希代行〈城星典〉

府生
　右三位佐大江臧重行〈鳴鳥〉中ノ実家

文永四年
別當三位行権中納言藤原隆顕卿兼
　泰誠使従五位左衛門権佐永嶺朝臣玄孝

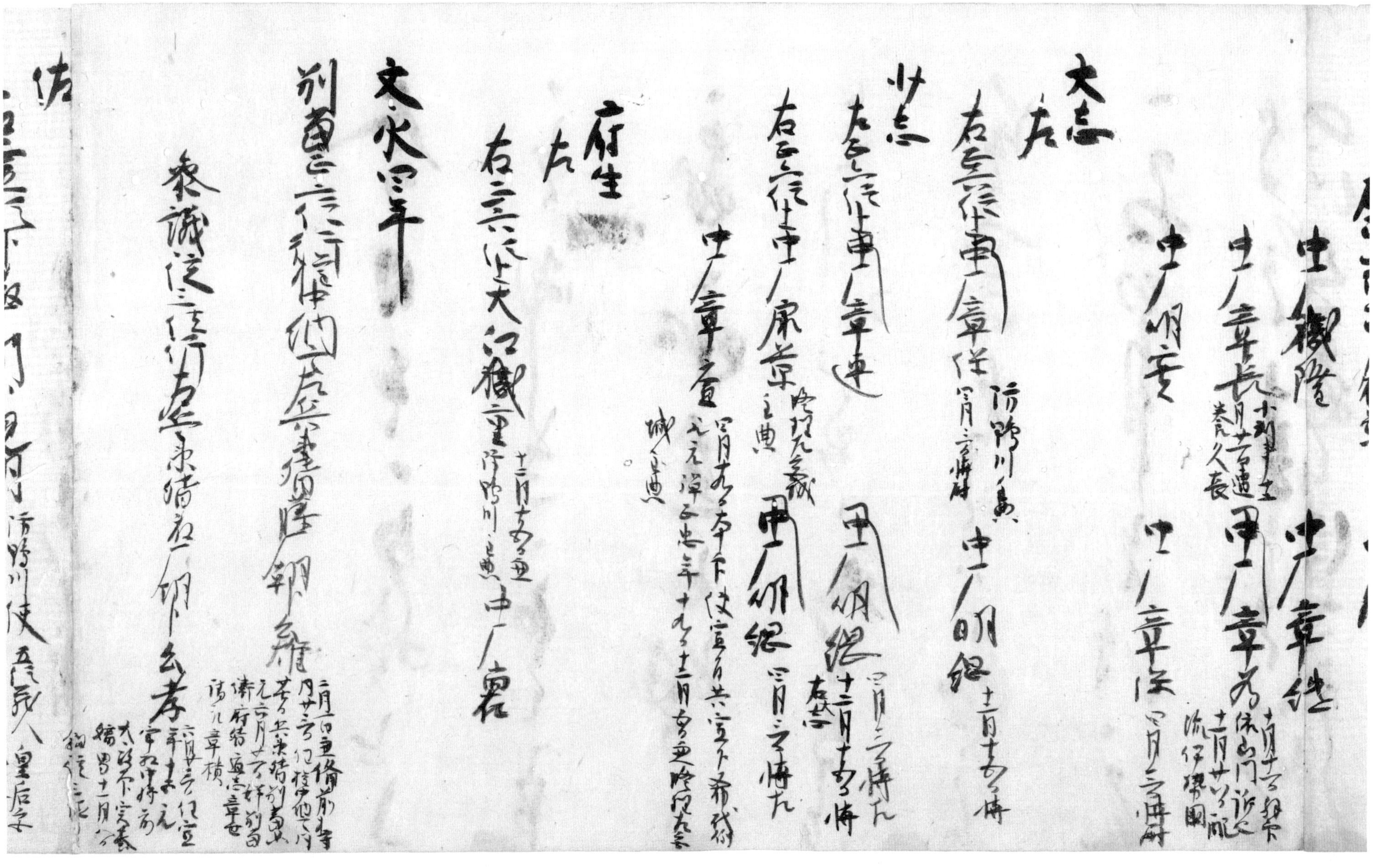

佐
左正五位下藤原朝臣親朝　[illegible]使　五位尉八　皇后宮大進
右正五位下藤原朝臣[illegible]

大尉
右
右

少尉
藤原朝臣行貞　[illegible]
中原朝臣章澄　[illegible]
中原朝臣明盛　[illegible]
源朝臣時清
藤原朝臣広継　[illegible]
平朝臣有家　[illegible]
中原朝臣章国　[illegible]
中原章国
藤原時広　[illegible]
藤原清親　[illegible]
若[illegible]長高
[illegible]

藤原朝臣時[illegible]　[illegible]
中原朝臣之清　[illegible]
藤原朝臣時広　[illegible]
惟宗朝臣忠章　[illegible]
藤原信[illegible]　[illegible]
平有康　[illegible]
中原章[illegible]
[illegible]

雁金乾経　閏二月廿日　同忠兼　三月廿六日　中原章直

中原説雅　院別当　中原職隆

源俊兼　七月元日宣　中原章綱

中原章雄　十月日宣 中原章佐

源観流　閏二月廿二日　源則任　七年元二月廿二日任昌宣

権少属　源則任　六年元二月廿二日任昌宣

権官行有　閏日宣 年卅一

中原章康　三月廿一日　中原獄隆　六月一日侍た　中原章長　廿二日申上　権官行有　閏日宣 年卅一

中原章佐　十月日連文　中原明貞

中原章為　十一月日復

中原明絶　十二月日復

右中原明絶　十二月日復

太一　左兵衛尉　中原章連　閏三月一日復

左兵衛尉　中原明絶　章連

中原章巻　八月廿五日 侍大

右中原康業　時沢左兵衛国　中原章巻　八月廿二日復大

中原章世　閏二月日付任官宣年十七歳獄隆嫡男　三月廿日任侍大

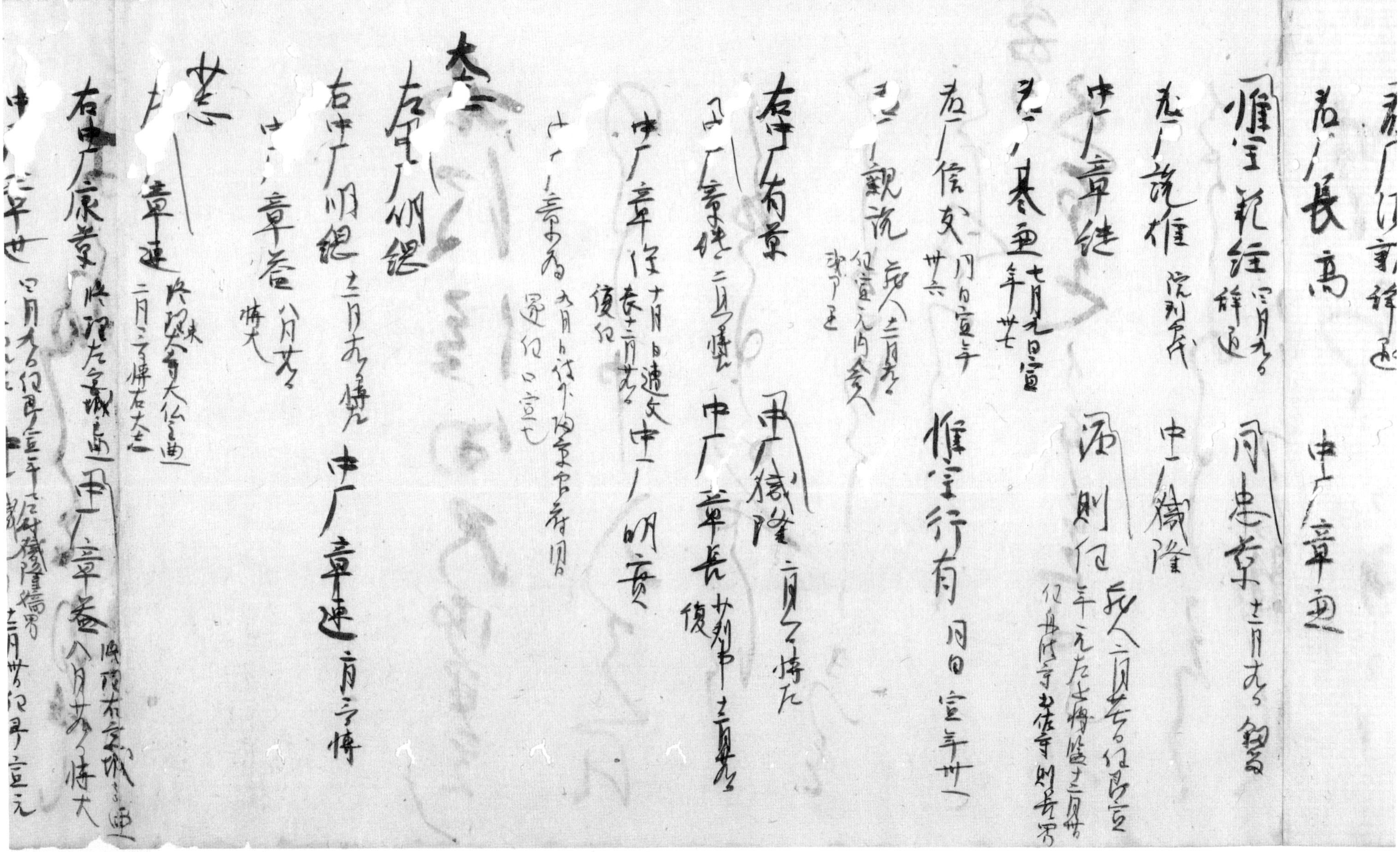

慈

章連 丙寅六月廿日大仏已画
　　　二月三日将右大七

右史生康資 丙寅六月廿日宛城己画 丙寅右合城己画
　　　　　　　　　　　　　申　章盛 八月廿日侍大

中八 章世 丙寅二月廿日御良己宣下付蔵隆補男 中八織章男
　　　　元二親法　中八織章男 十二月廿日付早宣元
　　　　　　　　　　　　　　　雑業附年末

府生

交江織重 所作川己画 中八高右

（1）

（2）

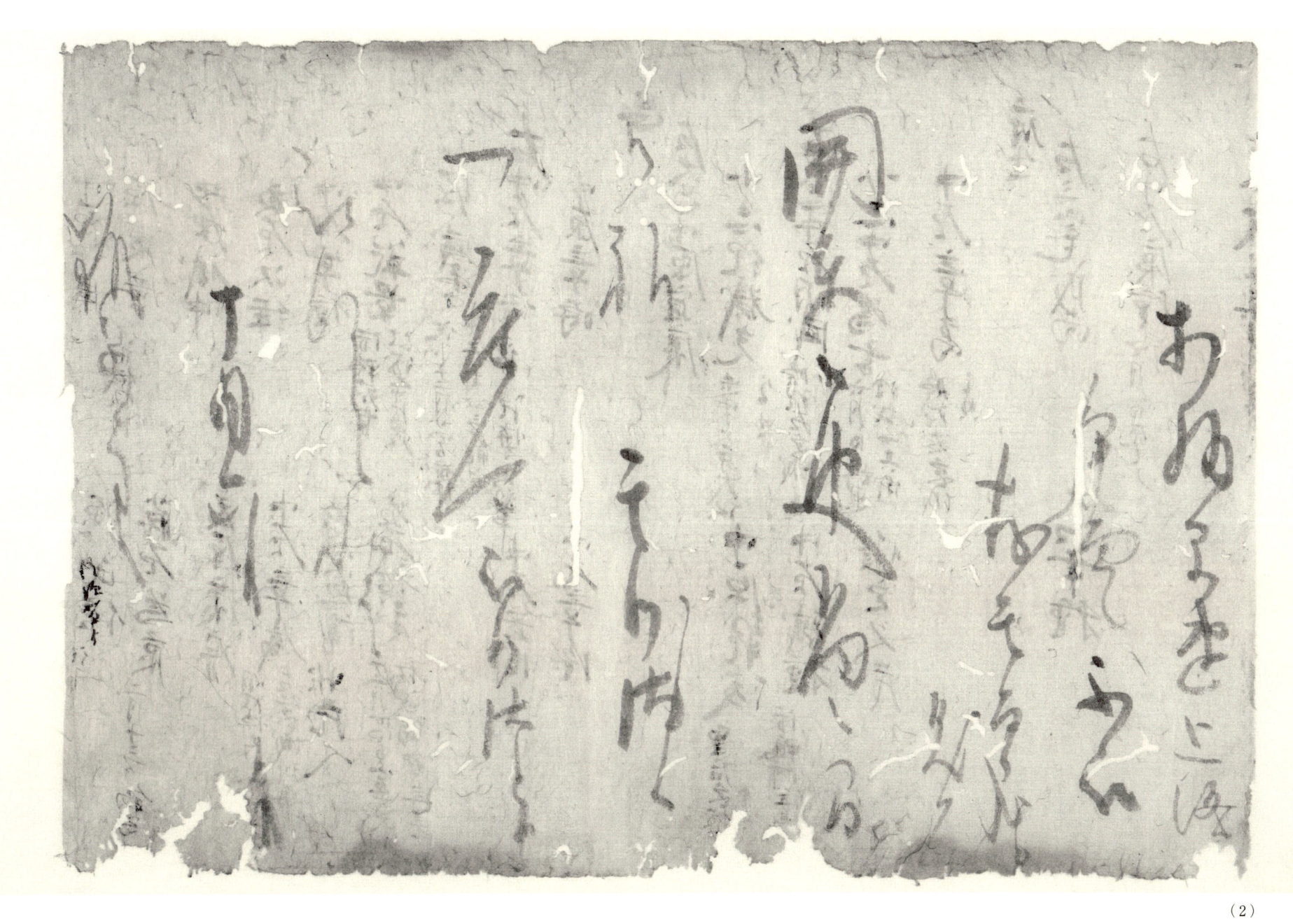

(3)

（4）

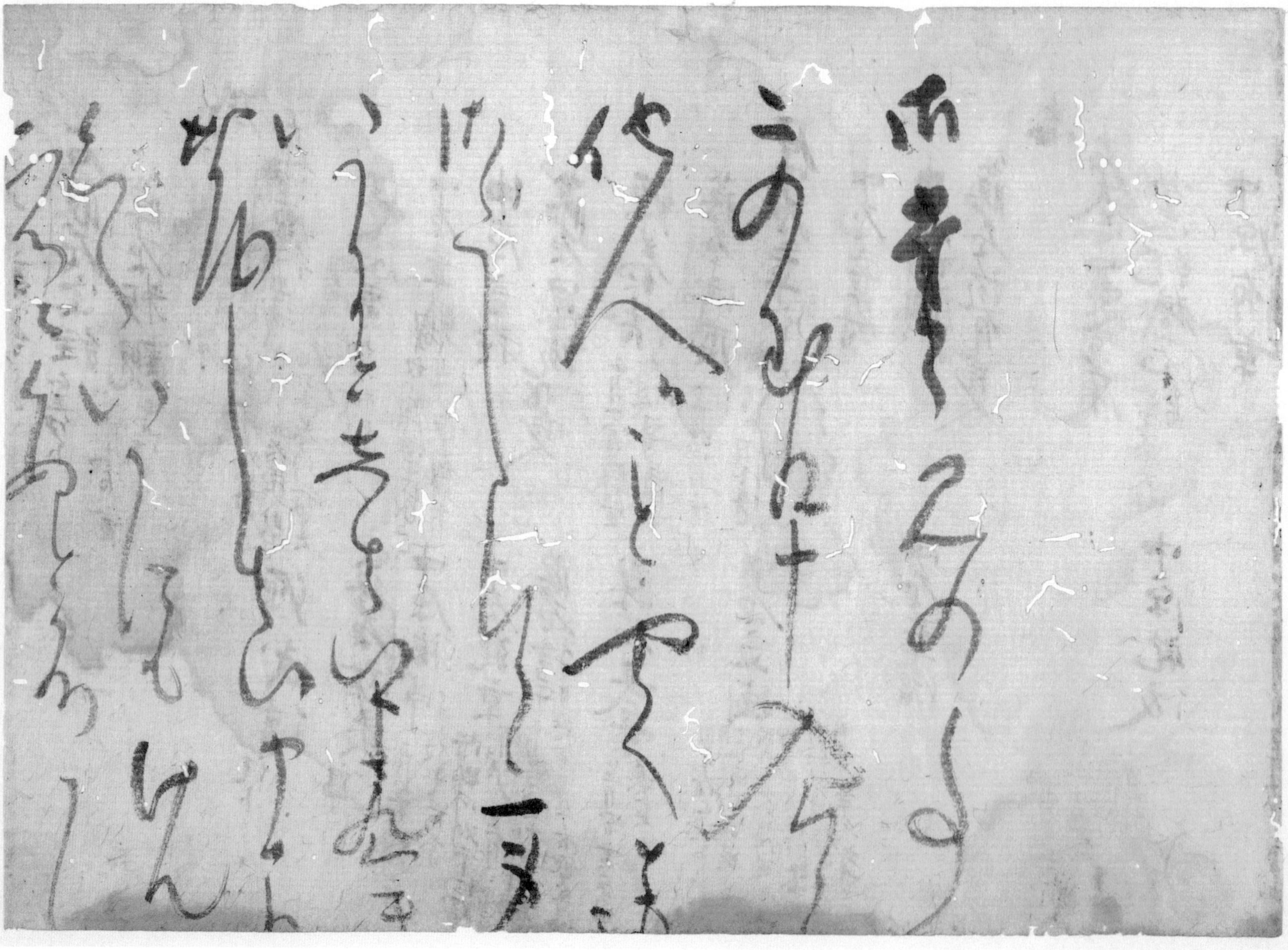

（5）

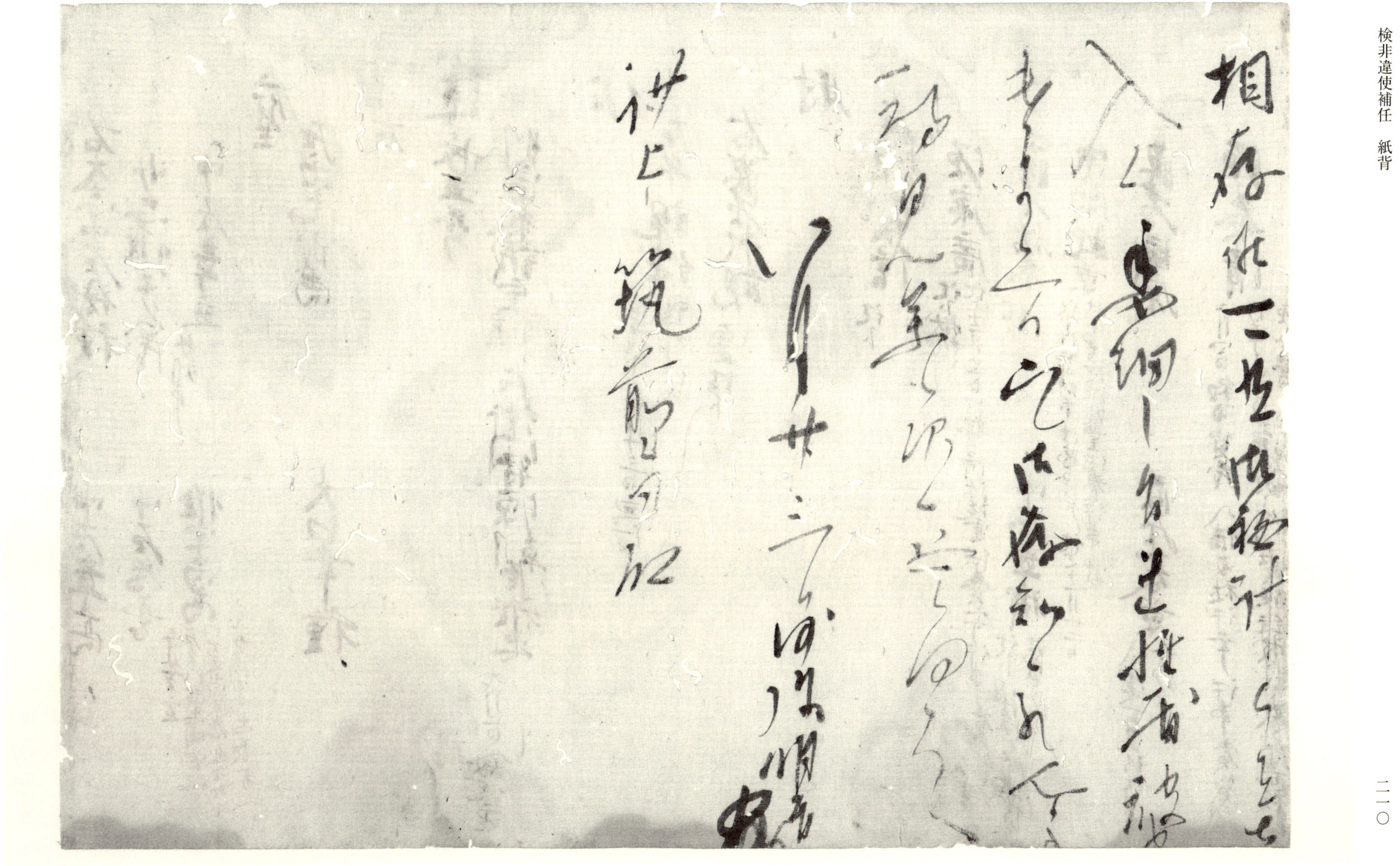

(6)

（7）

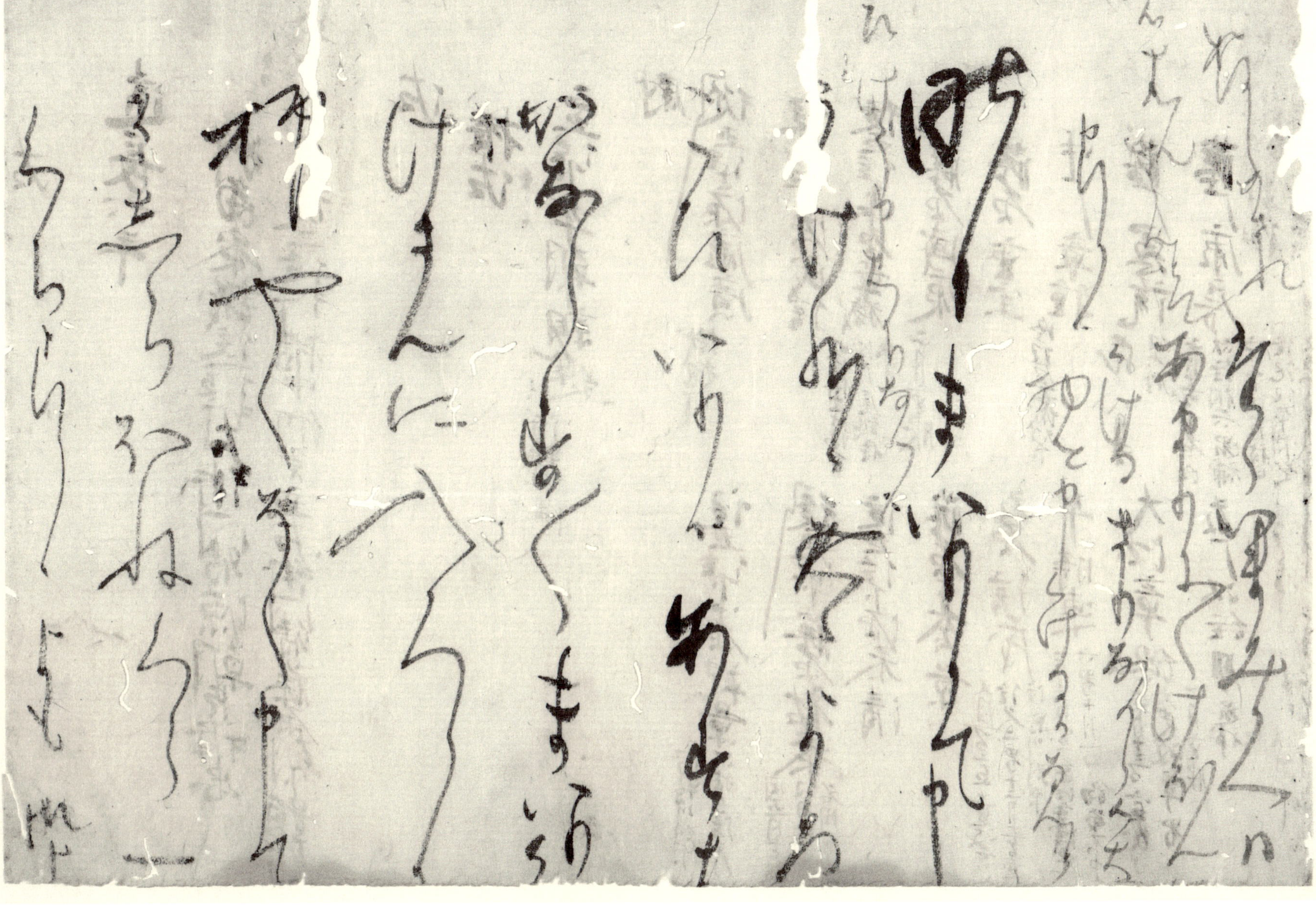

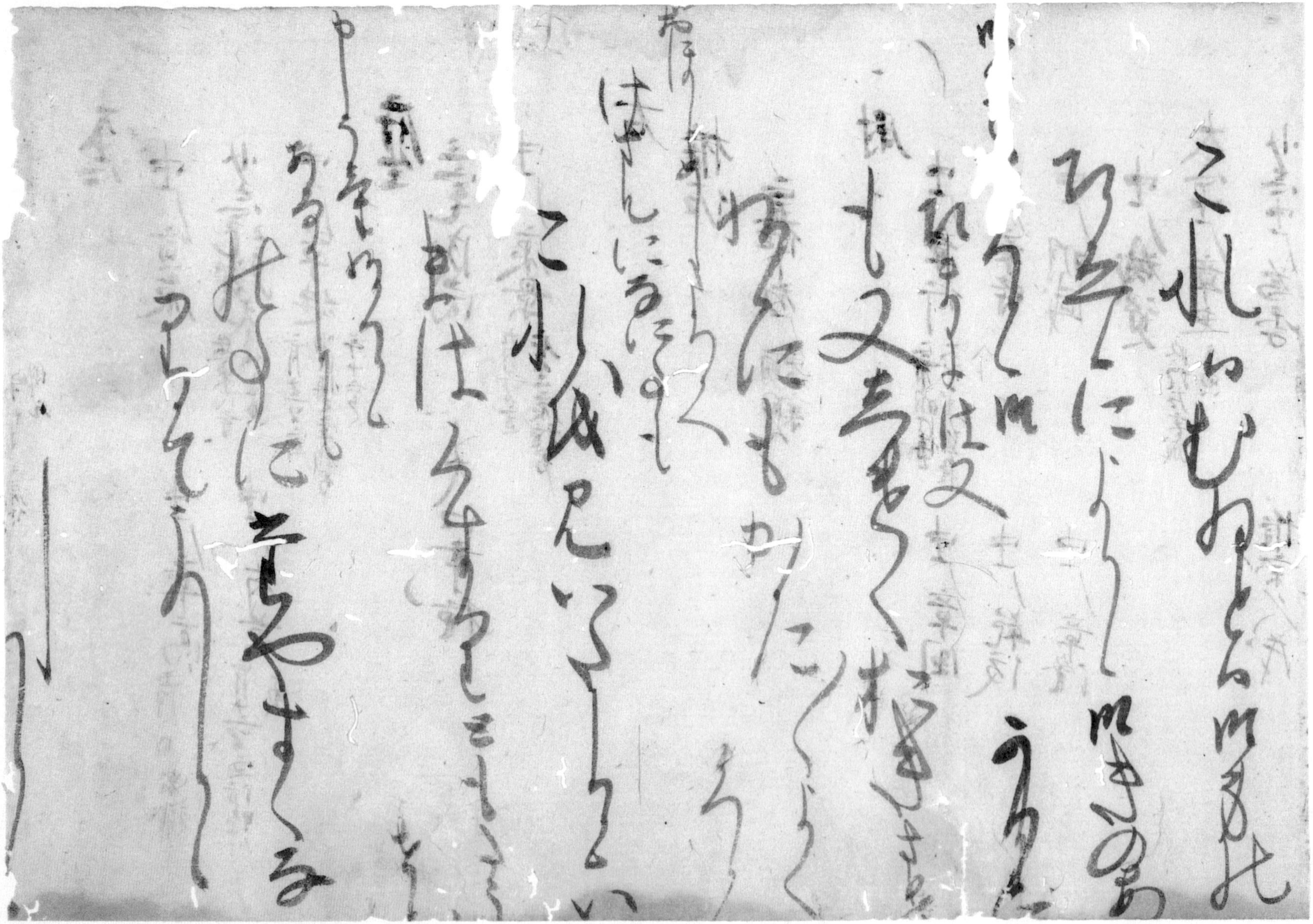

(10)

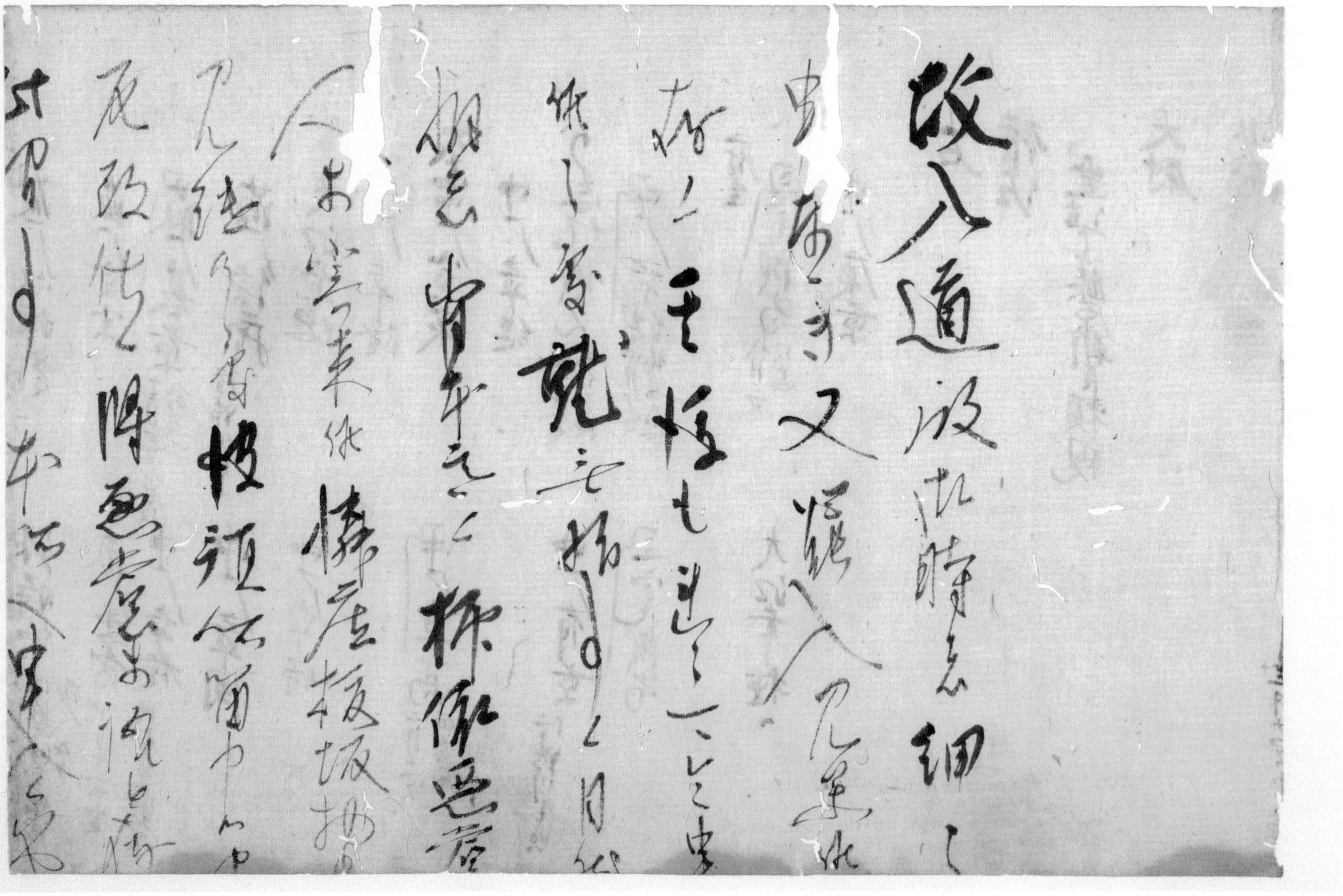

（11）

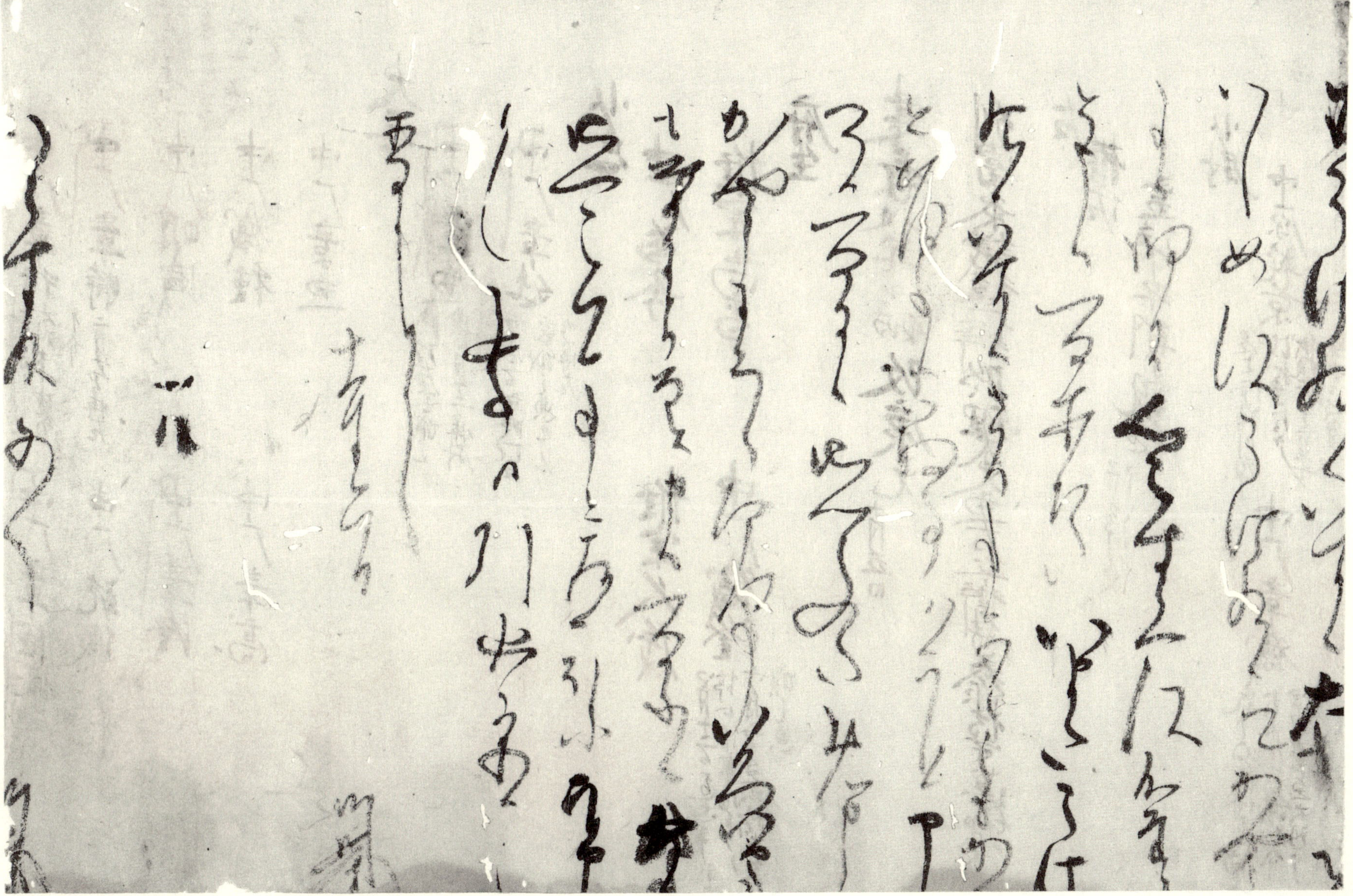

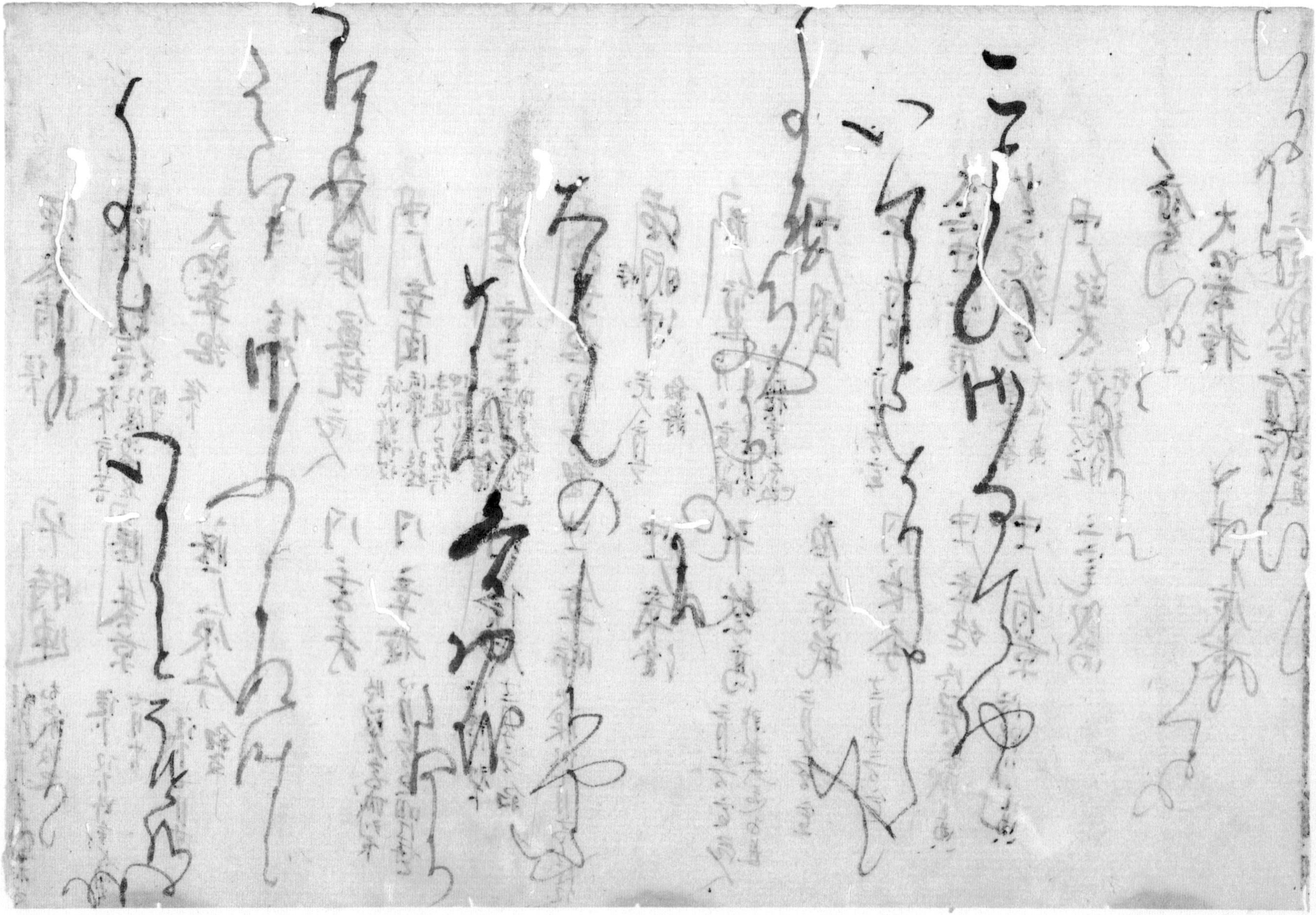

(13)

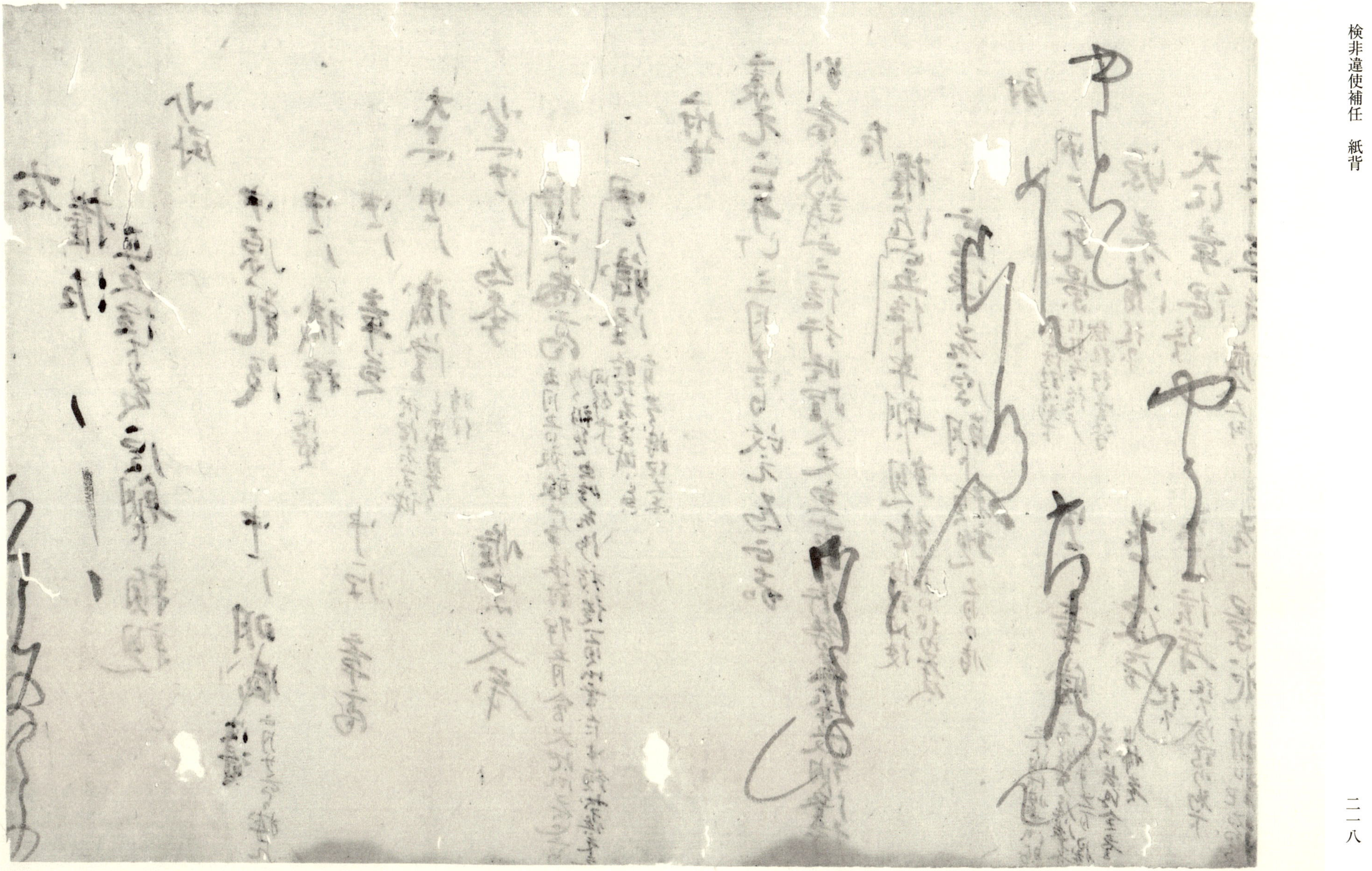

(14)

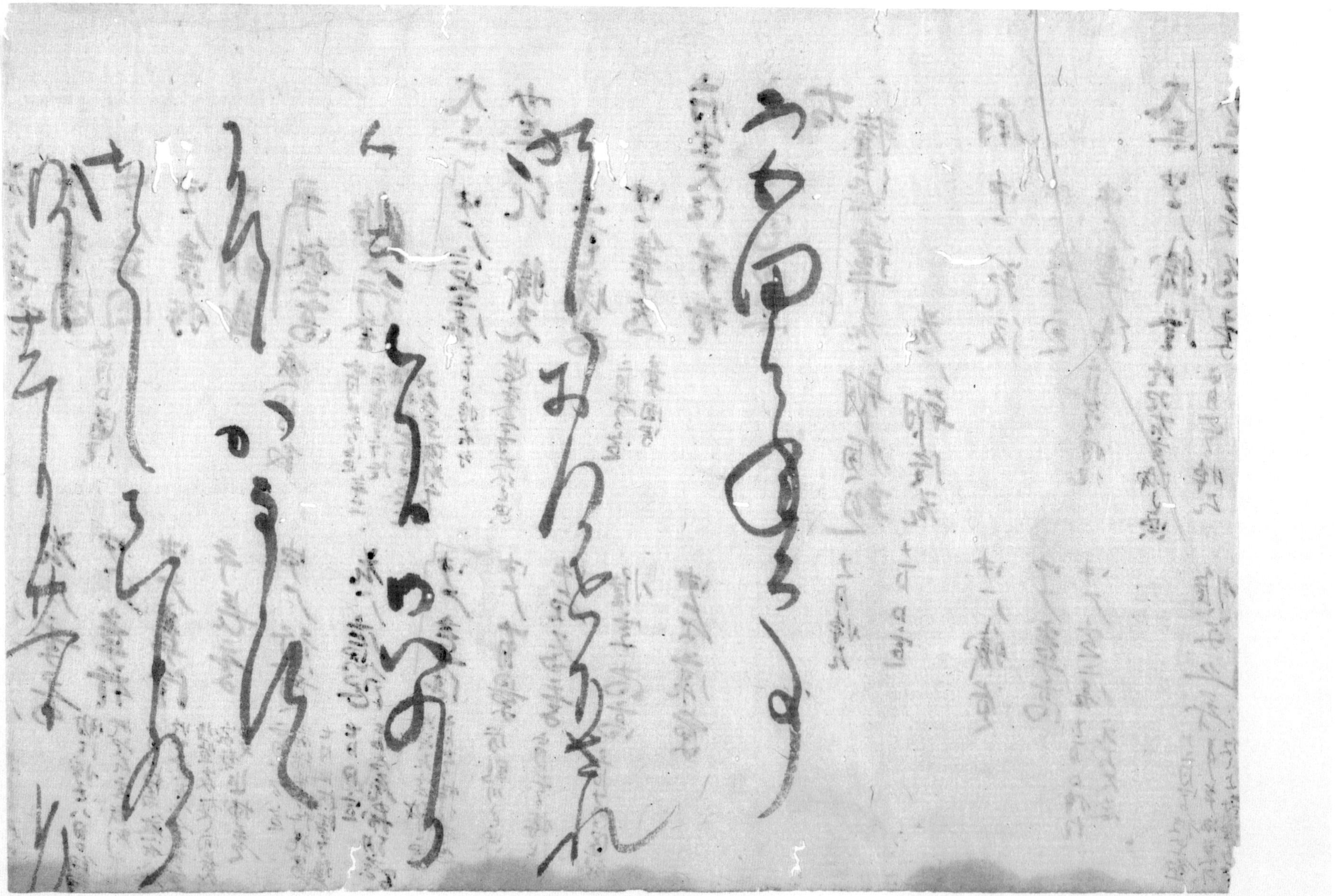

(15)

(16)

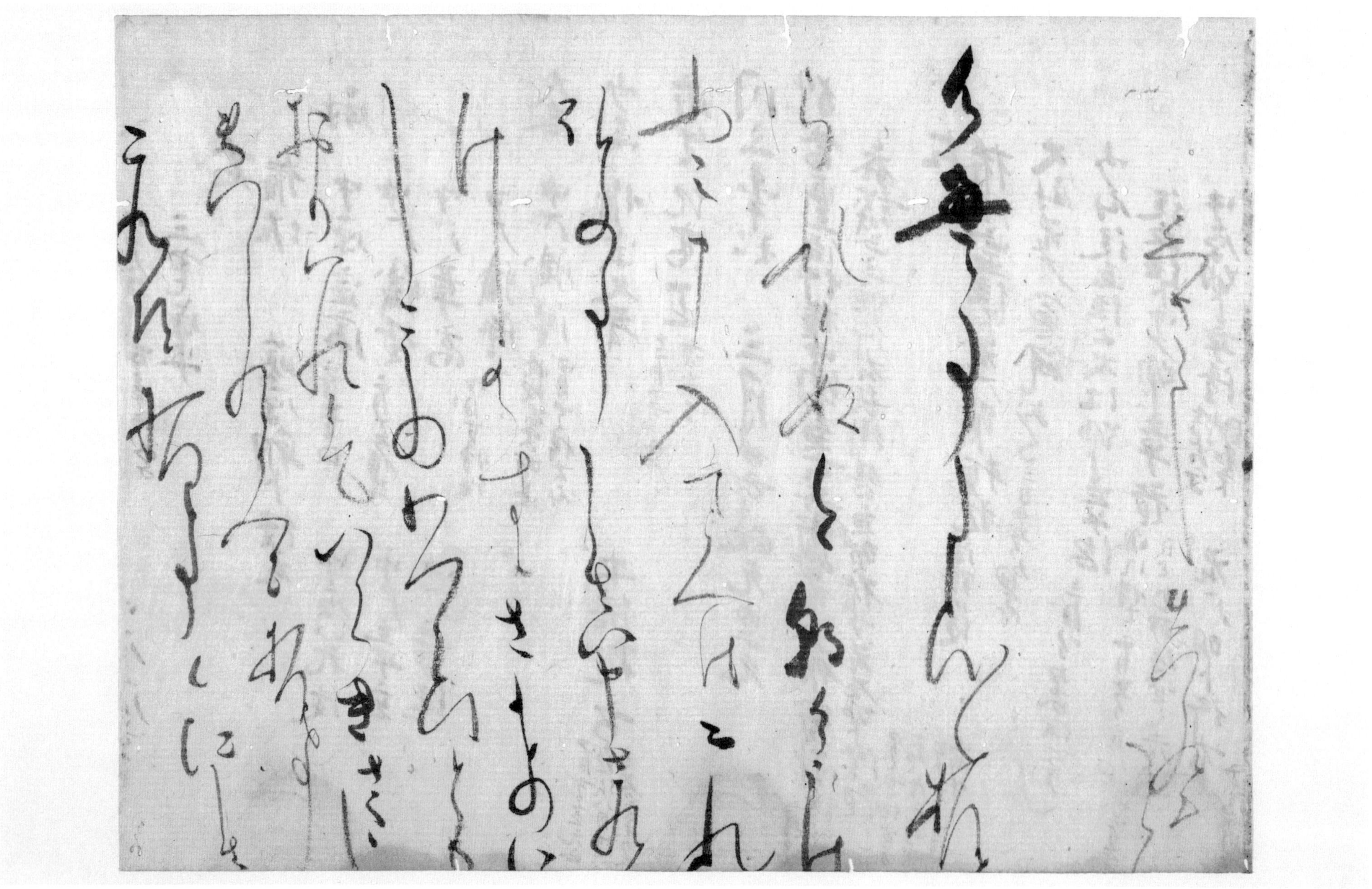

(17)

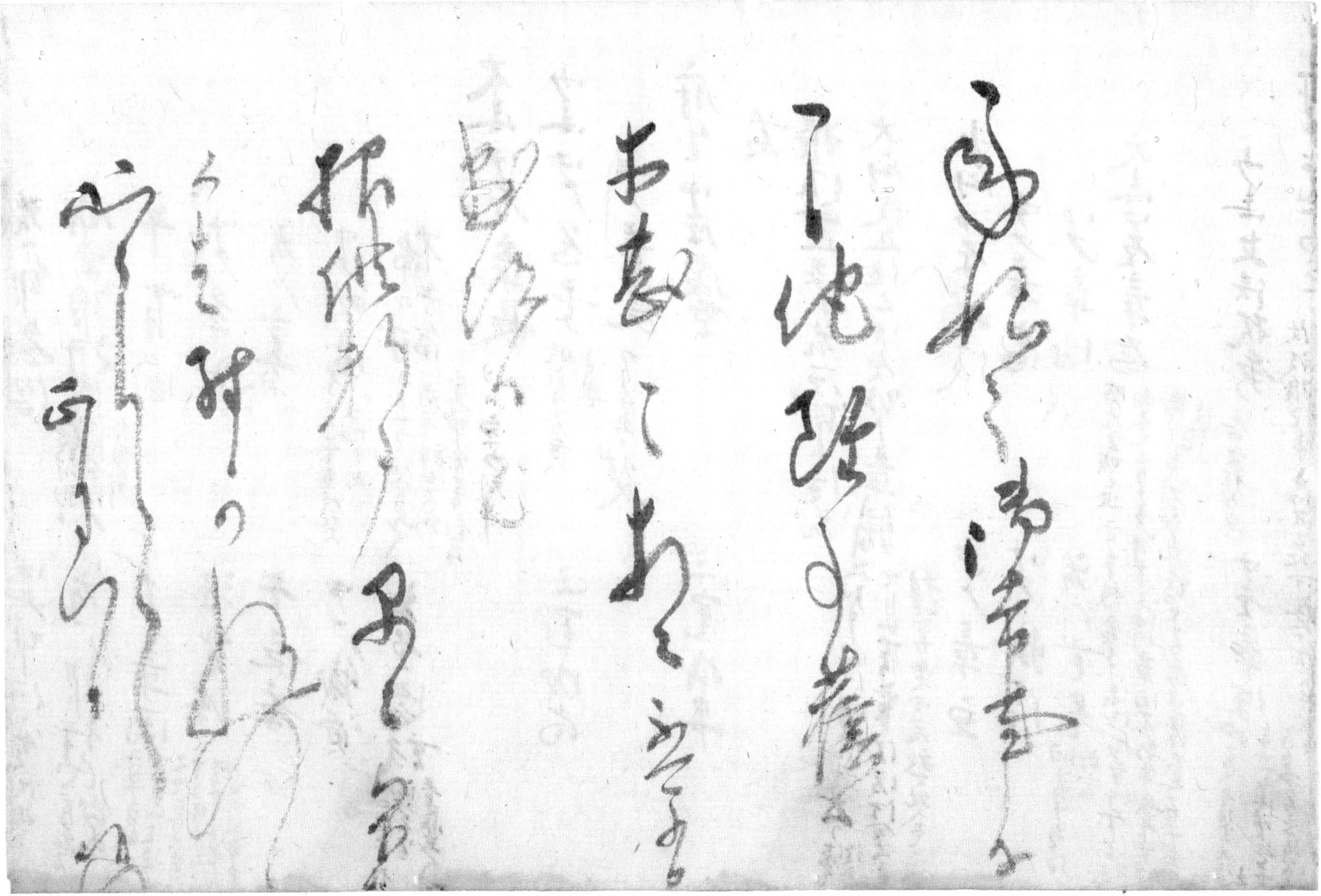

（18）

(19)

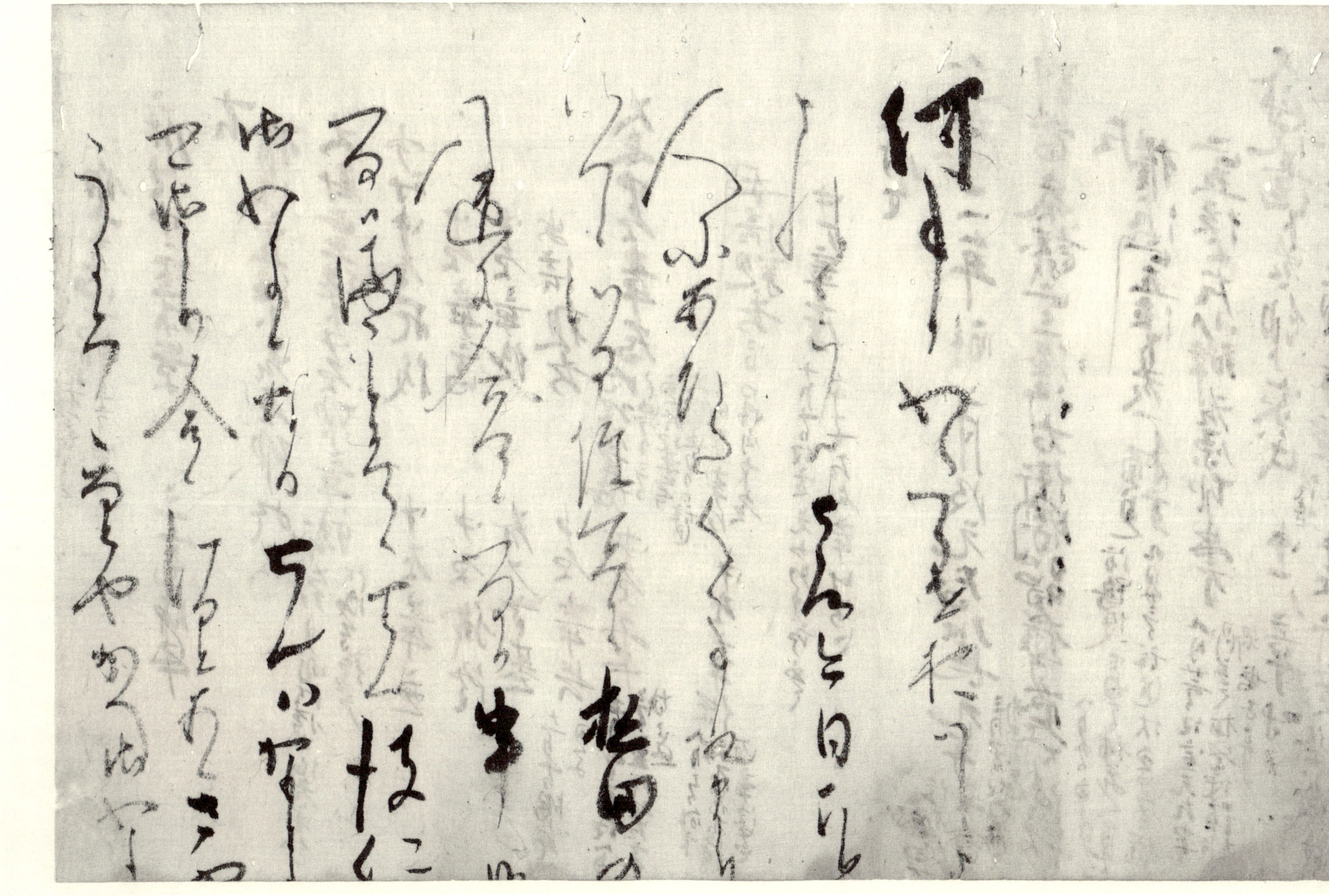

(20)

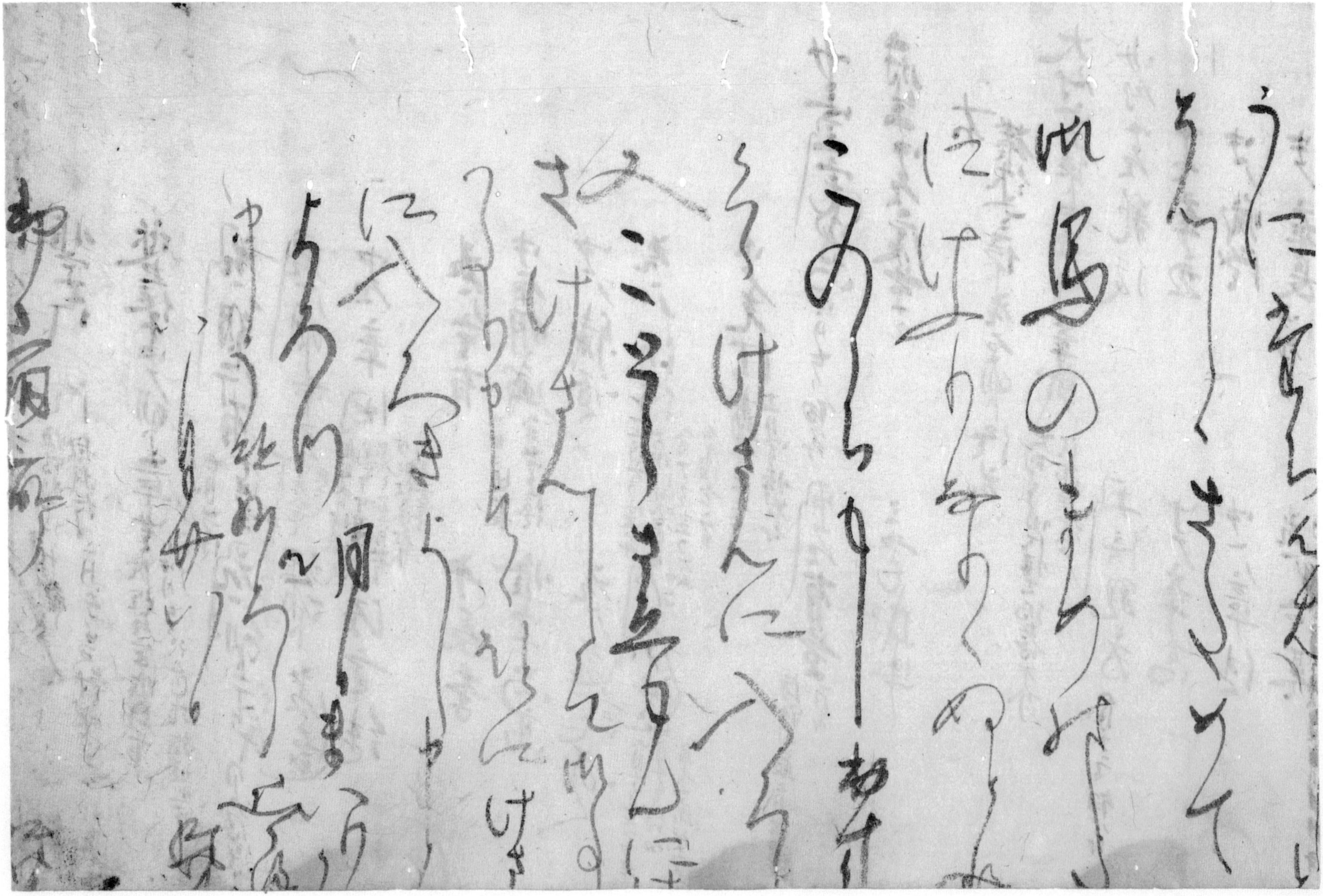

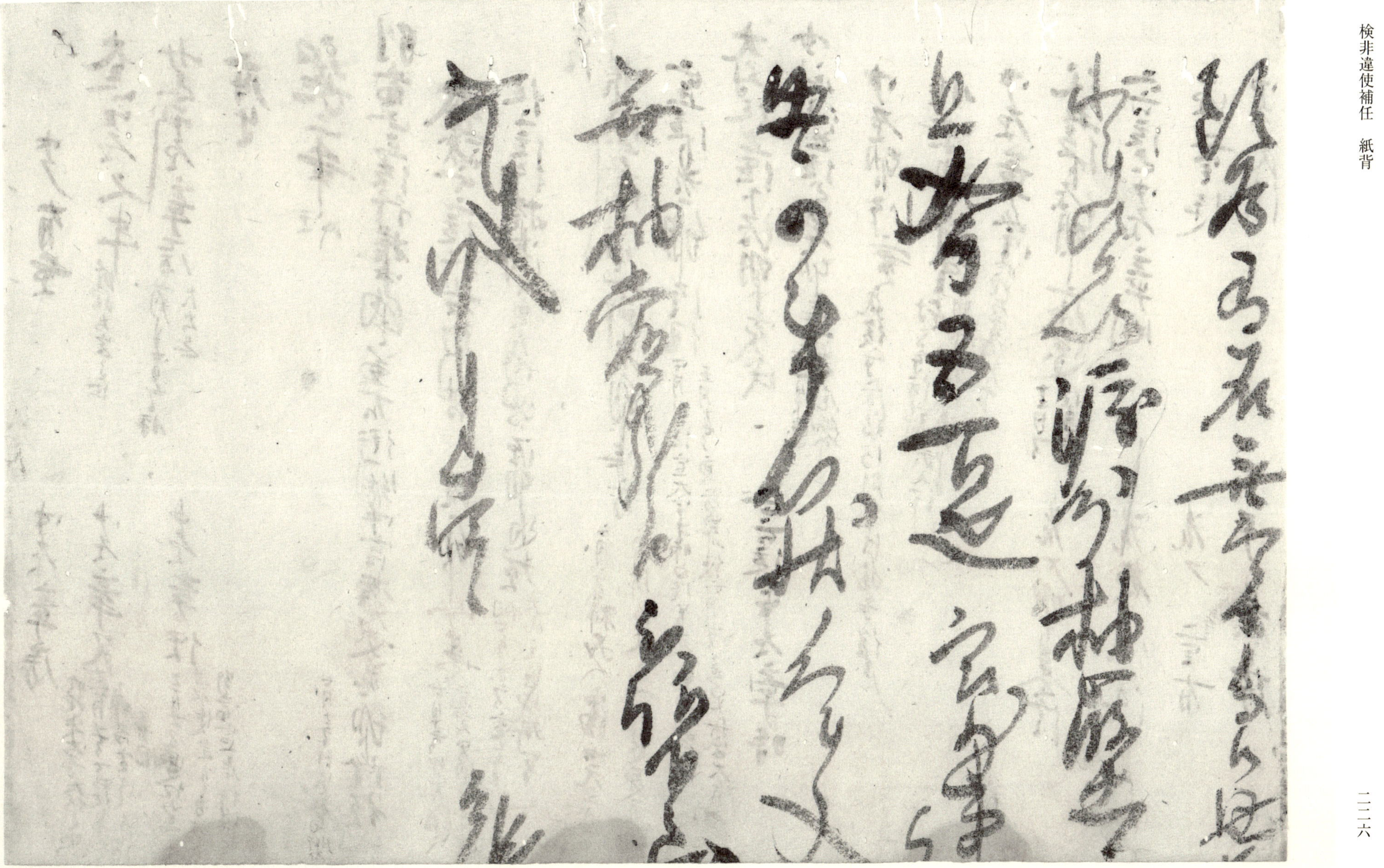

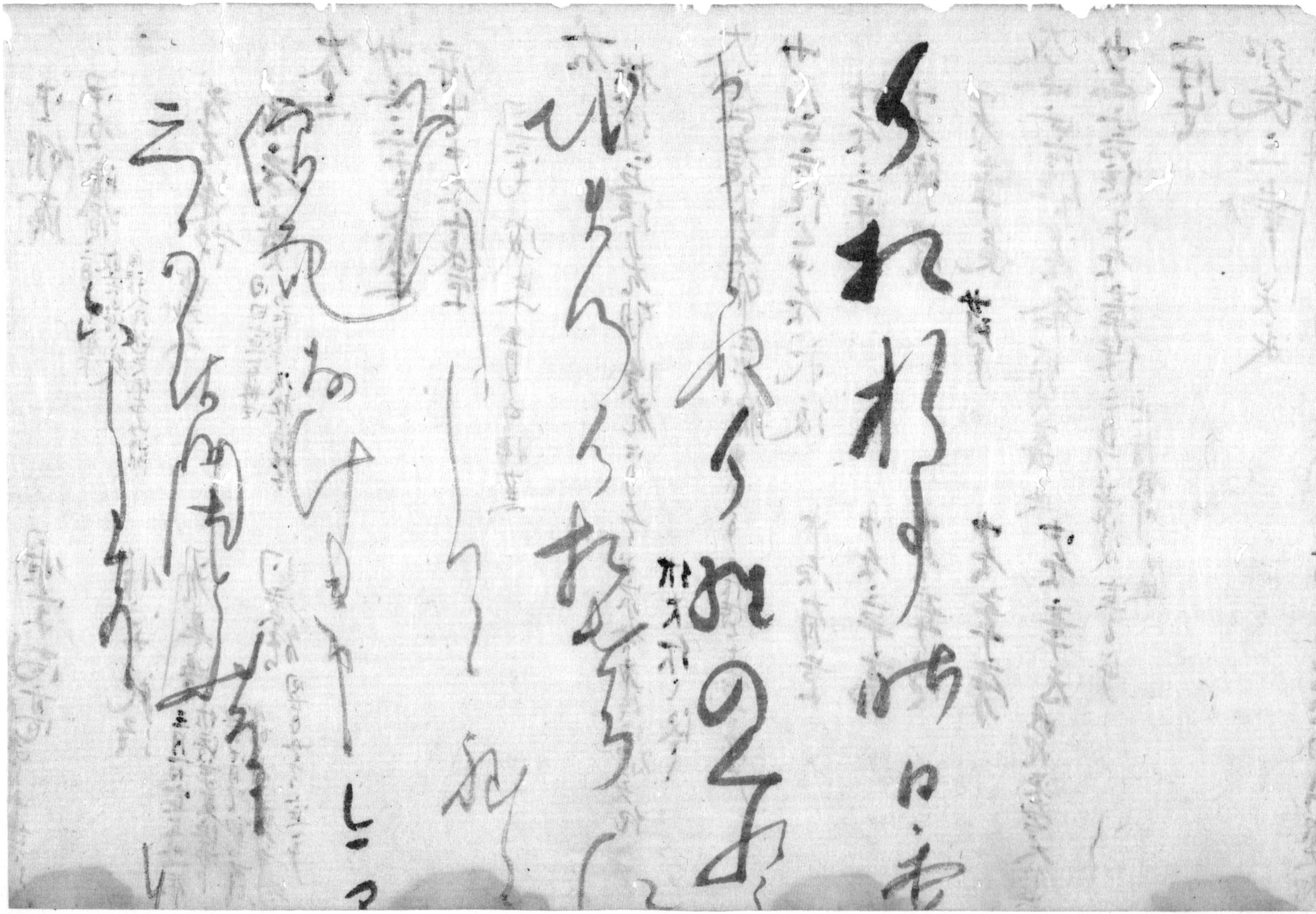

(23)

(24)

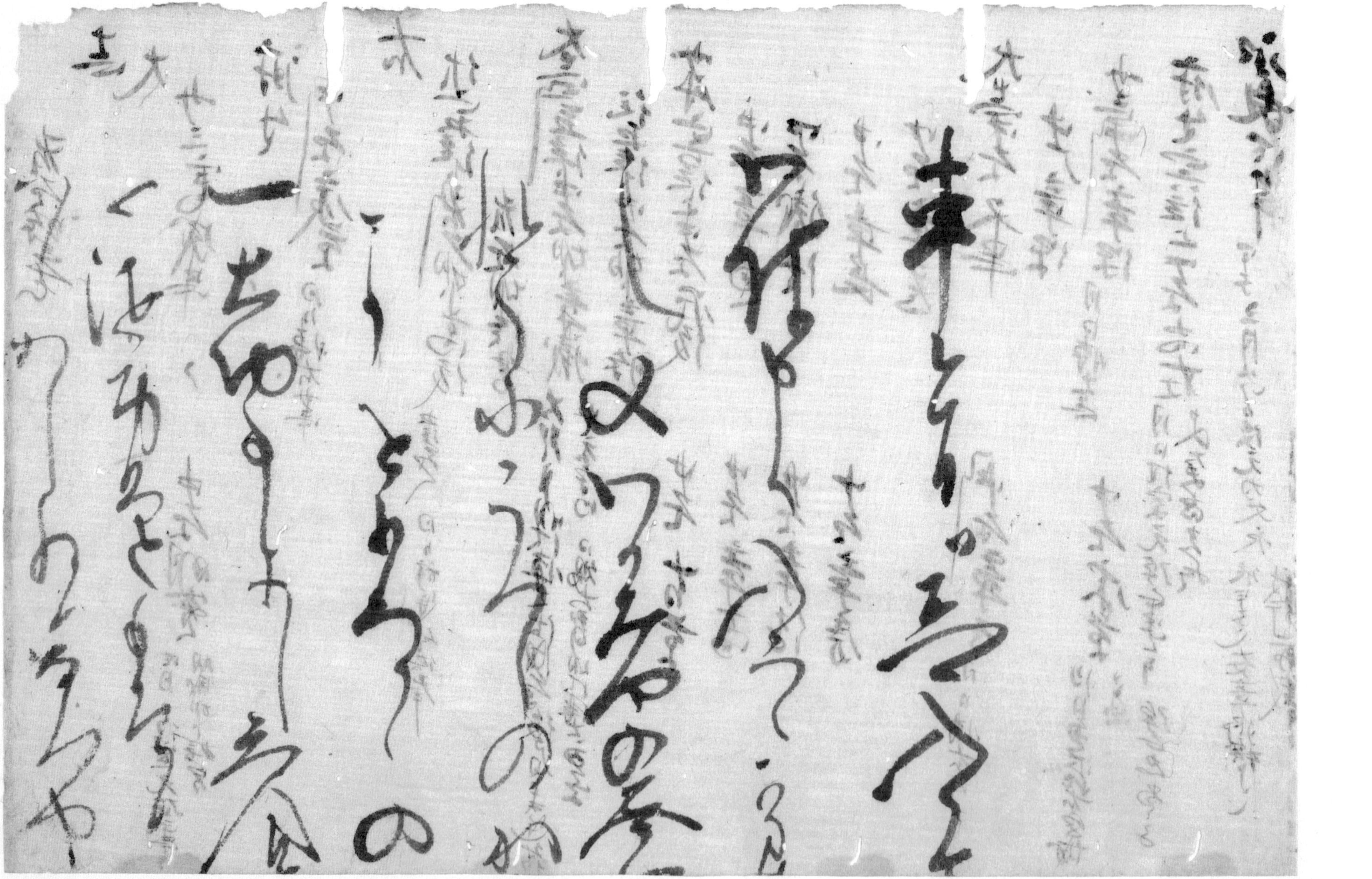

二二九

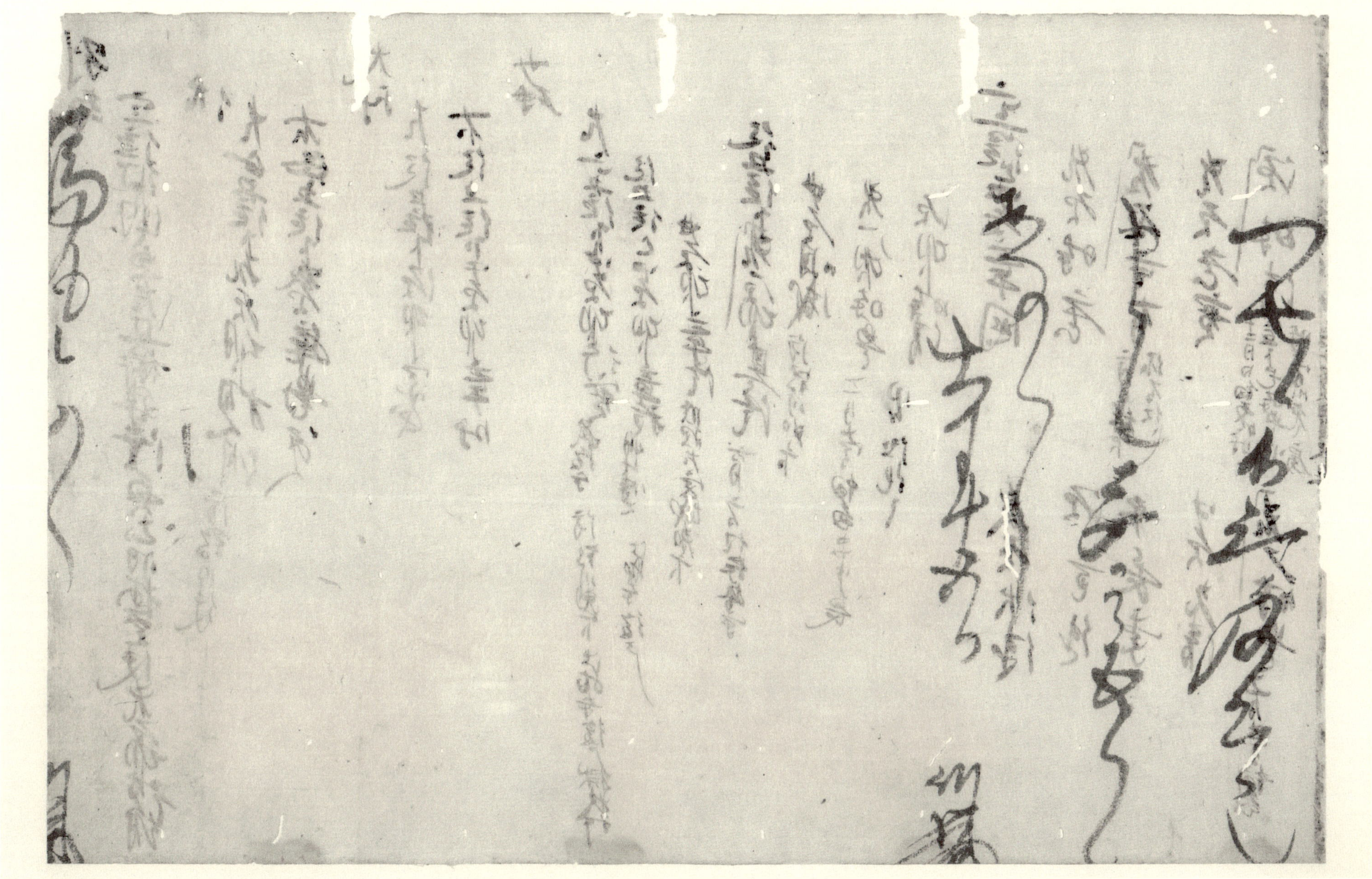

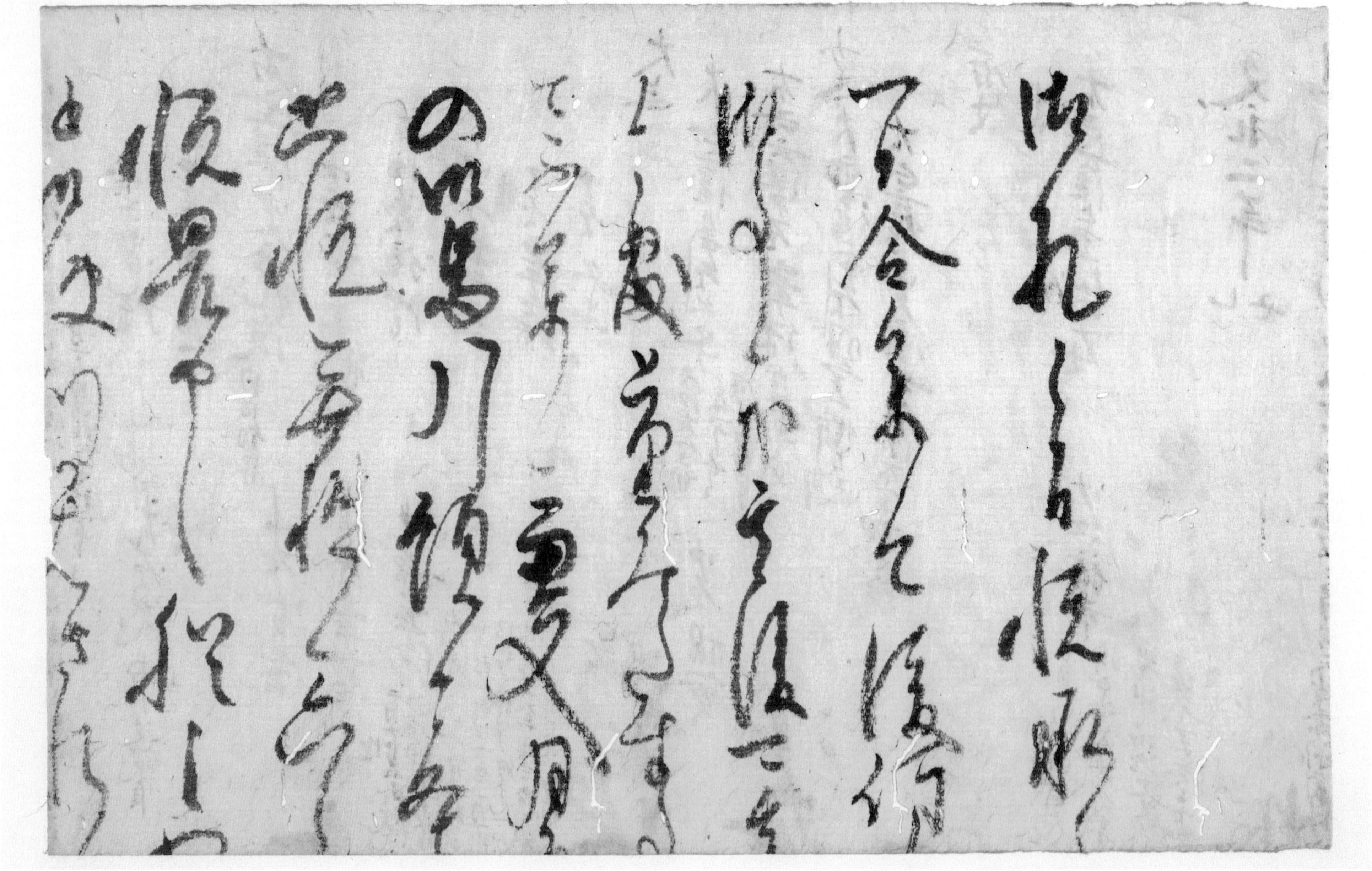

(27)

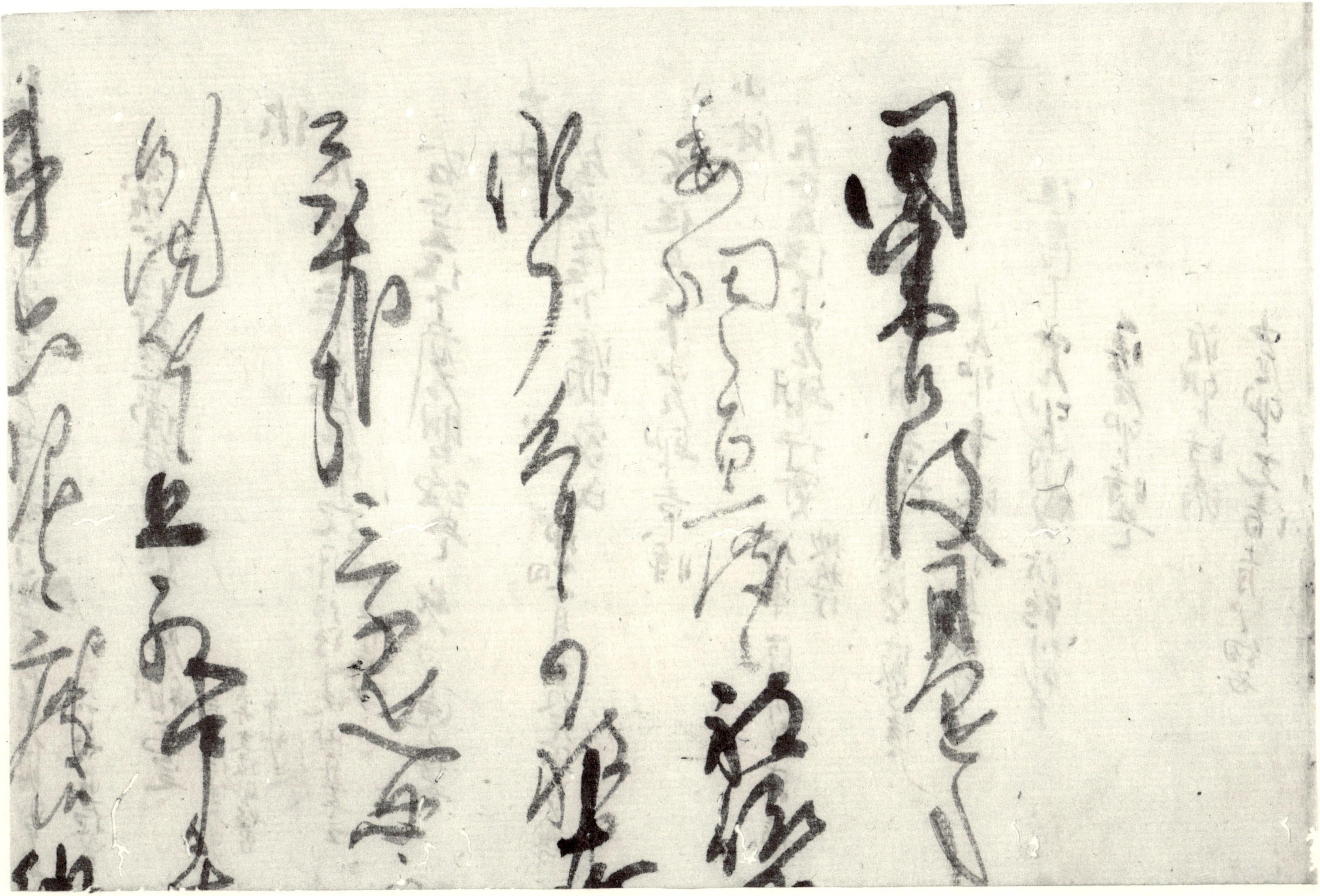

(28)

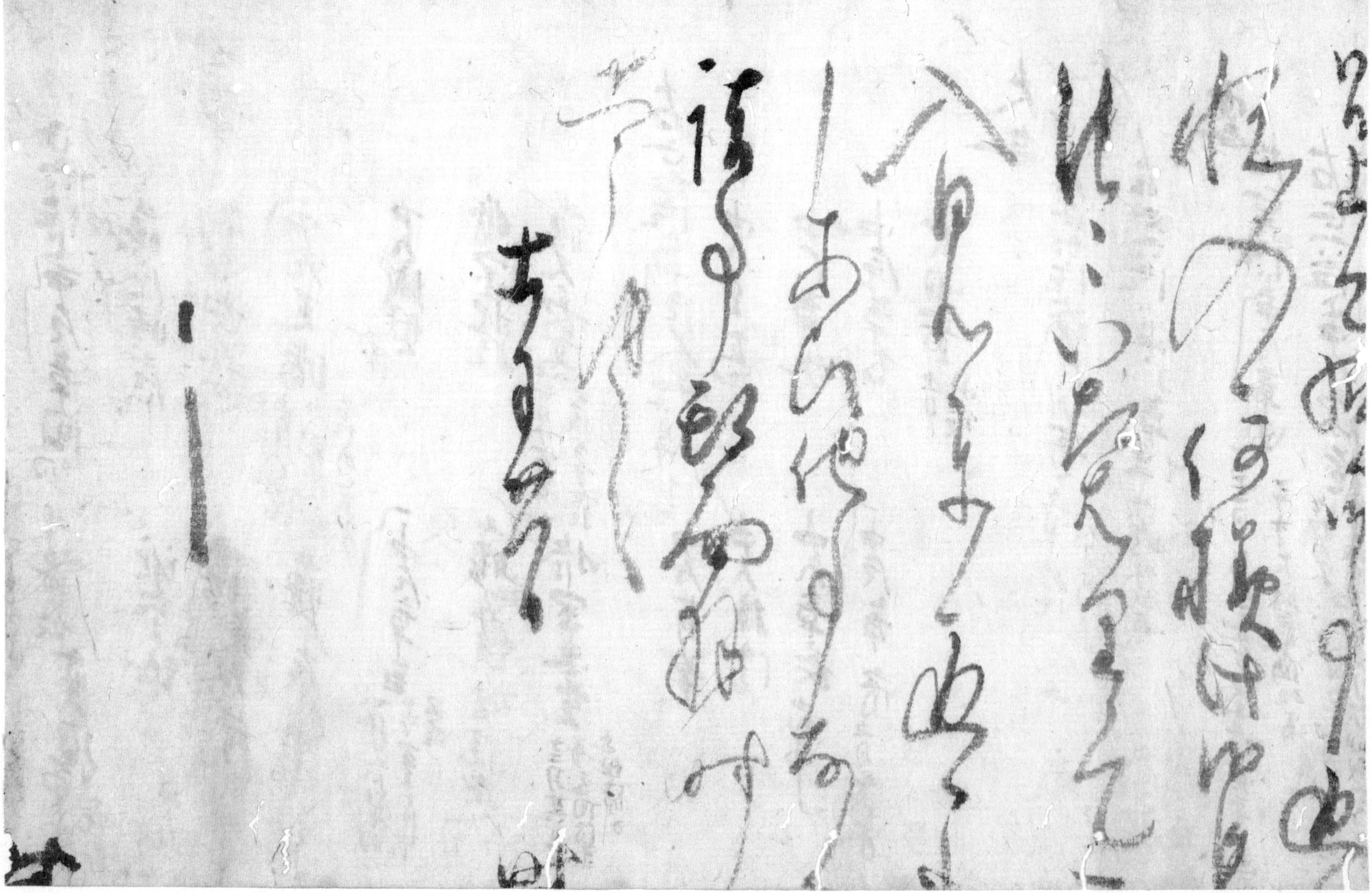

(29)

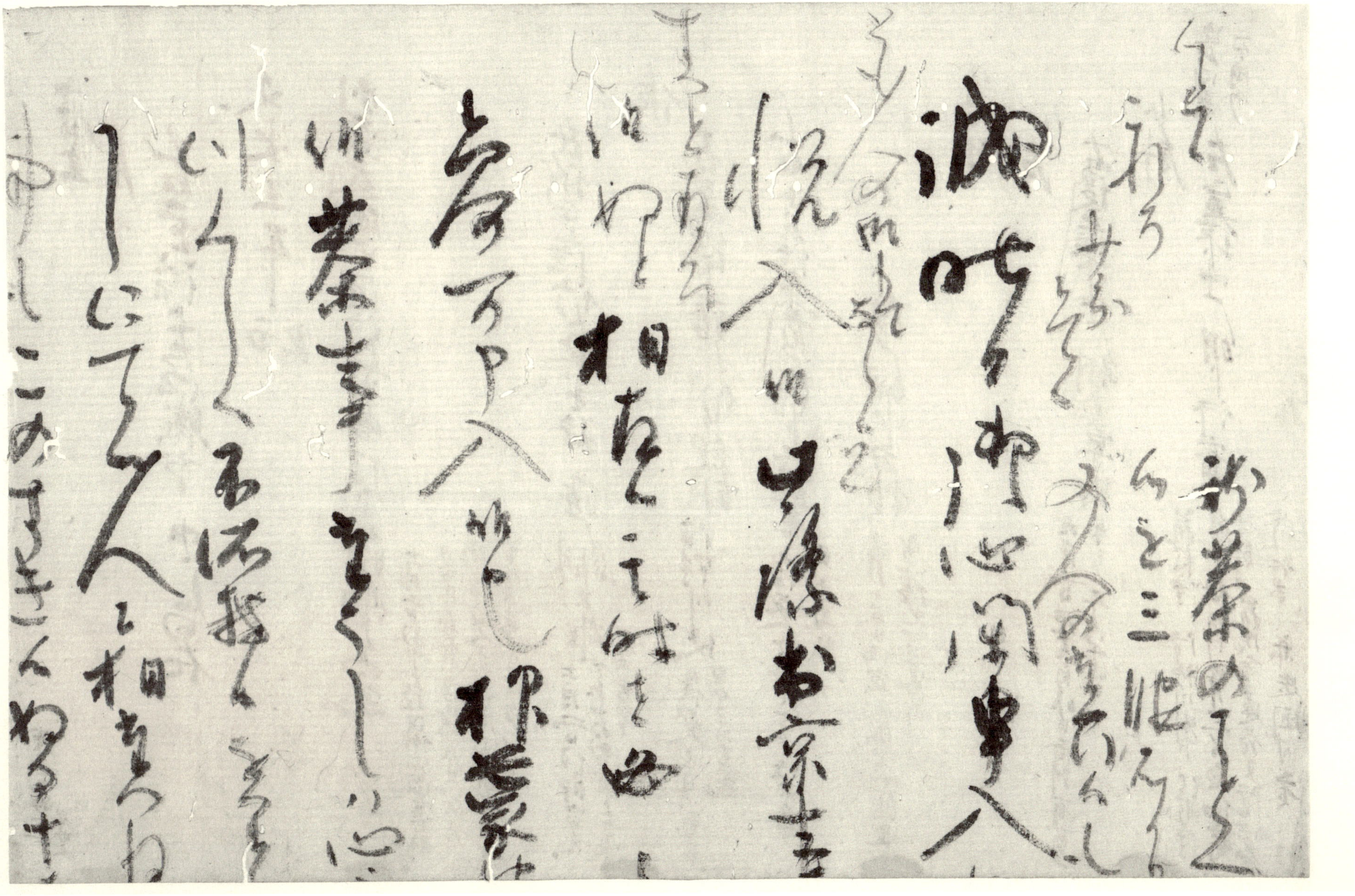

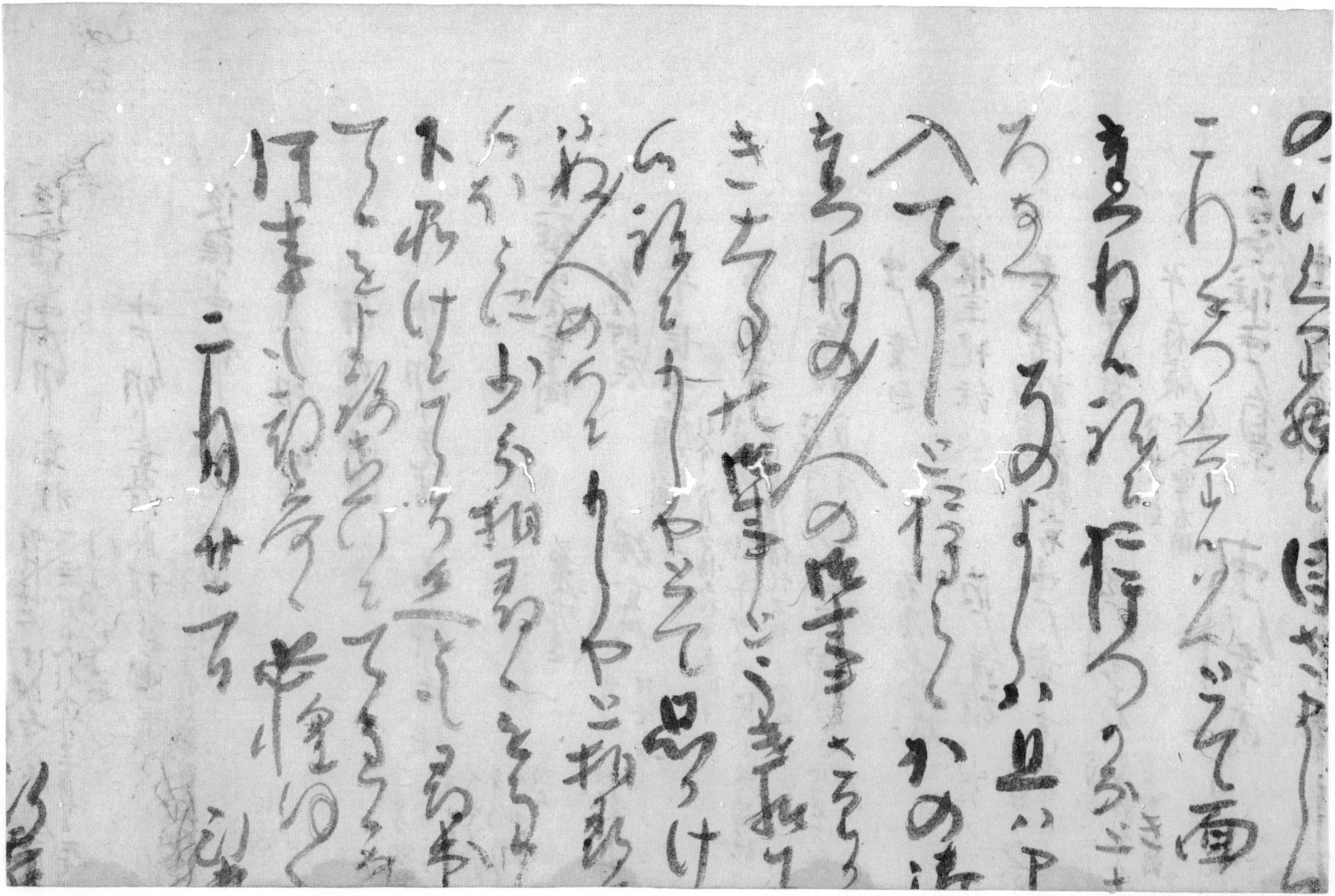

（31）

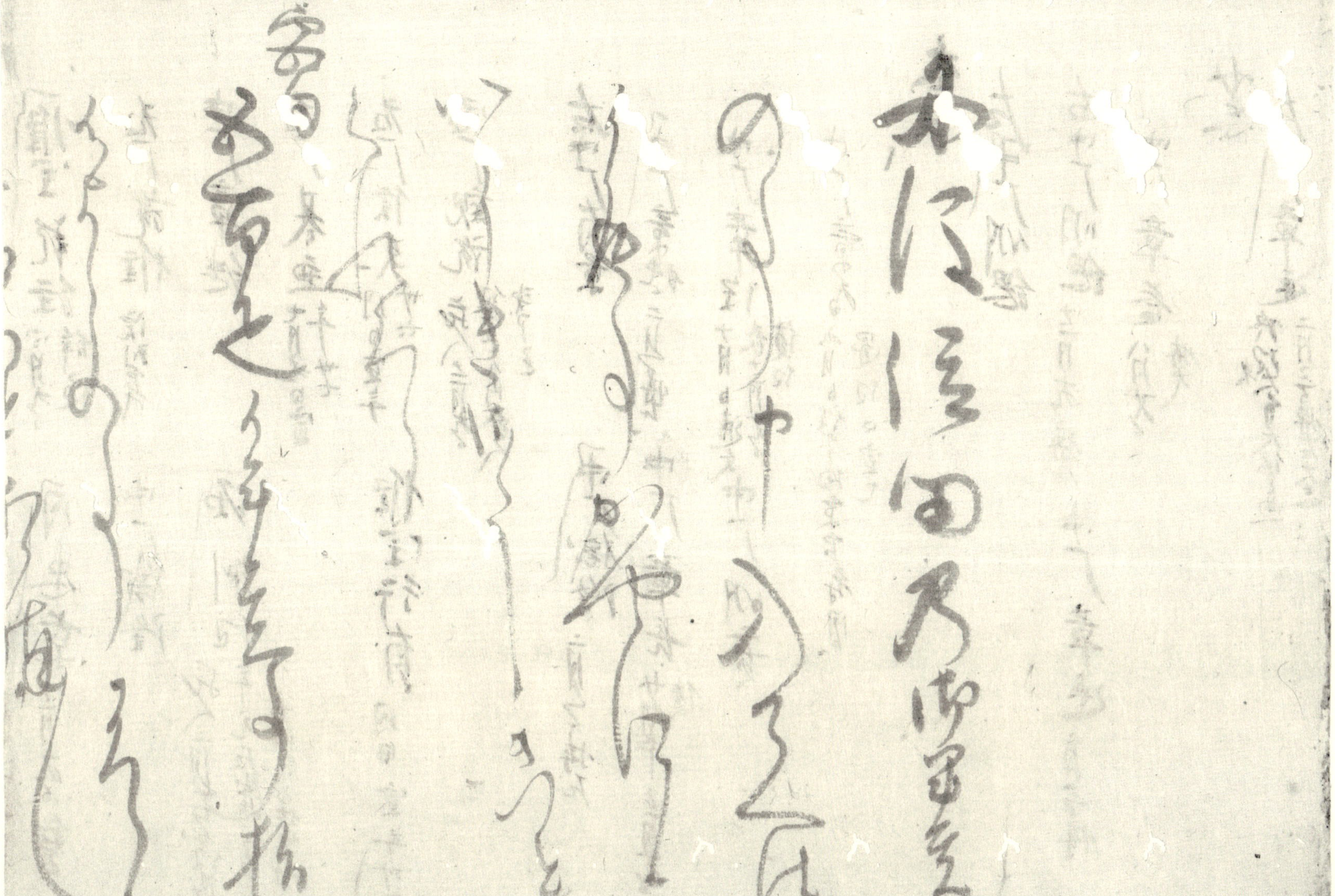

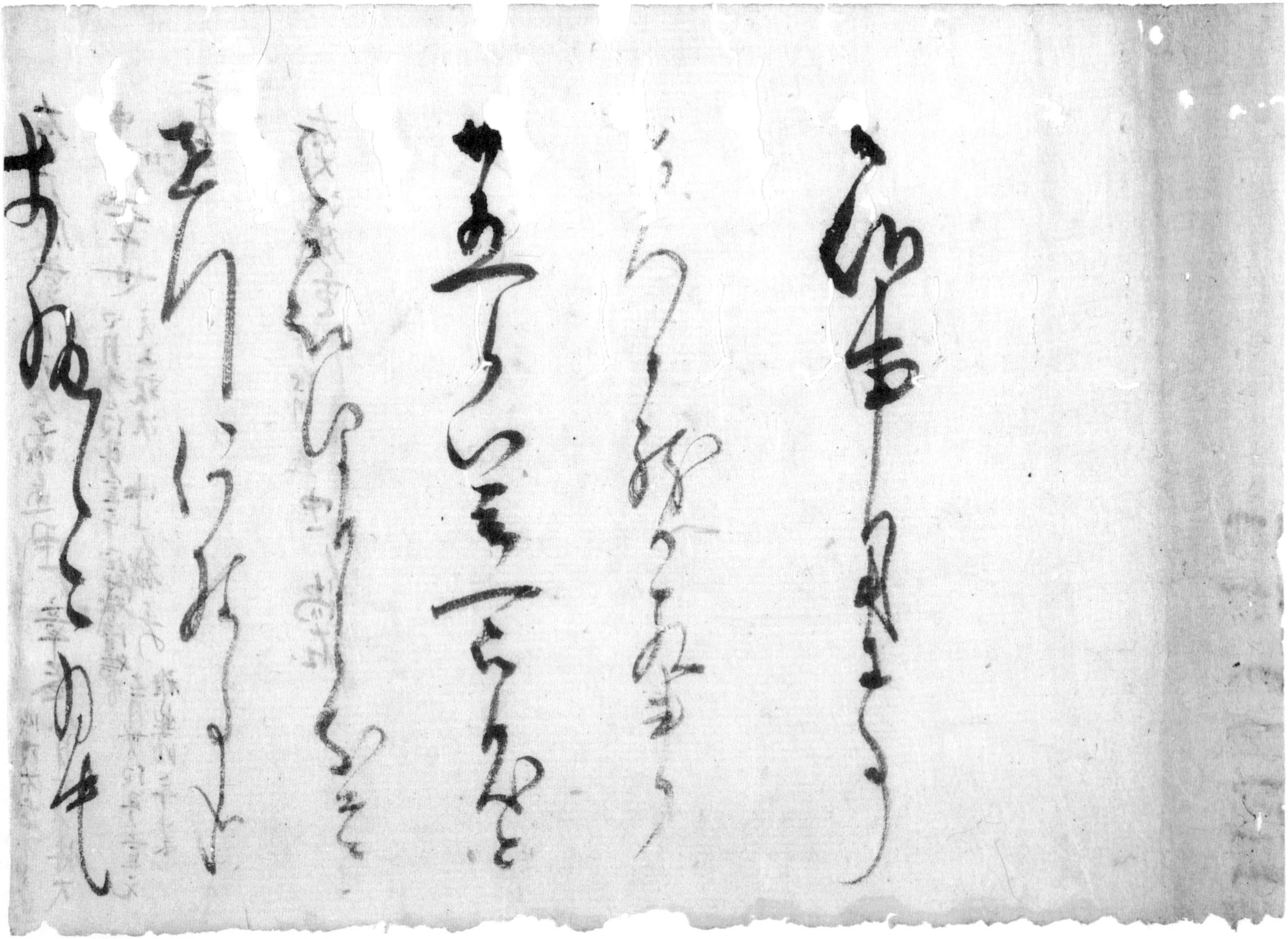

(35)

右衛門督補任

18
9

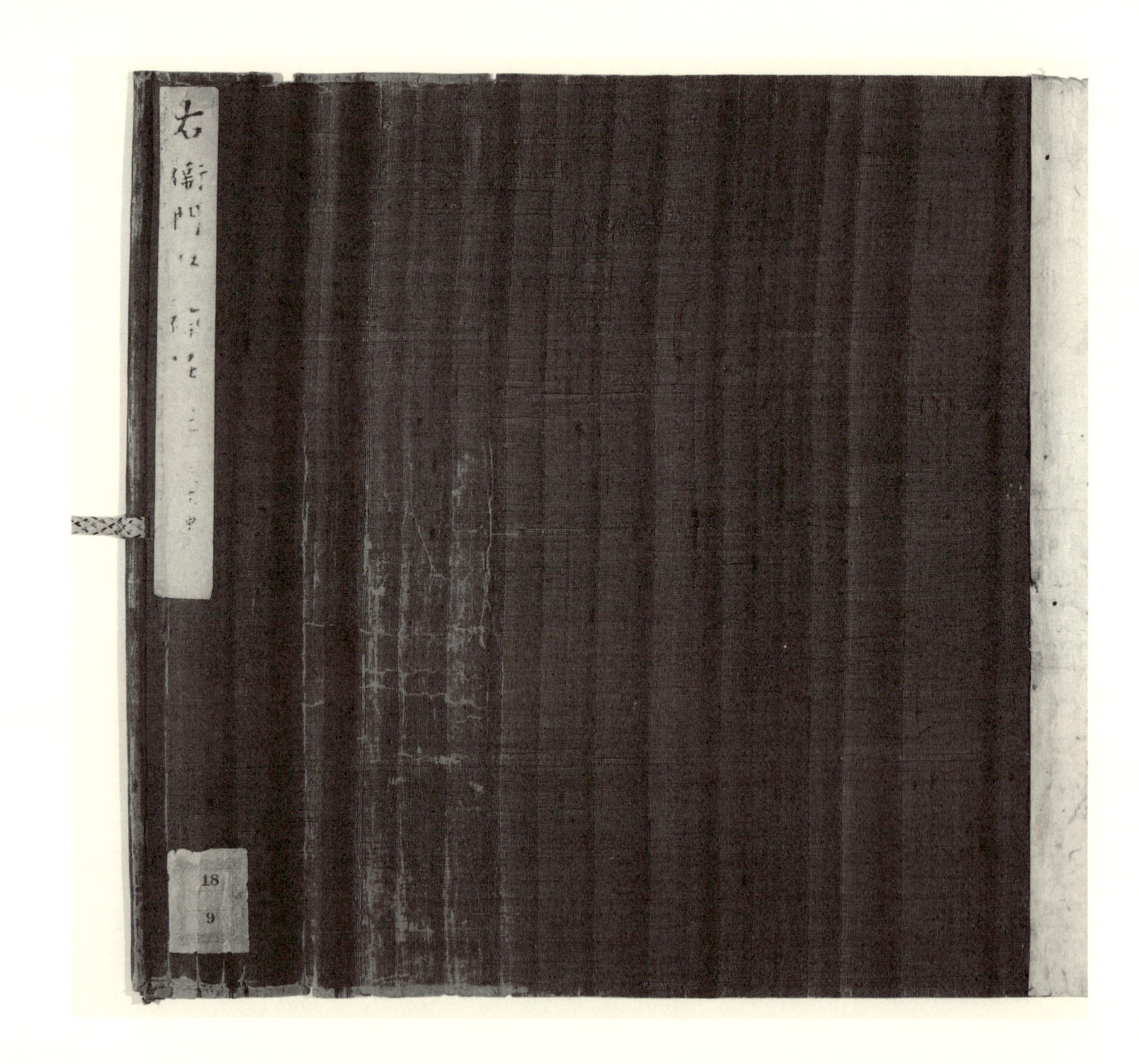

本書裏書かな暦ハ三正綜覧ニ據リテ干支ヲ合セ見ルニ元徳二年ノ暦ニシテ本書末
正中二年ヲ去ルコト六年ナリ

時中　正二位元慶九月廿七日任　同三年九月廿八日保中納言　元義孝
道頼　正三位永延二年六月廿一日任　同二年八月廿六日任大納言　元中納言
伊渉　[text unclear]
資資　長徳元年四月廿日任　[text unclear]　元参議別当右衛門
不佞　[text unclear]
斉信　長保三年八月廿五日任　元参議
懐平　長保三年十月□日為別当　元参議別当
頼宗　[text unclear]　元権中納言
実成　寛仁元年二月□日任　元権中納言
許通　寛仁□年□月□日任　元権中納言兼右衛門
兼家　長元□年□月廿□日為別当　元権中納言
資平　康平三年□月廿□日任　元権中納言
[text unclear]　康平四年十二月□日薨　元権中納言

右衛門督補任

二四五

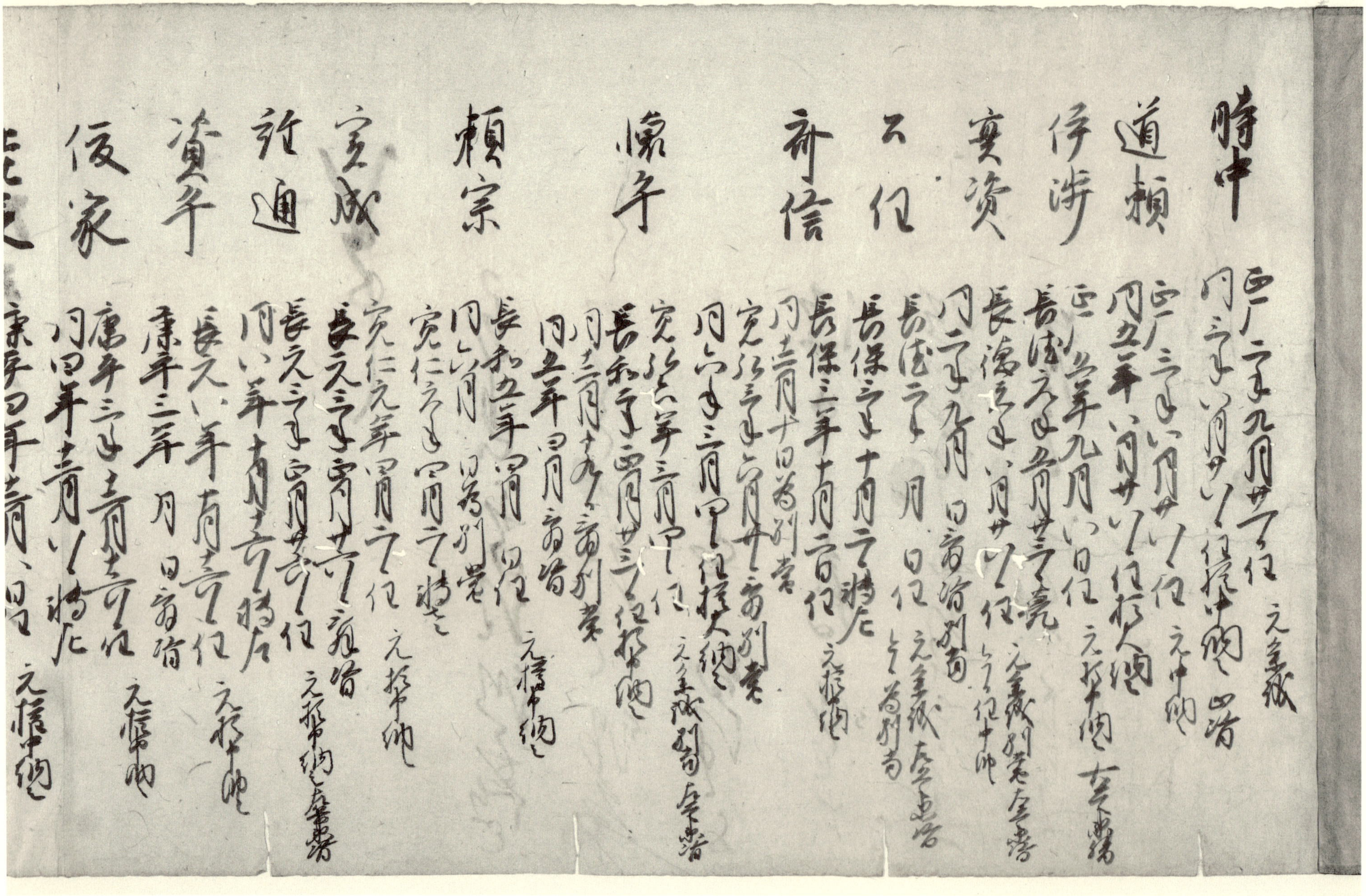

(1)

信長　同四年十二月　日遷左

能長　康平四年十二月　日任　元権中納言
同八年十月廿七日兼別当
同十月廿日遷左

俊房　康平八年十月廿日任　元権中納言
治暦三年二月廿五日兼別当
同四年十二月十九日遷左

忠家　治暦四年十二月廿九日任　元権中納言
延久四年十二月二日任権大納言

資仲　延久五年四月廿三日任　元権中納言　左兵衛督
承保二年正月廿八日遷左

実季　承保二年正月廿八日任　元権中納言　別当
承暦二年正月廿五日遷左

俊明　承暦二年正月廿五日任　元参議　修理大夫
同三月十一日兼別当
永保二年正月廿六日任権中納言
応徳三年　月　日辞別当

家忠　寛治元年十二月　日任　元権中納言
寛治二年正月廿八日任　元権中納言　左兵衛督
同五年正月　日遷左

公実　寛治五年正月　日任　元権中納言
嘉保二年十二月　日遷左

俊実　嘉保二年十二月　日任　元権中納言　別当
永長元年　月　日辞別当

基忠　永長元年十二月　日任　元権中納言　左兵衛督
同二年十二月　日薨

雅俊　康和二年十二月　日任　元権中納言　左兵衛督
康和二年七月　日遷左

宗通　康和二年七月　日任　元権中納言　別当
長治元年　月　日辞別当

宗通
康和二年七月　日任　元権中納言
長治元年　月　日兼別当

宗通
康和二年七月　日任　元権中納言
長治元年　月　日兼別当

能実
天仁元年十月十四日任　元左兵衛督　権中納言
同日兼別当
天永二年四月廿三日転左

顕通
天永二年四月廿三日任　元権中納言　皇后宮権大夫
保安三年四月廿三日任権大納言

忠教
保安三年十二月廿一日任　元権中納言　別当　左兵衛督
同五年七月十七日任権大納言

実行
保安三年十二月廿一日任　元権中納言　[illegible]
大治五年十月九日転左

雅定
大治五年十月廿八日任　元権中納言
天承元年　月廿　日兼別当
長承二年四月廿一日転左

実能
長承二年四月廿二日任　元権中納言　左兵衛督
保延元年二月　日兼別当
同二年十一月四日転左

宗輔
保延二年十一月四日任　元権中納言　左兵衛督

伊通
保延二年十二月廿一日任　元中納言
同日兼別当
同三年十二月　日辞別当

宗能
保延三年十二月廿九日任　元権中納言　左兵衛督　別当
同六年十月廿　日辞別当

家成
永治元年十二月廿六日任　元権中納言　[illegible]
久安六年八月廿一日転左

重通
久安六年八月廿一日任　元中納言　左兵衛督　別当
仁平三年十二月十八日転左

公能
仁平三年十二月廿八日任　元中納言　左兵衛督
同年十二月十三日為別当
久寿元年二月廿　日辞別当
保元二年九月八日任右大将

公能
仁平二年正月廿八日任
同年十二月十三日為別当
久寿二年二月廿五日止別当
保元元年九月八日任右大将

経宗
保元元年九月十七日任　元権中納言　左兵衛督
同二年八月廿六日為別当

雅通
同三年二月廿七日任　元権大納言
同年八月十日遷左

光頼
保元三年八月廿六日任　元権中納言　左兵衛督
同年十月二日為別当

信頼
同年十一月廿六日任　元権中納言　右兵衛督
保元三年十一月廿六日任　同日為別当
平治元年十二月　為別当

実定
同年十二月廿七日伏誅
永暦元年正月廿七日任　元権中納言
同年十二月廿四日為別当

清盛
同年十二月廿四日為別当　元参議　兵部
永暦元年八月十一日任
同年十一月廿三日為別当
同年九月廿三日任権中納言

公保
応保二年十月廿八日任　元参議　右兵衛督
永万元年八月十三日任権中納言
同年同月　補別当
同年十一月十一日為別当

頼長
永万元年八月十七日任　元権中納言　右兵衛督
仁安元年八月十七日遷左

隆季
仁安元年八月六日任　元参議　別当　左兵衛督
同年十一月十四日任権中納言
同年十一月十一日遷左

重盛
仁安元年十一月十一日任　元参議　右近中将
同二年二月十一日任権中納言

実国
仁安二年二月十一日任　元権中納言　右近中将
同三年七月三日遷左

時忠
仁安三年七月三日任　元参議　右近中将
同年八月十日任権中納言
同三年十二月十三日為別当

実国
同二年七月二日転左

時忠
仁安三年七月三日任 元参議 大宰大弐 右為別当
同八月十日任権中納言
嘉応元年十二月廿八日解官配流

兼雅
嘉応元年十二月卅日任 元権中納言 左兵衛督
同二年七月廿六日転左

成親
嘉応二年七月廿六日任 元権中納言 別当 左兵衛督
同十二月廿日解

宗盛
嘉応二年十二月卅日任 元権中納言 [illegible]
同年十二月廿日転左

時忠
安元三年正月廿四日転左
安元三年三月廿四日任 元権中納言 左兵為別当
同三年七月廿日補別当

忠親
治承元年十二月十六日任 元権中納言 左兵衛督
治承三年十一月十七日任 元権中納言 左為別当

頼盛
同十月九日 [illegible]
治承三年十一月十七日任 元権中納言 左兵衛督

実家
同十二月廿日辞
治承三年十二月廿六日任 元権中納言
養和元年九月廿三日為別当

一家通
寿永二年正月廿日転左
寿永二年十二月廿日任 元権中納言 左兵衛督
元暦元年九月十八日為別当
文治元年十二月廿日転左

清宗
寿永二年十二月廿二日任 元三位侍従
同八月八日解却

頼実
文治元年十二月廿九日任 元権中納言 右為別当
同二年九月 為別当
同三年四月廿日辞

通親
文治五年 日任 元権中納言
建久元年七月十八日転左

隆房
建久元年七月十八日任 元権中納言 左兵衛督 右為別当
同四年十二月九日転左

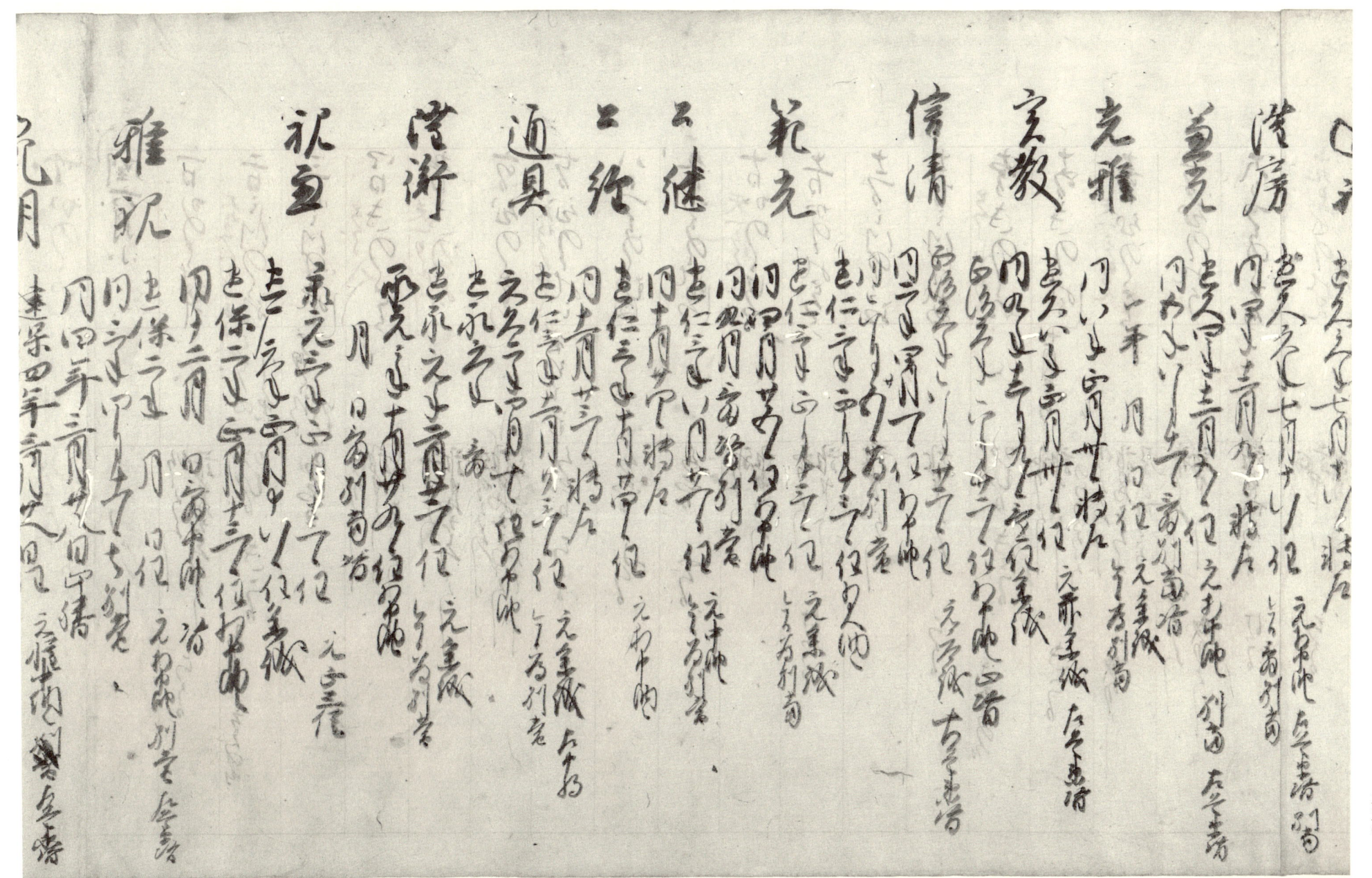

[illegible]

範朝
同四年三月廿八日任中将 [illegible]
建保四年三月廿八日任 元権中納言 別当 左兵衛督

頼俊
建保五年正月廿八日任 元参議 別当 左衛門督
同六年正月十三日任権中納言
承久元年正月□日為別当 元参議 右中将 別当

通方
承久二年四月廿二日任権中納言 元参議 右中将 別当
貞応元年八月十六日任権中納言
同二年四月廿日為別当

[illegible]
貞応元年十二月廿一日任 元従三位 右兵衛督

[illegible]
安貞元年十二月廿一日任 元参議

隆親
安貞二年十二月廿一日任権中納言
同年四月廿七日為別当 元参議 中将

實有
寛喜三年三月廿五日任 元参議 中将
同年四月廿一日為別当

為家
貞永元年十二月廿九日任 元参議 左兵衛督
同年正月十日為別当

公雅
嘉禎三年 [illegible]

頼経
仁治元年十月廿三日任
仁治元年十月 [illegible] 為別当

定雄
仁治元年十月廿七日任 元参議 右中将
同年十月 [illegible] 為別当

[illegible]
建長元年 [illegible]
同年 [illegible] 為別当 左兵衛督

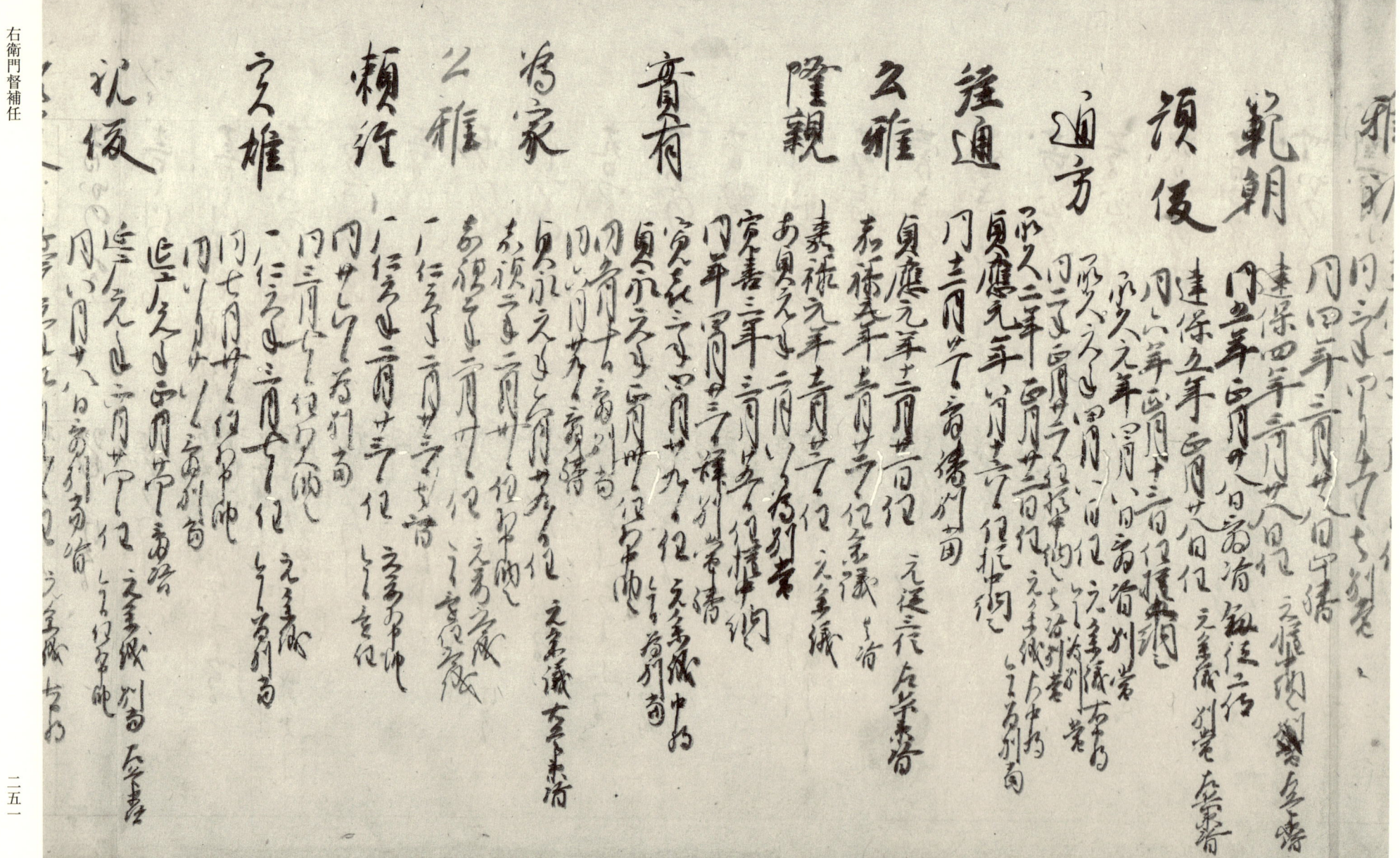

孝持

誼芝

祝後

頼親

元兗

通成

通行

為氏

頼方

隆頼

忠基

師祝

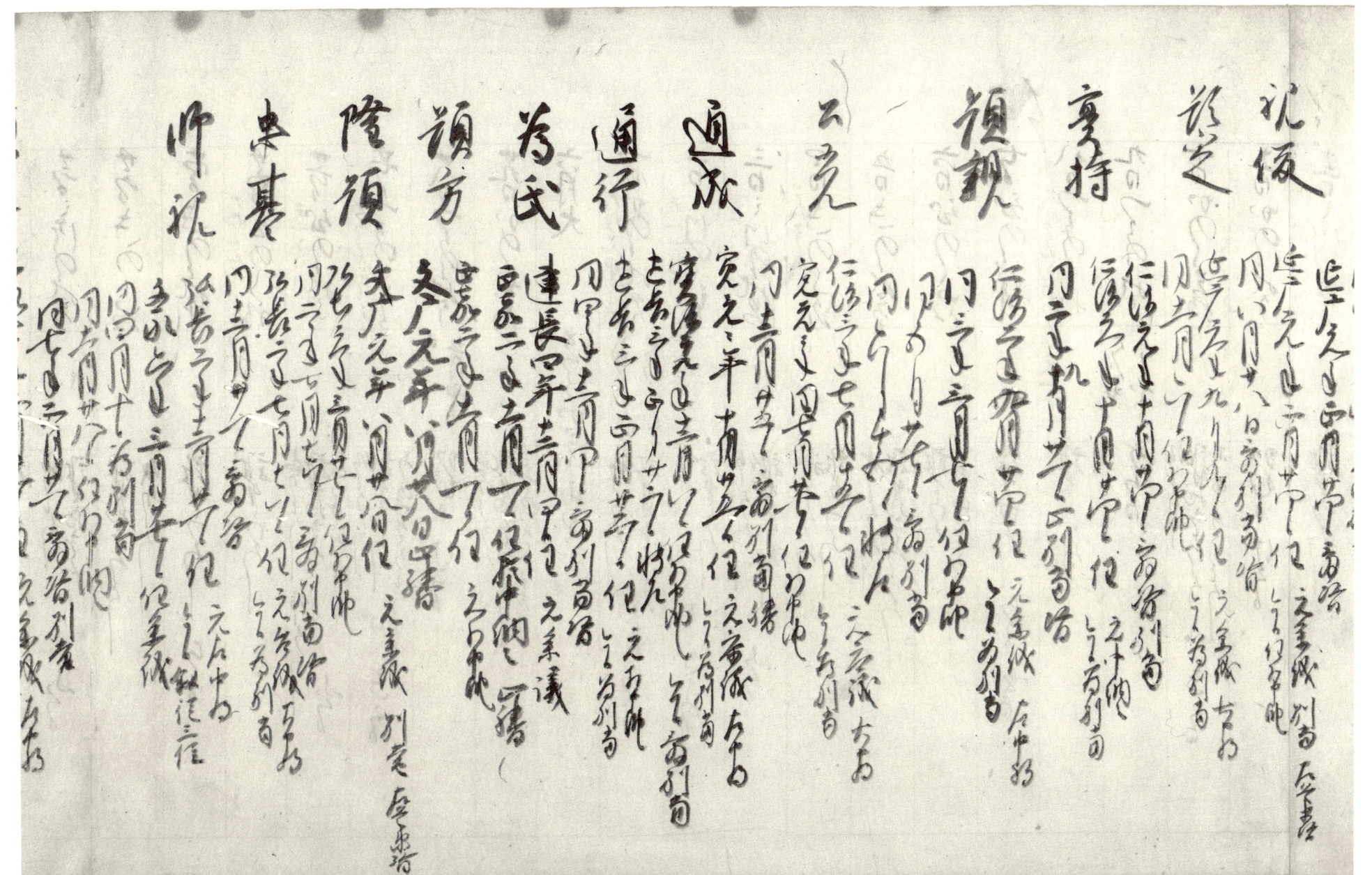

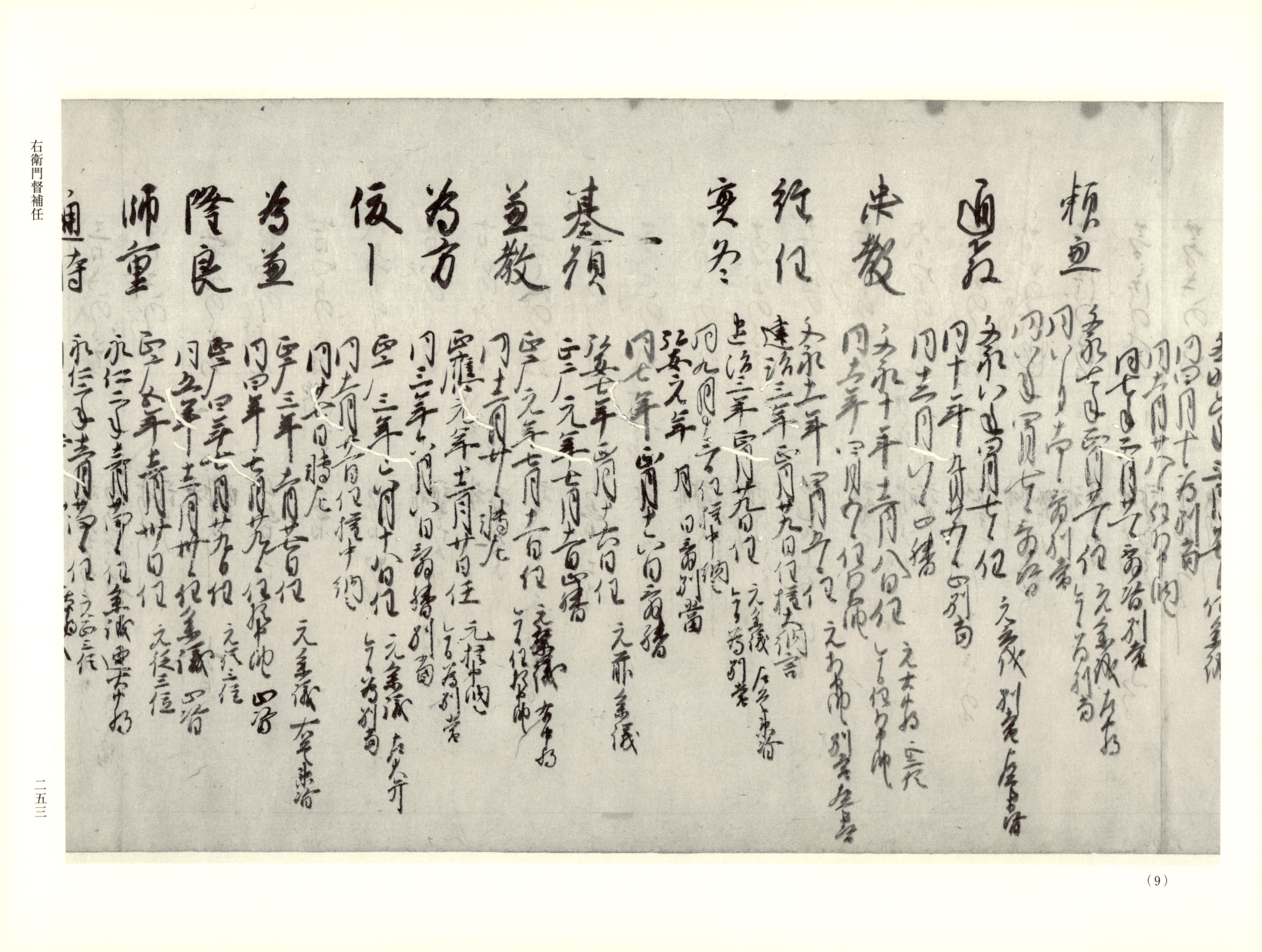

師童　空人△年土青月廿四日任　え後三位
通時　永仁三年青月廿日任兼讃岐守　え後三位
為雄　永仁三年三月廿日任
資篤　永仁元年九月廿二日任　え院三位
嗣実　多え△年九月廿二日任
資元　え△年九月廿二日任　え院三位
雅長　え△元年九月廿日任
之房　え△三年九月廿日任　え院信
仮雅藤　え△元年十月廿六日任　え院信
定一　え△三年九月廿日任
寒藤　え△元年十月廿六日任　え院信
親于　え△元年九月廿日任　え院信
為拥　え△元年九月廿日任　え院信
△賢　え△元年九月廿日任
季机　庭△元年九月廿日任

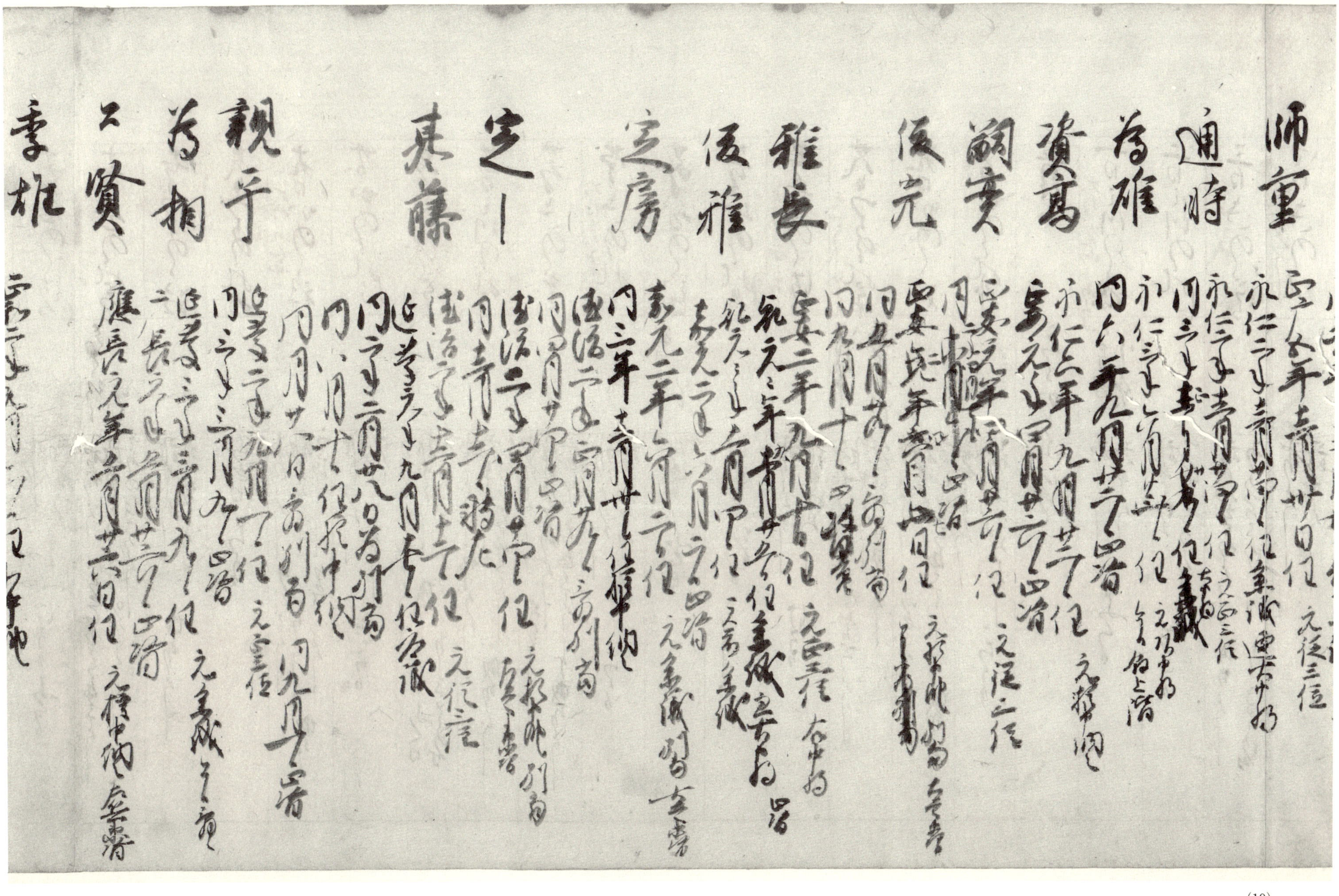

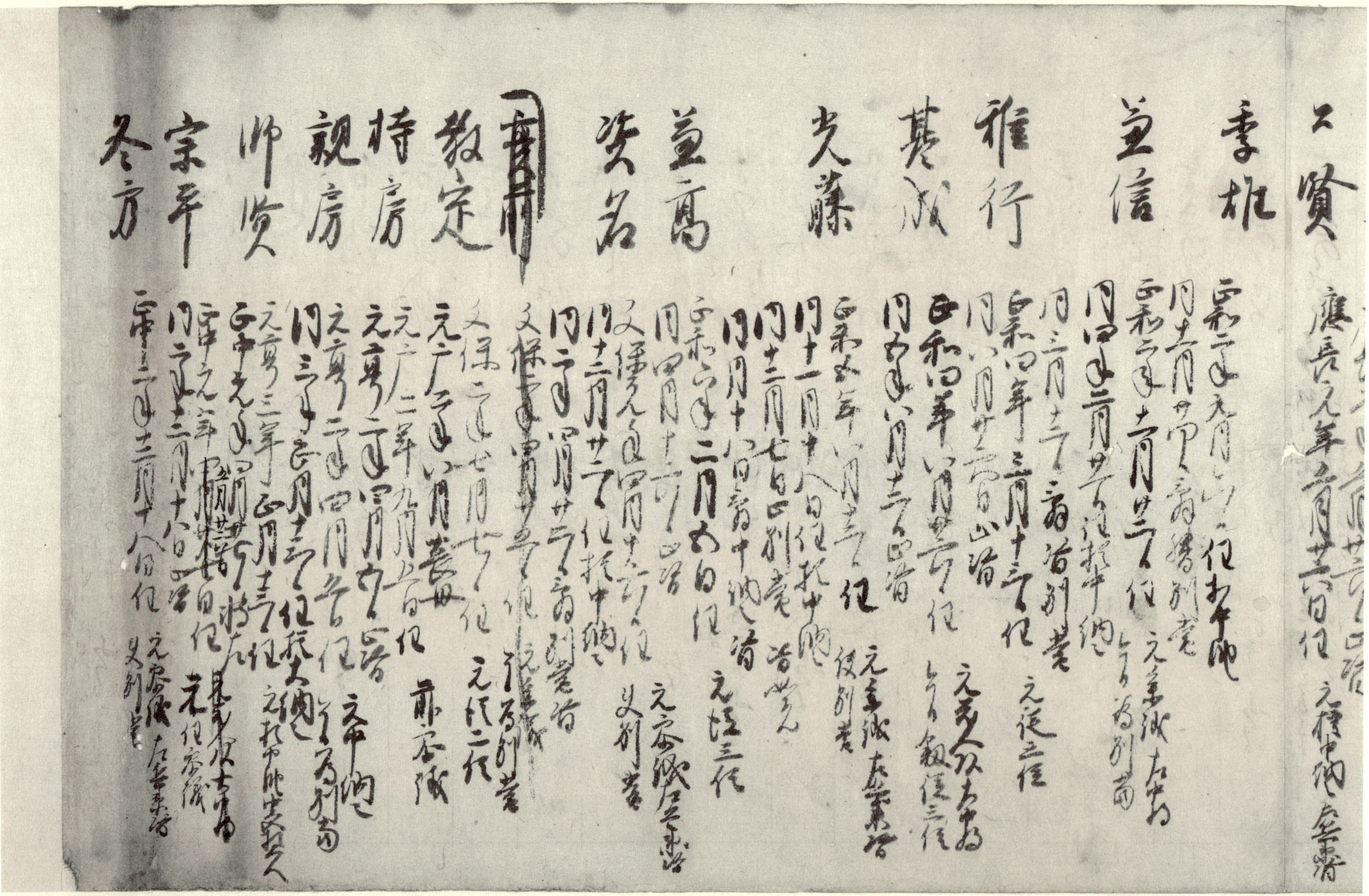
公賢
應長元年十二月廿六日任
兼信
雅行
基成
光藤
兼高
資名
教定
持房
親房
師資
宗平
冬方

(11)

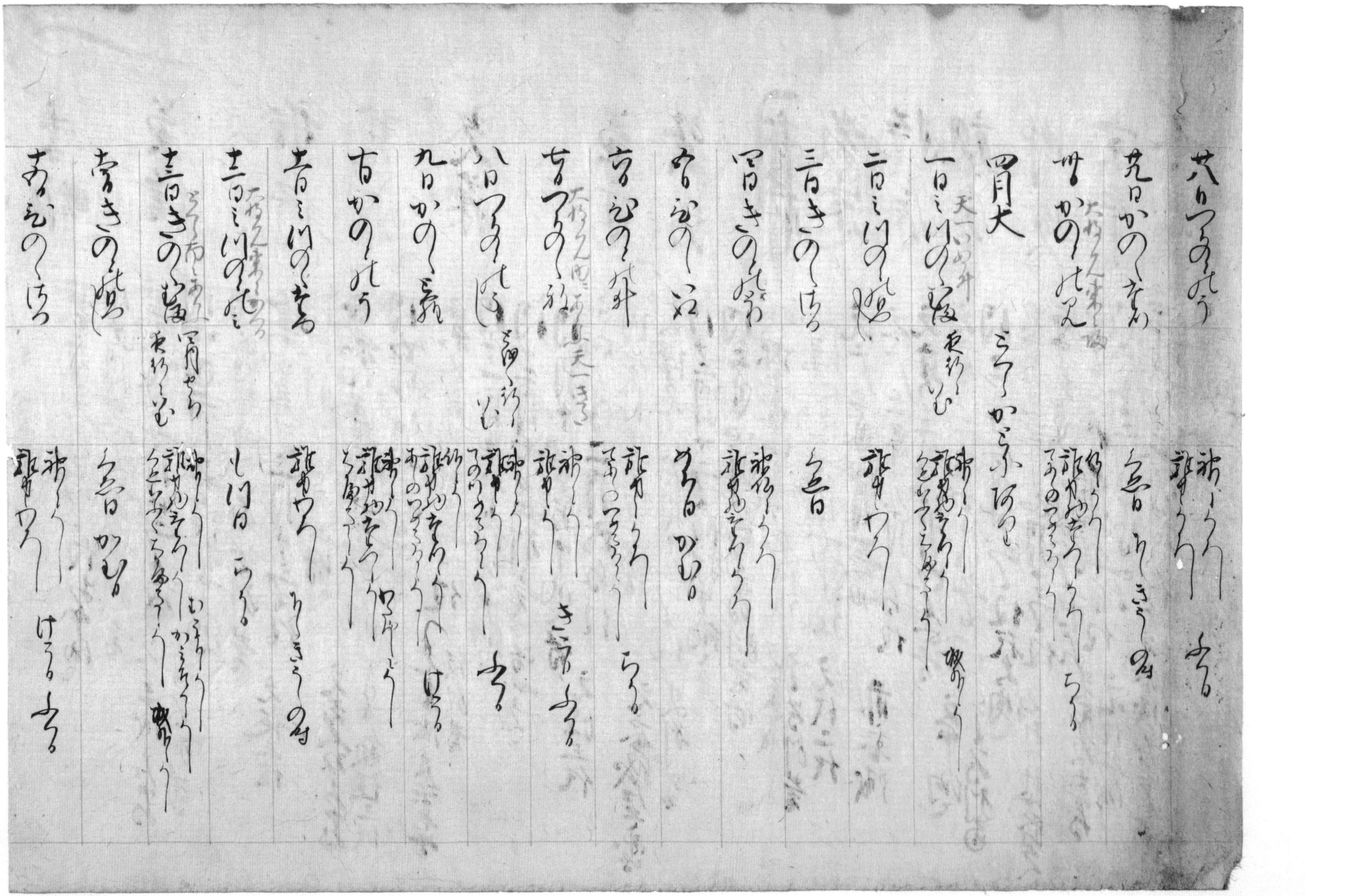

(11)

十六日ひのとゝり [illegible]
十七日つちのえいぬ [illegible]
十八日つちのとゐ [illegible]
十九日かのえね [illegible]
廿日かのとうし [illegible]
廿一日みつのえとら [illegible]
廿二日みつのとう [illegible]
廿三日きのえたつ [illegible]
廿四日きのとみ [illegible]
廿五日ひのえむま [illegible]
廿六日ひのとひつじ [illegible]
廿七日つちのえさる [illegible]
廿八日つちのととり [illegible]
廿九日かのえいぬ [illegible]
卅日かのとゐ [illegible]
五月小 [illegible]
一日みつのえね [illegible]
二日みつのとうし [illegible]
三日きのえとら [illegible]

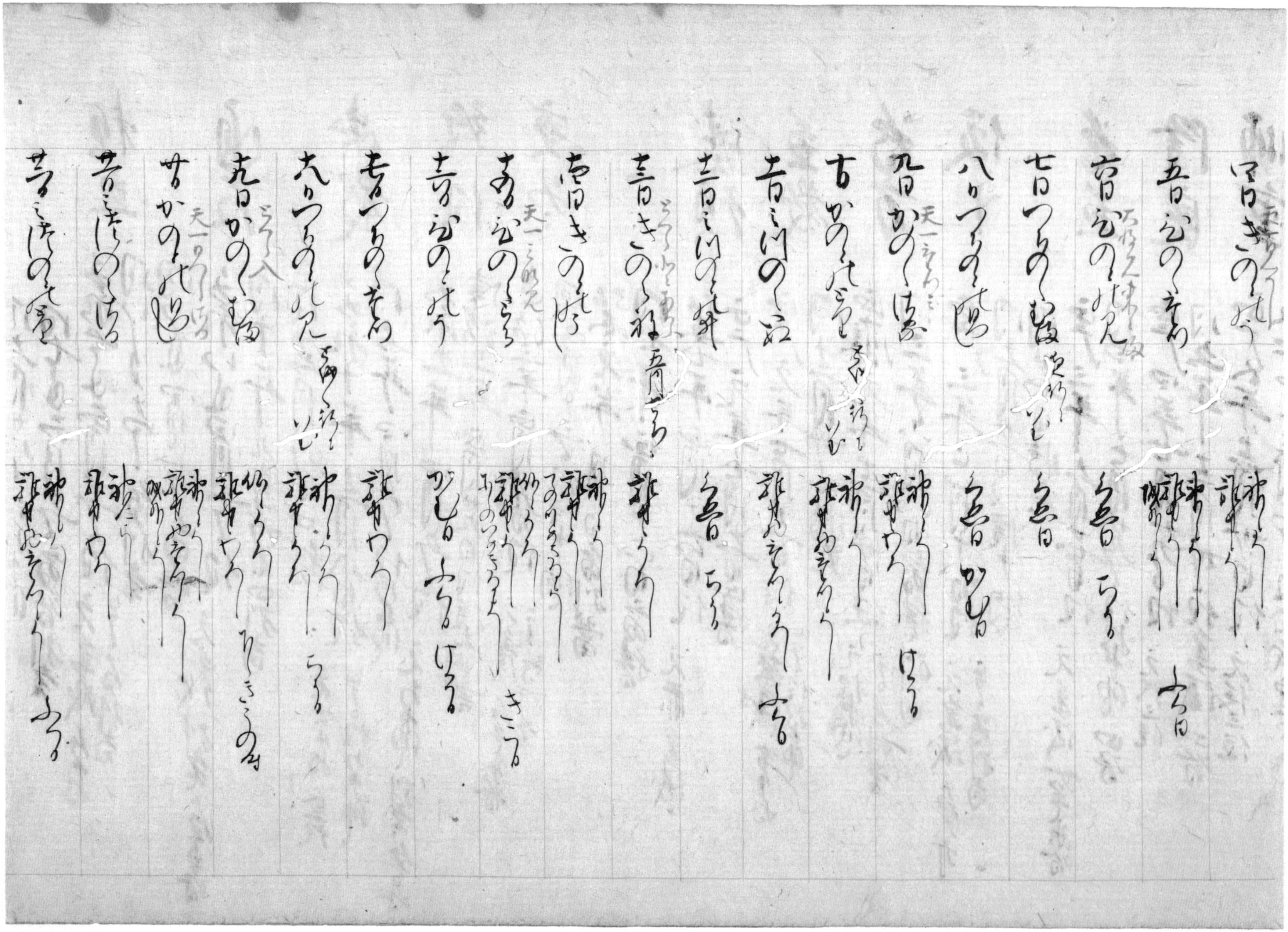

さるきのしげ　　　　　　　　かねふさ
夢きのひら　　　　　　　　なかすゑ
むねのりあけ　たかのふあさ　なかもり
むねゆきのりけ　　　　　　　なかまさ
むねかねのもち　　　　　　　なかあきら
六日つねのよう　前中　　　　なかとも
廿日かのえさい　　　　　　　きよる
六月大　　　をつかうあを　　けとる
一日かのえしん　　　　　　　なかとも
二日みつのとう　　　　　　　きよる
三日みつけのう　　　　　　　なかとも
廿日きのえね　　　　　　　　なかもと
廿日きのとう　　　　　　　　なかとも
官もののち　　　　　　　　　なかとも
ちきのえ斗　　　　　　　　　きよる
八日つちのえたつ　　ちんを　る
九日つちのとう　　　　　　　けとる
十日かのえ斗　　　　　　　　けとる
土かのとう

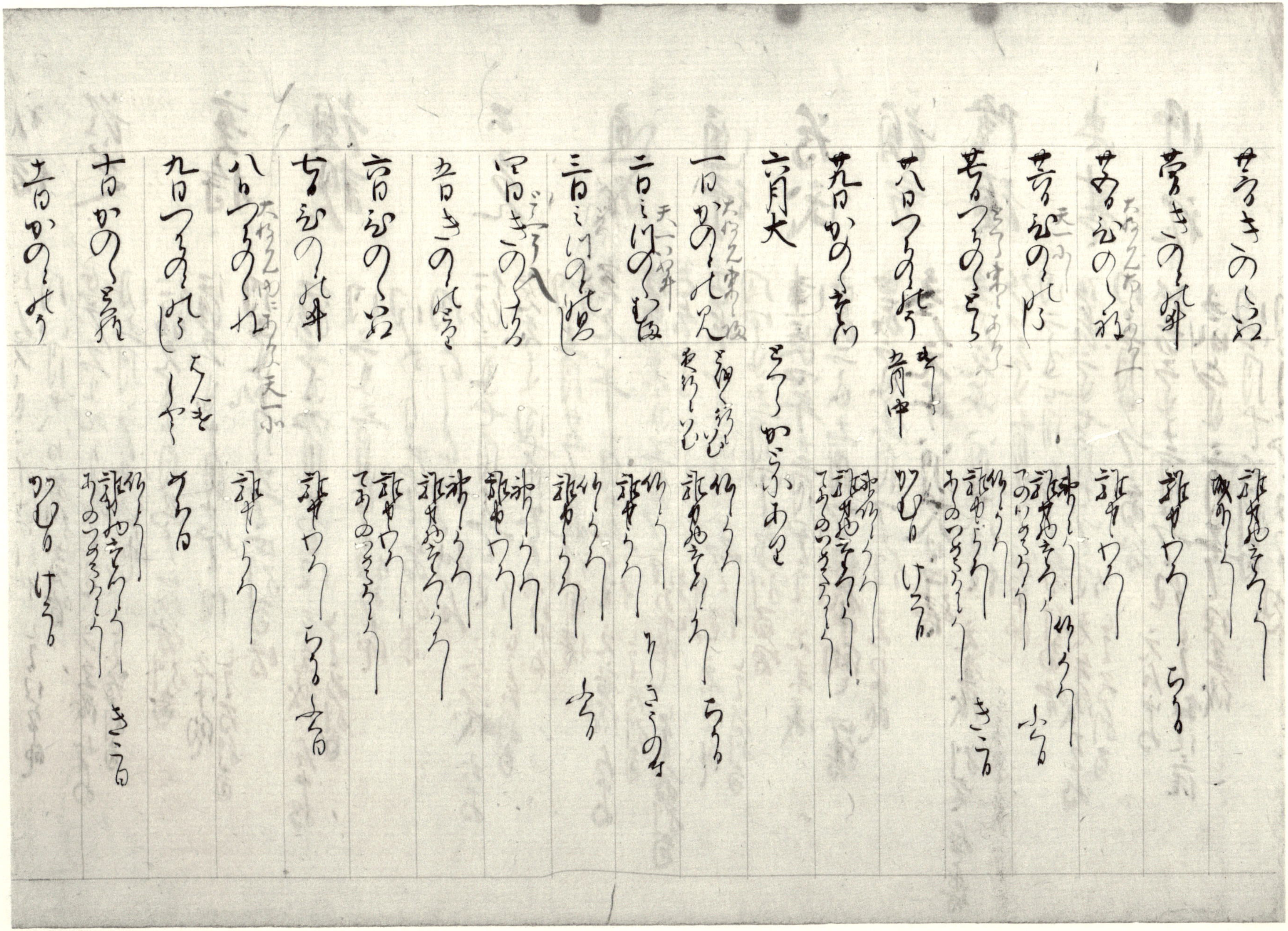

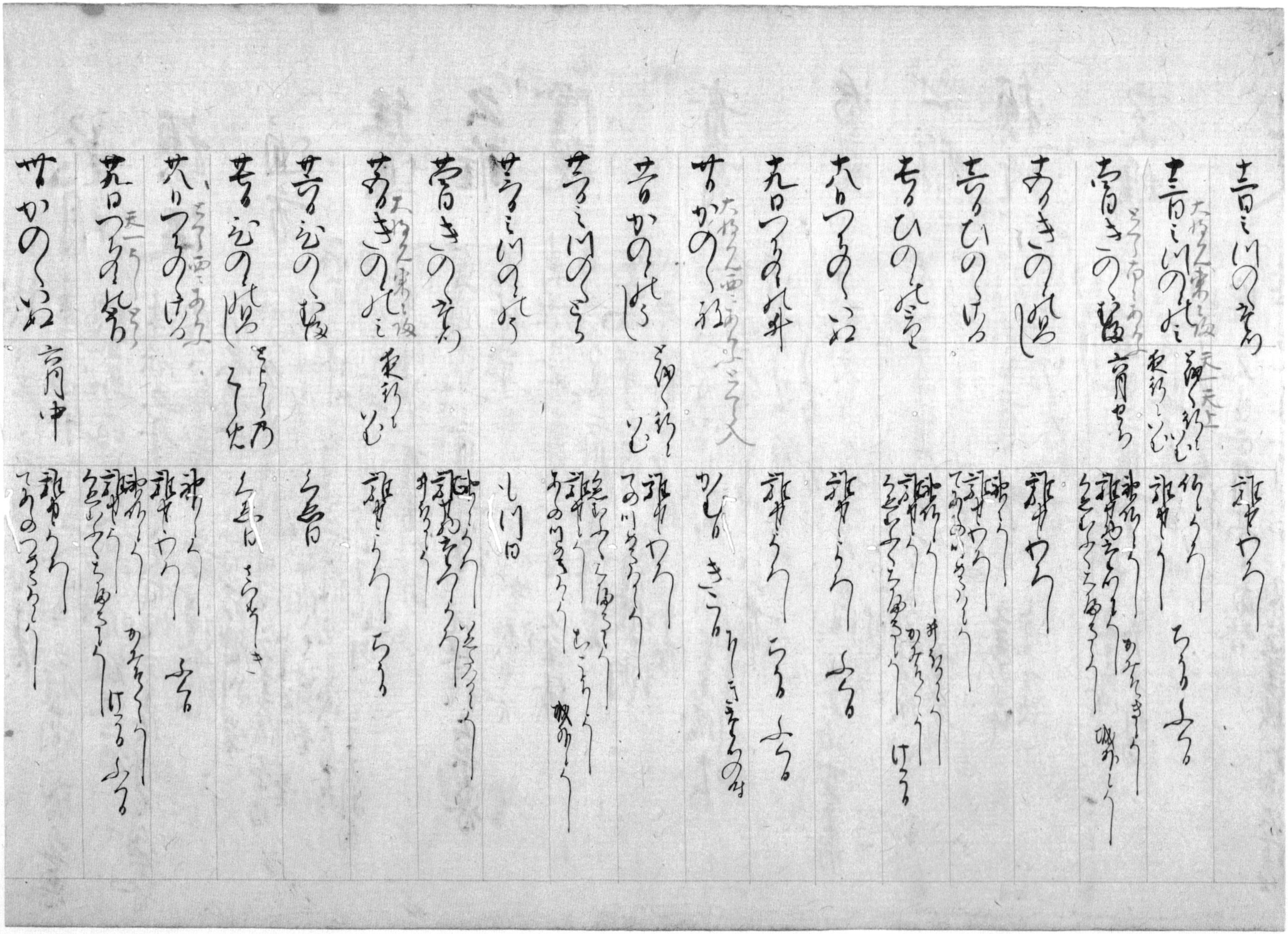

（7）

閏六月小
一日かのえ申
二日かのとの酉
三日みつのへいぬ
四日きのとの亥
五日きのえ子
六日きのとうし
七日ひのえとら
八日ひのとう
九日つちのへたつ
十日つちのとみ
十一日かのえむま
十二日かのとひつし
十三日みつのへさる
十四日みつのとゝり
十五日きのえいぬ
十六日きのとゐ
十七日ひのえね
十八日ひのとうし

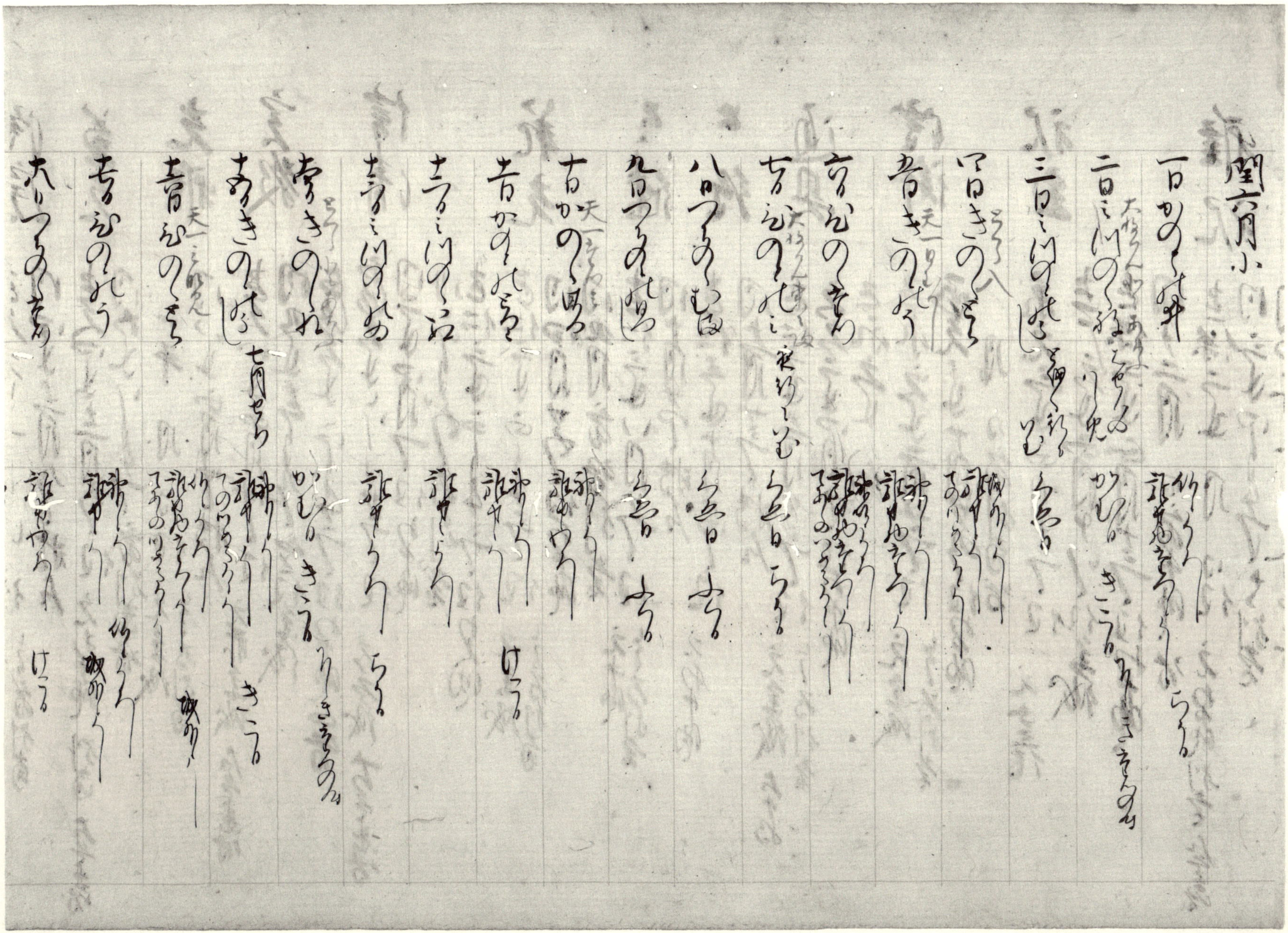

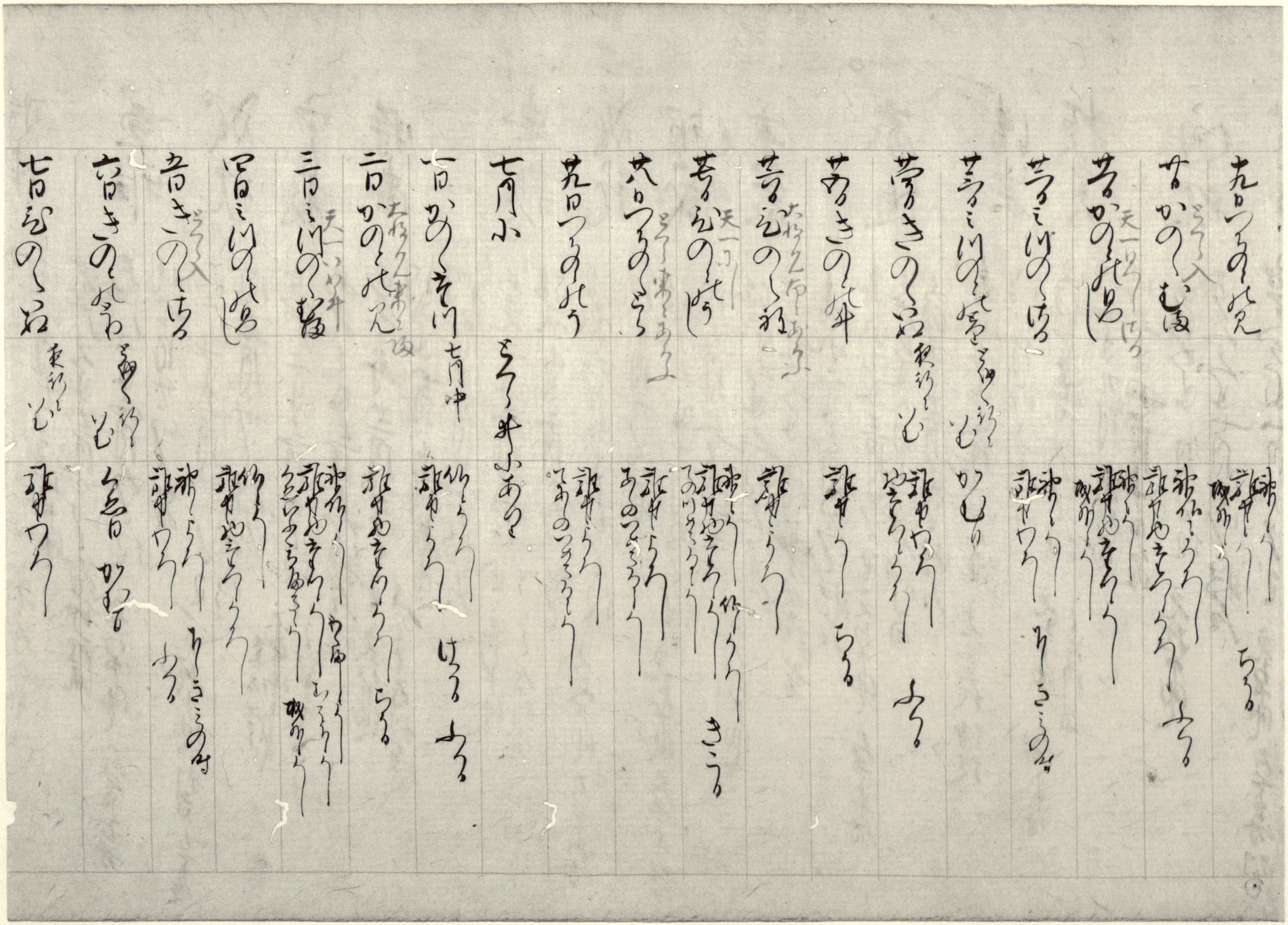

（5）

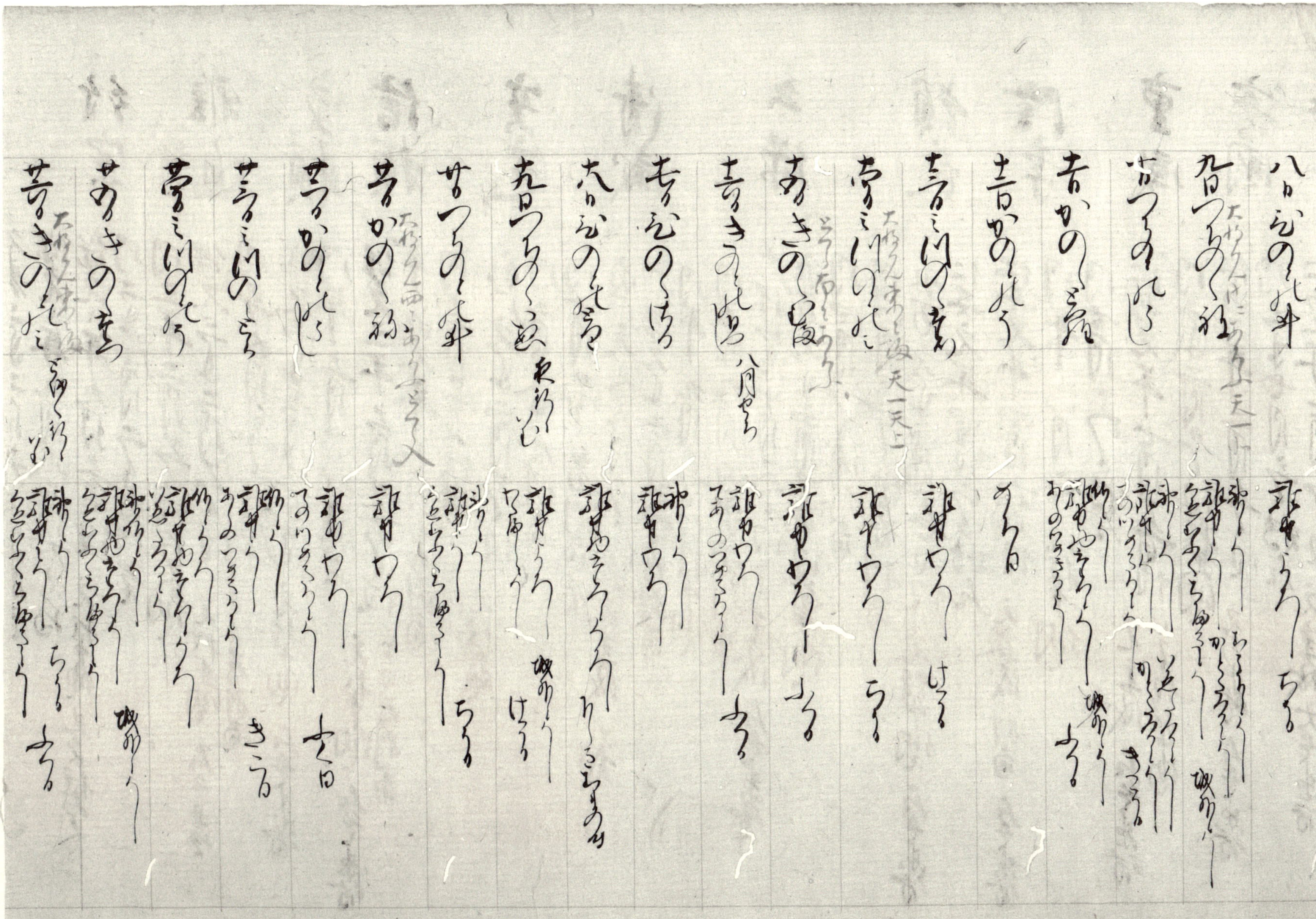

（4）

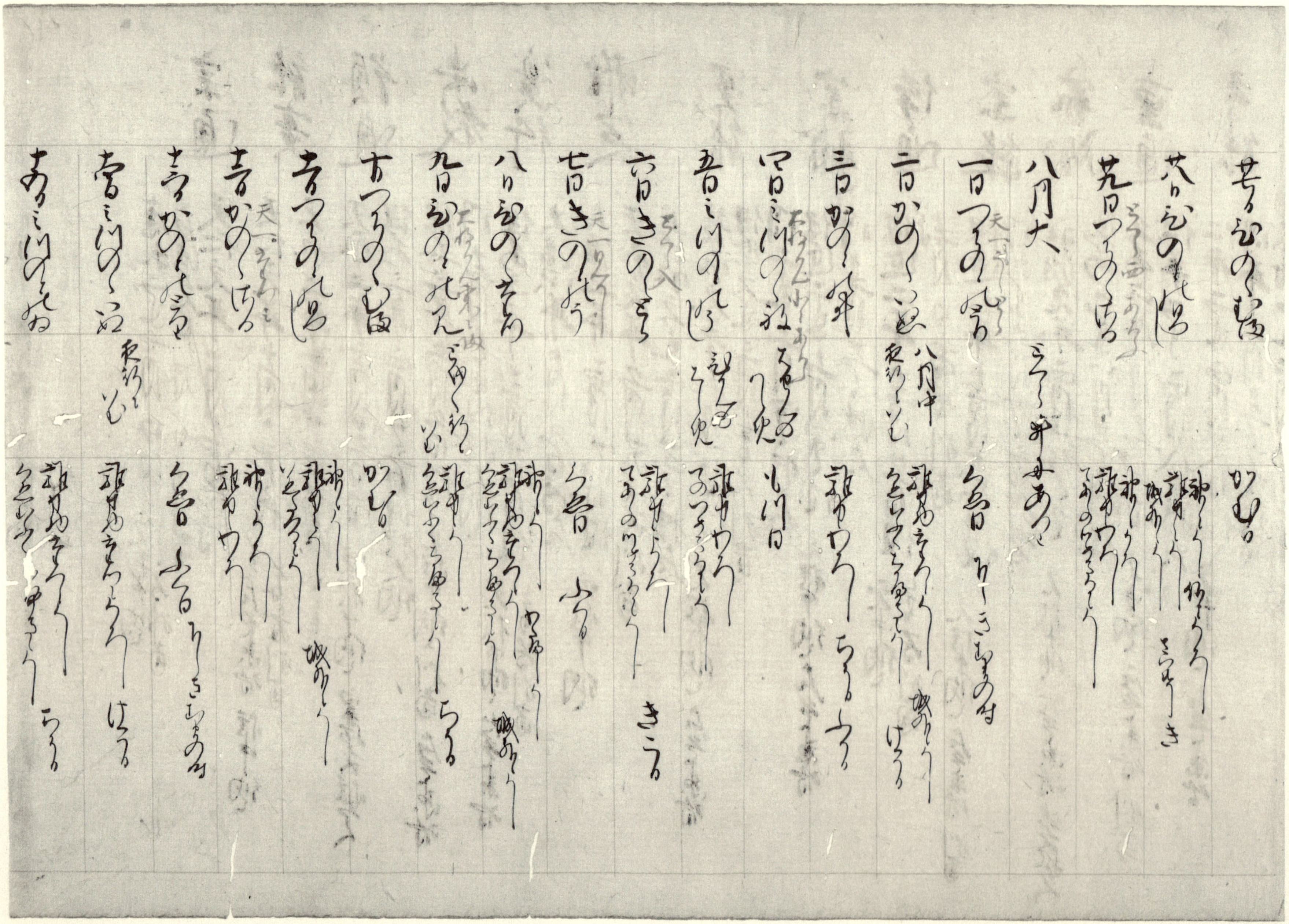
廿八日ひのえの子
廿九日ひのとの丑
卅日つちのえの寅
八月大
一日つちのとの卯
二日かのえの辰
三日かのとの巳
四日みつのえの午
五日みつのとの未
六日きのえの申
七日きのとの酉
八日ひのえの戌
九日ひのとの亥
十日つちのえの子
十一日つちのとの丑
十二日かのえの寅
十三日かのとの卯
十四日みつのえの辰

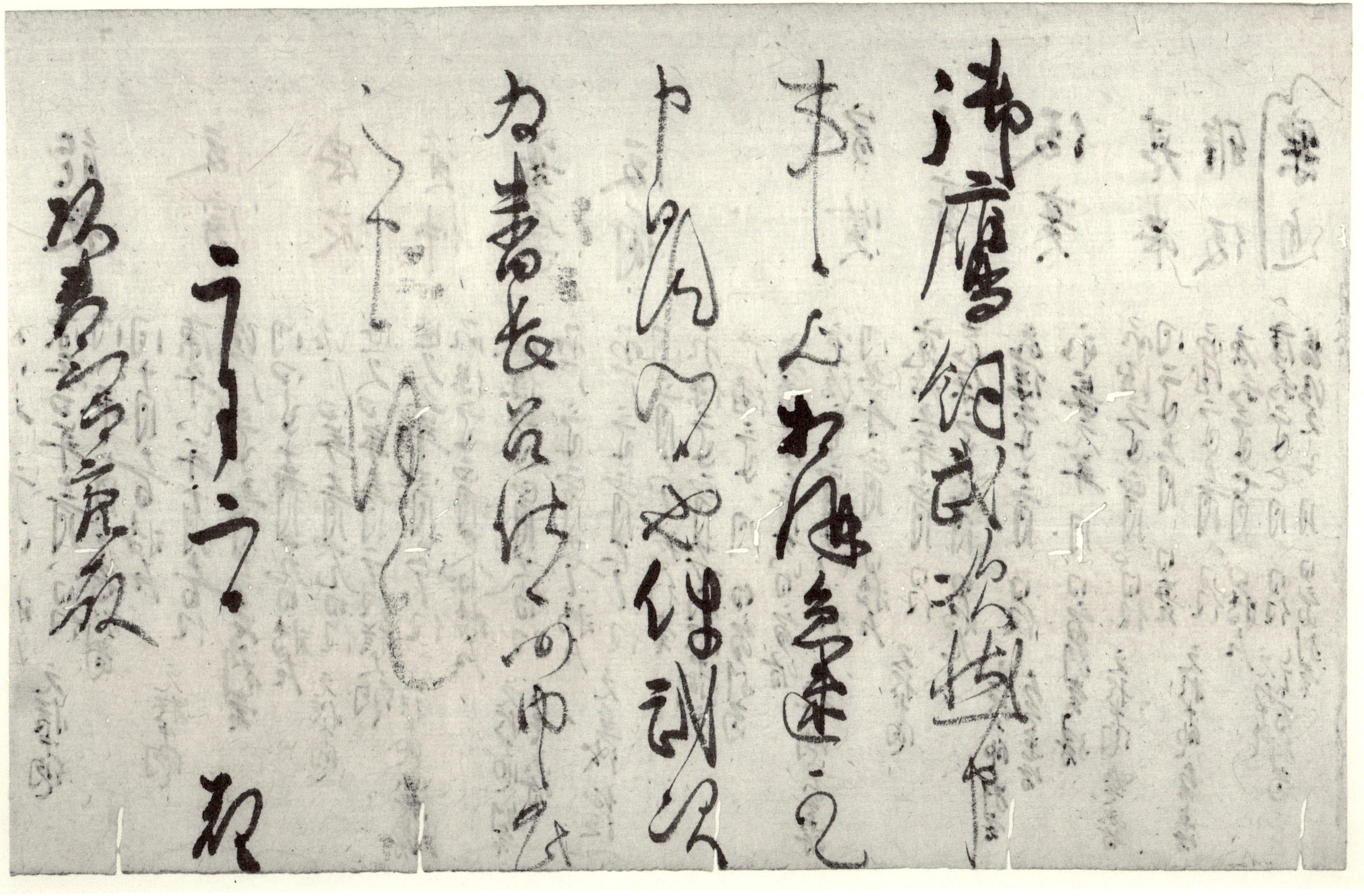

(2)

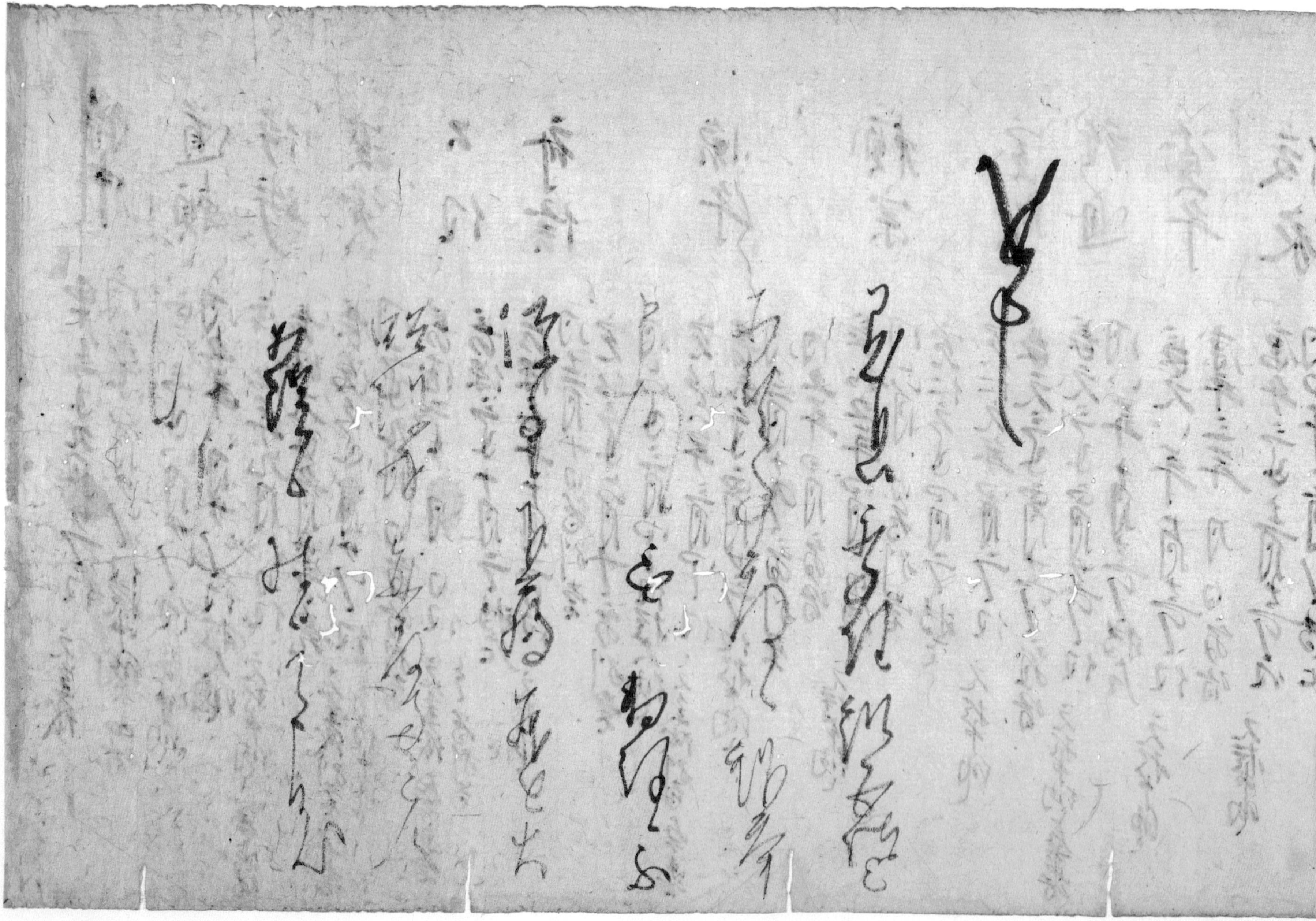

（1）

拾芥抄

八省指圖

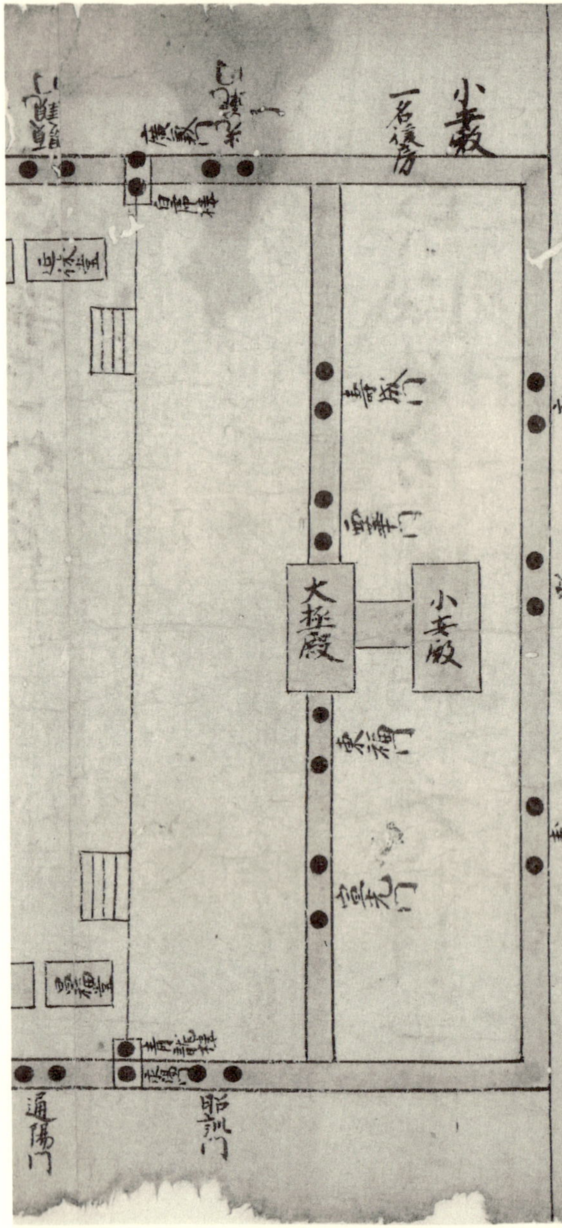

中重陽　建礼門 南面　左小門 春花門 枇杷陣是也　右小門

朔平門 北面 謂之縫殿陣　達春門 東面 謂之左兵衛陣　宜秋門 西面 謂之右衛門陣

式乾門何方門哉 可尋之 右兵衛陣方歟

疑華飛香舎不載 加仁九年勘文後代所造加也云々

内裏焼亡年々

村上 天徳四年庚申九月廿三日庚申夜 遷都之後始有此災 百六十七年

圓融 貞元々年丙子五月十一日丁丑夜 歴十七年　天元三年庚辰十一月廿二日辛酉 畫歴五年　同五年壬午十一月十七日己巳夜 歴三年

一條 長保元年己亥六月十四日乙丑夜 歴十八年　同三年辛丑十一月十八日乙酉夜 歴三年　寛弘二年乙巳十一月十五日己未夜 歴五年

三條 長和三年甲寅二月九日乙丑夜 歴十年 造了後未渡御　同四年乙卯十一月十七日 天承二年十ケ月

後朱雀 長暦三年己卯六月廿六日乙酉夜 歴廿五年　長久三年壬午十二月八日丁未夜 歴四年

後冷泉 永承三年十一月二日丙申夜 歴七年　天喜六年二月廿六日丁卯夜 歴十年 是日大極殿中院等同焼亡

白河 永保二年七月廿九日戊申巳時 歴廿二年

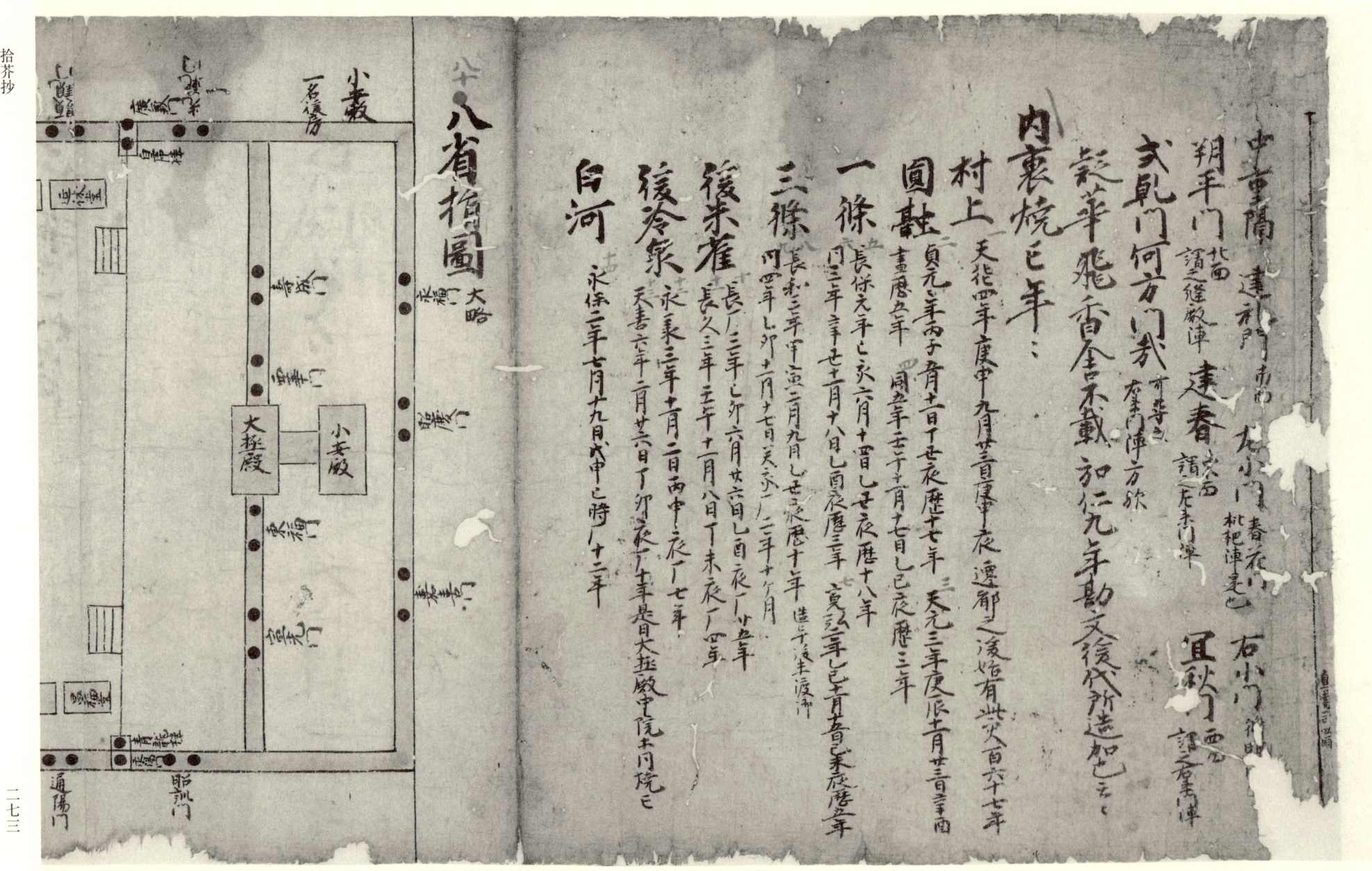

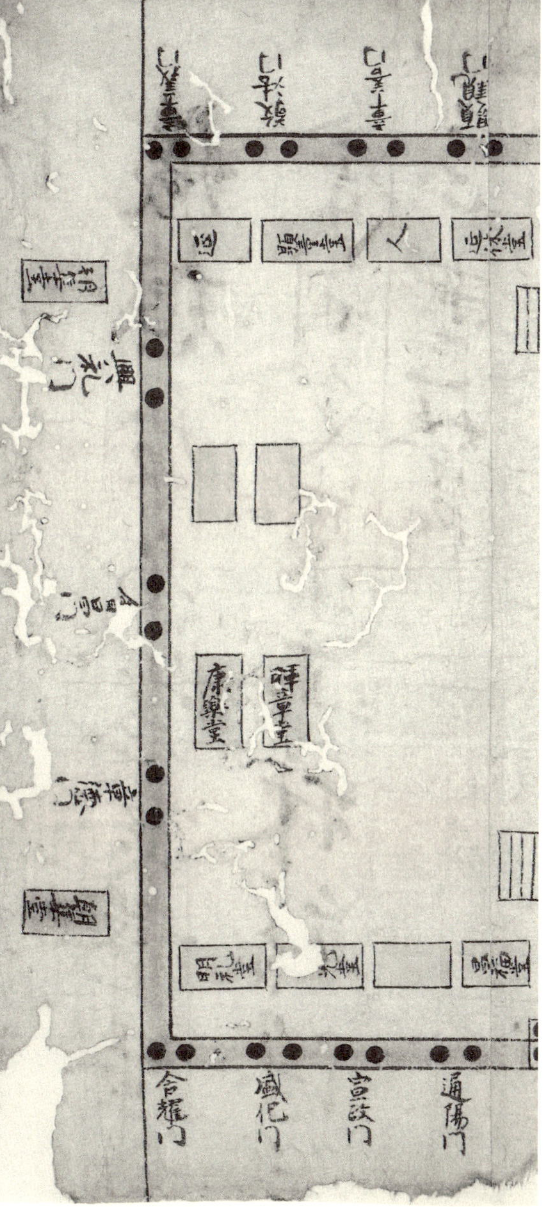

宮城指圖

嵯峨天皇弘仁九年戊戌諸門懸額、東面額橘逸勢書之
南面并談天門弘法大師御筆也、西面道風書之 天徳之比人
北面嵯峨天皇御筆云々
或記云、弘仁九年戊戌題殷門等額
門号起事、取維名云々

陽明門 山氏造之　待賢門 建部氏造之　郁芳門 的氏　美福門 壬生氏
朱雀門 伴氏　皇嘉門 若犬養氏　談天門 玉手氏　藻壁門 佐伯氏
殷富門 伊福部氏　安嘉門 海犬養氏　偉鑒門 猪養氏　達智門 丹治比氏

十二門額事
或物語云、南面三門、額弘法大師、西面三門、大内記小野美材、北面三門、但馬守橘逸勢、東面三門、嵯峨天皇宸筆云々

或人云、西會昌門東會昌門是上西門上東門本名也、見日本記云々

東　陽明門　待賢門　郁芳門
南　美福門　朱雀門　皇嘉門
西　殷富門　藻壁門　談天門
北　安嘉門　偉鑒門　達智門

已上大内ノ十二門也

北

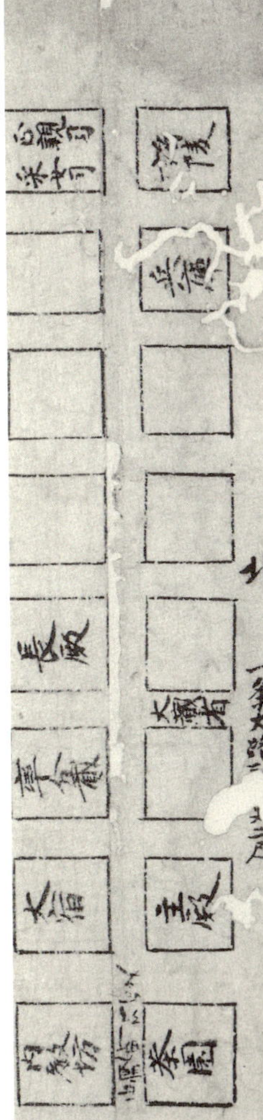

二七四

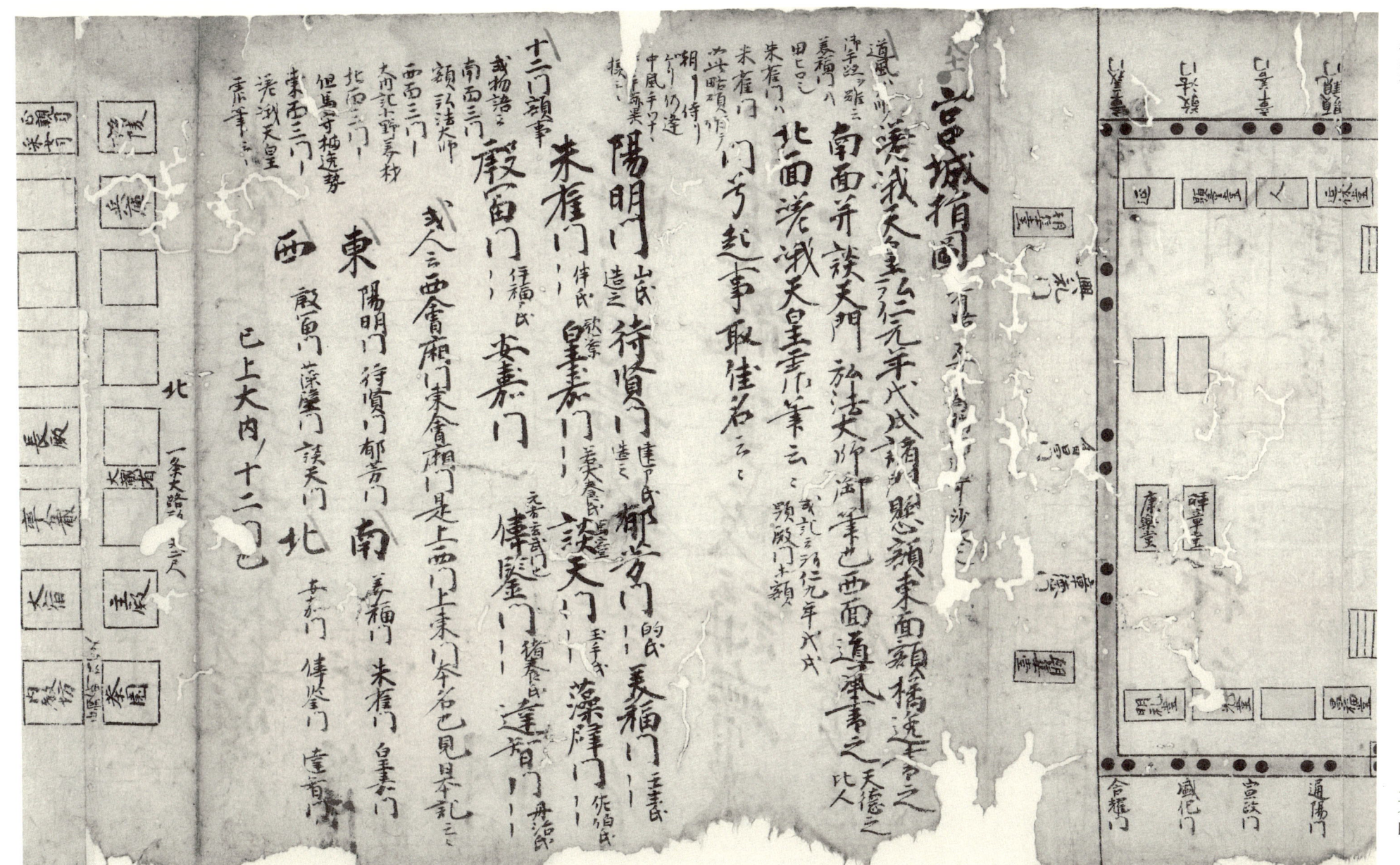

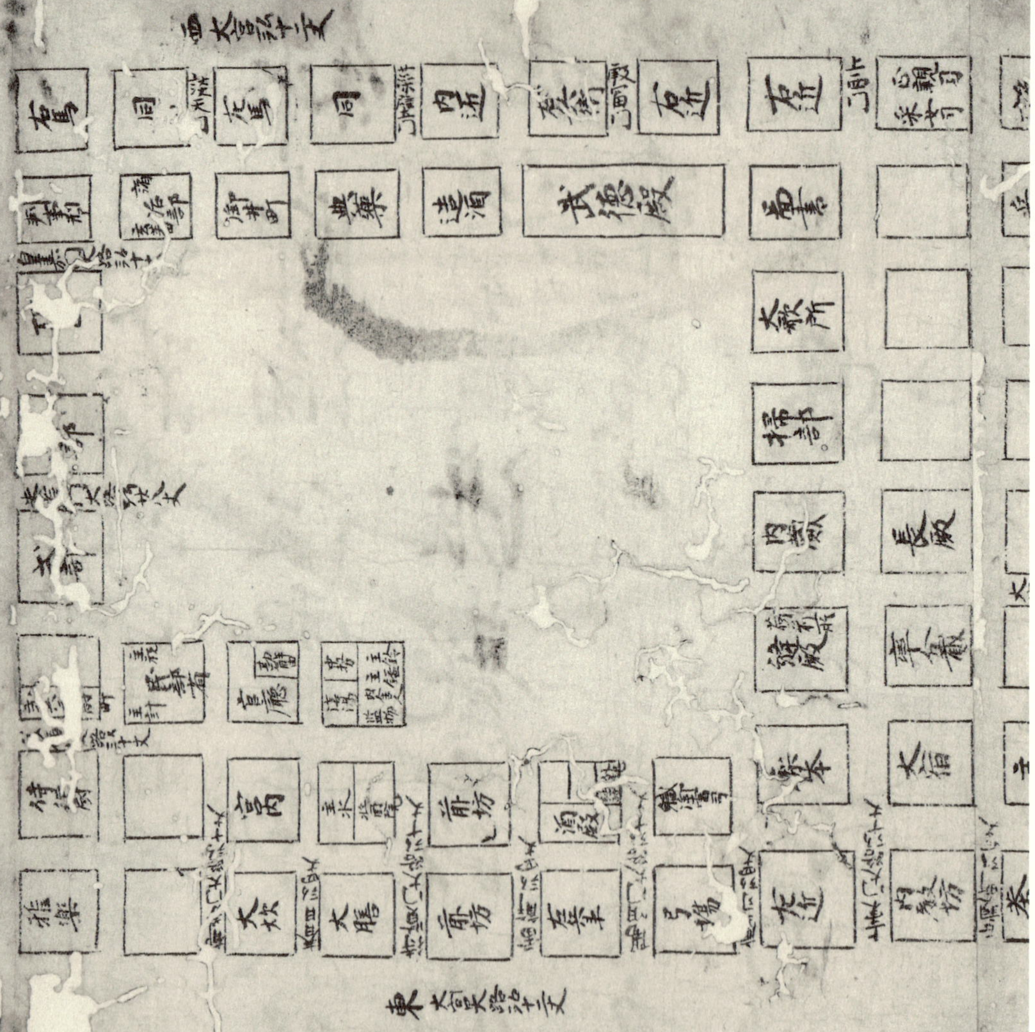

或書云延暦十二年始山背新宮同年令諸國造新宮
諸門尾張美濃二國造殷富門伊福部氏也越前國造
美福門壬生氏也若狭越中二國造安嘉門海犬甘氏也
丹波國造偉鑒門猪使氏也但馬國造藻壁門佐伯氏也
播磨國造待賢門山氏也備前國造陽明門若犬甘
氏也備中國備後國造達智門丹比氏也阿波國
造談天門玉手氏也伊与國造郁芳門達部氏也
同十三年冬十月廿二日天皇自南京遷北京

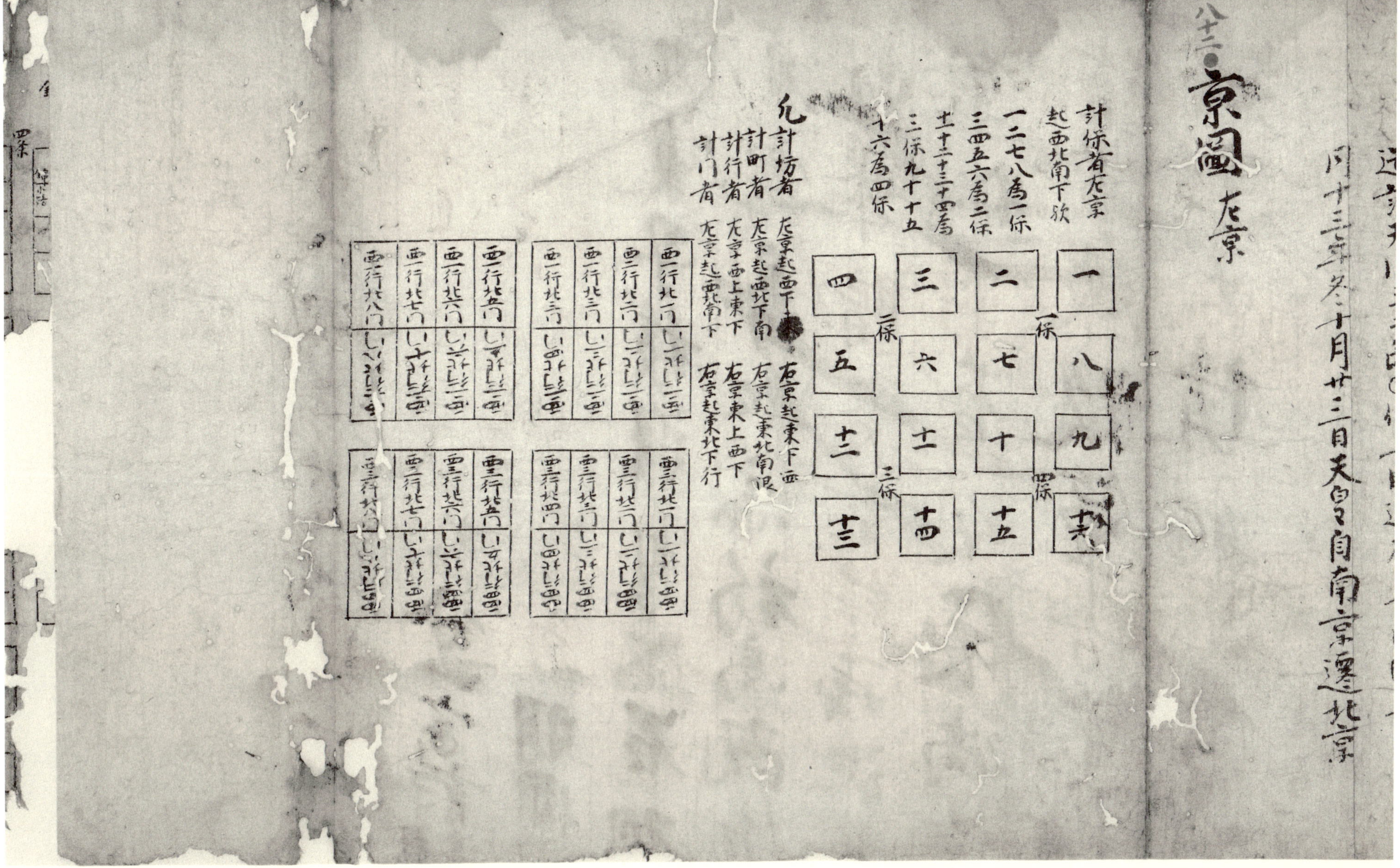

同十三年冬十月廿三日天皇自南京遷北京

八十二 京圖 左京

計條者左京起西北南下欤
一二七八為一條
三四五六為二條
十一十二十三十四為三條
九十十五十六為四條

凡計坊者 左京起西下東　右京起東下西
計町者 左京起西北下南　右京起東北南限
計行者 左京西上東下　右京東上西下
計門者 左京起西北南下　右京起東北下行

四	三	二	一
五	六	七	八
十二	十一	十	九
十三	十四	十五	十六

凡一條之内有四坊一坊之内有十六町〻〻之内有四保一町之
内有四行一行之内有八門一戸主長十丈加五丈
又五家為比 五比為閭廿五 四閭為族百 五族為黨五百 五黨
為州二千五百 五家為隣州也 五隣為里 四里為酇百 五酇為鄙五百鄙也 五鄙為縣二千五百

八十三 所々事

内舎所 裁人 在中務省北門東腋有主殿就大食仲所故負人尤多云々

内竪所 在一本御書所東 内侯在春興殿東 厨在大舎人寮南以下斐
周防為衣服料以大臣為別當文數食等有參時啟上反
所々令内侍召作物所書所神泉馬寮等

進物所 在月花門外南腋外候左右兵衛陣以衛近来次将為別當以

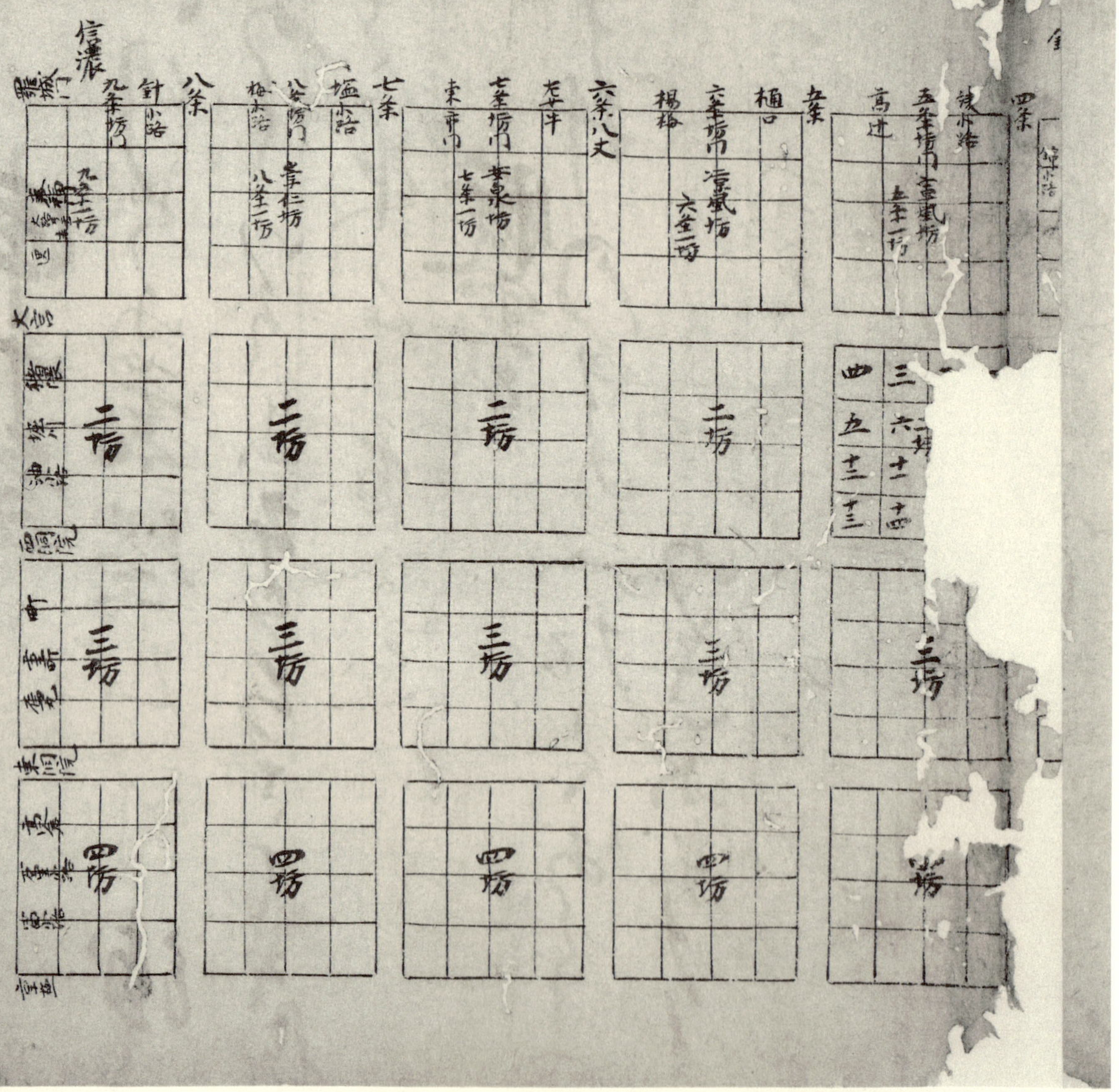

内竪所 閑所為衣服料以大臣為別當又熟食年官有奏時啟上及所々合内侍所作物所書所神泉馬寄目等

進物所 在月花門外南廊外後左右兵衛陣以公卿近衛次将為別當以奉膳為頭有年官熟食進月奏

御厨所 在後涼殿西庇以内膳内蔵造酒大膳及諸司御厨子所等頭供朝夕飯及朝夕御膳器 有別當頭熟食進月奏

一本御書所 在侍従所南有公卿別當頭書手熟食 書写御書一本進 公家 進月奏

内御書所 在承香殿東片庇 近来時々 勅有別當開闔衆等 食…進…雑 用内楽所

大歌所 在図書寮東新嘗時供奉 有親王大納言 参議以下六位 別當…

内記所 在左兵衛陣南敷令 内記外有史生有長来…

侍従所 在外記南有所監頭八人熟食大粮在陽美福門 内東廊也

畫所 在式乾門内東廊御書所地有別當五位蔵人頭墨書… 有熟食本是内竪寮雑舎也今内竪

作物所 在進物所西 有別當頭熟食 内畫所内竪

樂所 在桂芳坊 有五位六位別當頭熟食賞位禄並其料充不足 用内御所 毎月在習物奏聞 式有試

内侍所 在温明殿 裁令 有月料 主殿掃部女官同候之

絲所 在采女町北献薬玉之時依請諸料物土縫所料也

蔵人所 在校書殿 有別當大臣 頭蔵人 出納小舎人有熟食 年官進月奏

瀧口 在御所近邊 寛平被置衆十人廿人随時議 有内下 有熟食 進月奏

國史式所 依宣旨臨時置之

校書殿 在校書殿中有頭熟食外侍在永安門外

藥殿 在安福殿内 侍医薬生等候 有熟食

納殿 累代御物納之在宜陽殿 恒例御物納蔵人所綾綺殿紙 御々屏風仁寿殿以蔵人雑色為預

納殿 累代御物納之 在宜陽殿 恒例御物納蔵人所綾綺殿
御〻屏風仁寿殿以蔵人雑色為預

御櫛笥殿 在貞観殿中以上﨟女房為別当有女蔵人

酒殿 在所可勘 有弁別当預納構麿〻麿末造酒随蔵人所召進之
一度不過九升有精又随召之

贄殿 在内膳中有別当蔵人預納大宰府及諸国所進御贄
備供御給所〻

修理内作内候 在西門外廊隅

木工内作内候 在中院西京城

主殿掃部内候 在西門廊内

造酒主水 在安福殿西庇

宿所 大臣 納言宿廬 職曹司也 見国史

一大臣宿所 在宜陽殿東庇

左大将宿所 在宣陽門内廊下

右大将宿所 在陰明門内東廊

左右中将〻〻 在宣輝門内東西

左右将監〻〻 在同宿所舎良

兵衛督〻〻 在本陣

同佐〻〻 在玄輝門外左右

頭〻〻 在宿所舎北端 有二人之時一人ハ在作物所北相対以
左兵衛陣北為宿所 五位蔵人在同舎西面 六位西面

采女町 在内膳東

女竪町 在桂芳坊

守油女官 在貞観殿東庇

諸院

八省院 天子臨朝即位之諸司告朔所 本号乾臨閣 神泉苑正殿同名後之

豊楽院 天子宴會所

中和院 天子祭社稷神所

武徳殿 謂之弓場殿

真言院 在八省北 宗僧綱一人修御修法念誦之

朱雀院 累代後院

神泉苑 天子遊覧所 以近衛次将為別當 乾臨閣謂之正殿

勧学院 藤氏学生住之 依長者宣以氏弁為別當 又有六位有下 元下別當 有学頭 有年挙 餐食

奨学院 王氏諸生別書也 在原行平卿中言建之 有各弁 別當 有学頭 以年挙 在勧学院西

学館院 橘氏諸生別書 氏人補別當之

弘文院 和気氏諸生別書 為蓋藏之地 在勧学院北 清麿卿建立之

施薬院 藤氏先祖中納諸國稼穫 養病人所也 有使以弁及外記為 別當

悲田院 在鴨河東 施薬院別所 養孤子病者

穀倉院 在大学西 納畿内諸國調錢 元主侍輸田及没官田大宰 稲大納庄物 勤年中餐食 有別當及四位五位別當 預藏人等

廩院 在民部省東 納諸國庸租米充公用

将曹院 大膳別院 在職西

供御院 在大炊寮中 納畿内御稲 充供御中宮東宮御飯 以史生為預

乳牛院 典薬院別所 在右近馬場西 有別當 乳師預等 納山城牛牧

供御ー 在大炊寮中 納當内膳 ……

乳牛ー 典薬寮別所在右近馬場西有別当 乳師領ナ 納山城摂津
蔥大炊雑穀遁取三味

紙屋ー 図書別所在野々宮東

漆室 内匠別所 在上西門内北腋 今荒廃

鷹屋 在紙屋北 今荒廃人不知之

禁野北野 有別当　交野 蔵人所主殿別当

宇陀野　禁河　堰河 左近門府検知

葛野河 左右近門府知之 已上其供點　園池 大膳内膳別所

茶園 在主殿寮東　金剛沙園 在大和国 知人所知之　蔬園　華園 典薬別所　甘栗御園

八十四●京程 見延喜式第卅二

南北一千七百五十三丈二尺 左右京 東西京也
左京職 右京職准之
東西合動千七百卅一丈今二丈

北極大路十丈二尺并　次四大路廣各十丈

次宮城南大路十七丈　次六大路弘各八丈

南極大路弘十二丈

羅城門外二丈垣基半三尺 犬行七尺 溝廣一丈
路廣八丈 小路廿六廣各四丈 町卅八各四十丈

東西一千五百八丈 通計東西両京

自朱雀大路中央至東極外畔七百五十四丈

朱雀大路半廣十四丈

次一大路弘十丈　次一大路弘十二丈　次二大路

次 …八丈

[illegible]八丈
東極大路廣十丈 小路十二各四丈 [illegible] 邊各二丈
町十六各卅丈 右京准之
朱雀路廣廿八丈
自垣半至溝邊各一丈八尺 垣基三丈 犬行一丈五尺
溝廣各五尺 両溝間廿三丈四尺
大路廣十丈
自垣半至溝邊八尺 垣基三尺 犬行五尺
溝廣各四尺 両溝間七丈六尺
宮城東西大路廣十二丈
自宮城垣半至隍外畔三丈八尺
自傍町垣半至溝外畔一丈二尺
隍溝間七尺
凡町内開小径廿尺 大路邊町二 廣一丈五尺 市人町三 廣一丈
自餘町一 廣一丈五尺
凡築垣功程隨亦條坊莫令違越 其法具木工式
凡左京 限以朱雀中央也有坊門 起後北限於市
一坊當陽明門 二坊當郁芳門 自余皆有坊門 達条中央小路
一條有四坊 一坊大宮西 二坊西洞院西
三坊東洞院西 四坊京極西
凡南北一千七百五十三丈 除大路小路各頭見式文 定残卅八町 一町四十丈
東西七百五十四丈 除大路小路分 定残十六町 同前
[illegible]

東西七百五十四丈 注大路小路分 定残十六町

右京准此 今案坊門弘仁九年所定也

北極并次四大路 各十丈 宮城南大路 十七丈 次六大路 各八丈

南極大路 各十二丈 羅城門外十二丈 壖垣半三丈 大行七尺 溝弘一丈 大路広十丈

小路廿六各広四丈 町卌八 各卌丈 十字路各二丈 不見式

已上十七大路 竪大路四 横大路十三

東西二京并千二百十六町 東京自大宮至于京極四百五十六町 大内外八十町 東西大宮中也

自二条至于九条三百廿四丁

又西京四百五十六丁 大路小路三分可計加

又建門屋於路頭三位以上

四位参議自余四位五位有不可立也 又諸舎立層閣

指出路頭并他人領地方者科不應為重罪

可破弃也 不應為重罪 杖八十 狭小各卌 又説云東西両京一千一

百卌六町 東京五百六十八町 但自一条大路北百廿町自二条大路南四百卌八丁 西京准此 注皇城外

八十五 方角禁忌事

凡以四角為戊己方起自漢朝言書以中央為戊己之

又戊己方可有南方以丙丁方為戊己方云々

凡以四角爲戊己方起自渓所謂以中央爲戊己之
又戊己方可有本方以丙丁方爲戊己方云々
是可忌戊己方之時可忌丙丁方也戊己無定方位云々

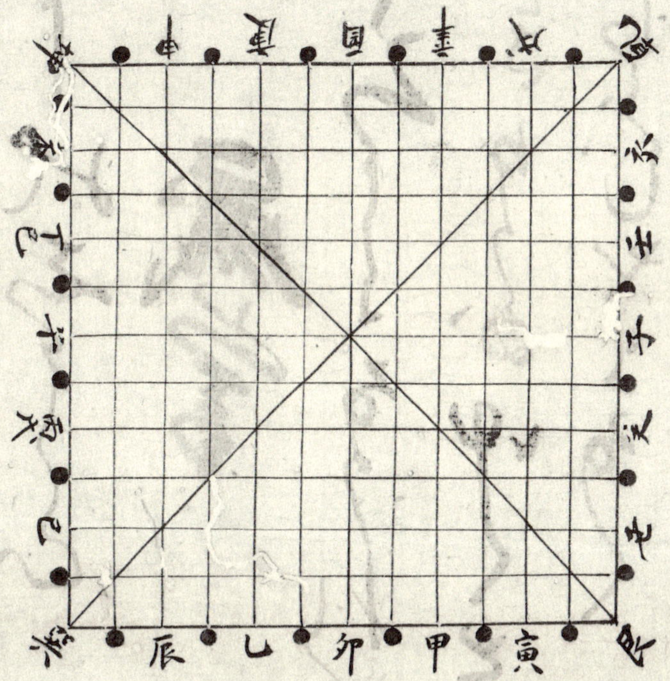

三十五日年
雜化人領從
廿五日之後
自件所至
大將軍方者
凡大將軍方可忌三千三百丈
假令三千者東方之甲乙方也三百丈者寅卯辰之方也
餘三方以之可知之　遊行之時忌正方一辰也縱令在
東方者忌件方一辰不忌甲乙寅辰也一寸之相遠不幸正
方者更不可忌之云々

凡王相々有二說所謂五行王相八卦王相是也但近代所
忌一方一角也
新撰陰陽書云春東王夏南王秋西王冬北王云々
又立春以後卌五日艮王東相春分以後卌五日巽王東相
巽相是八卦法也々三方以之可知之
艮方并東方者甲乙寅卯辰也
是八卦之說也一方一角是也

是八卦之説也一方一歳是也

或人云王相方忌事如新撰陰陽書説ハ東土〈凡下三八〉
二千三百丈也如大将軍方可忌之也王相方不能忌
慎忌事也其咎及子孫云々依里可用此説云々

天一太白方事

件方可忌正方一辰也假令十丈者以一丈六尺六寸六分
為正方此外非忌限大将軍王相土諸神禁忌方角
皆同之

天一太白方〈ツハ〉自大将軍王相八卦忌方ハ里可忌避是
件大将軍方不八日数久之故也見保憲勘文之由宗明朝臣
所談也　保憲説云隣里犯土大将軍王相方忌卅五歩
内八卦方忌三百歩内四町餘也但自身犯土造作
者不論遠近猶可忌之

八十六●土氣法

郭邑之内可忌四十五歩〈七尺也〉郭邑之外可忌卅五丈〈五丈〉
隔阡〈十八丈〉陌〈六八〉河〈卅二〉澗及人家無忌
光榮説云郭邑者謂城邦或謂村邑京都之内謂之
郭邑以一保四町可定歟云々

八十七●八卦忌事

謂遊年禍害絶命方〈未〉件三方不可犯土造作云々但
旅不可忌造作云々　又遊年在未申之年不可犯土

旋不可忌造作云々　又遊年在未申之年不可犯土
造作坤皆断年也　八卦忌方有忌用之時用之可行解謝之法之由見人本文云々
凡八卦之忌自卅五日面前不可忌不可論自他領云々
普通之習従立春節々居住之所忌避之
一説云合始渡住之所之全過卅五日之後自余所可忌避之
凡領地之内雖当林所忌方他人犯土造作不可忌避云々
雖郭邑之内不可忌但可忌土氣法云々是宗明朝臣之
説也假令大将軍王相在南方之時不論遠近領地可
在南件地奴婢之領可致犯土之時可也近邉之時
可忌土氣之法也

八十八
●金神七殺方事　常三日九紫方時無忌云々
甲己年在午未申酉方　乙庚年在辰巳方
丙辛年在寅卯午未子丑方　丁壬年在寅卯戌亥方
戊癸年在申酉子丑方
已上作犯一神殺七人家人不足隣人填之
右呂才百忌暦文也但異本不文章頗有筆削并
又云金神方造犯土事　切忌之若犯無法無所祈
但三白九紫有氣之方量園林植竹林起楼閣墉
池井可轉其災常得其慶云々

八卦
三　離中断
巽八不交進属離　坤一不交退属離　請之略頌云々
一　八　十六　廿四　卅二　四十　卌一　卌八

一　八　十六　廿四　卅二　四十　卌一　卌八

五十六　六十四　七十二　八十　八十八　九十六　百四

遊年午　禍害丑寅　絶命戌亥　鬼吏子　生氣卯

養者未申　天醫酉　福德辰巳　衰日寅申

八卦衰日事　立春在正月之時立春前節尚可用舊年衰日之
由見文陰陽或衰日事有二類　生年衰日　行年衰日　今世不
用生年衰日　男女八卦各異　然而近代又不忌男女八卦
御本命日事　有二種　或以生年為本命　或以生日為本命
又支干相須可為本命　然而撿國史只以支干為御本命　壹年（干支）
降誕以寅為本命也

☷　坤皆断

二　九　十七　廿五　卅三　卌二　卌九　五十七

六十五　七十三　八十二　八十九　九十七　百五

遊年未申　禍害卯　絶命子　鬼吏卯　生氣丑寅

養者午　天醫辰巳　福德酉　衰日卯酉

☱　兌上断

三　十　十八　廿六　廿四（卅九）　卌三　五十　五十八

六十六　七十四　八十二　九十　九十八　百六

遊年酉　禍害子　絶命卯　鬼吏午　生氣戌亥

養者丑寅　天醫午　福德未申　衰日子午

☰　乾皆連

… 十九　廿七　卅五　卌四　五十一

三

四　十一　十九　廿七　卅五　卌四　五十一
五十九　六十七　七十五　八十四　九十一　九十九　百七
遊年戌亥　禍害辰巳　絶命午　鬼吏辰巳　生氣酉
養者子　天醫卯　福德壬寅　衰日辰戌

三　坎中連
五　十二　廿　廿八　卅六　卌五　五十二
六十　六十八　七十六　八十五　九十二　百　百八
遊年子　禍害酉　絶命未申　鬼吏未申　生氣辰巳
養者戌亥　天醫壬寅　福德卯　衰日丑未

三　艮上連
六　十三　廿一　廿九　卅七　卌六　五十三
六十一　六十九　七十七　八十六　九十三　百一　百九
遊年壬寅　禍害午　絶命辰巳　鬼吏午　生氣未申
養者酉　天醫子　福德戌亥　衰日丑未

三　震下連
七　十四　廿二　三十　卅八　卌七　五十四
六十二　七十　七十八　八十七　九十四　百二　百十
[illegible]卯　[illegible]未申　[illegible]酉　[illegible]戌亥　生氣午

六十二 七十 七十八 八十七 九十四 百二 百十
遊年 卯 禍害 未申 絶命 酉 鬼吏 戌亥 生氣 午
養者 子 天醫 戌亥 福德 子 寡日 卯酉

巽 下断
十五 廿三 卅一 卅九 五十五 六十三
七十一 七十九 九十五 百三
遊年 辰巳 禍害 戌亥 絶命 丑寅 鬼吏 酉 生氣 子
養者 午 天醫 未申 福德 午 寡日 辰戌

八卦行年事
男自丙寅順計之 女自壬申逆計之
縦令有廿五歳男 自丙寅順ニ計テ當年庚午ニシ行年トセシ也
有十七歳女 自壬申逆ニ計テ丙寅ニシ行年ト此勘之

八十九 厄年
十三 廿五 卅七 四十九 六十一 七十三 八十五 九十七

九十 縁佛
辰年人 文殊師利菩薩 巳年人 地藏菩薩 午年人 栴檀香佛
未年人 摩利支天 申年人 観世音菩薩 酉年人 阿弥陀佛
戌年人 得大勢菩薩 亥年人 弥勒菩薩 子年人 微妙聲佛
丑年人 [illegible]羅[illegible]菩薩 寅年人 龍樹菩薩 卯年人 薬師佛
大寶積経云若有人各随生年佛依此菩薩可
有福有命終欲令生淨土

九十一 本命屬星
…文曲星

九十一 本命属星

子年 貪狼星 丑亥 巨門星 寅戌 禄存星 卯酉 文曲星
辰申 廉貞星 巳未 武曲星 午年 破軍星

今案貪狼星主子年人桐木枕伏持同上又大陰値同星
巨門星丑亥年人槐枕伏持同上水曜辰主禄存
星寅戌年人榆木伏持同上金曜太白星戌文曲星
卯酉年人棗枕伏持同上土曜鎮星廉貞星
主辰申年人茱木枕伏持同上木曜歳星辰年
男女武曲星々巳未年人李枕伏其験同上火
曜熒惑巳未年男女破軍星々午年人杏
伏月求長七尺八二寸枕高二寸長四寸件伏
持人齢老若白髪反星成又日曜太陽午年

九十二 命木

男女
付穀
命木或說子栗 丑亥 橙 寅戌 榆 子酉 棗
辰申 来柳 栗 巳未 李 午 杏
子年 桐 丑亥年 槐 寅戌年 榆 卯酉年 棗
辰申年 棗 巳未年 李 午年 杏

命穀

子年 黍 丑亥 粟 寅戌 稲 卯酉 麦 辰申 [illegible]
巳未 大豆 午年 小豆 又說子大豆 寅戌 小豆 卯酉 黍 辰申 小麦
午 麻子 又說子年 麦 未 寅戌 麦 巳未 小豆
子亥年 黍 丑 大豆 粟 或稗黍小豆 寅 粳稲米 又麦 卯酉 小麦 黍 或大麦 黍
辰巳年 麻子 或小麦稲 巳未年 大豆 午年 小豆 戌 小麦 或麦

五行…

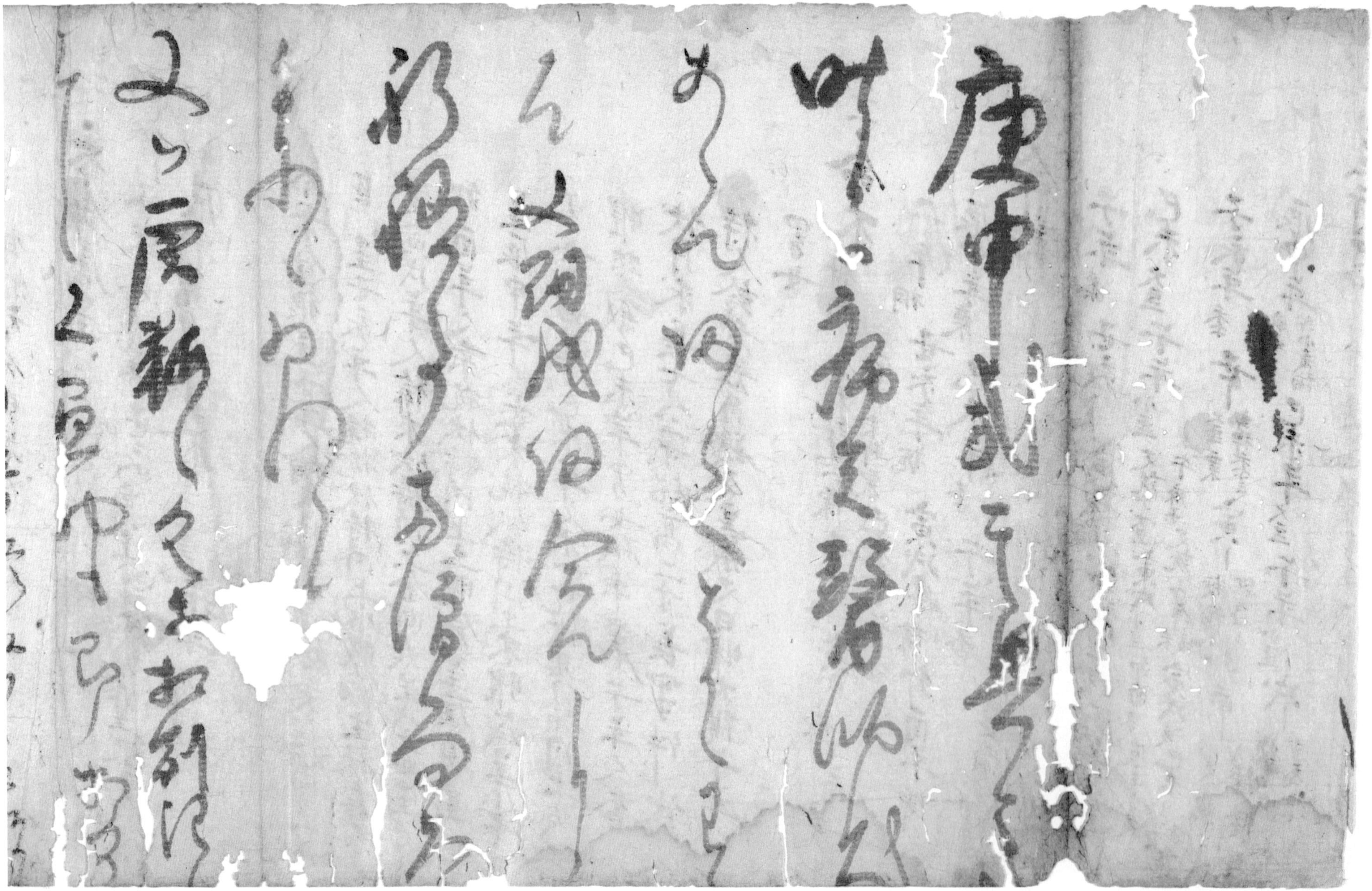

(18)

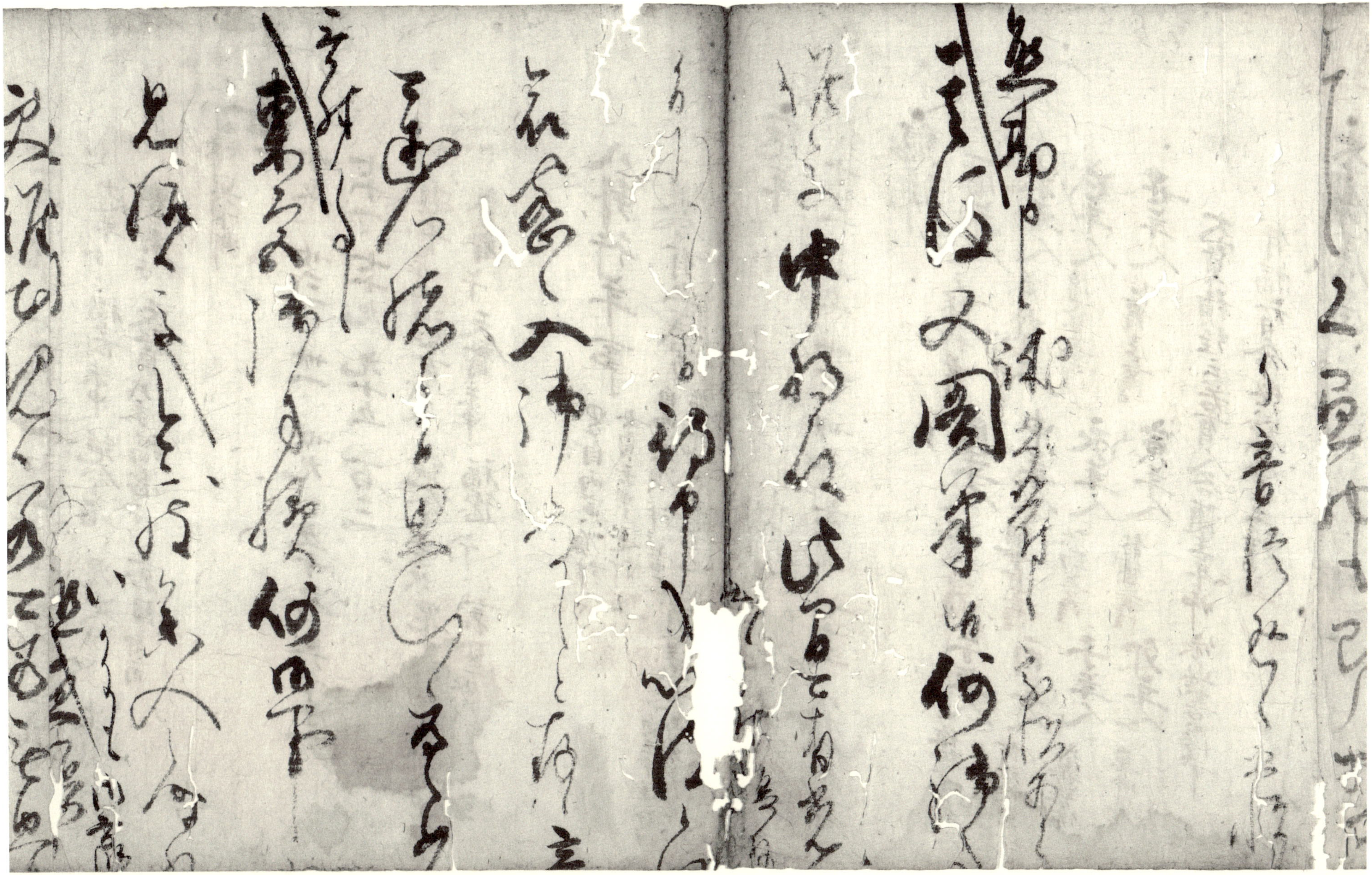

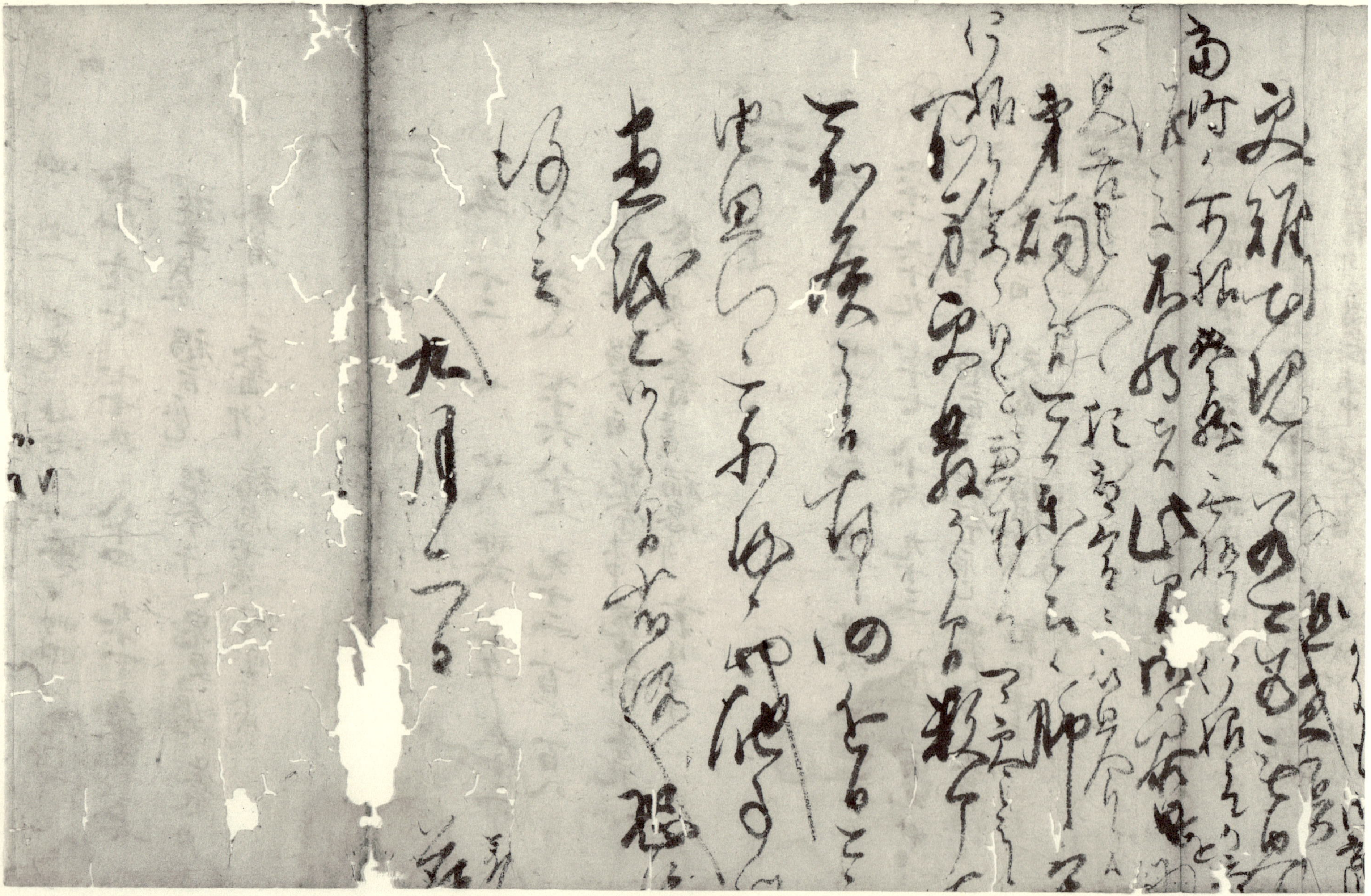

（16）

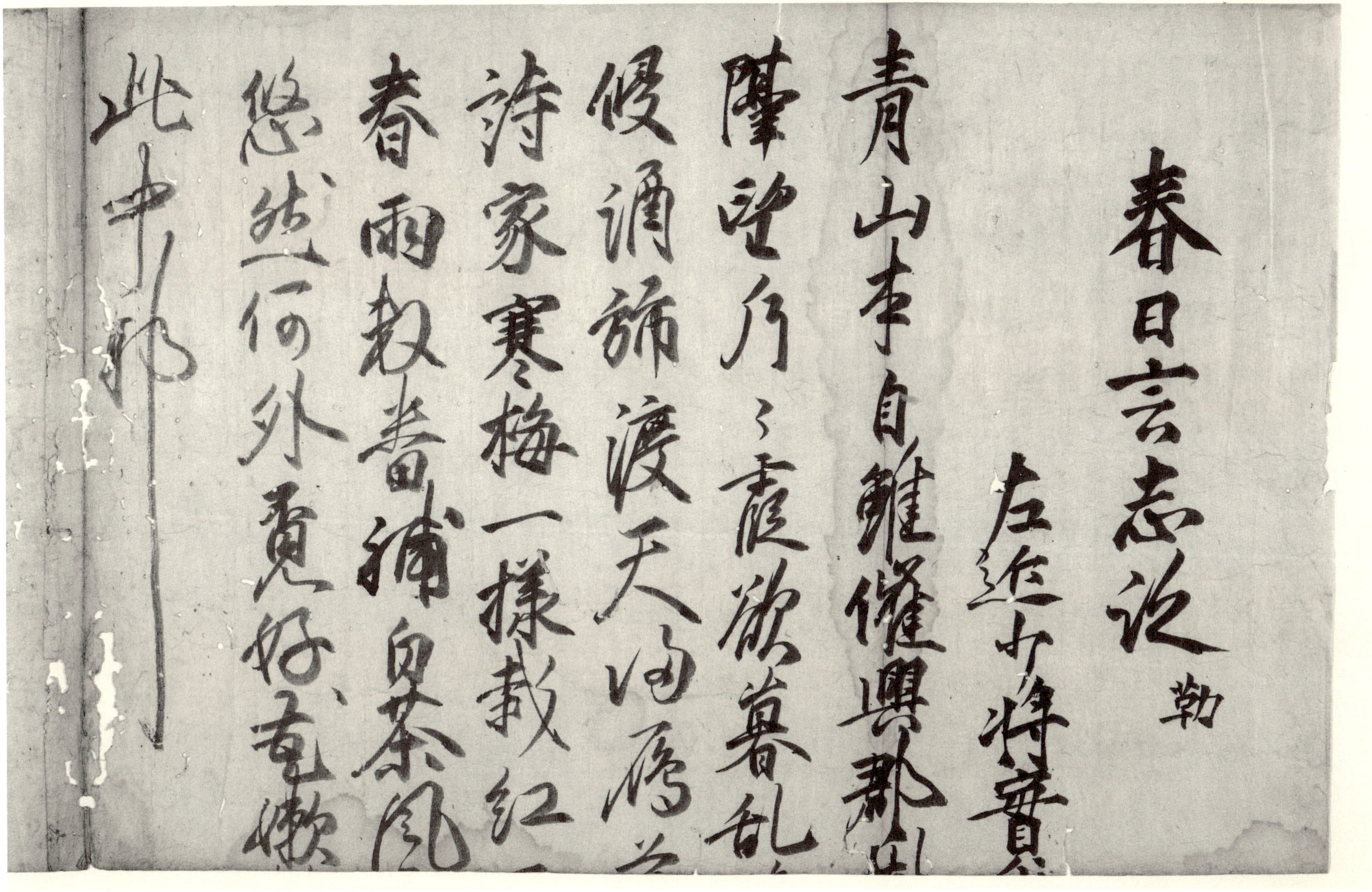

春日言志詩　勒
左近少将資
青山本自雖縱興郡
陣望行々遠欲暮乱
假通誦渡天鴻
詩家寒梅一樣栽紅
春雨数番補白茶風
悠然何外覓好竜歟
此中祢

(15)

晩夏同賦荷葉知池秋
各分一字詩　探得[illegible]
氏[illegible]
九夏已闌秋近也
荷葉水蓋[illegible]入簷風
沙風來照盈月兆[illegible]
[illegible]
迴廊[illegible]草[illegible]
[illegible]庭[illegible]之[illegible]
甲[illegible]
[illegible]從[illegible]

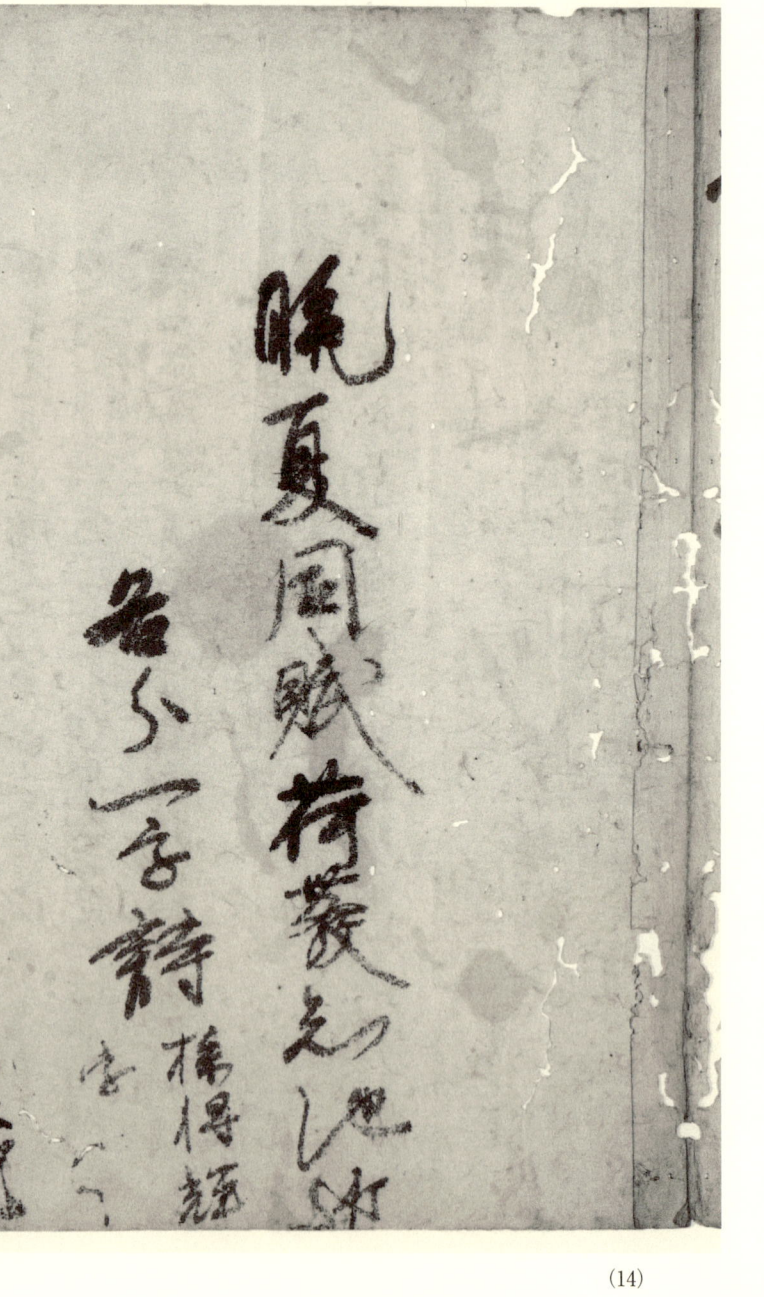

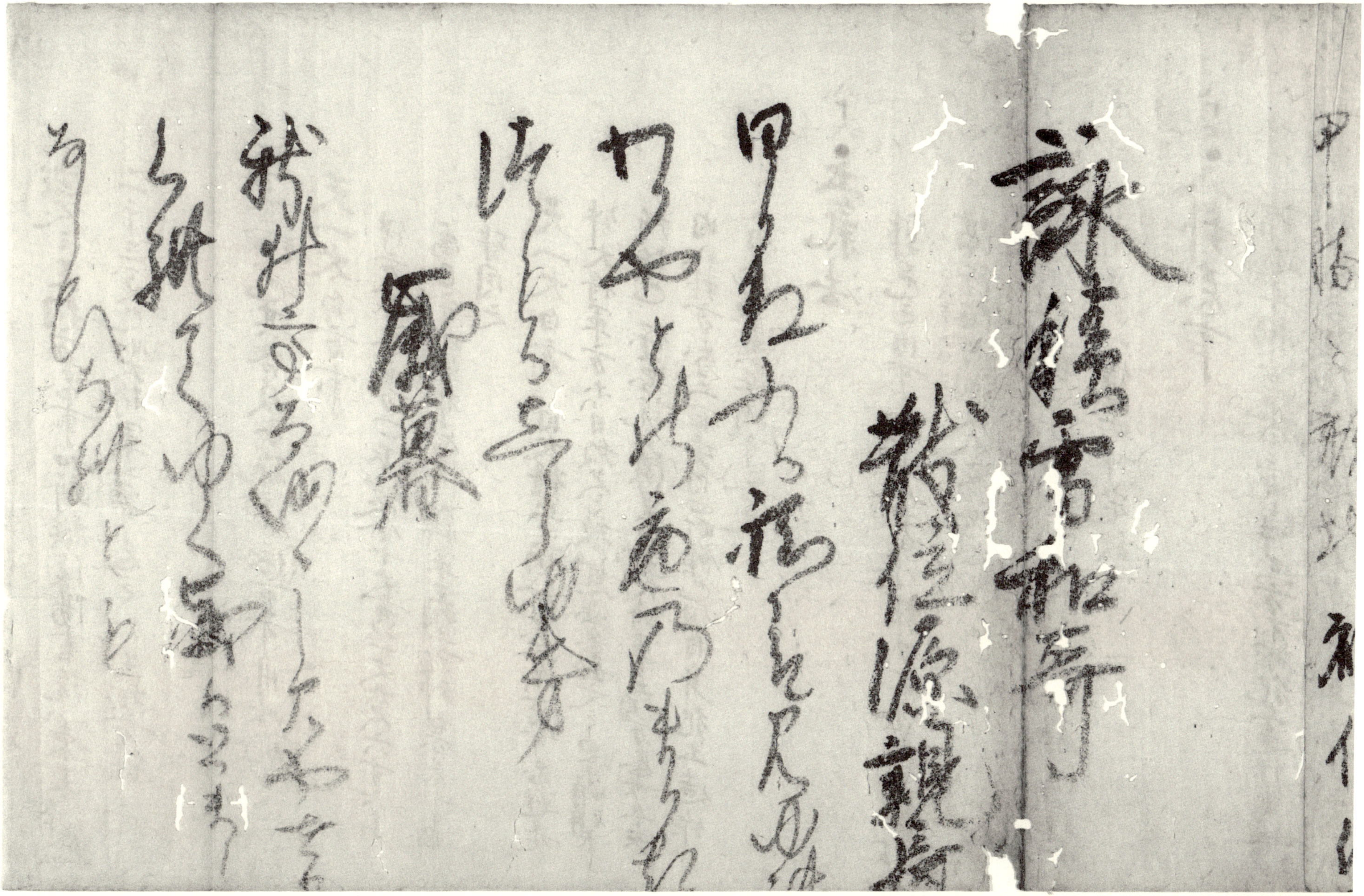

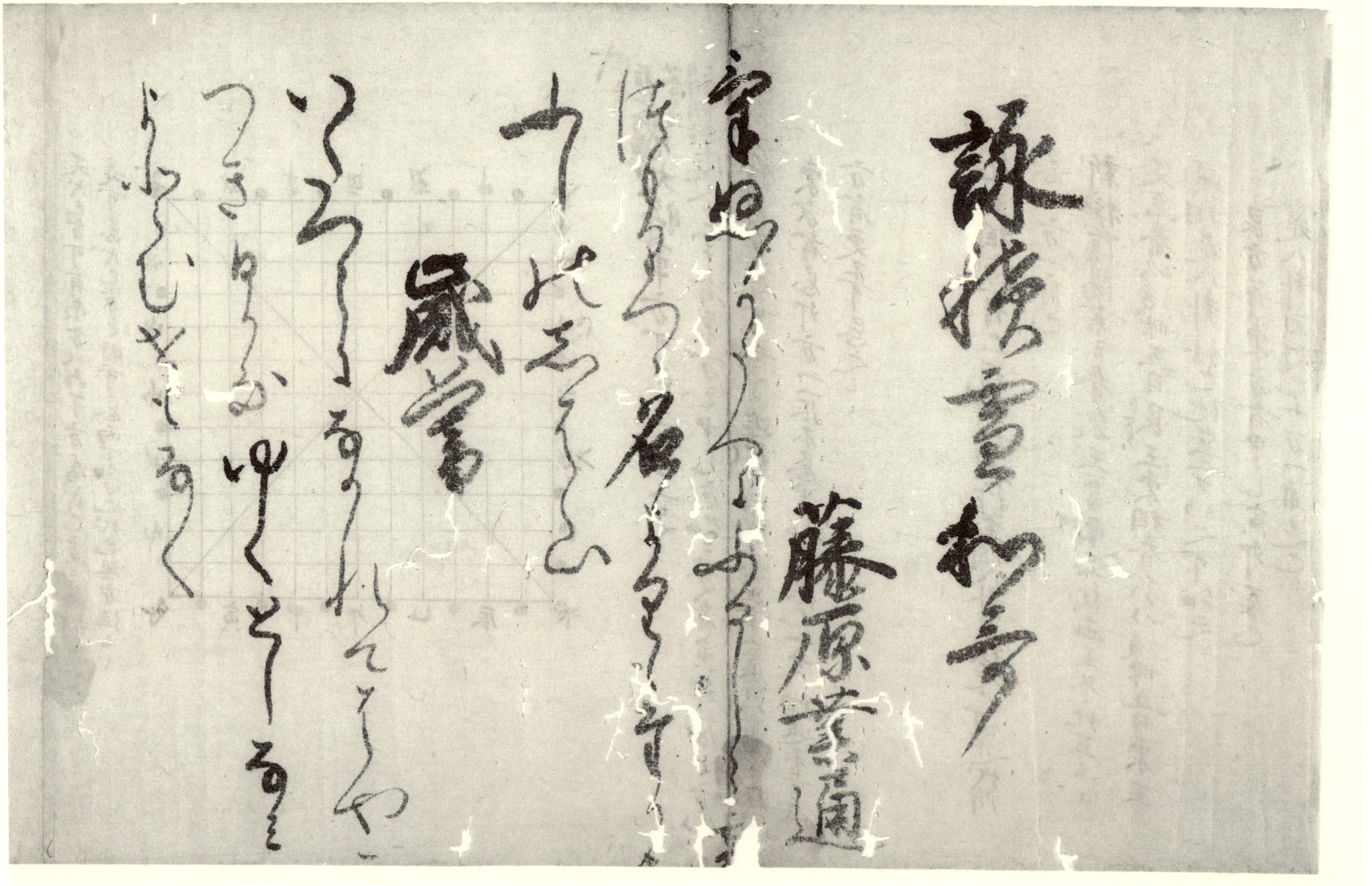

(12)

燦日同賦草際有秋
冬分一宮詩

秋冬穩冕迴涼到荒洲
百草橋芳晉篆臨洲
鳳蕭瓢蘭蕊完遶
涼池氷消之荷背南[?]
叢蕃〻蘂[?]歎月断
感別下旬似千歔如雲
祿禮穣

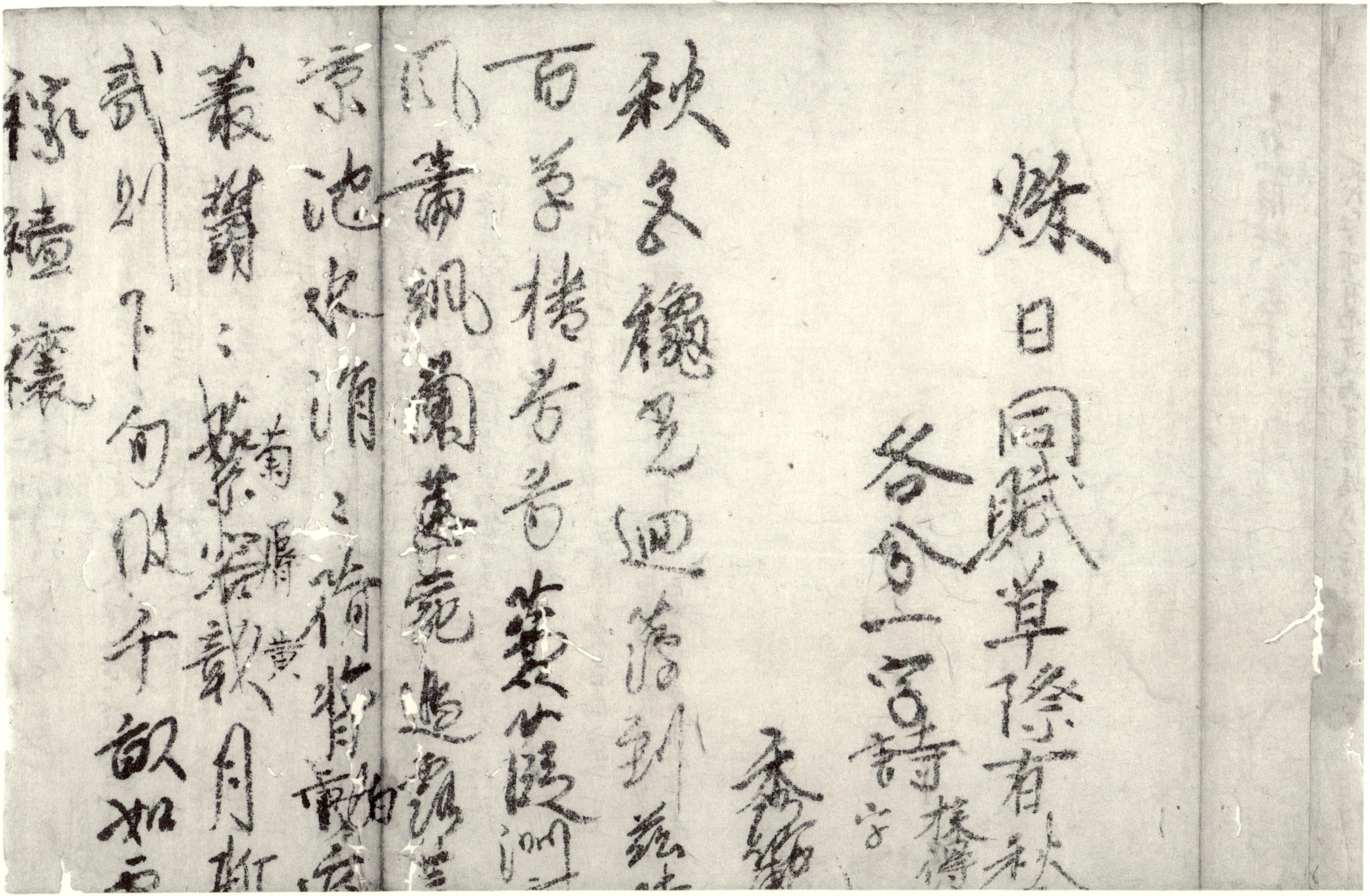

詠三首和歌

鶯知春

なかくつもれる雪のうへ
ゆきまをまつる此春の色

鶯間梅

こゝろせむめれこそはむめの
うるはとすうかゝのことに

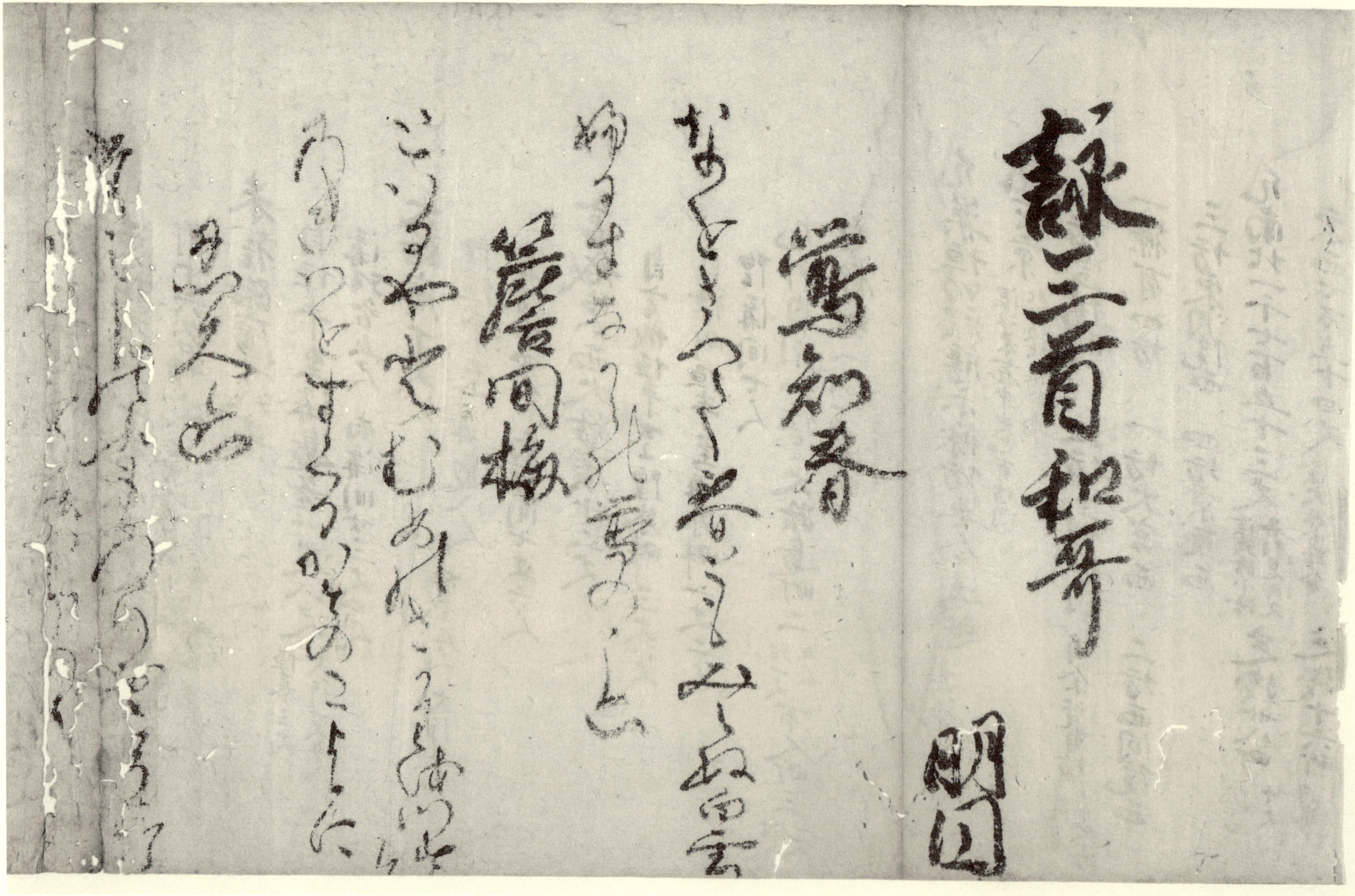

春夜守庚申同賦招客對
翫花詩　以紅為韻
明圓
誠將詩思頻招客翫
感主興無窮遂若燈
勸夜酔更文士方談綱
同今日多情燎栽
當時有故為誰紅庚申
守夜推罕于來夜氣
一盞中

〔夏日同賦荷叢知池遊〕各分一字詩

懐雄

池色溶々知夏意　新荷

帯露蓋隨傾聞風遠岸

入意嶺漫月寒潭當砌

清翠葉團々迴氷離

紅花絶々曲縮生請

勝地竹李下逕遊更

萬歳々葉

（8）

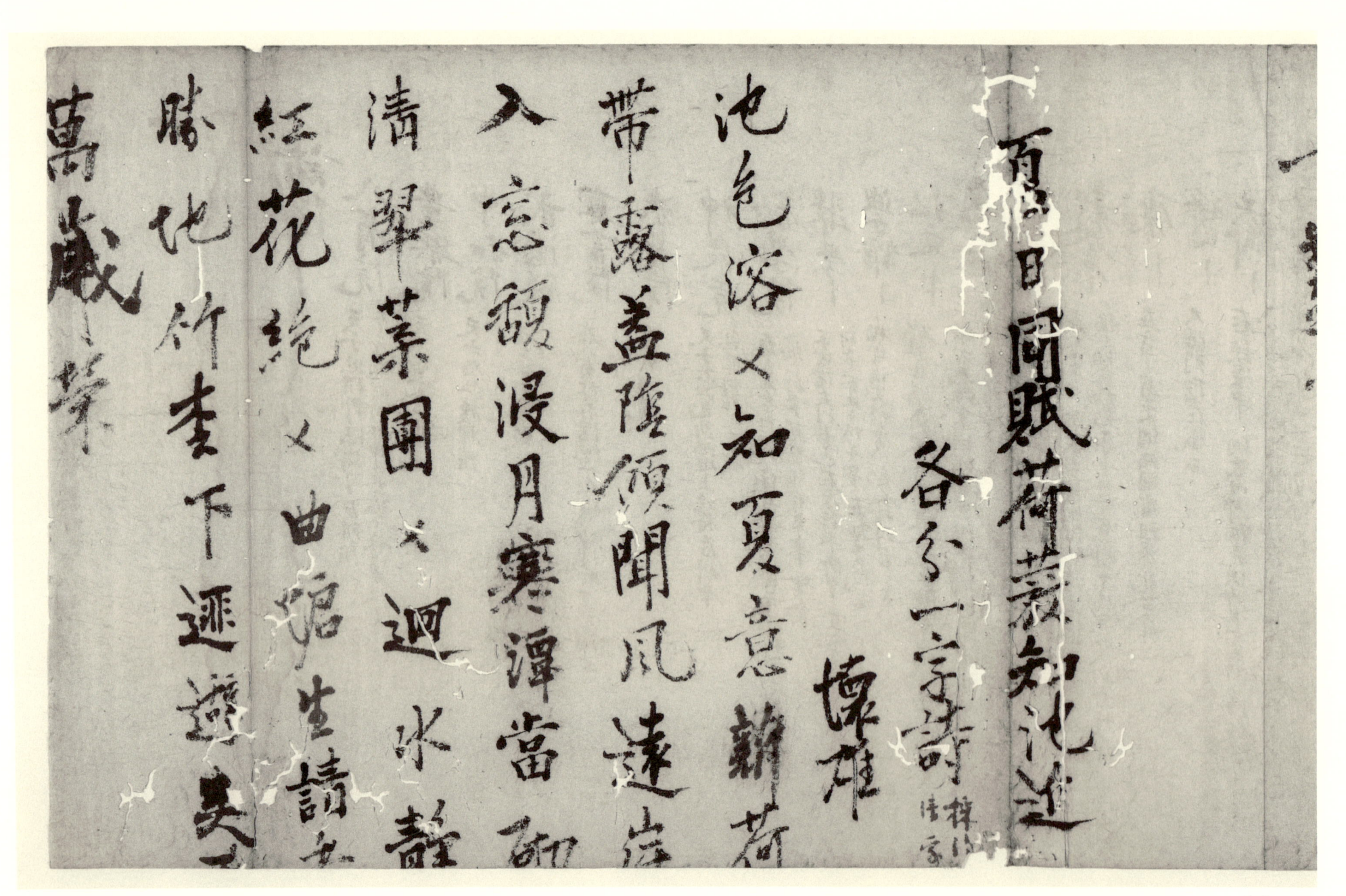

詠三首和哥

散位源親長

鶯知春

[illegible]

櫻間梅

[illegible]

思久恋

[illegible]

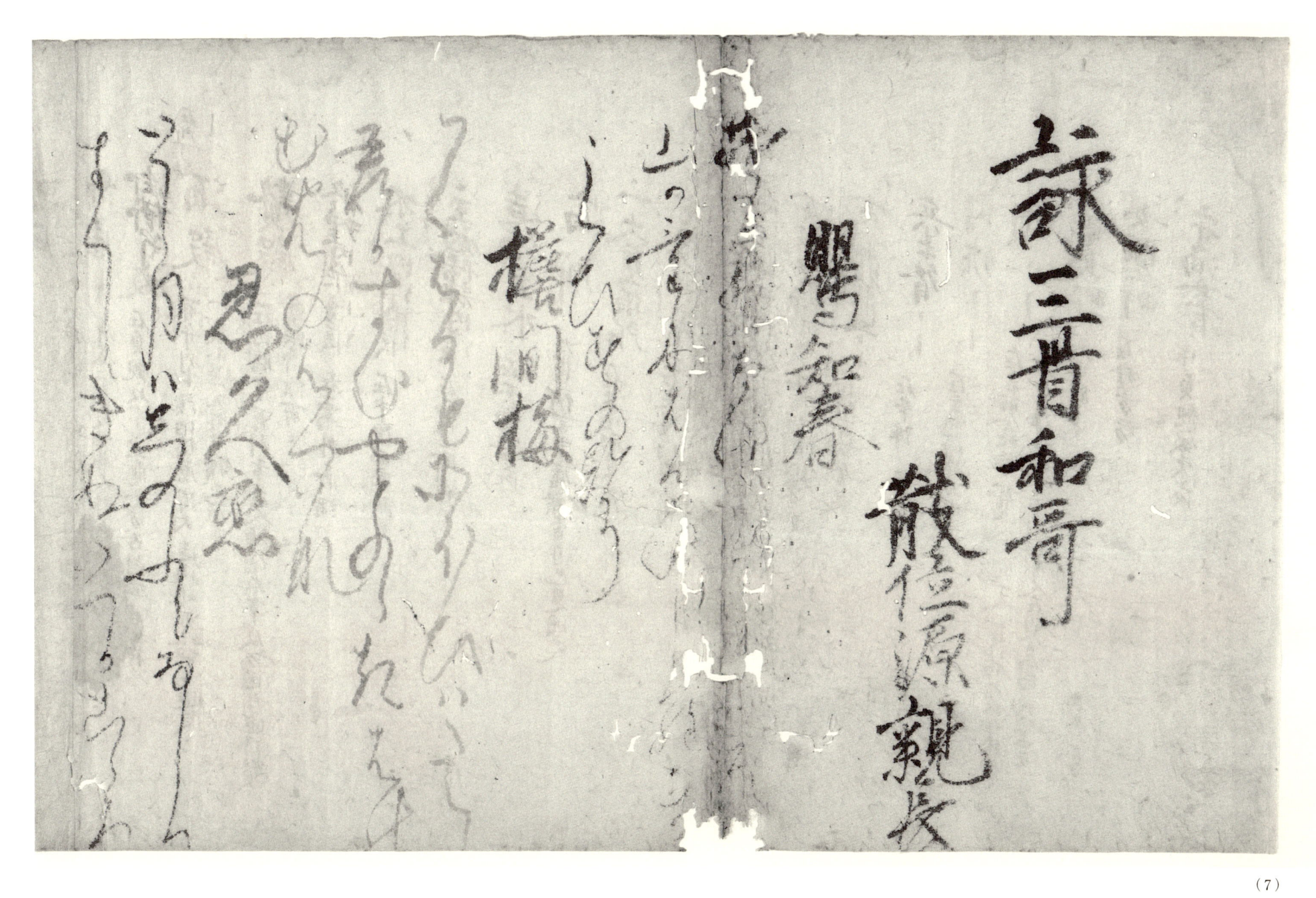

詠三首和歌　大蔵卿□□

浦千鳥
いつへにかたちよのよなみ
たちとうらちとりなく

暁雪
ほのほのてしらむにたくの
あけほのにをしみもあへぬ
ありあけの月の卸おもかけ

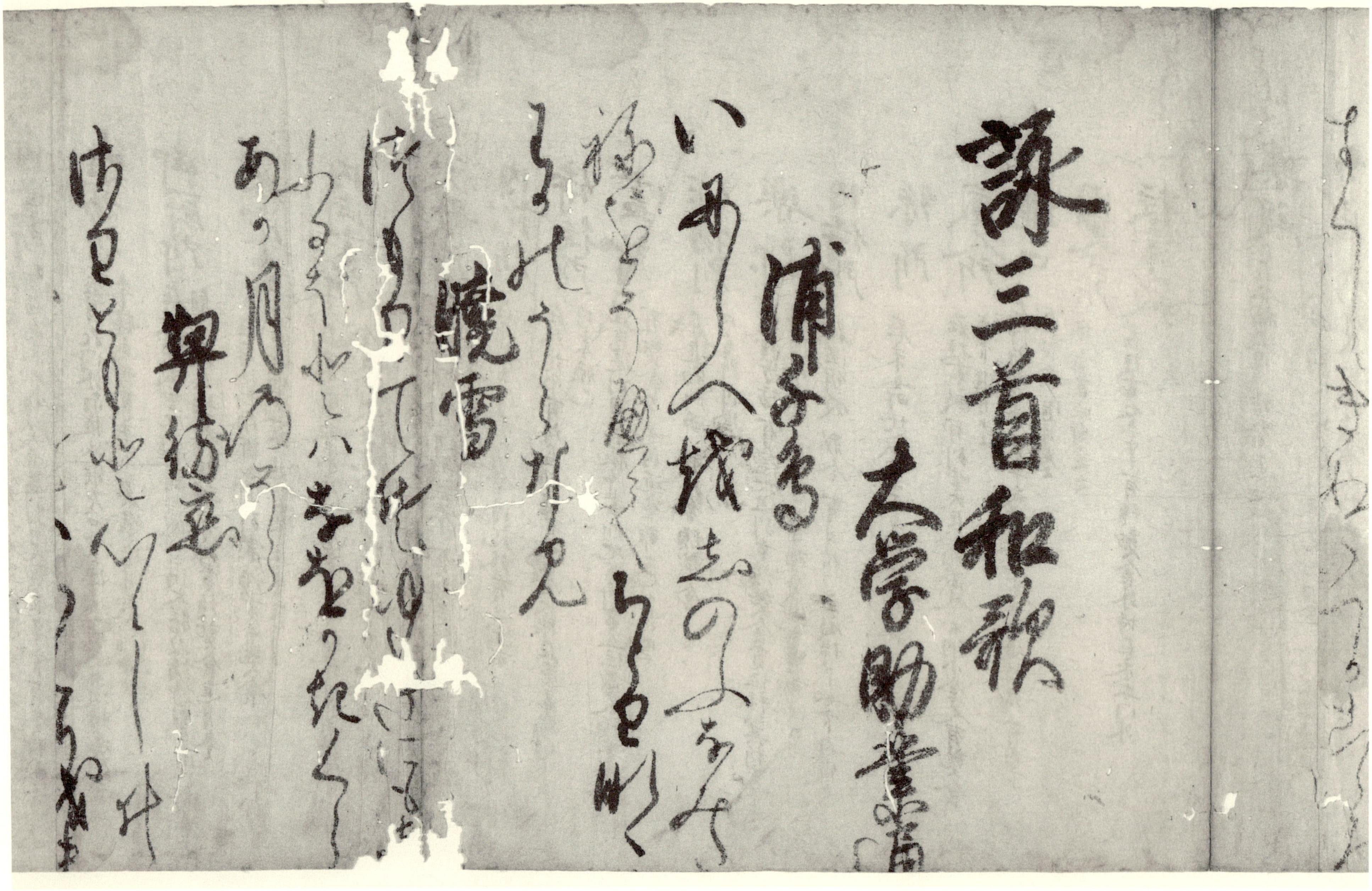

詠三首和歌

法眼空

車十首
一河くゆ裳濯川の
あらいそにきよくさえたる
みかけ
みつよりや
ゆきふるあ
ろうきのうら

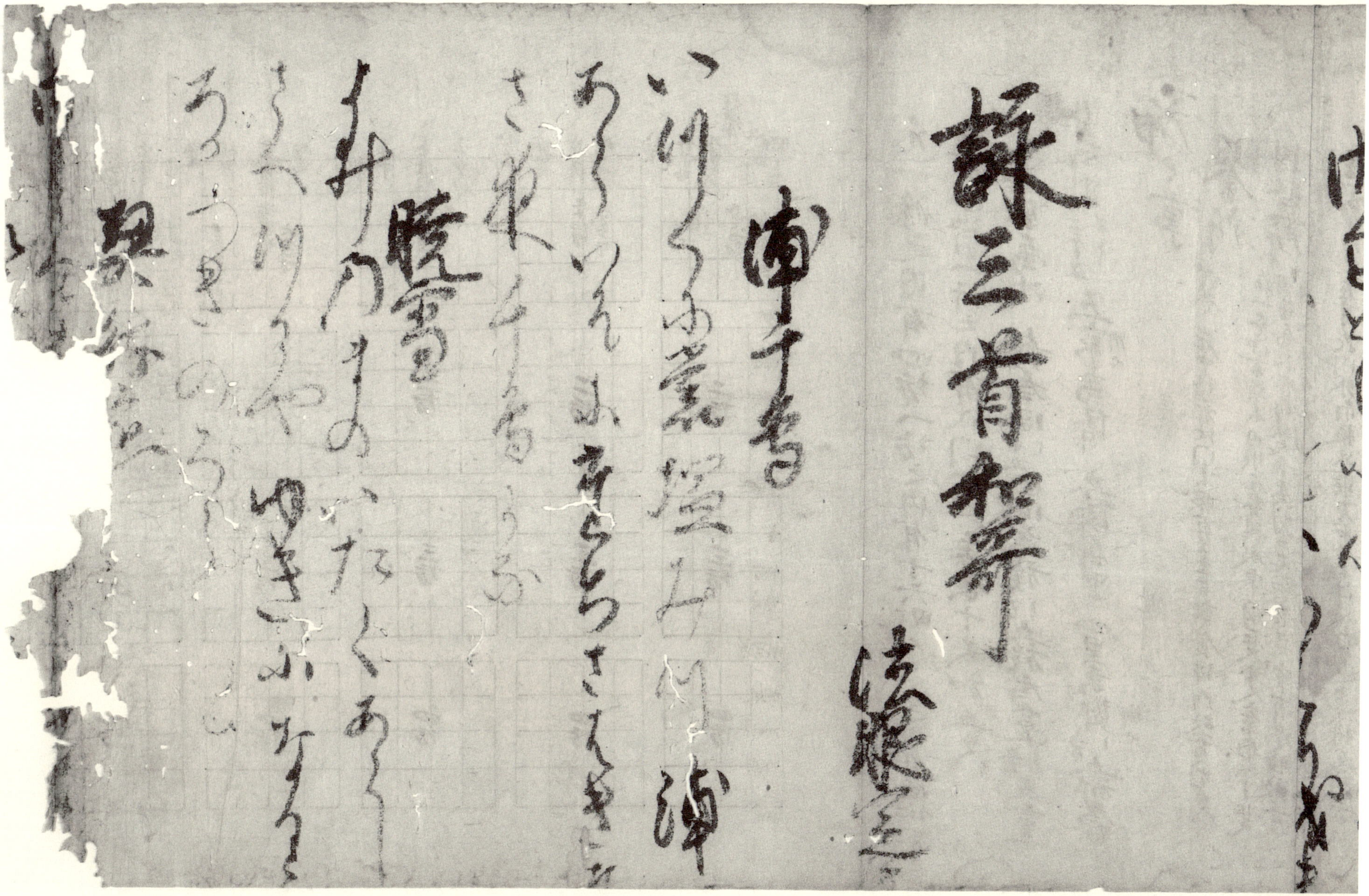

夏日同賦夏景詩　石門
各分一字詩　探字
明圓
九夏早稀須自水石潤
見處暑如忘初為既近
山聲暗炎景纔殘池色
涼松下蔭文衣尚寒
竹中綠斷簟古長前
秋氣風情好勝地南

（4）

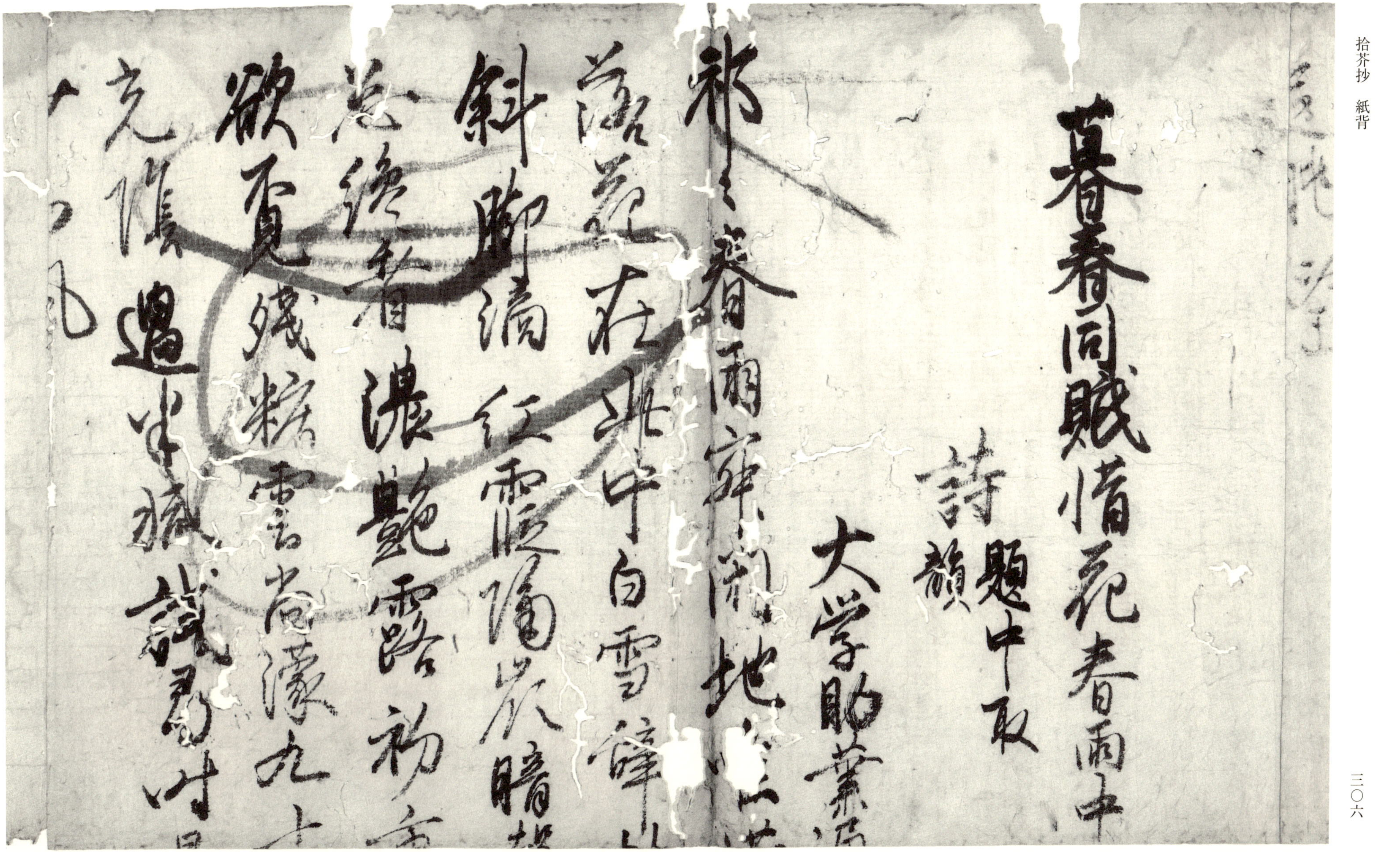
暮春同賦惜花春雨中
詩　題中取　韻
大学助業清
祢々春雨辞流地上
落花在此中白雪辞山
斜脚濃紅霞満欲暗枝
落絶看濃艶露初
欲覓残粧雲岸漾丸
充作遇水撫識君付

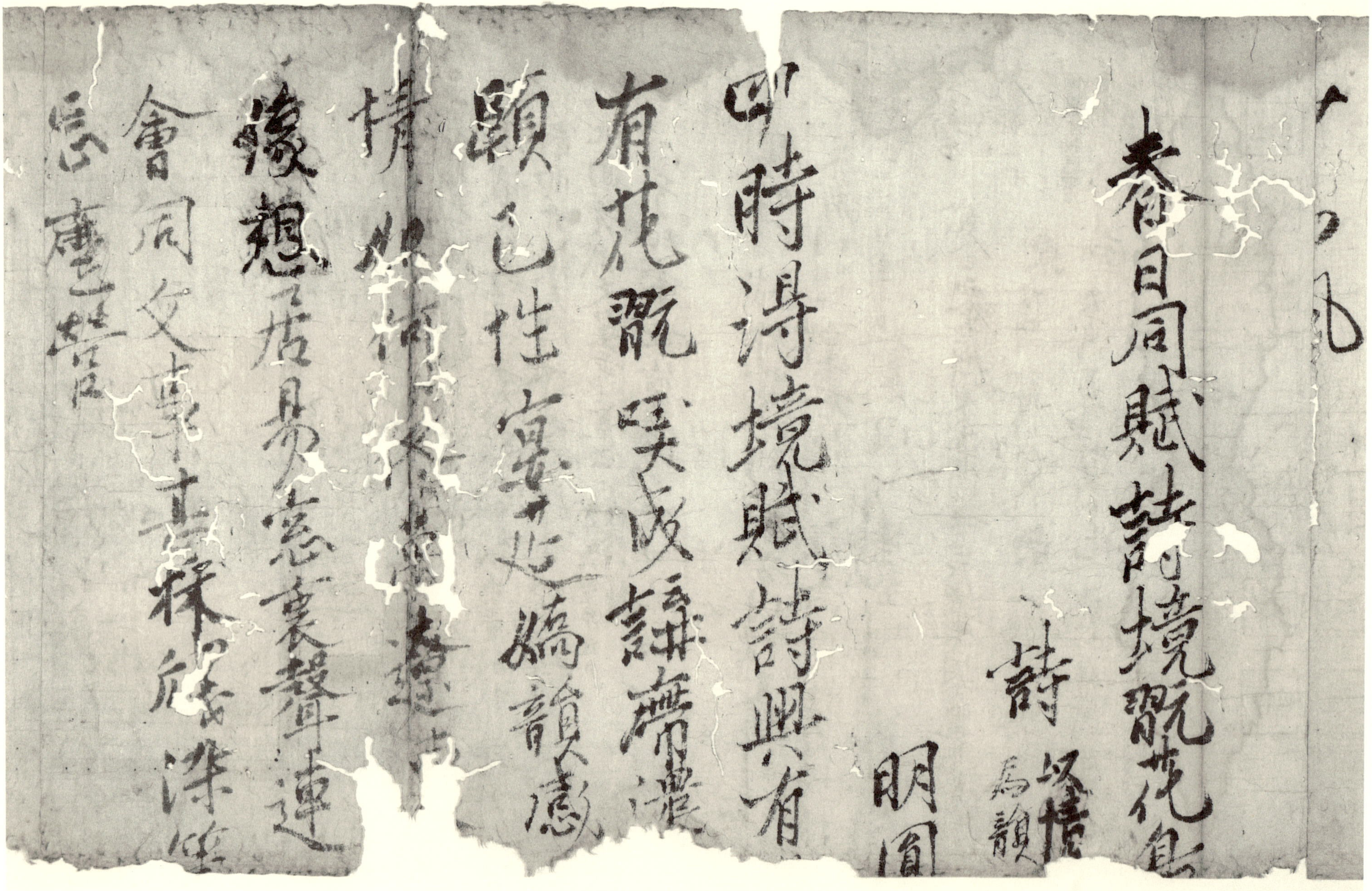
春日同賦詩境翫花色
詩　以境為韻
明　圓
叫時得詩境賦詩興有
有花翫咲成韻齊濃
顯色性宴延嬌韻處
緣想居易忘裏聲連
會同文章林庭深
臣　應…

（2）

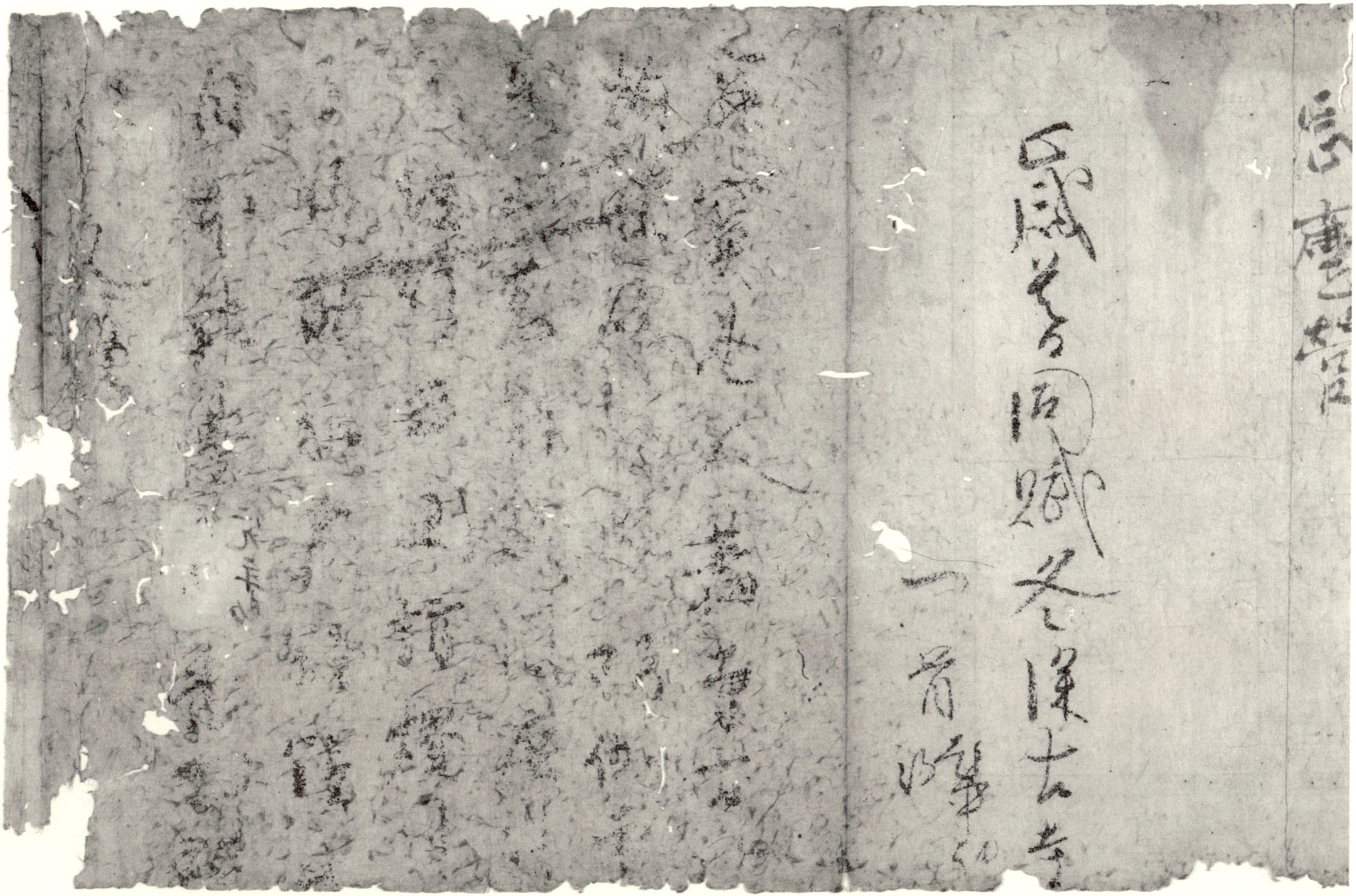

（1）

解説

和歌真字序集

一巻　紙本墨書　二八・〇糎×一〇五一・八糎

鎌倉時代（十二～十三世紀）　S貴一七―一　重要文化財

全二十二紙（全紙に紙背文書あり）。前欠。鎌倉時代初期写。

平安時代後期の漢文体の和歌序（詩序一篇を含む）を類聚した書物の残巻である。原題は不詳で、過去の表装に際して「扶桑古文集」と名づけられたとおぼしく、一九六三年（昭和三十八）に「和歌真字序集」の名称で重要文化財に指定されている。一九一〇年（明治四十三）に野口遵氏より寄贈されたが、それ以前の伝来については明らかでない。

天地各一本の墨界線あり。界高二三・三糎。界線はおおむね紙をまたがって引かれている。毎紙十九行乃至二十行、毎行十一字乃至十二字。

訓点には、傍訓・返点・連音符と若干の声点が付せられる（モノクロの影印では判別しにくい箇所があるが、朱筆ではなく薄墨である）。また〔二十〕までは、句のまとまりを区切るカギカッコ「」がほぼ全体に施されている。これら訓点類の種別や年代については、識者の判断を俟ちたい。

本文であるが、全二十九箇度における三十三編（うち一編は詩序）の和歌序が収録され、院殿上・直盧・東宮・蔵人所・親王家・孫王家での和歌といった配列になっている。あるいは前欠部に、内裏ないし天皇のもとでの和歌序があったかもしれない。年代的には、白河院政期から鳥羽院政初期の作品が中心となり、うち半数以上は他の文集などに見えない。篇目の構成を順に見ると、以下のとおり（＊として、他の文集での所見と年月日などを注記した）。

一　〔三月三日侍　太上皇宴同詠逐年花盛応製和歌并序〕従四位上式部大輔兼但馬権守□（藤原敦光）

＊『本朝続文粋』巻十。（天治二年から大治元年頃）三月三日。

二　八月十五□（夜カ）於鳥羽院詠翫池上月和歌　大納言（源）経信

＊『王沢不渇鈔』下、『本朝文集』巻五十。寛治八年八月十五日。

三　秋月侍　太上皇仙洞同詠菊送多秋応　製倭歌一首并序　正四位下行右（左）中弁臣藤原朝臣実光

＊大治五年九月五日。

四　冬日同詠松影浮水応　太上皇製和歌一首并序

参議従（正）三位兼行左大弁勘解由長官権守大江朝臣匡房

＊和歌もあり。（寛治二年より同七年）十月。

五　春日住吉行旅述懐応　太上皇製和歌一首并序　左大弁源経信

＊『本朝続文粋』巻十。延久五年二月二十一日。

六　春日侍　太上皇幸上東門第翫花応　製和歌一首并序　従一位行左大臣々源朝臣俊（俊房）

＊永長元年二月二十三日。

七　春日侍　太上皇幸白河院翫花応　製和歌一首并序

内大臣正二位兼行右近衛大将臣源朝臣有仁

＊保安五年閏二月十二日。

八　小一条院秋日臨大井河紅葉泛水応令歌一首并序　（慶滋）為政

＊寛仁二年九月十六日。

九　同殿上早夏於鳥羽院同詠郭公声稀和歌一首并序　式部大丞藤原宗光
＊長治元年四月。

十　初冬於鳥羽院同詠松契遐年和歌一首〔并序脱カ〕　学生藤原尹通
＊康和三年十月二十七日。

十一　同前殿暮春同詠落花埋庭和歌加小序　散位平祐俊・土州別駕大江家国・散位藤原敦光・刑部丞藤原有忠・前文章得業生藤原永実
＊承徳三年三月中旬。

十二　端午日同詠和歌二首採昌蒲・雪(雲)外郭公并序　散位藤原広兼
＊天治二年五月五日。

【直廬】

十三　春日於　鳥羽院直廬同詠松為久友和歌一首并序　藤原宗兼
＊『本朝文集』巻五十五。

十四　夏日詠藤花瀉水和歌一首并序　散位大江家国

十五　秋夜於城南将作大匠直廬同詠処々看月和歌一首并序　文章得業生行盛(藤原)
＊康和三年八月。

【東宮付蔵人所】

十六　春日同詠松契遐年応　教和歌一首并序　右少弁大江匡房
＊（延久二年から同五年）二月。

十七　夏日同詠庭松久緑和歌一首并序　学生藤原敦宗
＊長治元年四月二十九日。

十八　夏日於春宮蔵人所詠鶴有遐齢和歌一首并序　蔭孫紀行康　江納言(大江匡房)作与也、
＊長治元年夏。

十九　惜花遅帰　大江公資
＊（長暦三年以前）三月九日。

二十　春日於左監門藤次将青闈直廬詠百首和歌序　黒主玄孫赤丸　実無(兼カ)作(藤原)
＊『本朝文集』巻五十一。長治二年三月四日。

二十一　九日於左金吾藤次将青衛(闈)直廬詠秋情在菊和歌各加小序　賀州司馬実兼
＊『本朝文集』巻五十一。九月九日か。藤原実兼は天永三年四月没。

二十二　親王家三月三日吏部王池亭会十四首并序　大江千里
＊三月三日。

二十三　春日同詠花樹久芳応教倭歌一首并序　右京権大夫藤原敦基
＊『本朝文集』巻五十一。寛治元年春。

二十四　三宮(輔仁親王)秋夜守庚申同詠明月照衣応　教和歌一首并序　散位藤原盛基
＊八月。

二十五　移前裁(栽)　道済(源)
＊八月。寛弘八年以前か。

二十六　孫王家秋夜同詠月照松応　教倭歌一首并序　式部小(少)輔兼文章博士東宮学士藤原明衡
＊『本朝続文粋』巻十。治暦元年か。

二十七　七言、暮春於城南別業同賦仙家春未尽詩一首題中取酌(韻)、付小序、　文章得業士(生)藤原令明

＊『本朝小序集』。（天仁元年以前）三月。
二十八　秋夜陪吏部大王文亭詠臨暁聞虫和歌付小序　学生菅原在良
＊『本朝文集』巻五十四。（承保元年以前）七月中旬。
二十九　上巳後朝侍　太上皇仙洞同詠翫花忘帰応　製和歌一首付小序
正五位下行民部少輔兼加賀守藤原朝臣雅教
＊天養元年三月四日。

奥書には、次のようにある。

「応保二年三月三日書写了、
校了、」
（別筆）「九月廿一日一見了、」

これによれば、応保二年（一一六二）に書写されており、十二世紀半ばにはこうした形で編まれていた。ただし後述する紙背文書の年代からみて、本奥書となる。

本影印叢書刊行に先立って、二〇〇三年度に解体修理が行われた（京都国立博物館文化財保存修理所内・宇佐美松鶴堂に委託）。その際の所見として、影印では確認が難しいが、全巻にわたって縦に折り跡が入っていることが報告された。おおむね山折・谷折が交互に出現し、その間隔は約二五糎である（なお影印で確認できるのは、このパターンとは別の折り跡がほとんどである）。谷折部の中央には、これも修理後にはほとんど目視で確認できないが、左右対称に綴じ穴がある（挿図1）。伝来過程のある時期、巻子装が折本状にたたまれて、簡単に綴じられていたことを示している。第一紙目の折り跡から推すに、その時点では現在よりも前欠部分が残存していたことが確実である。また修理の際に、第一紙の虫損部に貼り付いていた小断片を剥離したが、復原箇所が不明であるため、別台紙に貼付して附属としている（挿図2）。

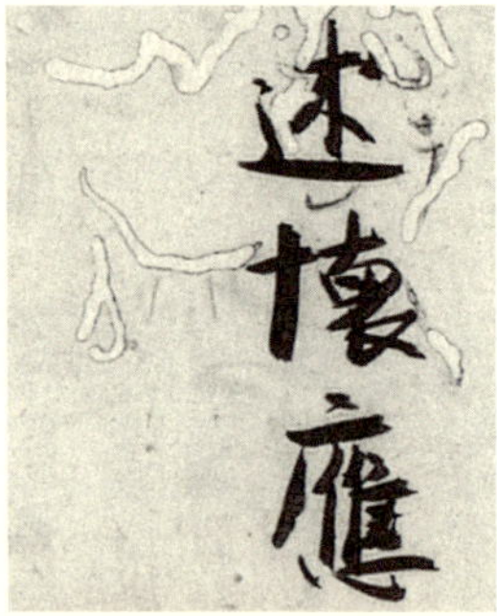

挿図1

挿図2

本冊収録の写真は、表面が修理後の撮影、紙背文書は修理中の裏打ちを外した状態での撮影にかかるものである。修理後の現在は、天地に補強紙を足し、紙背には薄い裏打ちが施してあるが、紙背文書もある程度判読可能な状態である。本所には、修理前に透過光にて作成された影写本（一九六九年作成、架蔵番号［3071.07-37］）と写真帳（一九六八年撮影、架蔵番号［6134-47］）がある。

紙背文書全二十二通は、大江広元に宛てられた建久二年（一一九一）春の書状が多数を占め、さらに建久七年正月に広元が兵庫頭に任じられたことを賀すものが数点あり、書写の時期はこれよりも降ることになる。また、やや年代の遡る安元二年（一一七六）の明法問状が一通ある。一覧すると次のとおり。＊は既往の研究における文書番号で、法量は修理時における一紙ごとの文書の

右辺×上辺（単位糎）である。

第一　紙裏…左衛門□□某書状（建久七年）□〔二〕月八日　＊22　二八・〇×四八・二
第二　紙裏…左衛門少尉某書状（建久七年）正月廿九日　＊21　二八・一×四八・六
第三　紙裏…藤原範綱書状（建久二年）二月十日　＊20　二八・一×四八・〇
第四　紙裏…某書状（建久二年カ）三月四日　＊19　二八・二×四八・六
第五　紙裏…藤原範綱書状（建久二年）二月十七日　＊18　二八・一×四八・〇
第六　紙裏…藤原範綱書状（建久二年）二月廿六日　＊17　二八・一×四八・六
第七　紙裏…某書状　＊16　二八・一×四七・九
第八　紙裏…藤原範綱書状（建久二年）三月十四日　＊15　二八・一×四八・七
第九　紙裏…藤原範綱書状（建久二年）三月十八日　＊14　二八・一×四八・五
第一〇紙裏…刑部少輔源仲国書状（建久六年カ）十一月五日　＊13　二八・二×四八・五
第一一紙裏…藤原範綱書状（建久二年）三月十一日　＊12　二八・〇×四八・六
第一二紙裏…藤原範綱書状（建久二年三月一日）　＊11　二八・二×四八・八
第一三紙裏…藤原範綱書状（建久二年）二月八日　＊10　二八・一×四八・三
第一四紙裏…藤原範綱書状（建久二年）三月十八日　＊9　二八・二×四八・六
第一五紙裏…藤原範綱書状（建久二年）三月廿四日　＊8　二八・二×四八・六
第一六紙裏…藤原範綱書状（建久二年）三月十一日　＊7　二八・二×四八・七
第一七紙裏…藤原範綱書状（建久二年三月二日）　＊6　二八・二×四八・六
第一八紙裏…藤原範綱書状（建久二年）三月六日　＊5　二八・二×四八・六
第一九紙裏…藤原範綱書状（建久二年）三月五日　＊4　二八・三×四八・四
第二〇紙裏…某書状（建久七年カ）正月廿四日　＊3　二八・二×四八・三
第二一紙裏…菅原氏明法問状　安元二年十二月日　＊2　二八・二×四八・三
第二二紙裏…藤原範綱書状（建久二年二月乃至三月）　＊1　二八・二×四七・六

建久二年二月から三月の書状を出している藤原範綱であるが、広元からの情報を後白河院に取り次ぎ、院の動向を広元に知らせている内容から、院の近臣とみられる。翌建久三年三月に後白河院が崩ずると、ただちに出家して入棺役を勤めている若狭守範綱（『玉葉』『心記』『明月記』『吾妻鏡』）がそれに当たろう。『尊卑分脈』内麿公孫に有信の男として範綱がみえ、もとの名が章綱であったとの注記がある（『新訂増補国史大系』第二巻二二九頁）。種々問題点があるため別途詳述を要するが、章綱＝範綱とみなしてよく、この人物は、治承元年六月の鹿ケ谷事件で捕縛・配流された式部大夫章綱で（『玉葉』同六日条、『顕広王記』同四・六日条、延慶本『平家物語』第一本廿二・第一末廿六）、京に戻って兵庫頭に任じられたようであり、寿永二年十一月には源義仲によって解官され（『玉葉』同二十九日条、『吉記』同二十八日条）、さらに文治元年十二月にも源頼朝の要請によって解官されている（『玉葉』同二十七日条、『吉記』同二十七日条・二十九日条、『吾妻鏡』同六日条・翌年正月七日条）。源平争乱期を後白河院に従って生きのびた近臣中の近臣といえようか。

なお第一六紙裏に第一〇紙裏の文書が墨映となっている。巻子調製にあたって打紙加工された際のものと思われる。横幅はほぼ四八糎大で裁ち揃えられた。

紙背の余白には多数の習書が確認されるが、紙継目をまたがって記された習書があり（第一・二紙、第三・四・五・六紙、第一四・一五・一六紙）、成巻後に加えられたものである。表面の和歌序

の文字を写したものは見あたらず、当該の紙背文書中の字句を書写したものが少なくないので、表面の書写に関わって加えられたものではないようである。紙背文書に含まれない文言をいくつかの意味的なまとまりを想定して捉えると以下のようなものがある。

一　『和漢朗詠集』に見える詩句

第一四紙裏「波上一生歓会」（下・遊女）、第一五紙裏「舟中波上一生歓会」（同）、第五紙裏「緑樹陰前」（上・納涼）、第六紙裏「扇、代岸風兮」（同）、第九紙裏「扇岸風気客門」（同、但し「気客門」なし）、第六紙裏「一夜、山月」（下・仏事）。

二　『妙法蓮華経』の功徳を解く仏典ないし願文・勧進状の類

第二紙裏「何所有南北、貴賤上下」「持戒毀戒、威」（薬草喩品「貴賤上下、持戒毀戒、威儀具足、及不具足」）、第三紙裏「香花散杖如雲霞」「本来無東西、何所南北」（偈「迷故三界城、悟故十方空、本来無東西、何所有南北」）「若人求仏」「明聞是経典」「厳重殊勝」「灯明」、第六紙裏「如是我聞、一時」（序品など）「半銭」。

三　法隆寺関係

第三紙裏「法隆寺」「松立院」、第五紙裏「法隆寺小別当」「法隆寺鵤庄」、第六紙裏「済百済国日羅」、第七紙裏「勝鬘」、第八紙裏「勝鬘会捧物堅義者 覚宴 来十一月十一日料」、第九紙裏「勝鬘会捧物一半日為容事」、第一三紙裏「三経院」「法隆寺」、第一五紙裏「政南院」。

四　申状に類するもの

第五紙裏「一問二答不可然之由」「諸事見」「越前国下」、第六紙裏「所済進目録有今」、第一〇紙裏「失面目」「失神」、第一一紙裏「依旱水之歎雖令」「難渋候処」「依無事重々」「浅猿候」「本意也」、第一二紙裏「我仕候」「令思寄出立仕候之処」「非本意候」「無前後相違仕者也」。

最後に、『研究紀要』一七掲載の紙背文書翻刻の訂正箇所を掲げる。本影印の刊行によって若干増えることと思う。

第一紙裏　7行目……首刻　→　酉刻
同　10行目……□〔必カ〕々　→　□〔令カ〕（々トル）
第八紙裏　署名……□□〔範綱〕　→　範□〔綱〕
第九紙裏　最終行……可令申也　→　可令申候也
第一五紙裏　最終行……之次候、　→　之次、（第一八紙と統一）
第一七紙裏　2行目……坐　→　□〔御カ〕
第二〇紙裏　2行目……にや、　→　に候、

（藤原重雄）

参考文献

「史料紹介『扶桑古文集』」（『東京大学史料編纂所報』二（昭和四十二年度）、一九六八年）
＊『同』四（一九七〇年）一三三・四頁に正誤表
大曾根章介「扶桑古文集」（『日本古典文学大辞典』五、岩波書店、一九八四年）
加藤友康「扶桑古文集」（『国史大辞典』一二、吉川弘文館、一九九一年）
大曾根章介『日本漢文学論集』一（汲古書院、一九九八年）

佐藤道生「『扶桑古文集』訳注（抜萃）」（池田利夫編『野鶴群芳　古代中世国文学論集』、笠間書院、二〇〇二年）＊一～四・九の訳注
佐藤道生『平安後期日本漢文学の研究』（笠間書院、二〇〇三年）
五味文彦「和歌史と歴史学─和歌序集『扶桑古文集』を素材に─」（『明月記研究』九、二〇〇四年。『中世社会史料論』、校倉書房、二〇〇六年、再録）
上杉和彦『大江広元』（吉川弘文館、人物叢書、二〇〇五年）
藤原重雄・末柄豊「東京大学史料編纂所所蔵『和歌真字序集（扶桑古文集）』紙背文書」（『東京大学史料編纂所研究紀要』一七、二〇〇七年）

台記　仁平三年冬記

一巻　紙本墨書　三二・四糎×一九八〇・八糎
鎌倉時代（十三世紀）　S〇〇七三―四　重要文化財

一

平安時代末期の公卿、藤原頼長（一一二〇～一一五六）の日記『台記』の古写本。仁平三年（一一五三）冬記一巻。

『台記』の名称は、頼長の極官が左大臣であったことから、大臣の唐名「三台」に由来する。別称としては、同じく大臣を指す「三槐」に由来する『槐記』や、頼長が宇治にしばしば滞在したことによる『宇治左府記』『宇左記』『宇槐記』等がある。

記主の頼長は関白藤原忠実の次男で、元服翌年の天承元年（一一三一）、十二歳で従三位に叙されて公卿に列し、翌長承元年（一一三二）に権中納言、さらに同三年（一一三四）には権大納言へと昇進し、保延二年（一一三六）には十七歳で内大臣に任じられた。その後、久安三年（一一四七）に二十八歳で一上となり、同五年（一一四九）には左大臣に昇った。

翌久安六年（一一五〇）には、二十三歳年長の異母兄、摂政藤原忠通に対抗して養女の多子を近衛天皇の後宮に入れて皇后とする。父忠実は頼長の才能を認めて偏愛し、忠通から氏長者の権限を奪って頼長に与え、さらに翌仁平元年（一一五一）には現任関白の忠通を差しおいて頼長が内覧宣旨を受けるに至った。

こうして忠通との権力闘争は激化したが、頼長はその「悪左府」の異名からも知られる冷酷な性向もあって人々の反発を招き、さらには鳥羽法皇の信任をも失い、久寿二年（一一五五）には近衛天皇崩御にともない内覧を停止された。翌保元元年（一一五六）七月に鳥羽法皇が亡くなると、直後に頼長は崇徳上皇と結んで兵を集め、保元の乱が勃発するに至ったが、あえなく敗れて矢傷を負い、落ちのびた奈良で没した。

頼長は頭脳明断で、自ら政務に励み朝儀の復興に努めつつ、学問にも非常な熱意を抱き、多数の和漢の書物を閲読し、当時有数の学者を師として勉学を続けた。日記には頼長の個性がよく現れており、政治の動静のみならず、自身の学問や信条に関わる多彩な記述もみられる。

現在、『台記』原本の存在は全く知られていないが、諸所に所蔵される写本により、保延二年から久寿二年までの記事が残っている。また、頼長はしばしば重要な公事について別記を作成し、詳細な記録を残していることが日記中にみえるが、その一部が『台記別記』として伝わる。そのほか、『宇槐記抄』などの後人による抄出本が存在し、この仁平三年冬記でも現在では欠損している箇所の記事が含まれているなど、貴重である。

なお、『台記』には、毎年冒頭に頼長が自らの年齢を記しているが、これは現在知られる限り最も早い時期のものである。鎌倉時代以降、日記に記主がその時々の自分の年齢や位階・官職などを明記することが増えるが、これはそれぞれの日記が「家記」として先祖のものと共に子孫に代々継承されていくなかで生まれてきた現象と考えられる。『台記』には極めて率直に書き付けられた個人的感情がしばしばみえるが、頼長の意識としては、多くの別記とともに子孫が公事を参照するために筆録した日記であったといえよう。

二

史料編纂所に所蔵されるこの古写本一巻は、現装竪寸法三二・四糎、料紙竪寸法三〇・三糎、全長一九八〇・八糎で、全四十三紙からなる。各紙の横寸法は以下の通りである（単位糎）。

第一紙…四五・九
第二紙…四五・七
第三紙…四五・五
第四紙…四五・九
第五紙…四五・六
第六紙…四六・二
第七紙…四六・一
第八紙…四六・一
第九紙…四五・九
第一〇紙…四五・八
第一一紙…四五・七
第一二紙…四六・一
第一三紙…四六・二
第一四紙…四六・四
第一五紙…四六・一
第一六紙…四六・一
第一七紙…四六・二
第一八紙…四六・一
第一九紙…四六・一
第二〇紙…四六・二
第二一紙…四六・四
第二二紙…四六・一
第二三紙…四六・二
第二四紙…四六・二
第二五紙…四六・一
第二六紙…四六・二
第二七紙…四五・四
第二八紙…四六・二
第二九紙…四六・三
第三〇紙…四六・一
第三一紙…四六・二
第三二紙…四六・四
第三三紙…四六・一
第三四紙…四六・三
第三五紙…四六・〇
第三六紙…四六・二
第三七紙…四六・一
第三八紙…四六・二
第三九紙…四六・二
第四〇紙…四六・二
第四一紙…四六・一
第四二紙…四五・九
第四三紙…四五・〇

料紙の天地には各一本の界線があり、界高は二五・四糎である。書風などから鎌倉時代の書写と判断され、第三三紙までは記事の所々に朱筆による首書・合点が付されている（朱書箇所は後掲）。

この仁平三年冬記は近世にもほとんど流布しなかったようで、現存する写本では宮内庁書陵部所蔵鷹司家旧蔵本『台記』（全十九冊、江戸写、函号［350-273］）に含まれていることが知られる程度である。

その第一三冊が仁平三年冬記であるが、表紙の色などの体裁をはじめ、外題にみえる「十一下」という冊次表記、さらには「楊梅公府蔵書」の蔵書印（ほかの冊は「鷹司蔵書記」）などが他の部分と異なっており、この一冊のみ後から個別に増補されたものであろう。

内容を親本である史料編纂所所蔵本と比べると、単純な誤写・脱字が目立つなど良質の写本とまでは言い難いが、現状とほぼ変わりなく、江戸時代における仁平三年冬記の状態を伝える貴重な材料となっている（参考図版1参照）。この冊の奥書には、

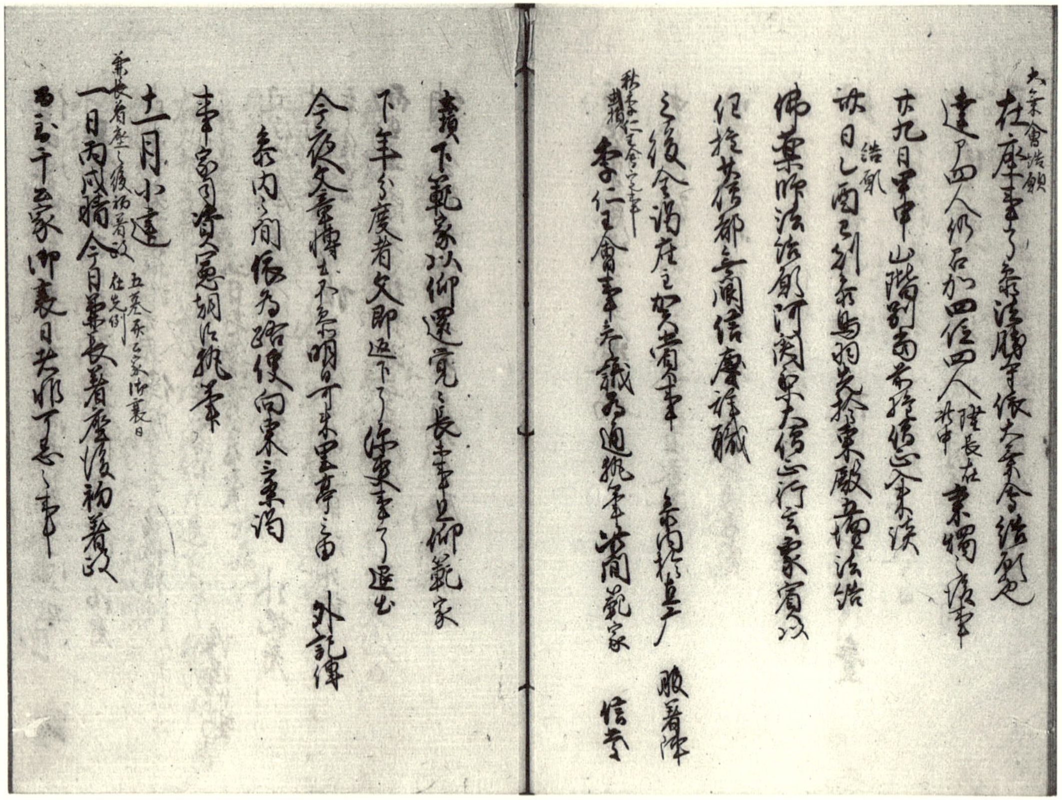

参考図版１　宮内庁書陵部所蔵　鷹司本『台記』仁平三年冬記（７ウ・８オ）

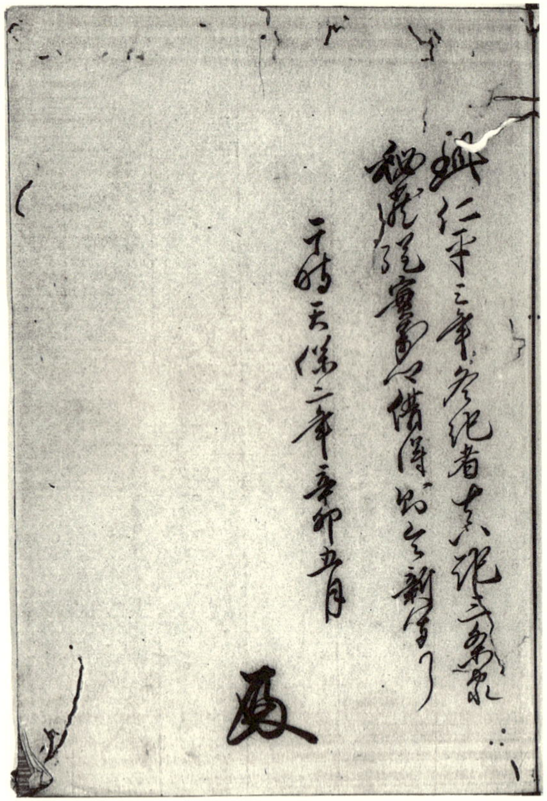

参考図版２　同右（奥書部分）

此仁平三年冬記者、真記三条家秘蔵、従実万（三条）卿借得、則令新写了、
于時天保二年辛卯五月
（鷹司政通花押）

とあり、もとの仁平三年冬記が江戸時代には三条家に伝来していたことがわかる（参考図版2参照）。

その後、一九五一年（昭和二十六）七月に東京大学史料編纂所が購入し、一九五七年（昭和三十二）二月、重要文化財に指定された。史料編纂所には一九四九年（昭和二十四）十月撮影のレクチグラフ（架蔵番号［6800-222］）も所蔵されているが、そこには所蔵者が酒井宇吉（一誠堂書店主）とあり、あるいは神田神保町の一誠堂書店から購入したものであろう。

現在、『台記』本体とともに桐箱内に納められている紙片の記述から、購入後に史料編纂所で中藤昌次氏（修補担当者、当時は史料調査室第三班に所属）が修補し、外題・箱書を高柳光寿氏（当時、史料調査室の所属する第四研究部の部長）が執筆したことが判明する。

実際に、前記レクチグラフにみえる状態と現状とを比較すると、本体料紙の残存状況にはほとんど差異はみられないが、レクチグラフでは縦二九・八糎と現在の装幀より二糎余り小さく、上部欄外や補修紙の部分などに虫穴等の破損箇所がある。先述の通り、仁平三年冬記料紙の破損状況は江戸時代から現在とほぼ同じであったことが鷹司家旧蔵の写本から判明するが、おそらくそのままに近い状況で史料編纂所が購入し、その後、現在の姿に修補されたものであろう。

なお、料紙破損のために、本来は別の箇所の文字が離れてしまい、巻かれた状態で接していたと想定される位置に付着してしまっている箇所がある。

・十一月二十三日条四行目（第一五紙二〇行目）の本文「忠申□□出御時」の欠損部分は、その五行左の「御拝」という文字の左側、同じ高さに見える「曰早」。
・十一月二十四日条一行目（第一六紙一行目）の本文「今□□□□」の欠損部分は、その五行右の「日吉使家司」という文字の左側、同じ高さに見える「日臨□□（時祭）余」。
・閏十二月二十一日条三行目（第三二紙四行目）の本文「依御□不」の欠損部分は、その四行右の「兼長」という文字の右側、同じ高さに見える「目」。
・閏十二月二十七日条四十九行目（第三八紙一一行目）の本文割書「兼長□□」の欠損部分は、その一行左の割書「警蹕理」という文字の下、同じ高さに見える「牛也」。

これらの箇所はすべてレクチグラフでも同様であり、史料編纂所が購入する以前、あるいは江戸時代から貼り付いてしまっていたものと思われる。

『台記』のまとまった鎌倉・南北朝期の古写本では、史料編纂所所蔵の仁平三年冬記以外にも、次のようなものが知られている。

①宮内庁書陵部所蔵伏見宮旧蔵本『台記』（函号［伏-616］）
保延二年冬記　一巻（現状二巻）
久寿元年冬記　一巻
②宮内庁書陵部所蔵九条家旧蔵本『台記』（函号［九-403］）
保延三年九月別記　一巻
保延五年夏記　一巻

久安三年別記　一巻
仁平元年別記　一巻
仁平二年秋記　一巻
仁平二年別記　一巻

このうち、①の久寿元年冬記と②の仁平二年秋記の二巻は、史料編纂所所蔵仁平三年冬記と同様に日付に続く干支を本文と同じく一行で記しているが、他はすべて小字割書で記している。これらの古写本は、朱で首書を記すなどの体裁が仁平三年冬記と似ている点もあるが、筆跡はいずれも合致せず、一連のものとは言い難いと思われる。

このほか、国立公文書館所蔵内閣文庫本『久安五・六年日次記』（『台記』、外題「久安五年記」、架蔵番号［古33-559］）一巻も鎌倉期の古写本であるが、内容は久安六年正月に行われた近衛天皇御元服についての部分的な別記であり、その体裁も他の古写本とは全く異なっている。

三

現在、仁平三年冬記に含まれている部分は、十月十八日条の途中から年末の閏十二月二十九日条までであり、ほとんど毎日記事が残されている。冒頭部分が破損しているが、記事のなかに「立法成寺塔心柱事」とあり、『兵範記』を参照すると、この内容は十月十八日のことであると判明する。仁平三年秋記は九月末日まで伝来していることから、おそらくこの冬記は、本来十月初めから記事があったのであろう。

先述の通り、仁平三年冬記は鷹司家旧蔵本を除いて近世の写本類には含まれていないようであり、ほとんど流布せず、『史料大観』・『増補史料大成』などの刊本にも未収録であるが、ごく一部については、『台記別記』（春日詣記。十一月二十六日条で「別記詣春日事」とあるものと考えられる）や、抄出本である『宇槐記抄』に内容がみえる。

この写本は全般的に下部が大きく破損しているため、意味の取りにくい箇所が多いが、並行する『本朝世紀』・『兵範記』に見えない内容も多く含まれており、極めて貴重なものである。

主要な記事では、五節（十一月十八日・十九日条）に関してや、義理の同母兄にあたる仁和寺御室覚法法親王（頼長は親王生母源師子の猶子となっていた）の病状と薨去（十一月十七日・十二月六日条以下）などがあり、息男兼長の権中納言任官と奏慶について（閏十二月二十三日・二十七日条）は特に詳しい。

また、法成寺八講における論議について詳細に記録しているが（十二月一日条）、この頃頼長は仏教における論理学である因明を熱心に研究していた。頼長が著した因明注釈書である『左府抄』（『大日本仏教全書』第八十四巻所収）には、この年十月二十日・二十二日に興福寺僧恵暁と因明について問答したことが見えるが、それぞれ日記の記事と対応している。また、後に頼長の因明の師となる蔵俊との出会いについてもみえる（十一月六日条）。

末尾には、頼長息男の兼長・師長の上日（出勤日）が記載されている。例えば、兼長は九月に公務として、十七日に参議昇進の慶申を行い、二十日は参内し、翌二十一日には斎宮の御禊に供奉し前駆を勤めている。日記のなかに一箇月間に出勤した日数を記録しておくことは、平安時代から藤原行成の『権記』や藤原宗忠の『中右記』などにもみえるが、このように出勤日と勤務内容までを具体的に記録しているのは珍しい。

本来、官人の勤務状況を知るため、毎月二日に前月分の出勤日数を諸司から人事を掌る式部省に報告することが『延喜式』式部上に規定されていた。同様に殿上人等の近臣についても毎月一日に前月分の出勤日数を奏上することになっており、久安三年六月十七日、蔵人所別当となった頼長は奏上の励行を蔵人に命じている。さらに、この仁平三年九月十四日、師長に続いて兼長も参議となった際には、二人の息男に対して長幼や好悪に関係なく専ら上日の多少によって推挙すると誡めている（『台記』九月十七日条）。『台記』では、翌久寿元年記の末尾にも同様に兼長・師長の上日が記録されており、息男たちの昇進に関して、それぞれの出勤状況を重視する頼長の強い意志が感じられる。

なお、仁平三年冬記本文は、藤原重雄・尾上陽介「東京大学史料編纂所所蔵『台記』仁平三年冬記」（『東京大学史料編纂所研究紀要』一六号、二〇〇六年三月）に翻刻が掲載されている。その本文のなかで、十二月二日条（研究紀要六〇頁下段二行目）の「南引入」は「南行入」に、閏十二月二十八日条（同六八頁下段一五行目）の割書「藤憲康、」は「藤憲康」に、それぞれ訂正されたい。

（尾上陽介）

〔附記〕仁平三年冬記朱書箇所一覧

①朱首書一覧

紙数　朱首書
一　両長昇殿事
一　別記三个条
二　俊通息童着袴事
二　大内記持来兼長・隆長位記事
二　左大弁依疾役無官別当献大供□□
二　季御読経竟事
三　皇后宮春季御読経事
三　□□〔安楽〕寿院御八講僧名定事
三　□〔召カ〕法成寺帯筥・文櫃等事
三　□〔巡カ〕礼法成寺・東北院事
三　□□内覧五節定文事
三　維摩会興福寺竪者願起・精義恵□〔珍〕
四　持参明年維摩講師請事
四　宮番論義事
四　兼長着座事儀
五　宮御読経結願
五　大乗会結願
六　御修法結願
六　秋季仁王会定事
六　兼長着座之後初着政五墓并公家御衰日在先例
七　御暦奏事
七　仰呪願事
七　取出法成寺宝蔵物見兼事
七　下北面射事
八　下北面射事
九　発遣大原野神馬乗尻事
九　兼長為祭上卿事
九　講穀梁事
九　兼長五節参内事
一〇　以前少将公重女為舞姫事
一〇　為〔問〕仁和寺法親王疾事
一〇　殿上淵酔事
一〇　執政子息与頭中将対座為流例事
一一　童女御覧事
一二　豊明節会事
一二　兼長小忌装束色目事
一三　於兼長五節所有勧盃酌事
一三　女王禄事
一四　童女・下仕奉統子内親王家事
一四　高陽院為見春日詣渡御宇治事
一五　令申大粮文事
一五　除目任一人例事
一五　発遣日吉・々田神馬乗尻等事
一六　択定春日詣神馬・舞人馬事
一六　臨時祭
一六　給舞人・陪従・乗尻等装束事
一六　成雅朝臣息童加元服事

一六　春日詣事別記
一六　競馬事別記
一六　御堂御八講儀
一八　同事
二二　□〔公〕卿分配事
二三　御幸〔堂〕御八講結願
二三　高陽院自宇治還御事
二四　仁和寺法親王入滅事
二四　講老子事
二四　□〔法〕親王薨〔葬〕事
二四　信西法師預神崎庄事
二四　右大臣出家口宣事
二四　兼長大将法皇恩許事
二四　弔故法親王事
二五　□〔公〕家於延暦寺被行千僧御読経事月食御祈
二五　□〔法〕親王仮文事
二五　右大臣出家依法皇不許延引事
二六　外記政事
二六　石清水宝前取宇佐大宮司所望之名事
二六　荷前定
二六　夢事
二六　□□〔美福〕門院蔵人被射事
二六　内府与庄領於女房事
二六　付徳法師於尋範僧都事
二七　定御堂修正行事
二七　□〔右〕大臣八幡詣依雨延引
二八　焼亡奏
二八　除軽服後初朝〔×初〕・参有蔵人方吉書・陣中文等
二八　院御仏名
二八　朝覲行幸定
二八　発遣荷前使事
二九　補仁王会闕請奏呪願文事
二九　仁王会事
二九　補季御読経闕請事
三〇　大学大夫時政遷化事
三〇　荷前事
三一　春日神馬事
三一　講礼記事
三一　季御読経結願
三一　武者所射事
三一　内裏御仏名
三一　出居座襪合小袖合事
三一　最勝寺灌頂事
三二　有除目召仰事
三二　除目事
三二　除目入眼
三二　皇后宮御仏名
三三　兼長任権中納言事兼中将

②朱合点一覧

紙数	行数	合点の付された文字
四	一八	「大臣椅子」（割書）
四	一九	「又大臣」（割書）
一〇	八	「今夜隆長」
一二	五	「今日隆長」
一二	七	「頭弁昨日」
一二	七	「今日隆長」
一三	三	「着小忌」（割書、左右両方ニアリ）
一三	九	「歌安名尊」
一五	二	「兼長着」
一八	一〇	「別当」

南無阿弥陀仏作善集

一巻　紙本墨書　三〇・四糎×五二三・六糎
鎌倉時代（十三世紀）　S貴一七―八　重要文化財

『南無阿弥陀仏作善集』は、俊乗房重源の若年から晩年に至る、種々の作善について記した記録である。全体は十一紙よりなる巻子本で、紙背文書を有する。国指定重要文化財。近年の修理に伴う精査により、料紙その他の詳細な情報を得ることが出来た。伝来については不明な点が多く、本史料の性格付けを難しくしているものの、その内容は、中世初頭の治承・寿永の内乱に伴う衝撃的な大事件であった東大寺焼き討ちと、その復興の歴史的経緯に密接に関連するとともに、これを担った僧として有名な重源が、当該期において展開したユニークな宗教活動を詳細に知ることができる点で、歴史学・宗教史・美術史・文学・考古学等の諸分野にとって非常に重要な基本史料である。

一　書誌

本史料は全十一紙からなり、料紙は楮紙である。打紙等の加工は施されていない。本紙の地合は、第一～第三紙と第四紙以降で異なり、前者は荒い繊維は混じっているがきれいであり、後者は前者より荒く紙も厚い。法量は、縦三〇・四糎、横（全長）五二三・六糎であり、本文各料紙の法量詳細（縦×横天―横地）は次の通りである（単位糎）。

第一紙　二九・九×四六・八―四六・四
第二紙　三〇・三×四八・〇―四八・〇
第三紙　三〇・三×四八・〇―四八・〇
第四紙　三〇・三×四七・五―四八・〇
第五紙　三〇・四×四七・九―四八・一
第六紙　三〇・四×四七・六―四八・五
第七紙　三〇・四×四七・七―四八・〇
第八紙　三〇・五×四七・七―四八・二
第九紙　三〇・五×四七・八―四八・一
第一〇紙　三〇・五×四七・六―四八・〇
第一一紙　三〇・五×四七・〇―四七・〇

本史料は、史料編纂所が所蔵した時点においては、すでに裏打等の装備が施されており、この状態は重要文化財指定を経て近年まで変わらなかった。しかし、継目の文字・花押等がずれている箇所があることや、裏打紙の材質等から、この状態は本史料の成立時までさかのぼることはありえず、おそらく、江戸時代ごろに修理・装備を施されたものであろう（この状態については、史料編纂所所蔵のコロタイプによるレプリカにより記録されている。架蔵番号［6615-1］）。

これに対して、史料編纂所では、平成十六（二〇〇四）年度に新たに修理を実施した。本書に収

めた影印は、この修理の過程で撮影されたものである。この際、一度すべての裏打紙等を除去し、継目のずれ等も補正して、原態を極力復元するように努めた。その後、再び新たな裏打を施し、史料の保護を図るとともに、紙背文書の解読も可能となるよう配慮した。巻首は補強のためか、端裏に〇・五糎折り返してあり、また表側に九・六糎の補強紙が施されていた。この補強紙と第一紙表面にまたがって「東京帝国大学図書印」が捺されているが、これは本史料の来歴を示す重要な情報であるため、そのままの状態を残して修理を完了した。

また、本史料の全体にわたり、六箇所の書き起こしが確認された。その詳細を以下に示す。

①第二紙　九行目　「身」
②第四紙　三行目　「尺」
③第四紙　六行目　「涅」
④第四紙　一二行目　「尺」
⑤第四紙　一五行目　「金」
⑥第四紙　一七行目　「舎」

このうち、①を挿図1に示した。これらの部分の旧補修紙は取り外さず、そのまま残した。

次に、本紙・旧裏打紙には文字映りが確認できる。これは、巻頭から約一五糎の所で折られた後、三九糎の巾で巻いた位置と一致し、七紙目まで続くことが確認された。一時、挿図2のような状態で保管されていたと考えることができる貴重な情報である。

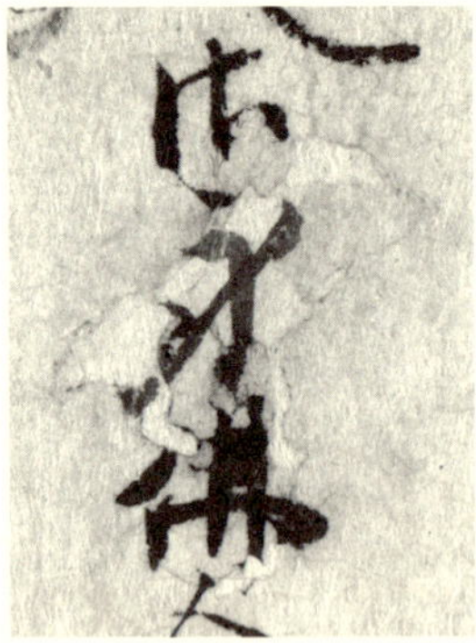

挿図1

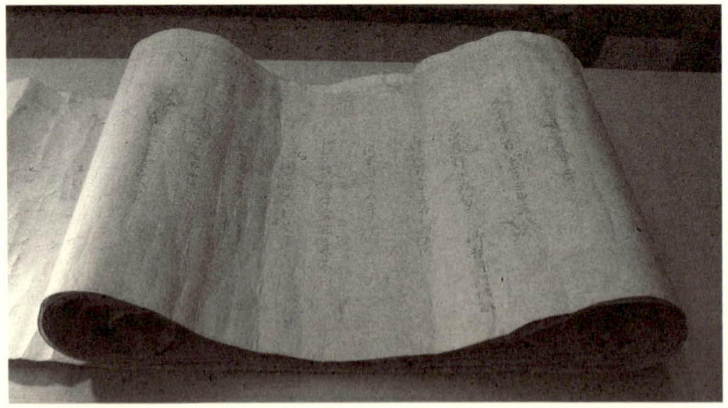

挿図2

二　成立

本史料の成立については、奈良国立文化財研究所監修の影印本巻末に付された「南無阿弥陀仏作善集解説」に詳しい。ここでも、ほぼその見解に従い、詳細は割愛しておおよそを記しておく。まず、紙背文書の日付が、「建仁三年七月日」であることから、本史料が実際に筆記されたのはそれ以後であることは明らかである。しかし、渡辺別所における迎講の開始および「日本国貴賤上下」への阿弥陀仏号の授与について、建仁二年を現在として、それぞれ六年目・二十年目にあたると記録していること等は、すでにこの頃より草稿を作成していたことの証左となる。一方、東大寺造営の勅定を蒙った六十一歳（養和元年［一一八一］）から数えて、現在八十三歳の当年が二十三年目に当たると記録しているが、この当年とは建仁三年（一二〇三）である。その他、若干の補書も見られることから、本史料の草稿は建仁二〜三年ごろにほぼ完成し、いったん清書されたあとも、さらに付加が続けられたと考えられよう。

次に、本史料の作成者であるが、結論から言えば、重源自身の手によるものであることはほぼ疑いない。筆跡については、軽々に重源自筆であると断定することは出来ないものの、上記解説に挙げられたいくつかの重源自筆と考えられる史料のほか、胡宮神社文書（滋賀県多賀町）の「仏舎利相承図」「仏舎利寄進状」「重源書状（〔元久二年［一二〇五］〕十二月十七日付）」および、東大寺文書の「重源勧進状（元久二年［一二〇五］十二月日付）」などと比較してみても、自筆と考えるのが自然なように思われる。仮に筆跡が重源以外の人物の手によるものであるとしても、少なくとも、重源自身しか知り得ないような内容を多々含むことから考えて、重源の監修のもとに記録されたことは間違いない。

なお、「南無阿弥陀仏」とは、重源の別号であることはよく知られているが、本史料の史料名は、端裏に記された「南無阿弥陀仏作善集　重□〔源〕」という外題（打付書）による。その筆跡は本文とは異なり、本文の成立よりやや時代が下ってから付されたものであろう。

さて、それでは、本史料成立の契機は、何処に求められるのであろうか。まず、建仁二〜三年ごろという成立の時期を考えてみよう。このころすでに、重源は八十歳を越えており、当時としては異例の高齢であった。そこで、自らの死期を予感し、一生の作善を集成・記録しておく必要を感じたのかもしれない。例えば、これより約五〜六年遡る建久八年（一一九七）、重源は東大寺東南院院主含阿弥陀仏定範に対して譲状を与えている。これも、何らかの健康上の不安を契機に作成された可能性があろう。もちろん現実には、彼自身の勧進・造営活動は、この後最晩年に至るまで活発であった。特にこの頃には、東大寺の復興も相当に進み、建仁三年十一月三十日には東大寺総供養が行われた。あるいは、このできごとが本史料作成の一つの契機となった可能性がある。この点については、後に内容に即して考えてみたい。

三　伝来

本史料は、明治四十二年（一九〇九）五月五日に、野口遵氏より東京帝国大学附属図書館に寄贈され、史料編纂所の所蔵となった。巻首に見える「東京帝国大学図書印」は、このときに捺されたものであろう。このほか、以前には野口氏の寄贈を示すラベル及び東京帝国大学附属図書館・「史料編纂所備用」等のラベルも貼られていたが、現在は取り除かれている。昭和四十一年（一九六六）六月十一日に国指定重要文化財となった。

史料編纂所には現在、本史料の影写本（架蔵番号［3016-53］）および、本紙背文書である「備前国麦進未並納所所下物散用状」の謄写本（架蔵番号［2053-141］）が架蔵されているが、これらが作成されたのは、ともに本史料寄贈の前年に当たる明治四十一年（一九〇八）である。折しも、史料編纂所では『大日本史料』第四編の編纂に当たっていた。本史料は、諸条にかけて割裂して掲載されるとともに、同編第七冊（明治四十一年発行）には紙背文書（建仁三年雑載〈租税〉条）の、第九冊（明治四十二年発行）には本文（建永元年六月四日条）の全文がそれぞれ翻刻・収録されている。おそらくは、『大日本史料』編纂の過程で本史料の重要性が認識され、調査や写本作成を行った経緯から、元所蔵者の野口氏との間で寄贈の件がまとまったものと推察される。

野口遵氏（一八七三―一九四四）は、帝国大学工科大学を卒業し、日本窒素肥料株式会社（現チッソ株式会社）を起こした実業家である。その財力により、本史料を古書市場から入手したものと推測される。従って、氏の所蔵にかかる以前の本史料の伝来については、今のところはっきりしたことは分からない。おそらくは、東大寺文書の一部として伝来したかと思われる。ただし、重源関係の史料は、彼の創設した別所など関連する他の寺院等にも伝来しており、断定はできない。

本史料は、重源文書の主要な部分を占める東大寺経営に関する文書群とは一線を画する私的な性格の強いものであり、当初は重源の私文書として、重源自身の身辺に集積された文書群に属していたと思われる。しかしながら、そのような文書群が、重源の死後どのように伝来していったのかについての研究は進められていない。重源の東大寺における拠点的施設は、東大寺別所であった。これは、現在の俊乗堂付近にあったと考えられている、鐘楼岡浄土堂等を中心とする施設であった。その周囲に集結した勧進集団としての重源教団は、当時の東大寺に緩やかに包摂されながらも、独自の集団を形成していた。重源の私文書は、当初はこの集団の中で集積・保存されていったと思われる。ところが、重源の死後におけるこの集団の行方については、現在のところ必ずしも明らかになっていない。これが、重源の私文書の伝来過程を想定することの困難さにつながっているように思われる。東大寺文書や他の別所等の文書を一覧しても、このような文書群の形跡を見出すことは出来ない。

現在、重源により著された仏教教理書等は残されておらず、彼が独自の教理を立ち上げて教団を組織化した明証はない。しかし、本史料は重源の具体的な宗教的実践を多数記録しており、これによって、重源が当該期におけるユニークな宗教者であったことは明らかである。すなわち、鎌倉仏教の他の祖師とはやや違った形ではあるが、重源もまた、その周囲に形成された集団＝教団の精神的紐帯として、教団構成員から賛仰されたと考えられ、そこに祖師信仰が生まれていったことであろう。現在、東大寺俊乗堂に安置される重源像は、重源晩年の相貌を忠実に写した傑作であり、確証はないが、寿像である可能性もあろう。少なくとも、その死後まもなく造立されたことは間違いなく、このような祖師信仰の遺品とみなすことが出来る。それが当初安置された場所としては、やはり東大寺別所（浄土堂）がもっともふさわしかろう。この他、現在東大寺に伝わる「自然木脇息」には、文治三年（一一八七）九月二日の日付で、南無阿弥陀仏（＝重源）がこの脇息を「東大寺念仏所」に施入したことが銘記されているが、「東大寺念仏所」とは浄土堂に他なるまい。さらに、鎌倉時代後期に成立した『元亨釈書』の重源伝には、虎関師錬自身の見聞として、東大寺参詣の衆人が一所に集まり、重源遺愛の古い草履と杖を競って頂戴していたことが記されている。その場所もまた、浄土堂だったのではないか。このように、当初浄土堂には、重源に深く関連する遺物が伝来したと思われ、本史料もまたそれらとともにあったのではないだろうか。ただし、浄土堂は重源の没後まもなく解体し、勧進所の機能も他に移ったと考えられるの

で、これらの遺物や史料は寺内に拡散し、やがて本史料のように、一部は寺外に流出することになったのではないか。それは、重源没後の東大寺における重源教団の行末と軌を一にするのであろう。

四　内容

重源は、瀧口左馬允紀季重男として保安二年（一一二一）に誕生し、醍醐寺で出家して、やがて高野山に登った。一般に、治承五年（一一八一）に六十一歳で東大寺復興を拝命する以前の伝記的事実については、特に不明な点が多いが、本史料には、このころの出来事をも含む作善の事実が記録されている。これらを丹念に分析し、他の史料と突き合わせることで、全時期にわたる重源の活動が明らかになってきた。最近の例では、平成五年（一九九三）に大阪府大阪狭山市の狭山池ダム化工事に際して、「重源狭山池改修碑」が発見されたが、その内容は、本史料に「狭山池は行基菩薩の旧跡であるが、堤が崩壊して山野となっていたので、石樋を臥せて改修した」とする記録と一致する。そして「重源狭山池改修碑」から、それは建仁二年、すなわちちょうど本史料の作成時期に当たることが分かった。なお、本史料中年紀が明らかでもっとも早い記録は、保延三年（一一三七）に十七歳で、四国辺を修行したことである。

次に、記述の順序に従って、記録の内容を概観してみよう。最初に、造立・修復した大仏・丈六仏の員数が記され、続いて東大寺での造営活動を、造立（堂舎・仏像等）・修復に分けて記録する。次に、結縁として東大寺・醍醐寺の順で作善が列挙され、それから諸所に設けられた重源の活動の拠点である、東大寺別所以下、高野山新別所（専修往生院）・渡辺別所・播磨別所（浄土寺）・備中別所・周防別所（阿弥陀寺）・伊賀別所（新大仏寺）の各別所および、東大寺知行国であった備前における勧進・造営活動の記録へと移ってゆく。

ここまでは、場所やカテゴリーに分けて、比較的整然と整理されているが、これに対し、これ以降の作善の記録は、行業の内容や地域的なまとまり、時系列的な前後関係もあいまいであり、複雑な内容になっている。おそらく、ここから先は思いつくままに、次々と記していったのであろう。その意味では、先に述べたように、本史料は草稿本によって記された第二次草稿本であり、さらに整理された形の清書本の作成が計画されていたのではないか。補書と思われる箇所がまま見られることや、紙背文書を有することも、この点の証左となろう。

さて、それでは重源はなぜ、このような作善の目録化を行ったのであろうか。その契機については、先にもやや触れた。ここでさらに、本史料を古文書学的関心にひきつけて考えてみると、願文の典型的形式が想起される。そこには、まず最初に「奉造立………」「奉書写………」などの作善の目録が付せられ、続けて願意が述べられるのが一般的であろう。すなわち、神仏に作善を列挙して示し（敬白し）、その功徳によって願意を達しようとするのが一般的な願文の構造である。先に、本史料の成立時期である建仁三年ごろの注目すべき出来事として、東大寺総供養を挙げたが、あるいは本史料は、これに関連して、重源が敬白すべき願文の冒頭に掲げるための、作善目録の準備として草されたとも考えられるのである。いずれにしても、重源晩年の作成にかかるものであれば、その願意は後生善処であっただろう。

五　紙背

紙背文書は、「備前国麦進未并納所所下物算用状」である。本史料については、すでに奈良国立文化財研究所によって影印本が出版されているが、これは表のみであり、紙背文書については、今回はじめて裏打のない状態の写真を学界に提供することができた。従来諸種の形で翻刻・利用されてきた紙背文書の釈文は、すべて裏打が施された状態で、これを透かして原本を観察し、作成されたものであるが、今回の影印と対照することにより、若干の訂正が必要となるであろう。

備前国は、建久四年（一一九三）以来、おそらく重源の在世を通じて、東大寺知行国となっていた。同じく東大寺知行国であった周防国の例で知られているように、おそらく重源は在庁官人による国務を前提とし、そこに東大寺から目代を派遣して、知行を行ったと思われる。本文書は、国衙領の麦の収納に関する算用状で、巻末に署名した惣判官代藤原某および惣大判官代平某ら在庁官人によって作成され、東大寺（勧進所）に提出されたものであろう。表に見える継目花押は、本来紙背文書の裏継目花押であり、両名のうち藤原某の花押と一致する。なお、本紙背文書上部には、七本の罫線が各紙にわたって引かれている。ところが、この墨継を見てゆくと、第三紙と第四紙の継目が不自然である。すなわち、当初はこの間にさらに別の料紙が貼継がれた状態で罫線が引かれ、のちに取り除かれて再び接合された可能性がある。このことは、第三紙までと第四紙以降で紙質が異なることとも関係しているかもしれない。ただし、裏継目花押は間違いなく連続していることから、この作業は文書を記してゆく途中で、訂正等の必要から行われたものであろう。内容から見ても、現状に脱落等はないと思われる。

さて、各郷保に付された朱書首書の人名は、その郷の麦の収納に当たる納所の責任者であったと思われる。それらの大半は、重源の甥で播磨浄土寺の開祖である観阿弥陀仏を始め、阿弥陀仏号を名乗る僧である。すなわち、備前国衙領からの収納にあたっては、重源教団の構成員らが直接立ち会っており、さらに京下納所使として、法阿弥陀仏・永阿弥陀仏らが東大寺から現地まで下向して収納に関与していたと見られる。また、この文書が重源の手元に伝来し、本史料に再利用されたことは、重源自らも備前国衙領の経営に深く関与していたことの現れであろう。本紙背文書は、太田文の伝わらない備前国において、当該期における国衙領の収納経営の実態を知るうえで貴重であるばかりでなく、重源教団の勧進経営の実態を知る上でも極めて興味深い史料であるといえよう。

（菊地大樹）

［参考文献］

岡山県史編纂委員会編『岡山県史』中世Ⅰ（山陽新聞社、一九八九年）

金井圓「鎌倉時代の備前国衙領について」（『藩制成立期の研究』吉川弘文館、一九七五年）

小林剛編『俊乗房重源史料集成』（奈良国立文化財研究所、一九六五年）

小林剛『俊乗房重源の研究』（有隣堂、一九七一年）

五味文彦「東大寺浄土堂の背景」（『院政期社会の研究』山川出版社、一九八四年）

中尾堯『中世の勧進聖と舎利信仰』（吉川弘文館、二〇〇一年）

永村眞『中世東大寺の組織と経営』（塙書房、一九八九年）

奈良国立文化財研究所監修『南無阿弥陀仏作善集』（コロタイプ版、真陽社、一九五五年）

後嵯峨院北面歴名

一巻　紙本墨書　三〇・四糎×五六一・九糎
鎌倉時代（十三世紀）　S貴〇三―一四

後嵯峨上皇が出家した翌年の文永元年（一二六九）に作成され、弘安年間の追記がある。『皇室制度史料　太上天皇二』（吉川弘文館、一九七九年）に翻刻がある。

後嵯峨上皇に仕えた下北面を列記したもの。貴族社会には公卿・殿上人・諸大夫・侍の身分秩序があったとされるが、下北面は侍から選ばれ、上皇に近侍した人々である。寛元四年（一二四六）に後嵯峨上皇は上下北面始を行ったが、上北面衆の詰所は殿上北面二間に、下北面衆の詰所は北築地に沿った五間屋がわりあてられた。その後すぐに後者は中門北面に移された。

北面といえば「北面の武士」を連想するが、侍が武士ではないように、彼らは武士と同義ではない。治天の君である上皇の側近く仕える彼らは、様々な芸能を以て上皇の無聊を慰めた。たとえばそれは蹴鞠であったり、和歌であったり、雅楽であったのだが、それら芸能の中に競馬・笠懸などの武芸も包摂されていた。こうした状況の中で、とくに武芸に秀でた北面が軍事指揮官として行動することもあったし、たとえば鎌倉の有力御家人が後鳥羽上皇に仕えるときには、彼らは北面（あるいは新設の西面）に配置されることになった。もっとも、承久の乱で朝廷が軍事的な敗北を喫した後は、武士を連想させる要素は北面からほとんど消去されたと考えられる。

記されている人名を具体的に見ていくと、中原行範は一条家の侍と表記されるとともに西園寺公経の子息の室町実藤にも侍所所司として仕えていて、小多田保の預所を務めていた。中原友景は西園寺家の代表的な家人で、建長二年（一二五〇）の吉富庄・細川庄の争論に際しては関東申次としての同家と六波羅探題との意思の伝達に関与し、文書の発給に携わっている。また院の御厩別当をつとめる西園寺家当主のもとで、御厩案主に任じている。藤以経は斉藤以経のことで、彼の一門の進藤氏は近衛家領宮田庄の預所をしており、同じく同族の以知は松殿基房に奉仕し、周防国の知行国主であった主人のもとで目代を務めている。

上皇に仕えるとともに有力な貴族の家に兼参し、目代や預所として貢納の現場を掌握する。そうした彼らの行動として特に目を引くのが経済活動である。文永元年（一二六四）、上北面の平敦朝という人物は日吉社神輿新造の代金として、三河守の地位と引き替えに三千七百貫を負担した。一貫が十万円ほどとすると、三億円以上の大金である。この例は特別であるとしても、侍が数百貫を投じて国司の官を入手している例はしばしば見ることができる。彼らは様々なネットワークを駆使して大金を動かし、また獲得した三河守などの官職を梃子としてそれに見合う利益を挙げていたのだろう。

鎌倉時代の朝廷の政治組織に関する研究は、近年急速に進められてきた。一方で、朝廷を支えていた経済状況については、いまだ解明されていないことが多い。北面に名を連ねる人々を調査していくことは、朝廷経済研究を展開するための、効果的な方法として期待されている。

形状は巻子装で、表紙は萌木絓（しけ）、題簽に「後嵯峨院北面歴名文永六年」の外題が貼付される。見返しは楮紙、表紙の肌裏打ちで、平打の紐と白木の軸が装着されている。端裏に「後嵯峨院北面歴名　御本文永六年注之云々」とある。

本文各料紙（楮紙、全十二紙、各紙に紙背文書あり）の寸法は次の通り（単位糎）。

第一紙	三〇・五×四七・二
第二紙	三〇・五×一六・二
第三紙	三〇・六×五〇・五
第四紙	三〇・六×五〇・四
第五紙	三〇・七×五〇・二
第六紙	三〇・七×四八・八
第七紙	三〇・七×四八・〇
第八紙	三〇・七×四九・八
第九紙	三〇・七×五一・〇
第一〇紙	三〇・七×四八・三
第一一紙	三〇・七×五二・九
第一二紙	三〇・七×五三・二

さて、第一一・一二紙の紙背文書（影印本文では文書の接続順序に従い、第一二・一一紙の順で配列）は進藤為成の書状である。為成は近衛家に仕えて筑前守となり、越前国方上庄などの下司職に任じている。本書所収の『検非違使補任』は為成のもとに集積された紙に書かれていて（『検非違使補任』解説参照）、それと併せ考えると、『後嵯峨院北面歴名』と『検非違使補任』は時を同じくして、為成の周囲で作成された可能性が高い。

　では、作成の主体が為成かといえば、それは疑問である。この階層の人々が故実に明るいとか、補任類を集積しているとか、そのことを以て奉公の資としているとかの記事を見ることがないからである。

　一つだけ、可能性の範囲で記しておきたい。鎌倉時代末に中御門経継という貴族がいた。『経俊卿記』の記主である吉田経俊の二男であった。兄の坊城俊定が順調に立身し、持明院統第一の近臣の地位を確固たるものにしていくのに比して、経継の官歴は遅々として進まなかった。名家層の中では抜群の名門の子弟でありながら、五位蔵人にも弁官にも任じられなかった。ところが、後二条天皇が即位したその日に、一足飛びに蔵人頭に抜擢され、その後中納言まで昇進。天皇が急逝すると官を辞するも、後醍醐天皇が即位して後宇多院政が開始されると大納言に任じられ、上皇の伝奏を務めた。彼はまさしく大覚寺統に忠節をつくす実務貴族であり、後宇多上皇の股肱の臣であった。

　後宇多上皇は大覚寺統を子息の後二条天皇、孫の邦良親王に伝えようとしていた。後二条天皇の弟である後醍醐天皇はあくまでも傍流だった。そのため、後醍醐天皇の治世の初期には、天皇と皇太子邦良親王とのあいだに政治的緊張があったことが知られている。後宇多上皇に引き立てられた経継は邦良親王陣営の柱石であり、それがために邦良親王が早世すると、引退を余儀なくされている。

　さて、この経継の嫡男である経宣と結ばれ、跡取り宣明を生むのが、実は進藤為成の姉妹なのである。こうした名家の名門の子弟と諸大夫階層のこうした関係は、おそらくは両者の主従関係を示しているものと考えられる。進藤家は中御門家に臣従し、それゆえに為成の姉妹が家女房として中御門家に仕え、その家の若殿の妻になる。他家の具体的な事例としては『勘仲記』の記主である勘解由小路兼仲と家令の下総守源親時、親時の娘と子息の光業を挙げることができる。

これらの推測が的はずれでないならば、『後嵯峨院北面歴名』と『検非違使補任』とは、来るべき邦良親王の即位に備えて、先例を蓄積するために、中御門経継の主導で作成されたのではないか。屋上に屋を架する推測であるが、記しておく。

（本郷和人）

大将歴名

一帖　紙本墨書（粘葉装）　二九・〇糎×一九・一糎

鎌倉時代（十三世紀）　S貴〇三―一五

本書は平安初期から鎌倉後期に至る間の、左右近衛大将の人名を任命順に列記した書で、明治四十三年に野口遵氏より本所が寄贈を受けて以来、その標紙題簽の外題に従い「大将歴名」の書名を以て厳重に保管されてきたものであるが、野口氏の蔵に帰した時期や書名を含めた伝来の経緯については明らかでない。

本書は近年の修補に際し、その装丁を巻子装より粘葉装へと改装している。先ず改装以前の巻子装の様態（参考図版参看）について説明を加え、次いで現状の粘葉装について解説することとする。

改装前の本書は印籠箱に収められ、表紙は紺地絓（しけ）、題簽に「大将歴名」の外題が貼付され、見返し（楮紙、表紙の肌裏打ち）に「野口遵氏寄贈」の押紙、さらに「東京帝国大学図書」の朱円印と「東京帝国大学附属図書館　明治43年5月10日　151347」の楕円形印が踏されている。この他、打紐・軸木（合せ軸　墨付の巻紙あり）・軸首（黒檀印可軸）・軸付紙が装着されていた。

本文の書写は一筆で、毎半葉六行、全十二紙。料紙は楮紙打紙で横使い、両面書写の料紙を相剥し、第一紙と第二紙は継いで裏打ちされ、第三紙〜第一二紙は各々裏打ちを施して巻子装としたものであった。表紙及び本文各料紙の寸法は左の通りである（単位糎）。

表　紙	二七・九×一五・三
第一紙	二七・四×一七・四
第二紙	二七・四×一六・五
第三紙	二七・五×一七・四
第四紙	二七・四×一六・九
第五紙	二七・四×一七・五
第六紙	二七・五×一六・九
第七紙	二七・四×一七・九
第八紙	二七・五×一六・八
第九紙	二七・四×一七・一
第一〇紙	二七・四×一七・〇
第一一紙	二七・五×一八・〇
第一二紙	二七・五×一三・五
軸付紙	二七・四×一一・七、楮紙打紙

本書は各料紙左右の余白の状態や虫喰い痕の状況から、江戸期に粘葉の各葉を相剥ぎし、これを貼り継ぎ巻子装としたものであることが明らかとなった。また料紙の簀の目・漉きむらなどの観察により、巻子装への改装前の原粘葉装の本文料紙全八葉は、次下のように作成されたことが

推測される。

第一葉　表→第一二紙　裏→闕
第二葉　表→第一紙　裏→第二紙
第三葉　表→第三紙　裏→第四紙
第四葉　表→第五紙　裏→第六紙
第五葉　表→第七紙　裏→第八紙
第六葉　表→第九紙　裏→第一〇紙
第七葉　表→第一一紙　裏→闕
第八葉　表裏→闕

すなわち第一葉～第四葉と第五葉～第八葉は、それぞれ一枚の料紙（竪紙）を中央から縦に半切し、さらに横使いに半折し粘葉の料紙としたものであること、また虫喰い痕の観察から、巻末の本文別筆に「墨付六枚、行能筆」とある第一二紙は共紙原表紙にあたるものであり、見返しにあたる第一葉裏は相剥ぎに際して廃棄され、さらに墨付きのなかった第七葉裏と裏表紙にあたる第八葉も同様に廃棄されたものと推測される。

粘葉装への改装に際しては、便宜に原粘葉装の糊付け部分を約三分五厘とし、本紙の寸法を縦八寸一分（二七・六糎）、横一尺二寸（三六・五糎）とし、相剥ぎを戻すとともに共紙原表紙と推測される第一二紙を巻首へ移動し、新たに天地及び小口に保護紙を付け、表紙及び中性紙の帙を装着した。表紙には題簽とラベル（貴3―15）を貼付し、巻子装の見返しに貼付されていた押紙及び印記類を表紙見返しに改めて貼付している。

大同二年（八〇七）四月、それまでの近衛府を左近衛府に、中衛府を右近衛府に改編し、近衛大将であった右大臣藤原内麿が左近衛大将に、中衛大将であった中納言坂上田村麿が右近衛大将に任ぜられたが、本書はこの内麿以下、弘安二年（一二七九）正月に左大将に任ぜられた権大納言鷹司兼忠に至る百二十一名に及ぶ大将を列記している。従って、本書の成立は兼忠が左大将に任ぜられた弘安二年以降、内大臣に任じ左大将を辞する正応元年（一二八八）十一月の間と推定されるが、現在のところ他に流布の諸本も見出せず、その撰者や成立の由来を明確にすることを得ない。従って、『本朝書籍目録』に見える「諸衛補任」との関係も明らかでない。

本書はその尻付に左右の別や本人の父母などを注記するが、補任の時期や補任時の官職等の注記は省略されている。補任の順序については『公卿補任』と一致するものの、父母に関する注記については、良峯安世の尻付に「桓武天皇和女嬬百済永継所生」と見え、また源定の尻付に「清〔淳カ〕和天皇□□〔猶子カ〕」とあって、『公卿補任』には見えない記載が存在しており、本書の基となったものも明らかにすることを得ない。なお本書には次のような誤脱・衍入と認められる記載が存在するが、校異や訂正の痕跡はなく、その筆跡と相まって本書が清書本であったことを推測させる。

姓名	尻付
藤原冬嗣	左、贈左大臣麿〔内脱カ〕二男、
清原夏野	左、小舎〔衍〕倉王子、
橘　氏公	右、内舎人贈太政大臣友〔清脱カ〕王〔衍〕子、

藤原氏宗　右、左、中納言葛〔野脱カ〕磨子、
源　常行　左〔右〕、良相一男、
藤原恒佐　〔右脱カ〕良世八男、
源　高明　右〔左〕、醍醐皇子、
藤原朝光　右〔左〕、兼通三男、
藤原忠教　右〔左〕、忠家男、

左右近衛府は平安初期以降に固定した六衛府制の中では最も格が高く、平安中期以降長官である大将は概ね大臣か大納言の兼任であったが、公家の家格形成と相まって摂家の子弟や清華たる家格の三条・徳大寺・西園寺等の閑院流藤原氏や花山院・大炊御門等の藤原師実流の人々が多く任ぜられるようになった。本書の尻付にはこの家格との関連を窺わせる次のような注記が付せられている。

姓名	尻付
藤原定国	右、左、贈大〔太〕政大臣高藤男、二代中絶、
平　惟範	右、大納言高棟男、一代中□〔絶カ〕、
藤原定方	右、左、高藤二男、二代中絶、
藤原実能	右、左、公実男、四代中絶、
藤原公教	左、実行一男、五代中絶、
藤原経宗	左、大納言経実四男、一代中絶、
藤原公経	右、実宗男、七代中絶、
藤原家嗣	右、師経男、一代中絶、
藤原公親	右、実親男、一代中絶、

これらは平安前期に於ける藤原高藤流の定方・定国と平惟範を除けば、公季流の徳大寺家・三条家・西園寺家及び師実流の大炊御門家に関わるものである。因みに左大将兼忠の後任には大炊御門信嗣が任ぜられ、また同日には右大将久我通基の後任として西園寺実兼が任ぜられており、本書はこれらの除目に際して作成されたものかもしれない。

本文の筆跡については前述の共紙原表紙と推定される料紙に、別筆で「墨付六枚、行能筆」とあるように、南北朝期を降らない世尊寺流の能筆である。世尊寺流は三跡に数えられる藤原行成を祖とする書の流派で、その第八代世尊寺行能は建長五年（一二五三）十二月に薨じており（『世尊寺家現過録』青蓮院所蔵）、その成立が弘安二年以降、正応元年十一月の間と推定される本書の筆者に擬することは適当ではない。

（厚谷和雄）

【参考図版】改装以前の巻子装の様態

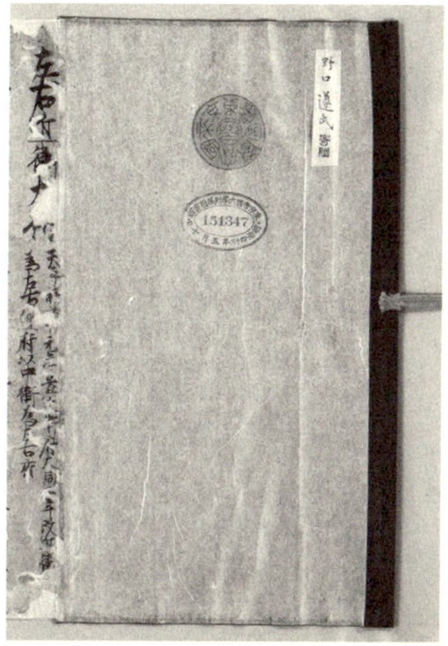

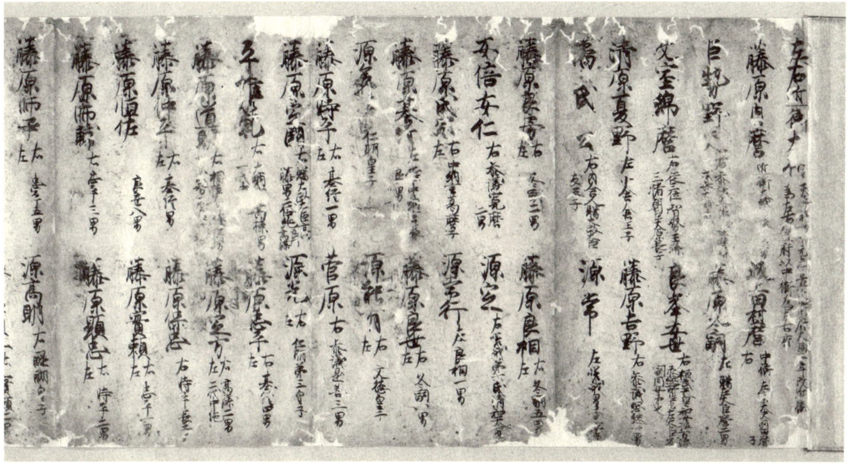

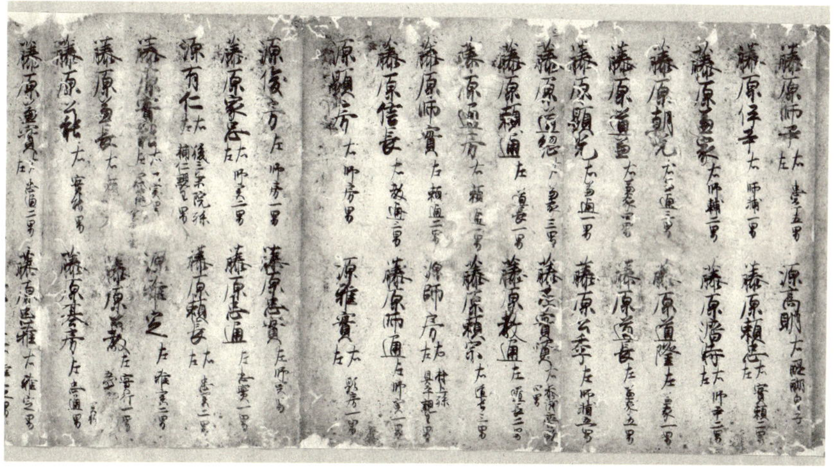

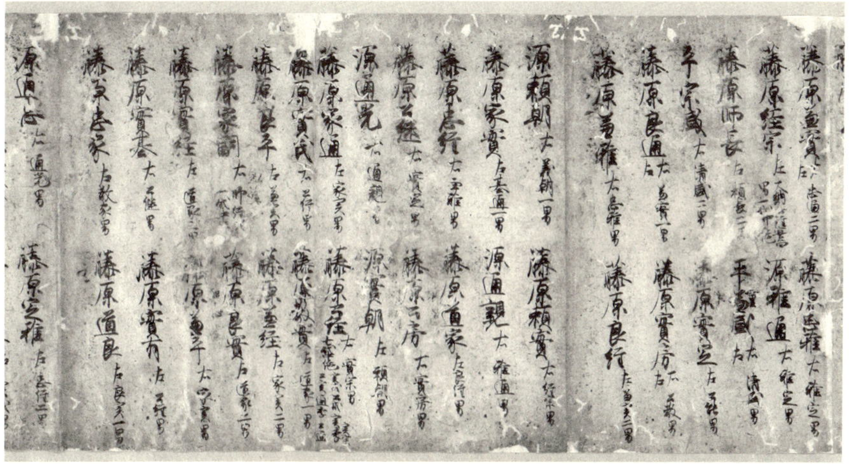

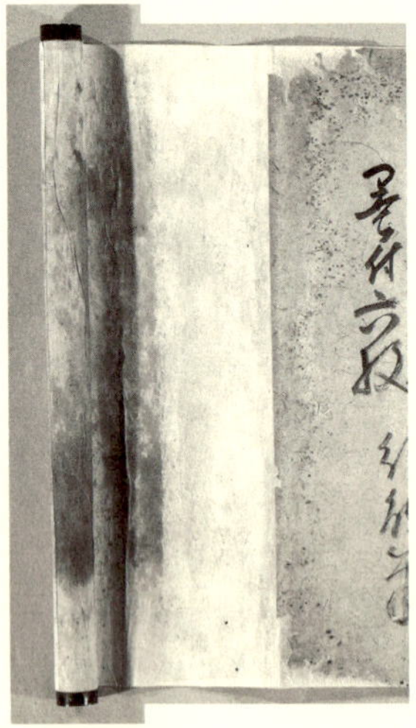

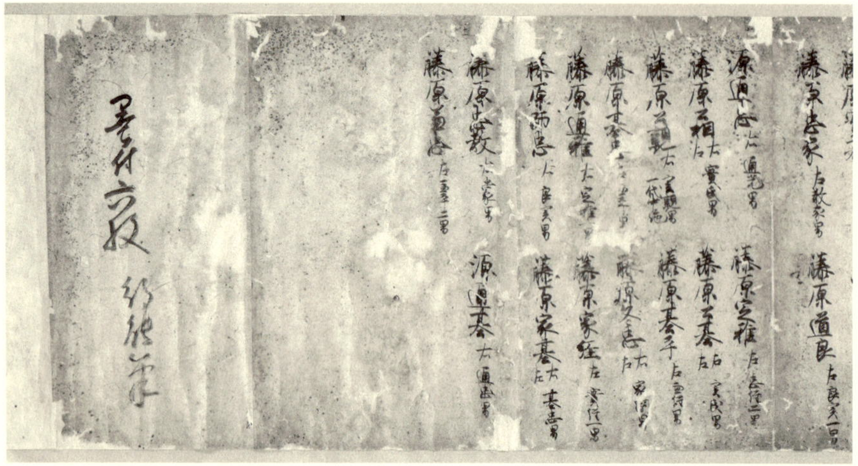

検非違使補任

一巻　紙本墨書　二七・五糎×一四二五・九糎
鎌倉時代（十四世紀）　S貴一八―一五

検非違使庁の別当（かみ）―佐（すけ）―大尉・少尉（じょう）―大志・少志（さかん）、それに府生の氏名を年次ごとに記したもの。平安末期の藤原通憲（法名信西）の蔵書目録とされる通憲入道書籍目録に「検非違使補任三帖、同補任五巻不見」と記されている。編者・成立年代・巻数などは明らかでないが、第一巻は検非違使別当が初めて補任された承和元年（八三四）から始まっていると推測される。本史料は建長元年（一二四九）から文永四年（一二六七）までを記載するが、建長元年の少尉の末尾以前、建長三年の尉の末尾から建長四年の佐の始めまでが欠けている。紙背文書から鎌倉時代後期頃の古写本と判断される。『続群書類従』には宝治二年（一二四八）から文永四年まで記載したものを「検非違使補任第十」として収録している。

検非違使別当は一名が任じられる。中納言もしくは参議から選ばれた。衛門督と兼任することが多いようであるが、左衛門督のこともあり、右衛門督もあり、あるいは兼任していないときもある。また、たとえば大将に任じた大納言は他の大納言に先んじて大臣に昇る、という慣習があるが、検非違使別当に任じたからといって、その先の官歴に有利ということはないようだ。

佐以下は衛門府の官人が使宣旨によって任命された。佐は左右一人ずつの筈であるが、この史料を見ると任じられてないこともあり、権佐が置かれることもあったようだ。名家と呼ばれる実務の家の人があてられた。使宣旨をうけた衛門佐と五位蔵人、少弁を兼任することを「三事兼帯」といい、とくに名誉とされた。

大尉・少尉に任じられた者で注目すべきは、明法道を家業とする中原氏の存在である。坂上氏に出自を持つ彼らは法を学び、明法官人となった。権門の諮問を受けると、法に準拠しながら「法家の勘文」を作成した。中世では記録所・院文殿に配置され、明経道を家業として外記に任じる中原・清原氏や算道を家業として史に任じる小槻氏とともに勘文を作成し、治天の君に答申している。

形状は巻子装で、表紙は紺地絓（しけ）、題簽に「検非違使補任」の外題が貼付される。見返しは楮紙、表紙の肌裏打ちで、平打の紐と紫檀印可軸の軸首が装着されている。

本文各料紙（楮紙、全三十五紙、各紙に紙背文書あり）の寸法は次の通り（単位糎）。

第一紙　二七・三×四〇・七
第二紙　二七・四×四〇・四
第三紙　二七・五×三九・九
第四紙　二七・四×四一・五（補紙）
第五紙　二七・五×三九・四
第六紙　二七・四×四一・五
第七紙　二七・四×四一・四
第八紙　二七・四×四一・〇

第九紙	二七・四×四〇・六
第一〇紙	二七・四×三九・八
第一一紙	二七・四×四一・六
第一二紙	二七・四×四一・八
第一三紙	二七・三×四〇・七
第一四紙	二七・四×四一・三
第一五紙	二七・四×三九・七
第一六紙	二七・四×四一・五
第一七紙	二七・四×三七・七
第一八紙	二七・四×四一・八
第一九紙	二七・四×四〇・四
第二〇紙	二七・五×四一・九
第二一紙	二七・四×四一・八
第二二紙	二七・四×四二・三
第二三紙	二七・四×四一・四
第二四紙	二七・四×三七・八
第二五紙	二七・四×四一・七
第二六紙	二七・四×四二・四
第二七紙	二七・四×四二・七
第二八紙	二七・二×四一・七
第二九紙	二七・四×四二・七
第三〇紙	二七・四×四二・三
第三一紙	二七・四×四二・三
第三二紙	二七・四×四一・八
第三三紙	二七・四×四四・二
第三四紙	二七・三×三八・五
第三五紙	二七・二×三八・三

紙背文書は上下左右が裁断されたものが多く、また本来複数紙からなる文書の一部のみの文書が多いため必ずしも内容を十分に把握することはできないが、いくつかの語句から紙背文書群としての性格を明らかにすることができる。

この紙背文書群は基本的に書状の一部であるが、その宛所として注目されるのは「筑前々司殿」宛が四通、「筑前入道殿」宛が三通、「進藤殿」宛が一通含まれていることである。また、文章中の「宮田御年貢」「丹波位田」「隣荘榎坂」といった語句が手がかりとなる。

第三四紙の紙背文書には「丹波位田乃御年貢」「宮田五百疋御年貢」と見え、近衛家領丹波国宮田荘との関わりが予想される。また第一一紙の紙背文書には「悪党人」の来襲に際し、「隣荘榎坂」の「見継」が行われたことが記されているが、この「榎坂」は近衛家を本家、春日社を領家とする摂津国垂水西牧に含まれる榎坂郷であろう。垂水牧は保安年間（一一二〇～一一二四）に東牧の年貢が、寿永二年（一一八三）に西牧の年貢が春日社に寄進されたが、東牧については近衛家の支配が継続し、近衛家から春日社に年貢が納められていた。「隣荘榎坂」と記すこの書状の記主

は垂水東牧の関係者と考えてよいであろう。垂水西牧では鎌倉後期に、榎坂助村を中心とした悪党行為があったことが知られ、「悪党人」との関わりから注目される。

このように近衛家との関わりを念頭におくと、宛所に現れる「筑前々司」「筑前入道」「進藤殿」についても明らかになってくる。魚名流藤原氏に連なる進藤氏は越前国方上荘近辺の出身と考えられ、近衛家領の丹波国宮田荘や越前国鮎川荘などを知行し、近衛家の所領経営に大きな役割を果たしたと考えられる一族である。特に宮田荘についてはその預所職を相伝しており、建長年間（一二四九〜一二五六）に大山荘地頭中沢氏と相論を行った長範は『尊卑分脈』に「筑前守」と記され、本史料の文永二年（一二六五）の項にはその子長高について「前筑前守長範法師嫡子」と記されている。その長高は「ちくせんの大〔太〕ろう判官入道」（建治二年十二月十三日中沢基員書状案、『兵庫県史史料編中世八』所収近衛家文書二）「筑前判官入道」（建治二年十二月十五日丹波国守護代捧田内光蓮書状案、同前近衛家文書三）などと記され、正和四年（一三一五）の史料では長高の孫為成が「宮田荘預所筑前々司為成」（正和四年十一月日中沢直基陳状案、同前近衛家文書二七）として大山荘地頭中沢氏と相論を起こしている。為成は出家し、法名を顕証と名のっている。『後嵯峨院北面歴名』と併せ考え、この紙背文書の一部は、進藤為成のもとに集積された文書と考えてよいであろう。

なお、この他に「関東御使用途」「御仏事用途」「御供料事」「御相折事」など所領経営にかかわる記述や、春日若宮との関係をうかがわせる「ワかみやの祭」の記述があり、紙背文書群全体としては、近衛家の家政機関に集積されていたものと考えられる。

推測にすぎないが、『後嵯峨院北面歴名』と同時に作成されたのかも知れない。

（西田友広・本郷和人）

【参考文献】

和田英松『本朝書籍目録考証』（明治書院、一九三六年）
田中稔「丹波国宮田庄の研究」（『鎌倉幕府御家人制の研究』吉川弘文館、一九九一年、初出一九五六年）
小塩康真「近衛家領丹波国宮田荘の預所職について」（『皇學館論叢』二四―二、一九九一年）
桜井彦『悪党と地域社会の研究』（校倉書房、二〇〇六年）

右衛門督補任

一巻　紙本墨書　三〇・九糎×四九七・八糎
鎌倉時代（十四世紀）　S貴一八―九

応永三十五年（一四二八）三月、足利義持の薨去にともなって室町幕府の主となった青蓮院義円、還俗して足利義宣（後の義教）のもとに大外記中原師勝が除書をもたらす。これに対し、万里小路時房は次のように説明を付している。「左馬頭　源義ー　応永三十五年三月十二日」。「宣ノ字ー如此引之、不書宣字、是奉憚之故近年如此、師茂朝臣沙汰出事也、不可然之由常宗所相談也」。師勝の大伯父である師茂の時から、室町殿に敬意を表して諱の一字を書かない、というのである。

さてそこで、正暦二年（九九一）の源時中から正中二（一三二五）年の藤原冬方までの右衛門督を列挙したこの『右衛門督補任』を見てみると、「ー」が使用されている箇所が二つある。「俊ー」と「定ー」であり、坊城俊定と定資の父子に該当する。正中二年で記載が終了している事も併せ考えると、記主は定資の子の勧修寺経顕であって、父祖に敬意を払い、かかる表記を用いたのだろう。

史料編纂所には『左右衛門督補任』と題する影写本が架蔵されていて（架蔵番号［3043-21］）、左衛門督が貞観十六年（八七四）から正中二年まで記されているのに対し、右衛門督は承和十三年（八四六）から承平五年（九三五）までしか記されない。筆跡は『右衛門督補任』に酷似していて、所蔵者は勧修寺経雄伯爵（昭和九年）であった（京都大学総合博物館現蔵）。勧修寺経顕は元弘元年（一三三一）に右衛門督に任じられており、これを機として『左右衛門督補任』を書写したと考えられ、それが何らかの理由で右衛門督の後半部分が切断され、流出したのであろう。なお、この切断・流出以前の姿を伝える写本が、国立公文書館内閣文庫所蔵甘露寺家本『衛門督補任』（147-47）・宮内庁書陵部所蔵柳原家本『衛門督補任』（柳-264）・京都大学附属図書館所蔵『衛門補任』（5-65-エ-2）として存在している。

形状は巻子装で、表紙は紺地絓（しけ）、題簽に「右衛門□□□（督補任）　□□□□□中（自正暦至正カ）」の外題が貼付される。見返しは楮紙、表紙の肌裏打ちで、啄木の紐と紫檀印可軸の軸首が装着されている。

本文各料紙（全十一紙、各紙に紙背文書あり）の寸法は次の通り（単位糎）。

第一紙	三一・三×四四・九
第二紙	三一・三×四五・一
第三紙	三一・三×四五・一
第四紙	三一・三×四五・一
第五紙	三一・三×四五・一
第六紙	三一・三×四五・一
第七紙	三一・三×四五・一
第八紙	三一・三×四五・一
第九紙	三一・三×四五・〇
第一〇紙	三一・〇×四九・五

第一一紙　三一・〇×四六・五

第一紙から第九紙までの紙背は元徳二年（一三三〇）の仮名暦（三月二十八日〜八月十五日）で楮紙打紙、第一〇紙と第一一紙は書状で楮紙を用いている。

第一〇紙の紙背書状の年次は、宛所である「頭春宮亮」が勧修寺経顕と考えて良いのなら、元徳二年に限定される。本書状を記した人物としては、調子武次を番長として召し使う近衛家の人物が考えられる。しかし時に近衛経忠は関白、基嗣は内大臣。両者ともにこの文面では厚礼すぎるように思える。

本書架蔵の調子文書（架蔵番号［6171. 62-177］）には洞院家の文書も含まれ、武次は洞院実泰の随身として見える。このことからすると調子氏は洞院家にも兼参していたらしく、この点で、文書の差出人の候補者として大納言であった洞院公賢を挙げても良いのかも知れない。ただし、筆跡はそう悪くないが、日下の署名が花押だとすると、その形状は明らかに公賢とは異なる。

第一一紙の紙背書状は、西園寺実兼の弟、実俊のものである。

（西田友広・本郷和人）

【参考文献】

和田英松『本朝書籍目録考証』（明治書院、一九三六年）
古藤真平「左右衛門督補任」（京都大学文学部博物館編『公家と儀式』、一九九一年）

拾芥抄

一巻　紙本墨書淡彩　二九・三糎×八七〇・三糎
南北朝時代（十四世紀）　S〇〇〇六―一　重要文化財

一　『拾芥抄』の概要

『拾芥抄』は、主として貴族が必要とする各種の知識を集成した百科全書の一種で、平安後期に成立した『掌中歴』（三善為康編）、鎌倉前期成立の『二中歴』（編者未詳）などの系統に連なり、貴族の生活における先例や故実を記した有職書としての性格も備える。題名としては「拾芥抄」が最も広く使用されており、「略要抄」「拾芥略要抄」の別称もみえている。

内容と構成を三巻九十九部からなる現行の流布本により示すと、上巻が歳時部―楽器部の三十五部、内容は暦・年中行事・歴史・文学・音楽などの一般教養、中巻が百官部―田籍部の二十五部、内容は官職・位階・儀式・内裏・邸宅・地理などの官人に必要な基礎知識、下巻が諸社部―養生部の三十九部、内容は社寺・触穢・衣服・飲食・吉凶など主に生活上の必要知識という構成である。

編者については、南北朝前期の有識者として名高い太政大臣洞院公賢（一二九一―一三六〇）、あるいはその子孫である左大臣洞院実熙（一四〇九―？）をあてる説、または公賢編、実熙増補とする説が江戸時代以来有力であった。しかし和田英松氏が、永仁二年（一二九四）の奥書を持つ『本朝書籍目録』に「拾芥略要抄」の書名がみえることから、『拾芥抄』の成立がこの時期以前であることを明らかにされ、年齢を勘案すれば公賢は編者たりえないと結論された。これに対し、川瀬一馬氏が和田氏への異論を呈する形で、暦応四年（一三四一）に公賢が現行本への改編を行なったという説を示された。

また江戸時代後期の寛政九年（一七九七）に裏松固禅によって編まれた故実書『大内裏図考証』では、史料として『拾芥抄』が多く引用されているが、引用書名には「拾芥抄」「古本拾芥抄」「校本拾芥抄」などの題名がみえており、当時『拾芥抄』に複数の異本が存在することが学者層に認識されていたことが知られる。こうして現在では『拾芥抄』は鎌倉中・後期に中核部分が成立し、その後江戸時代にいたるまで増補・校訂が重ねられ、各種の諸本が伝来したと考えられている。

『拾芥抄』の原本は現存せず、室町時代以降江戸時代以前に書写された古写本が、京都大学付属図書館・天理大学付属天理図書館・国立国会図書館・前田育徳会尊経閣文庫・大東急記念文庫などに所蔵される。慶長年間に活字本が刊行され、その後江戸時代には数回にわたり版本が刊行された。明治三九年（一九〇六）『故実叢書』に収載されて以後、平成五年（一九九三）刊行の『新訂増補故実叢書』まで継続して収載され流布している。

二　東京大学史料編纂所本『拾芥抄』

現在東京大学史料編纂所に所蔵される『拾芥抄』古写本一巻は、現存する最も古いと思われる写本である。ただし次に述べるように首尾を欠いており、原題・構成・筆者・伝来などは全く不

明で、史料編纂所の所蔵となった時期や経緯も明らかではない。昭和三年（一九二八）刊行の『増訂故実叢書』に掲載された岡田正之氏による解題に、「史局ニ残闕ノ古写本一巻アリ」として、紙背文書を含めて本書の概要が紹介されており、この時期には史料編纂所に所蔵されていたことが確認される。昭和三十二年に至り重要文化財に指定された。

1　形状

巻子本一巻、全十八紙で、前後欠である。第一紙の紙背が磨耗してほとんど判読不可能であることから明らかなように、前欠の状態になった後は表紙が付けられないまま長期間伝来しており、昭和十二年刊行の『拾芥抄』複製本に掲載された橋本進吉氏の解説によれば、当時は軸も付けられていなかった。史料編纂所に所蔵された後に、表紙・軸と「拾芥抄」と墨書した題箋が加えられている。平成十八年度（二〇〇六）に解体修理が行われ、新調の表紙・軸に改められるとともに、後補の題箋が除かれた。

現在の寸法は縦二九・三糎、全長八七〇・三糎であり、各紙の長さはいずれも約四四糎で、本書の料紙とするにあたって、使用する文書の縦だけでなく横の長さもそろえる処理が施されたと考えられる。第四紙と第五紙の間に一紙の脱落があり、現存部分の筆跡は一筆である。十八紙全てに紙背文書があり、書状・詩懐紙・和歌懐紙に大別されるが、紙質は全て楮紙である。紙背文書の詳細については、本書解説「拾芥抄紙背文書」参照。

全体に約二七・八糎の間隔で強く明らかな折目跡が残っており、当初の形態は横幅をこの長さとする折本であった。また料紙に多くの三つ目錐による針穴が認められ、主に掲載図を描く際の見当として突いたものと思われる。これらの針穴の位置を照合することにより、料紙を折り畳んだ状態で穴を開けたことが確認された。

2　内容

内容をみると、まず前欠の巻首部分は、流布本における巻中第十九宮城部所載の「内裏諸門図」末尾の、諸門の異称などを列記した箇所にあたると思われるが、「内裏焼亡年々」の部分は流布本にはない。続いて朱書きの番号「八十」が付された「八省指図」があり、掲載された「八省指図」は流布本より簡略で、殿舎部分に黄色の、廊の部分に薄墨の着色が施されている。八十一「宮城指図」に続き八十二「京図左京」があり、欠落した一紙は、その中の「四行八門図」に続く部分にあたる。一紙の末尾には左京「条坊図」が載せられていたことが、第五紙の先頭に「条坊図」の四条大路以南が描かれていることから知られる。「八省指図」から九十二「命木」まで十三項目が収められており、巻尾の第一八紙末尾の紙継ぎ目にかかる位置に、九十三「五行器」の項目名が確認できる。

これらの項目と『増訂故実叢書』本の項目との対応は、以下に示すとおりである。

	（内裏諸門図）	巻中第十九	宮城部
八十	八省指図	巻中第十九	宮城部
八十一	宮城指図	巻中第十九	宮城部
八十二	京図左京	巻中第二十二	京程部
八十三	所々事	巻中第十九	宮城部
八十四	京程	巻中第二十二	京程部

八十五　方角禁忌事	巻下第三十三	方角部
八十六　土気法	巻下第三十三	方角部
八十七　八卦忌事	巻下第三十四	八卦部
八十八　金神七殺方事	巻下第三十四	八卦部
八十九　厄年	巻下第三十四	八卦部
九十　縁仏	巻下第三十五	属星部
九十一　本命属星	巻下第三十五	属星部
九十二　命木	巻下第三十五	属星部
九十三　五行器	巻下第三十七	五行器部

以上の項目名を一見すると、流布本の中巻から下巻の後半の項目が続けて掲載されているなど、本書と流布本との項目の対応が一様ではなく、本書の項目が流布本の項目より細分化されていることが明らかである。このように両者は多くの共通する部分を持ちながら、順序・掲載内容・文章などに異同があり、本書の掲載図版は概して流布本に比べて簡略である。

一方紙背文書の書かれた時期は、筆者などから鎌倉末―南北朝初期であることが知られ、本書の本文の筆跡からも、書写年代は南北朝初期と推定される。前述したように、『拾芥抄』は加筆・修正、あるいは複数の系統の本の集合などを繰り返しながら、現在の流布本の成立に至っており、本書は書写年代から類推して、現在流布する『拾芥抄』を形成する祖本の一部とみることができるであろう。

[複製]

古典保存会編『拾芥抄（古鈔本）』『拾芥抄紙背文書』（古典保存会、一九三七年）

[参考文献]

松井簡治「拾芥抄に就いて」（『書誌学』一―二、一九三三年）
和田英松「拾芥略要抄」（『本朝書籍目録考証』、明治書院、一九三六年）
川瀬一馬「拾芥抄」（『増訂・古辞書の研究』、雄松堂出版、一九八六年）
橋本義彦「『拾芥抄』」（『日本古代の儀礼と典籍』、青史出版、一九九一年）

（吉田早苗）

拾芥抄紙背文書

「拾芥抄」は全十八紙からなり、おのおの紙背文書がある。内容は書状二通（三紙）、和歌懐紙六点、詩懐紙九点となっている。略目録を掲げよう（法量は横の長さ）。

第一八紙	某書状（後欠）		四四・二糎
第一七紙	九月二日	公□書状・某勘返（一紙目）	四四・四糎
第一六紙	九月二日	公□書状・某勘返（二紙目）	四四・六糎
第一五紙	詩懐紙	左近少将実□	四四・七糎
第一四紙	詩懐紙	氏範	四四・七糎
第一三紙	和歌懐紙	散位源親長	四四・六糎
第一二紙	和歌懐紙	藤原業通	四四・七糎
第一一紙	詩懐紙	秀範	四四・六糎
第一〇紙	和歌懐紙	明円	四四・六糎
第九紙	詩懐紙	明円	四四・七糎
第八紙	詩懐紙	懐雄	四四・六糎
第七紙	和歌懐紙	散位源親長	四四・五糎
第六紙	和歌懐紙	大学助業通	四四・四糎
第五紙	和歌懐紙	法眼定□	四四・五糎
第四紙	詩懐紙	明円	四四・五糎
第三紙	詩懐紙	大学助業通	四四・六糎
第二紙	詩懐紙	明円	四四・三糎
第一紙	詩懐紙	某	四四・八糎

天地の法量は二九・三糎、全長八七〇・三糎である。

【書状】

第一八紙は二紙目を欠く書状で、前半は病気のこと、後半は唐鞍を話題にしている。文中に見える「嗣成」は医者の和気嗣成。暦応三年（一三四〇）、「嗣成朝臣」は中院通冬に灸を施している（『中院一品記』九月十四日条）。観応元年（一三五〇）四月には、夢窓疎石らを治療し、褒賞として典薬頭に任じられる（『園太暦』二十四日・二十七日条）など活躍する。洞院公賢の日記「園太暦」には、公賢らを治療する様子がしばしばみえる。『尊卑分脈』では、建治元年（一二七五）生まれ、文和四年（一三五五）八月十一日歿、とするが（新訂増補国史大系本四冊目、二七三頁）、翌延文元年生存している可能性もある（『大日本史料』第六編之二十、五七四頁）。

第一七紙・第一六紙は、同じ書状の一紙目・二紙目である可能性が高い。勘返状で、差出者公□の下字は、下半分が欠けていて読めない。公賢の「賢」にやや似るが違う点もある（公賢の署名は、たとえば史料編纂所架蔵影写本「岩崎小弥太氏所蔵文書」一）。勘返者の署名はいまのところ成案を得ない。内容は、「中将殿」との面会のこと、「東宮御方様」のこと、脚気を患って灸をすえていることなど。蛇足ながら、公賢は、文保二年（一三一八）三月から正中三年（一三二六）三月ま

で東宮邦良の春宮大夫を、建武二年（一三三五）三月から翌延元元年十月まで東宮恒良の東宮傅の任にあった。

【懐紙】

題や作者を整理することから始めよう。

○同じ題の懐紙

・第一四紙と第八紙の詩懐紙は、前者が「晩夏同賦荷発知池近各分一字詩」、後者が「夏日同賦荷発知池近各分一字詩」でほぼ一致する。

・第一三紙と第一二紙は、「詠積雪和歌」と「歳暮」の二首からなる。

・第一〇紙と第七紙は、「詠三首和歌」で鶯知春・檐間梅・忍久恋の三題である。

・第六紙と第五紙は、「詠三首和歌」で浦千鳥・暁雪・契待恋の三題である。

○懐紙の人名

懐紙の人名を整理しよう。まず、複数の懐紙にみえるひとは、

①源親長（散位）　第一三紙・第七紙

②藤原業通（大学助）　第一二紙・第六紙・第三紙

③明円　第一〇紙・第九紙・第四紙・第二紙

ついでひとつの懐紙にみえるひとは、

④氏範　第一四紙

⑤秀範　第一一紙

⑥懐雄　第八紙

⑦左近少将実□　第一五紙

⑧法眼定□　第五紙

あわせて八名となる。

橋本進吉氏の解説では、①を勅撰集にみえる源親長としたほか、「尊卑分脈」をおもな手がかりに②から⑥まで人物を特定している。橋本氏の指摘に依拠しつつ、若干の知見を補って、各人物を検討したい。

①源親長という人物で歌人としての行跡を残しているのは、醍醐源氏で兼康男である。勅撰集に十四首入撰している。父兼康、弟邦長も勅撰作者である。親長の入撰歌を列挙すると、

続拾遺　恋二（新編国歌大観八三四）・雑下（一二七二）

新後撰　秋下（四〇四）・恋一（八五四）・恋二（九四四）・恋三（一〇二四）・恋四（一〇六九）

玉葉　釈教（二六七八）

続千載　羈旅（八〇三）・恋二（一二一六）詞書「後光明峰寺摂政（一条家経）家五首歌合に」

・雑上（一七五六）

新後拾遺　恋四（一二一四）

新千載　秋上（四四二）詞書「前大納言（二条）為氏すすめ侍りける玉津島社三首歌合に」

続後拾遺　羈旅（五九三）

表記は、弘安元年（一二七八）奏覧の続拾遺和歌集で「源親長」、嘉元元年（一三〇三）奏覧の新後撰和歌集以下は「源親長朝臣」となっている。紙背懐紙と入撰歌に重なりはない。

井上宗雄氏の研究を参看すると、建治元年（一二七五）九月十三夜の摂政家月十首歌合に弟と

もに参加している。参加した顔ぶれは、一条家の人々と家司層と判断されている（『鎌倉時代歌人伝の研究』風間書房、一九九七年、二九四頁）。また、土佐守親長は、危篤のとき、父兼康筆の古今集を弟邦長に譲った。邦長は、不審なことがあったため、嘉元二年（一三〇四）正月、松殿兼輔相伝の為家筆本で比校している（穂久邇本奥書、『中世歌壇史の研究　南北朝期』改訂新版、明治書院、一九八七年、一四四頁）。嘉元二年以前のあるとき、親長は危篤に陥ったことになる。

「吉続記」をみると、文永年間、内大臣、ついで左大臣となる一条家経のもとに親長という人物が散見される。右に指摘されているような一条家との関わりからみて、源家経であろう。「勘仲記」では、弘安九年（一二八六）二月三日条、春日行幸の歌人として「親長朝臣」が、また三月二十七日条には「前土佐守源親長朝臣」がみえる。

史料の検索はいまだ充分でないが、以上によると、源親長は、文永年間から活躍が見え、弘安年間には四位で土佐守に任じたことがあり、嘉元年間まで確認される。一二六〇年代後半から一三〇〇年頃までである。

②業通は、「尊卑分脈」藤原氏、武智麿公孫のうち、懐宣男とみえる。従五下、大学助、永福門院蔵人。判官代と注記する本もある（新訂増補国史大系本二冊目、四二九頁）。永福門院は、西園寺実兼女で、永仁六年（一二九八）女院号宣下、康永元年（一三四二）歿。

⑥懐雄は、業通の叔父にみえる。従五下（上とする本も）、長楽門院蔵人と注記される。長楽門院は徳大寺公孝女で、延慶三年（一三一〇）女院号宣下、正平七年（一三五二）歿。

④氏範は、「尊卑分脈」藤原氏、貞嗣卿孫のうち、明範男とみえる。従四上、右京権大夫、式部大輔などと注記される（二冊目四六九頁）。応長元年（一三一一）二月四日、洞院公賢は、釈奠に詩を製し、「氏範」を介して菅原在兼に見せている（「園太暦」）。父や息子は歿年が判明し、父明範は正安三年（一三〇一、「一代要記」）、兄俊範は嘉暦二年（一三二七、「公卿補任」）、子息行範は康安元年（一三六一）、子息宝金剛院住持の賢悟は明徳二年（一三九一年、いずれも「尊卑分脈」）である。おおよその活動期を推測できよう。

⑤秀範は、氏範の従兄弟で、明範の弟淳範男である。従四上、文章博士、式部少輔などと注記される。応長元年（一三一一）二月三日に正五位下（「園太暦」）、正和二年（一三一三）二月六日に少納言となる（「花園天皇日記」）。文章生であった高辻為成は、正和三年正月二十六日に献策（対策）に臨むが、「問頭散位藤原秀範朝臣」とある（「公卿補任」文和三年条）。

③明円について、橋本氏は、正親町三条実継男の毘沙門堂門跡明円をあてる。明円は、応安五年（一三七二）で禅師、永和三年（一三七七）で僧都である（「後愚昧記」応安五年四月四日条、永和三年七月二十日条）。活動時期は南北朝後期であり、これまで検討した人々と異なる。おそらくは別人であろう。「花園天皇日記」元亨二年（一三二二）四月十八日条で、天皇は「明円」らを召して「将碁」を楽しんでいる。この人物という可能性もあるだろう。

⑦左近少将実□　⑧法眼定□　この二人は明らかにしえない。

以上、不十分ながら、各々の活動時期におおよその見当はついた。各々の人間関係など、より詳細な検討は今後に委ねたい。

○紙背文書の成立時期

ひとつの史料の紙背文書の場合、一紙ごとの成立時期は少しずつ異なるとしても、全体としてある程度の幅の期間におさまる場合が多い。これまでの検討をまとめて、紙背文書全体の成立時期を推測しておこう。まず懐紙から。作者のうち、②と④⑤⑥に共通する活動時期は、おおよそ

鎌倉時代後期、それも比較的遅い時期、十四世紀にはいってからとなろうか。①の活動時期は、先の検討ではそれ以前となっている。しかし、第一三紙と第一二紙で、①と②は同じ題で和歌を詠んでおり、同じときの懐紙と判断されるため、①と②の活動は重なり合ったことになる。②以下の活動時期をより早い時期と想定するよりも、①が長命で長く活動したとみなして、②以下の活動時期に合わせるほうがより妥当であろう。そこで、懐紙にみえる人物に共通する活動時期は、鎌倉時代後期、そのなかでも後ろの時期、とまとめうるかと思う。

一方、書状では、嗣成の活動所見から南北朝前期となる。しかし、「園太暦」の残存時期に制約されており、さらに遡ることは可能であろう。よって、紙背文書全体の成立時期は、鎌倉時代後期、なかでもその後半期という可能性が高く、南北朝期まで下がってもごく初期かと判断される。

（山家浩樹）

本冊編集担当
厚谷　和雄

解説執筆
厚谷　和雄
尾上　陽介
菊地　大樹
西田　友広
藤原　重雄
本郷　和人
山家　浩樹
吉田　早苗

撮影
谷　昭佳
中村　尚暁

修補
髙島　晶彦
中藤　靖之
山口　悟史

東京大学史料編纂所影印叢書 2　平安鎌倉記録典籍集

2007（平成 19）年 11 月 30 日　初版発行

定価 29,400 円（本体 28,000 円＋税 5%）

編纂者　東京大学史料編纂所
〒113-0033 東京都文京区本郷 7-3-1

発行者　株式会社　八　木　書　店
代表　八　木　壮　一
〒101-0052 東京都千代田区神田小川町 3-8
電話 03-3291-2961〔営業〕・2969〔編集〕
Fax 03-3291-6300
Web http://www.books-yagi.co.jp/pub

製版・印刷　天理時報社
製　　本　博　勝　堂
用紙（特漉中性紙）　三　菱　製　紙

ISBN978-4-8406-2502-9